CÓDIGO
DOS
VALORES MOBILIÁRIOS

DISCLAIMER PUBLICAÇÕES CMVM

Não obstante todo o cuidado colocado na elaboração da presente colectânea de legislação, que visa sobretudo a promoção da eficiência do mercado de valores mobiliários, a CMVM não se pode responsabilizar pelo respectivo conteúdo, pelo que a sua utilização não dispensa a consulta da versão publicada no Diário da República de cada um dos diplomas nela incluídos.

CÓDIGO DOS VALORES MOBILIÁRIOS

(republicado pelo Decreto-Lei n.º 357-A/2007, de 31 de Outubro)

Estatuto da CMVM (Actualizado)

Regime Jurídico das Sociedades Gestoras de Mercado Regulamentado e de Sistemas

Regime Jurídico da Comercialização de Contratos de Investimento em Bens Corpóreos

CMVM

Abril – 2008

CÓDIGO DOS VALORES MOBILIÁRIOS

EDITOR
EDIÇÕES ALMEDINA, SA
Av. Fernão Magalhães, n.º 584, 5.º Andar
3000-174 Coimbra
Tel.: 239 851 904
Fax: 239 851 901
www.almedina.net
editora@almedina.net

PRÉ-IMPRESSÃO | IMPRESSÃO | ACABAMENTO
G.C. GRÁFICA DE COIMBRA, LDA.
Palheira – Assafarge
3001-453 Coimbra
producao@graficadecoimbra.pt

Abril, 2008

DEPÓSITO LEGAL
275518/08

Toda a reprodução desta obra, por fotocópia ou outro qualquer
processo, sem prévia autorização escrita do Editor, é ilícita
e passível de procedimento judicial contra o infractor.

Biblioteca Nacional de Portugal – Catalogação na Publicação

PORTUGAL. Leis, decretos, etc. Código dos valores mobiliários

Código dos valores mobiliários / [org.] Comissão do Mercado
de Valores Mobiliários. – 4ª ed.
ISBN 978-972-40-3418-8

I – PORTUGAL. Comissão do Mercado de Valores Mobiliários

CDU 336
        347

ÍNDICE GERAL

DECRETO-LEI N.º 486/99 de 13 de Novembro	11
Preâmbulo do Decreto-Lei n.º 61/2002, de 20 de Março	33
Preâmbulo do Decreto-Lei n.º 107/2003, de 4 de Junho	35
Preâmbulo do Decreto-Lei n.º 66/2004, de 24 de Março	39
Preâmbulo do Decreto-Lei n.º 52/2006, de 15 de Março	43
Preâmbulo do Decreto-Lei n.º 219/2006, de 2 de Novembro	55
Preâmbulo do Decreto-Lei n.º 357-A/2007, de 31 de Outubro	63

CÓDIGO DOS VALORES MOBILIÁRIOS

TÍTULO I
Disposições gerais

CAPÍTULO I – **Âmbito de aplicação**	75
CAPÍTULO II – **Forma**	77
CAPÍTULO III – **Informação**	78
CAPÍTULO IV – **Sociedades abertas**	86
SECÇÃO I – Disposições gerais	86
SECÇÃO II – Participações qualificadas	87
SECÇÃO III – Deliberações sociais	97
SECÇÃO IV – Perda da qualidade de sociedade aberta	99
CAPÍTULO V – **Investidores**	101

TÍTULO II
Valores mobiliários

CAPÍTULO I – **Disposições gerais**	107
SECÇÃO I – Direito aplicável	107
SECÇÃO II – Emissão	108
SECÇÃO III – Representação	110
SECÇÃO IV – Modalidades	112
SECÇÃO V – Legitimação	113
SECÇÃO VI – Regulamentação	114

8   *Código dos Valores Mobiliários*

CAPÍTULO II – **Valores mobiliários escriturais**... 115
  SECÇÃO I – Disposições gerais 115
    SUBSECÇÃO I – Modalidades de registo... 115
    SUBSECÇÃO II – Processo de registo 117
    SUBSECÇÃO III – Valor e vícios do registo... 120
    SUBSECÇÃO IV – Transmissão, constituição e exercício de direitos 123
    SUBSECÇÃO V – Deveres das entidades registadoras 124
  SECÇÃO II – Sistema centralizado.. 126
CAPÍTULO III – **Valores mobiliários titulados** 129
  SECÇÃO I – Títulos.. 129
  SECÇÃO II – Depósito.. 130
  SECÇÃO III – Transmissão, constituição e exercício de direitos 131
  SECÇÃO IV – Valores mobiliários titulados em sistema centralizado............. 133

TÍTULO III
Ofertas públicas

CAPÍTULO I – **Disposições comuns**.. 135
  SECÇÃO I – Princípios gerais 135
  SECÇÃO II – Aprovação de prospecto, registo e publicidade........................ 140
  SECÇÃO III – Lançamento e execução.. 144
  SECÇÃO IV – Vicissitudes.. 145
  SECÇÃO V – Prospecto... 147
    SUBSECÇÃO I – Exigibilidade formato e conteúdo 147
    SUBSECÇÃO II – Prospecto de oferta internacional 157
    SUBSECÇÃO III – Responsabilidade pelo prospecto............................. 161
  SECÇÃO VI – Regulamentação... 163
CAPÍTULO II – **Ofertas públicas de distribuição** 164
  SECÇÃO I – Disposições gerais 164
  SECÇÃO II – Recolha de intenções de investimento 167
  SECÇÃO III – Oferta pública de subscrição 168
  SECÇÃO IV – Oferta pública de venda.. 168
CAPÍTULO III – **Ofertas públicas de aquisição** 169
  SECÇÃO I – Disposições comuns 169
  SECÇÃO II – Oferta pública de aquisição obrigatória 180
  SECÇÃO III – Aquisição tendente ao domínio total....................................... 184

TÍTULO IV
Negociação

CAPÍTULO I – **Âmbito**... 187
CAPÍTULO II – **Mercados regulamentados e sistemas de negociação
    multilateral**.. 188
  SECÇÃO I – Disposições comuns 188

SECÇÃO II – Mercados regulamentados 197
SUBSECÇÃO I – Disposições gerais 197
SUBSECÇÃO II – Membros 201
SUBSECÇÃO III – Admissão à negociação 203
SUBSECÇÃO IV – Processo de admissão 207
SUBSECÇÃO V – Prospecto... 209
SUBSECÇÃO VI – Informação relativa a valores mobiliários admitidos à
negociação 213
CAPÍTULO III – **Internalização sistemática**.. 229

TÍTULO V
Contraparte central, compensação e liquidação

CAPÍTULO   I – **Contraparte central**... 233
CAPÍTULO II – **Sistemas de liquidação**.. 237
SECÇÃO I – Disposições gerais 237
SECÇÃO II – Operações 241
SUBSECÇÃO I – Disposições gerais 241
SUBSECÇÃO II – Liquidação de operações de mercado regulamentado..... 242
SECÇÃO III – Insolvência dos participantes... 244
SECÇÃO IV – Gestão 246

TÍTULO VI
Intermediação

CAPÍTULO   I – **Disposições gerais**... 247
SECÇÃO I – Actividades 247
SECÇÃO II – Registo 254
SECÇÃO III – Organização e exercício 258
SUBSECÇÃO   I – Disposições gerais 258
SUBSECÇÃO   II – Organização interna... 260
SUBSECÇÃO   III – Salvaguarda dos bens dos clientes 265
SUBSECÇÃO   IV – Registo e conservação de documentos....................... 270
SUBSECÇÃO   V – Subcontratação.. 272
SUBSECÇÃO   VI – Conflitos de interesses e realização de operações
pessoais 276
SUBSECÇÃO VII – Defesa do mercado 281
SUBSECÇÃO VIII – Informação a investidores 283
DIVISÃO I – Princípios gerais 283
DIVISÃO II – Informação mínima 287
SUBSECÇÃO   IX – Benefícios ilegítimos... 292
SUBSECÇÃO   X – Avaliação do carácter adequado da operação.............. 293
SUBSECÇÃO   XI – Reporte de operações 297
SUBSECÇÃO XII – Informação relativa a operações sobre acções admitidas
à negociação em mercado regulamentado.................. 298

SECÇÃO IV – Categorização de investidores 298
SECÇÃO V – Regulamentação... 301
CAPÍTULO II – **Contratos de intermediação** 303
  SECÇÃO I – Regras gerais... 303
    SUBSECÇÃO I – Celebração de contratos de intermediação 303
    SUBSECÇÃO II – Informação contratual.. 305
  SECÇÃO II – Ordens.. 310
  SECÇÃO III – Gestão de carteira 317
  SECÇÃO IV – Assistência e colocação 318
  SECÇÃO V – Registo e depósito.. 320
CAPÍTULO III – **Negociação por conta própria**.. 321

TÍTULO VII
Supervisão e regulação

CAPÍTULO I – **Disposições gerais**.. 325
CAPÍTULO II – **Supervisão** 329
CAPÍTULO III – **Regulação**... 335
CAPÍTULO IV – **Cooperação**.. 336

TÍTULO VIII
Crimes e ilícitos de mera ordenação social

CAPÍTULO I – **Crimes** 341
  SECÇÃO I – Crimes contra o mercado... 341
  SECÇÃO II – Crime de desobediência... 344
  SECÇÃO III – Disposições processuais 345
CAPÍTULO II – **Ilícitos de mera ordenação social**.................................... 348
  SECÇÃO I – Ilícitos em especial 348
  SECÇÃO II – Disposições gerais 360
  SECÇÃO III – Disposições processuais 363
CAPÍTULO III – **Disposições comuns aos crimes e aos ilícitos de mera
  ordenação social**.. 368

LEGISLAÇÃO COMPLEMENTAR

– DL 473/99, de 8 de Novembro – Estatuto da Comissão do Mercado de Valores
  Mobiliários 373
– DL 357-C/2007 de 31 de Outubro – Regime Jurídico das Sociedades Gestoras
  de Mercado Regulamentado e de Sistemas... 397
– DL 357-D/2007 de 31 de Outubro – Regime Jurídico da Comercialização de
  Contratos de Investimento em Bens Corpóreos.. 427

DECRETO-LEI N.º 486/99
de 13 de Novembro

1 – O Código do Mercado dos Valores Mobiliários, elaborado há quase 10 anos e agora revogado, constituiu um marco fundamental na regulação e no desenvolvimento dos mercados de valores mobiliários em Portugal. Continuando o ciclo aberto com os Códigos Comerciais de 1833 e de 1888, consumou a plena integração desses mercados num sistema financeiro moderno.

Baseando-se na ideia de «autonomia dos mercados de valores mobiliários», a reforma empreendida pelo Código anterior seleccionou como «princípios estruturadores» a «desestatização», a «desgovernamentalização» e a «liberalização». Desta orientação resultou a consagração de institutos inovadores, dos quais se destacam: a criação de uma autoridade de supervisão independente, a Comissão do Mercado de Valores Mobiliários; a modernização do regime dos valores mobiliários, com relevo para as regras sobre valores mobiliários escriturais; a criação de uma central de valores mobiliários; a modificação estrutural das bolsas, que deixaram de ser institutos públicos, passando a ser geridas por associações civis sem fim lucrativo; a liberalização da emissão de valores mobiliários, deixando as ofertas públicas de estar sujeitas a autorização administrativa; o tratamento da informação a disponibilizar nos mercados de acordo com o princípio da transparência. Em consequência, a ciência jurídica, confrontada com estas mudanças, foi impelida a novas construções, nomeadamente no que respeita ao conceito e ao regime dos valores mobiliários e ao enquadramento das ofertas públicas.

A pretensão de auto-suficiência do Código, que tudo quis prever e regular com pormenor, foi, numa primeira fase, essencial para o seu êxito. Porém, esse modelo depressa se revelou portador de alguma falta de flexibilidade e gerador de dificuldades de adaptação à evolução das situações. Na verdade, tal auto-suficiência não era viável e fracassava perante a necessidade de resolução de casos mais complexos em que a solução tinha de ser confrontada com princípios gerais de direito e com preceitos inseridos em outra sede legislativa. Por isso, há algum tempo se vinha a colocar o problema de uma revisão que, conservando as vantagens trazidas pelo Código, permitisse novos passos na modernização do sistema de valores mobiliários. Embora a lei, só por si, não tenha a virtualidade de transformar os mercados, pode ser uma oportunidade para estimular os agentes económicos.

Por despacho de 27 de Maio de 1997, o Ministro das Finanças definiu as linhas gerais de orientação a seguir na elaboração de um novo Código e criou um grupo de trabalho encarregado de apresentar o respectivo projecto.

Sem afectar a continuidade dos mercados e evitando rupturas sistémicas, o Código agora aprovado pretende concretizar os objectivos fixados no referido despacho em torno de cinco ideias principais: codificar, simplificar, flexibilizar, modernizar e internacionalizar.

2 – Procurou-se manter em código o corpo central da legislação sobre valores mobiliários, com a finalidade de facilitar a tarefa do aplicador e a inserção dessas normas no sistema jurídico, continuando assim uma tradição que tem dado bons resultados. Apesar da rigidez que um código sempre acarreta, admitiu-se serem superiores os ganhos de segurança, de credibilidade, de simplificação e de integração sistemática que o mesmo propicia. Embora a nomenclatura e os conceitos utilizados não se possam considerar ainda completamente assentes, o novo Código progride nessa estabilização, numa área em que abundam os vocábulos directamente importados de sistemas estrangeiros sem tradução para português ou com tradução meramente literal. Por isso, não foi tarefa menor escrever o Código sem recurso a terminologia estrangeira, mesmo nos casos em que possa discutir-se a bondade dos termos encontrados.

A intenção codificadora revela-se também no cuidado de integração harmoniosa do diploma no conjunto do sistema jurídico, de acordo com uma relação de especialidade. Evitou-se regular o que estava regulado, tomando como pressupostos os regimes gerais já consagrados no direito privado (civil e societário), no direito administrativo, no direito penal e de mera ordenação social. Preservando a teoria e a técnica acumuladas nessas grandes áreas do direito, procurou-se apoiar o trabalho do intérprete-aplicador e, sem deixar de ter em conta as especificidades do direito dos valores mobiliários, atenuar o aparente exotismo de algumas figuras.

Inerente à preocupação sistematizadora esteve ainda o objectivo de, na tradição enraizada no direito civil, criar ou desenvolver regimes gerais adequados aos principais institutos, designadamente aqueles que respeitam aos valores mobiliários, independentemente da sua negociação em bolsa ou fora de bolsa, às ofertas públicas, aos mercados de valores mobiliários, seja qual for o seu grau de organização e de imperatividade das normas aplicáveis, e às várias actividades de intermediação financeira.

É óbvio que tal objectivo tem limites estruturais e pragmáticos. Por isso, se apartaram do Código os estatutos de diversas instituições, incluídos no Código anterior, como é o caso da Comissão do Mercado de Valores Mobiliários (CMVM), do Conselho Nacional do Mercado de Valores Mobiliários, das entidades gestoras de bolsas e de outros mercados e das entidades gestoras de sistemas de liquidação e de sistemas centralizados, que passam agora a constar de diplomas autónomos.

3 – A simplificação do texto do Código foi outro desiderato que presidiu à sua elaboração. Em comparação com o Código revogado, o número de artigos é ainda superior a metade, mas a dimensão total ficou reduzida a menos de um terço. A simplificação incidiu também na técnica de redacção adoptada, reduzindo as remissões ao estritamente necessário, utilizando uma linguagem tão simples e tão clara quanto a complexidade das matérias o permitiu e eliminando as duplas remissões, as constantes referências de salvaguarda, bem como comentários que excedem o conteúdo preceptivo.

Como a simplificação não deve sacrificar o rigor, houve a preocupação de dar um sentido unívoco aos termos usados e, sempre que possível, coincidente com aquele que lhe é atribuído no sistema jurídico em geral.

4 – O dinamismo do sistema financeiro a nível internacional exigia a adopção de regras e de procedimentos flexíveis, capazes de transmitir ao texto legislativo alguma durabilidade. Assim, privilegiou-se a consagração de princípios e de regras gerais e recorreu-se com frequência a conceitos indeterminados e a cláusulas gerais, cuja densificação se espera que seja continuada pela jurisprudência, pela prática das autoridades administrativas e pela doutrina.

Na medida do razoável, deixou-se a concretização da lei para regras de outra natureza, de acordo com um critério de desgraduação normativa que concede amplo espaço, por um lado, aos regulamentos administrativos, em particular da CMVM, e, por outro, a uma moderada auto-regulação por outras entidades que actuam no mercado.

Quanto ao primeiro aspecto, esta orientação foi acompanhada por uma outra, paralela, no sentido de limitar a discricionariedade das autoridades administrativas, nomeadamente através da fixação de critérios de regulação e de decisão. Quanto ao segundo aspecto, pretendeu-se deixar claro que, neste domínio, o desenvolvimento e a aplicação da maioria dos institutos consagrados dependem do exercício dinâmico da autonomia privada.

Na delimitação entre as matérias que deveriam constar da lei e as que deveriam ser deixadas para regulamento ou para a auto-regulação, foram seguidos alguns critérios que podem ser assim enunciados: não regular na lei o que poderia com vantagem ser incluído em regulamento, salvo precisas excepções ditadas sobretudo por razões pragmáticas; dar preferência às fontes regulamentares, sempre que as normas previssem comportamentos e condições operacionais de evolução rápida ou muito dependentes da criatividade dos agentes ou que pudessem restringir vantagens comparativas na concorrência entre mercados; respeitar o enquadramento constitucional da reserva de lei e de competência legislativa e o âmbito dos regulamentos.

5 – Com o intuito de modernizar o sistema normativo, tomaram-se em consideração os mais recentes desenvolvimentos da prática internacional e das legislações estrangeiras, evitando todavia um duplo risco: por um lado, copiar acriticamente, sem a devida integração no sistema português; por outro, ignorar a tendência para a uniformização dos direitos, olvidando que a consagração de inovações desgarradas ou contrárias àquela tendência pode isolar ou limitar a competitividade dos mercados a funcionar em Portugal.

Atendeu-se naturalmente também à modernização dos meios de comunicação. Evitando moldar as previsões aos mais recentes progressos tecnológicos, que podem revelar-se efémeros, preferiu-se adoptar fórmulas cuja generalidade permita abarcar a diversidade formal e a neutralidade dos suportes informativos. São disso exemplos as regras sobre forma escrita (artigo 4.°), assim como a propositada omissão de referências a meios de comunicação mais recentes (v. g., a Internet) e a determinados sistemas de negociação (cf., v. g., artigos 220.° e 322.°).

6 – Para dar resposta à internacionalização e à integração dos mercados de valores mobiliários, ampliou-se o tratamento conferido à delimita-

ção do âmbito de aplicação do Código e à determinação do direito aplicável em situações plurilocalizadas. Procurou-se, neste domínio, encontrar um ponto de equilíbrio adequado que escapasse seja ao alheamento do sistema jurídico quanto à determinação do direito aplicável seja à maximização de aplicação da lei nacional.

Curou-se de precisar com maior nitidez que as normas nacionais de direito mobiliário apenas têm vocação para se aplicar em situações jurídicas internacionais se e na medida em que apresentem conexão relevante com o território nacional – solução que é consagrada genericamente no artigo 3.° e merece confirmação em outros preceitos do Código. Destaca-se, neste contexto, o critério seleccionado para a aplicabilidade do regime das ofertas públicas (cf. n.° 1 do artigo 108.°) que, a um tempo, concretiza o critério geral da conexão relevante e se mostra ajustado à utilização das modernas técnicas de comunicação à distância.

Por outro lado, dada a inadequação ou inaplicabilidade das soluções internacional-privatísticas constantes do Código Civil, da Convenção de Roma sobre a Lei Aplicável às Obrigações Contratuais e da Convenção da Haia sobre a Lei Aplicável aos Contratos de Intermediação, foram estabelecidas normas de conflitos específicas para a determinação do direito aplicável aos valores mobiliários (artigos 39.° a 42.°).

Por último, introduzem-se as normas necessárias para que seja possível, e até fomentada, a negociação em mercados situados em Portugal de valores mobiliários regulados por lei estrangeira (cf. n.° 3 do artigo 68.°, n.° 2 do artigo 91.° e artigos 117.°, 146.° e 231.°).

7 – O âmbito de aplicação material do Código, tal como acontecia aliás no Código anterior, excede o regime dos mercados de valores mobiliários, o que bem se vê, em especial, nos títulos II, V e VI, sobre valores mobiliários, sistemas de liquidação e intermediação. Por isso se achou adequado adoptar a designação mais genérica de Código dos Valores Mobiliários.

Intensifica-se, portanto, a relação entre o âmbito de aplicação do Código e o conceito de valor mobiliário. Em relação a este, optou-se por não dar qualquer definição directa. No n.° 1 do artigo 1.° procede-se a uma tipologia dos valores mobiliários já anteriormente reconhecidos ou cuja comercialização não envolve especiais riscos. O n.° 2 do mesmo preceito permite ampliar este universo através de enquadramento regulamentar pela CMVM ou pelo Banco de Portugal, conforme os casos. Esse pareceu ser o caminho adequado para combinar o dinamismo e a criatividade dos agentes nos mercados com a necessária segurança que nestes deve existir.

O Código aplica-se também aos instrumentos financeiros, em particular aos instrumentos financeiros derivados. Daí que a expressão «valor mobiliário» utilizada ao longo do Código signifique também «instrumento financeiro», salvo nos títulos que são expressamente excluídos pelo n.º 4 do artigo 2.º.

8 – No artigo 13.º consagra-se o conceito de sociedade aberta ao investimento do público (abreviadamente sociedade aberta), pondo assim cobro à assistematicidade patente nas divergências de nomen iuris e de disciplina entre o Código das Sociedades Comerciais e o Código do Mercado dos Valores Mobiliários.

Além desta unificação de conceito e de disciplina, o novo Código aprofundou a autonomia do regime das sociedades abertas, reforçando a transparência da sua direcção e do seu controlo, nomeadamente no que respeita à divulgação das participações qualificadas e dos acordos parassociais, e ampliando o regime das deliberações sociais, na linha das modernas tendências relativamente ao governo das sociedades abertas.

Em ordem a limitar as situações de aquisição involuntária da qualidade de sociedade aberta, admite-se a possibilidade de as sociedades fechadas ao investimento do público estabelecerem uma cláusula estatutária fazendo depender a realização de oferta pública de venda ou de troca de autorização da assembleia geral (n.º 2 do artigo 13.º).

9 – O Código dedica o capítulo V do título I aos investidores, o que acontece pela primeira vez num diploma deste género.

Estabelece-se a distinção entre investidores institucionais e investidores não institucionais, equiparando aos primeiros outras entidades que não beneficiam da protecção conferida a estes últimos (artigo 30.º).

Confere-se a iniciativa de acção popular aos investidores não institucionais e às associações que como tal são reconhecidas para a sua protecção (artigo 31.º). Assim se facilita a intervenção organizada dos investidores em defesa dos seus interesses, em especial no que respeita à responsabilidade civil.

Estabelecem-se também mecanismos de mediação de conflitos entre os investidores e as várias entidades intervenientes nos mercados de valores mobiliários (artigos 33.º e 34.º) e altera-se a disciplina dos fundos de garantia dos investidores, alargando a sua obrigatoriedade (artigo 35.º).

Aprovação do Código dos Valores Mobiliários

10 – O título II do Código contém um regime geral dos valores mobiliários, dando continuidade ao caminho iniciado pelo anterior Código. Vai-se todavia mais longe, procurando extrair o máximo de efeitos da equivalência substancial entre as posições jurídicas, independentemente da forma escritural ou titulada de representação. Este princípio de neutralidade reflecte-se, em especial, no regime unitário do registo de emissão (artigos 43.° e 44.°), no critério de distinção entre valores mobiliários nominativos e ao portador (n.° 1 do artigo 52.°), no regime da penhora de valores mobiliários escriturais (artigo 82.°) e na utilização como título executivo de certificados passados pelas entidades registadoras de valores mobiliários escriturais (artigo 84.°).

Ao contrário do que alguns poderiam esperar, talvez por incompreensão deste princípio, não se condena a forma de representação titulada, permitindo o convívio das duas formas de representação e deixando, com os limites das necessidades dos mercados, que os interessados escolham a forma de representação mais conveniente. Tal não impede o alargamento da possibilidade de recurso à forma escritural de representação, que, a partir de agora, poderá consistir igualmente em registo efectuado num só intermediário financeiro ou no emitente.

Introduz-se um processo expedito para a reconstituição consensual dos registos e dos títulos depositados, em caso de destruição e perda, sem necessidade de recurso à reforma judicial (artigo 51.°).

No regime dos valores escriturais faz-se uma aproximação ao modelo das contas bancárias, mitigado com a experiência de registo das acções nominativas. Resulta por isso atenuada a influência da técnica do registo predial que tinha estado na génese do regime do anterior Código.

Em relação à presunção de titularidade resultante das contas de registo individualizado evitou-se consagrar em lei uma solução demasiado rígida. Assim se compreende o disposto no n.° 3 do artigo 74.°, que permite, em especial quando estejam em causa relações de natureza fiduciária, ilidir aquela presunção perante a autoridade de supervisão ou por iniciativa desta.

Desaparece a referência à Central de Valores Mobiliários enquanto sistema único de centralização de valores mobiliários, consagrando-se na lei a realidade existente que já admitia outros sistemas centralizados nacionais, designadamente o sistema gerido pelo Banco de Portugal, e que exigia na prática a sua coordenação com sistemas sediados no estrangeiro. O sistema de contas dos sistemas centralizados, definido com mais precisão, é concebido com aptidão para se adaptar ao exercício de novas funções.

Eliminam-se os títulos ao portador registados, porquanto as razões fiscais que motivaram a sua criação podem ser acauteladas por outras formas. Na verdade, os valores mobiliários escriturais e os valores mobiliários titulados depositados em sistema centralizado são obrigatoriamente registados. Em relação aos restantes a questão fiscal fica resolvida pelos artigos 117.º e 129.º do Código do Imposto sobre o Rendimento das Pessoas Singulares, alterados pelo artigo 12.º do presente diploma.

Para segurança na circulação dos valores mobiliários deixa de se exigir o bloqueio prévio, que a prática não acolheu. Efeito equivalente se obtém pela combinação de faculdades de controlo atribuídas aos intermediários financeiros [alínea *b*) do n.º 2 do artigo 78.º e n.º 2 do artigo 326.º] com novos requisitos na liquidação das operações (artigo 280.º).

11 – O título III reordena o material normativo preexistente sobre ofertas públicas relativas a valores mobiliários.

O Código de 1991 tomava o regime das ofertas públicas de subscrição como referência para as restantes, fazendo uso de frequentes remissões. Ao invés, o presente Código autonomiza uma parte geral das ofertas públicas, contendo as disposições comuns de natureza processual e substantiva. A título de exemplo, foi promovida à parte geral a figura do prospecto e da inerente responsabilidade civil por vícios de informação e de previsão, abrangendo, apesar das suas especificidades, as ofertas públicas de aquisição.

No mais, a disciplina das ofertas públicas foi objecto de actualização, regulando em separado as matérias relativas ao prospecto de oferta internacional (artigos 145.º e seguintes) e à recolha das intenções de investimento (artigos 184.º e seguintes) e introduzindo institutos recentes no tráfego mobiliário, como são a estabilização de preços no âmbito de oferta (artigo 160.º) e a opção de distribuição de lote suplementar (artigo 158.º).

12 – O regime das ofertas públicas de aquisição obrigatórias assenta na ideia geral de que os benefícios da aquisição de domínio sobre uma sociedade aberta devem ser compartilhados pelos accionistas minoritários.

A exemplo da maioria dos ordenamentos jurídicos próximos, as fasquias constitutivas do dever de lançamento foram fixadas em um terço e em metade dos direitos de voto correspondentes ao capital social. Para resolução da perplexidade que colocava o regime anterior quanto ao relevo da aquisição de valores mobiliários que confiram o direito à subs-

Aprovação do Código dos Valores Mobiliários

crição ou à aquisição de acções, passaram a ser considerados apenas os direitos de voto efectivos no cômputo da posição de domínio do potencial oferente.

O critério do domínio efectivo justifica ainda a possibilidade de eliminação do limite mais baixo de obrigatoriedade, reconhecida nas sociedades abertas sem valores admitidos à negociação em mercado regulamentado (n.º 4 do artigo 187.º), a consagração da figura da suspensão do dever de lançamento de oferta, quando o domínio seja conjuntural (artigo 190.º), e a supressão das ofertas obrigatórias parciais e das ofertas prévias, umas e outras mais falíveis na protecção dos accionistas minoritários.

13 – Em relação à aquisição do domínio total nas sociedades abertas adaptou-se o disposto no artigo 490.º do Código das Sociedades Comerciais. Acentuou-se todavia a protecção das expectativas geradas pela abertura da sociedade ao investimento do público, presente também nos requisitos para a perda da qualidade de sociedade aberta (artigo 27.º).

O direito de aquisição potestativa (artigo 194.º), a que corresponde um direito simétrico de alienação potestativa dos accionistas minoritários (artigo 196.º), tem como ónus o lançamento prévio de oferta pública de aquisição. A mesma ideia justifica a extensão a este instituto do princípio de igualdade de tratamento e a intervenção da autoridade de supervisão do mercado, quer quanto ao conteúdo da informação divulgada, quer quanto ao montante da contrapartida, que passa a reger-se pelas regras aplicáveis às ofertas públicas de aquisição obrigatórias.

14 – No título IV introduzem-se profundas alterações no regime dos mercados, tendentes quer à sua generalização quer à sua flexibilidade. A estrutura dos mercados passa a assentar na distinção entre mercados regulamentados, que têm como paradigma os mercados de bolsa, e outros mercados organizados (artigo 199.º), que podem assumir as mais diversas características e cujas regras são fixadas pela respectiva entidade gestora, de forma livre, ainda que limitada por critérios legais de transparência das suas regras e operações. O que no Código revogado era designado por «mercado de balcão» fica assim reduzido à sua real condição de actividade de intermediação.

Os mercados não regulamentados não estão sujeitos a qualquer autorização, dependendo o seu funcionamento apenas do controlo de legalidade por parte da autoridade de supervisão. Admite-se inclusivamente a criação de mercados com intervenção directa dos investidores institucionais (n.º 3 do artigo 203.º) ou de mercados em que a função tradicional dos membros pode ser exercida pela entidade gestora (n.º 6 do mesmo artigo).

Clarifica-se o regime das taxas a cobrar por operações realizadas fora de mercado regulamentado, passando agora a incidir apenas sobre as operações que tenham por objecto valores mobiliários admitidos à negociação em mercado regulamentado e que tenham sido realizadas fora desse mercado (artigo 211.º). A habilitação regulamentar atribuída ao Ministro das Finanças está balizada por dois limites: a taxa deve respeitar um princípio de neutralidade entre a negociação em mercado regulamentado e fora de mercado regulamentado; o seu pagamento deve ter correspondência em serviços de supervisão prestados pela CMVM.

Também em relação aos mercados de bolsa o panorama é alterado. Passa a haver um único mercado obrigatório, o mercado de cotações oficiais, deixando-se à entidade gestora liberdade para a criação de outros, respeitadas as exigências comuns aos mercados regulamentados.

Mantém-se o binómio operações a contado e operações a prazo. Nestas tipificam-se apenas as que têm vindo a ser realizadas entre nós ou que estão mais difundidas. Fica todavia aberta a possibilidade de outras se realizarem desde que aprovadas pela CMVM.

15 – O título V, sobre sistemas de liquidação, contém relevantes inovações que resultam, por um lado, da sua generalização para além do âmbito das operações de bolsa e, por outro, das regras decorrentes da Directiva n.º 98/26/CE, do Parlamento e do Conselho, de 19 de Maio, entre as quais sobressai o carácter definitivo da liquidação em caso de insolvência de um participante no sistema.

Novidade é também a consagração legal do regime das operações de liquidação (artigos 274.º e seguintes), com particular incidência em normas que assegurem a eficácia e a segurança das operações de bolsa.

16 – No título VI, o elenco das actividades de intermediação segue o modelo da directiva dos serviços de investimento, nele se incluindo tanto os serviços de investimento como os serviços auxiliares (artigo 289.º). A uns ou a outros, conforme os casos, são equiparadas as actividades de publicidade, de promoção e de prospecção de qualquer actividade de intermediação financeira (artigo 292.º). Antecipa-se, assim, a protecção dos investidores e dos mercados para momento anterior ao da conclusão de contratos de intermediação.

Aprovação do Código dos Valores Mobiliários 21

Pela primeira vez é regulada a consultoria autónoma para investimento, quando prestada em base individual (artigo 294.°). O exercício dessa actividade, que anteriormente só era permitida aos intermediários financeiros, fica agora dependente de autorização da CMVM. Coloca-se um particular acento na necessidade de os consultores preencherem determinados requisitos de idoneidade e aptidão profissional. Embora os consultores autónomos não sejam considerados como intermediários financeiros, o exercício da sua actividade rege-se pelas mesmas regras.

17 – O regime geral aplicável ao exercício de actividades de intermediação ocupa toda a secção III do capítulo I do título VI, onde se reorganizam as normas que o anterior Código qualificava como normas de conduta, inspiradas em directivas comunitárias, em particular na directiva dos serviços de investimento, e na Recomendação n.° 77/534, de 27 de Julho, relativa a um código de conduta europeu a observar nas transacções sobre valores mobiliários. O regime é desenvolvido a partir das recomendações de organizações internacionais, em particular da OICV (Organização Internacional das Comissões de Valores) e do FESCO (Forum of European Securities Commissions). As inovações mais salientes dizem respeito às regras sobre defesa do mercado (artigo 311.°) e à proibição de intermediação excessiva (artigo 310.°). As normas sobre conflito de interesses (artigo 309.°) são completadas com aquelas que são específicas da negociação dos intermediários financeiros por conta própria (artigo 347.°).

Introduz-se uma alteração relevante no que respeita aos códigos deontológicos. O anterior Código consagrava a obrigatoriedade de elaborar códigos de conduta e sujeitava-os à aprovação da CMVM. A experiência mostrou que não era uma boa solução, porque os códigos aprovados se limitavam a repetir a lei e a aprovação pela CMVM lhes retirava o carácter genuíno de auto-regulação. Por isso se considerou que a intervenção da CMVM se deve limitar ao controlo de legalidade dos códigos que venham a ser aprovados, através do seu registo (artigo 315.°).

18 – A regulação sistemática dos contratos de intermediação, importante grupo dos contratos de mandato e de outros contratos de prestação de serviços, é totalmente nova, embora se aproveitem algumas soluções já consagradas de forma dispersa em legislação anterior. As regras gerais destinam-se a assegurar, sob alguns aspectos, a protecção dos investidores, com destaque para a protecção dos investidores não institucionais na celebração de contratos fora do estabelecimento do intermediário financeiro.

Consagra-se a esse propósito um regime moderado e realista, aplicável apenas à recepção de ordens e à gestão de carteiras e, ainda assim, restrito aos casos em que não exista anterior relação de clientela e em que a celebração do contrato não tenha sido solicitada pelo próprio investidor.

Os tipos contratuais regulados nos artigos 325.° a 345.°, com excepção do contrato de consultoria para investimento, já eram conhecidos da legislação anterior, mas estavam carecidos de melhor caracterização e de introdução de algumas normas imperativas de protecção. Fora destes limites, mantém-se todo o espaço de autonomia privada, enquadrada pelo regime geral dos contratos.

A negociação do intermediário financeiro por conta própria é tratada em capítulo autónomo, como autónoma é a sua inclusão no elenco dos serviços de investimento (n.° 2 do artigo 290.°). Também neste domínio os contratos regulados não esgotam o âmbito dos contratos que o intermediário financeiro pode celebrar por conta própria. A selecção recaiu naqueles que podem envolver maior risco para o mercado: os contratos de fomento de mercado (artigo 348.°), onde se incluem todas as actividades chamadas de market maker, os contratos que visam a realização de operações de estabilização de preços (artigo 349.°) e os empréstimos de valores mobiliários (artigo 350.°). Estabelecem-se regras mínimas deixando outros aspectos importantes para regulamento da CMVM.

19 – Do título VII, relativo à supervisão e regulação, não constam as matérias de organização interna da autoridade supervisora, agora incluídas no Estatuto da CMVM, aprovado por diploma autónomo.

Na linha do Regime Geral das Instituições de Crédito e das Sociedades Financeiras, é adoptado um conceito amplo de supervisão que abarca todas as competências de intervenção da CMVM no mercado.

Quanto às entidades sujeitas à supervisão da CMVM, mantém-se um elenco próximo do que consta do Código anterior. A circunstância de não se incluírem nesse elenco os investidores não institucionais apenas significa a sua subtracção aos poderes de supervisão contínua, sem prejuízo, porém, da sujeição a sanções pela violação de normas legais ou regulamentares e aos correspondentes procedimentos.

Dentro da supervisão autonomizaram-se a supervisão contínua (artigo 362.°) e a supervisão prudencial (artigo 363.°). Salientam-se ainda as disposições comuns aos diversos registos efectuados pela CMVM (artigo 365.°), designadamente a consagração de princípios gerais de legalidade e de publicidade.

Aprovação do Código dos Valores Mobiliários 23

20 – Nova é também a inclusão no âmbito da regulação das recomendações e pareceres genéricos da CMVM (artigo 370.°), que, sendo actos sem conteúdo normativo próprio, podem contribuir para esclarecer e orientar a prática dos operadores.

A regulação dos mercados não constitui exclusivo das entidades públicas. Para pôr em evidência esta ideia, dedica-se um preceito à auto-regulação (artigo 372.°), o que também é uma novidade. Os avanços nessa matéria são reais mas moderados, tomando-se em conta que a nossa tradição não é muito favorável à auto-regulação pelos operadores do mercado. Por um lado, as mais recentes tendências internacionais, mesmo nos países anglo-saxónicos, onde a auto-regulação tem raízes mais profundas, mostram que a auto-regulação tem vindo a perder algum terreno. Por outro lado, não se considera adequado transpor para Portugal, de modo acrítico, a experiência de outros países. Em qualquer caso, teve-se em conta que, neste domínio, toda a intervenção legislativa e regulamentar do Estado, de carácter imperativo, se traduz numa restrição dos princípios da autonomia privada e da livre iniciativa em que assenta o sistema jurídico-económico português. Daí que se tivessem consagrado diversos níveis de autonomia e de participação dos intervenientes nos mercados.

21 – Os crimes de abuso de informação e de manipulação de mercado, já previstos no anterior Código, são agrupados numa categoria de crimes contra o mercado. A tipificação do crime de abuso de informação segue a Directiva comunitária n.° 89/592/CEE, de 13 de Novembro. A tipificação do crime de manipulação de mercado é substancialmente alterada, deixando de se exigir os elementos subjectivos especiais do tipo que tornavam praticamente impossível o seu preenchimento. O dano continua a não integrar a descrição típica.

A moldura abstracta das penas é ligeiramente elevada, mas não ultrapassa os três anos, nível de gravidade médio das penas consagradas no Código Penal e compatível com qualquer das formas de processo.

Introduzem-se também disposições processuais relativamente à aquisição da notícia do crime, delimitando-se com maior rigor os campos de actuação do Ministério Público e da CMVM.

22 – Relativamente aos ilícitos de mera ordenação social, mantém-se a distinção entre contra-ordenações muito graves, contra-ordenações graves e contra-ordenações menos graves (n.° 1 do artigo 388.°), elevando-se as respectivas molduras penais máxima e mínima, de harmonia com parâmetros já consagrados em outros sectores do sistema financeiro.

A técnica de tipificação dos ilícitos de mera ordenação social baseia-se agora na sua delimitação autónoma, abandonando-se a simples remissão para as normas que consagram os deveres.

Também se introduzem relevantes alterações em matéria processual, com destaque para a consagração do processo sumaríssimo (artigo 414.°), moldado sobre processo semelhante existente em processo penal.

23 – O Código transpõe as diversas directivas comunitárias relativas ao domínio dos valores mobiliários, tomando agora em consideração as exigências formais do n.° 9 do artigo 112.° da Constituição: Directivas n.os 79/279/CEE, de 5 de Março, 80/390/CEE, de 17 de Março[1], 82/148/CEE, de 3 de Março, 87/345/CEE, de 22 de Junho, 90/211/CEE, de 23 de Abril, e 94/18/CE, de 30 de Maio, todas relativas à coordenação das condições de admissão de valores mobiliários à cotação oficial de uma bolsa de valores; Directiva n.° 82/121/CEE, de 15 de Fevereiro, relativa a informações a publicar por sociedades cujas acções são admitidas à cotação oficial de uma bolsa de valores; Directiva n.° 88/627/CE, de 12 de Dezembro, relativa a informação a publicar por ocasião da aquisição ou alienação de uma participação importante de sociedade cotada em bolsa; Directiva n.° 89/298/CEE, de 17 de Abril, referente às condições de estabelecimento, controlo e difusão do prospecto a publicar em caso de oferta pública de subscrição ou de venda de valores mobiliários; Directiva n.° 89/592/CEE, de 13 de Novembro, relativa à coordenação das regulamentações respeitantes às operações de iniciados; Directiva n.° 93/22/CE, de 10 de Maio, relativa aos serviços de investimento em valores mobiliários, na parte não transposta para o Regime Geral das Instituições de Crédito e das Sociedades Financeiras pelo Decreto-Lei n.° 232/96, de 5 de Dezembro; Directiva n.° 95/26/CE, do Parlamento Europeu e do Conselho, de 29 de Junho, relativa ao reforço da supervisão prudencial, e que veio a ser conhecida como directiva pós-BCCI; Directiva n.° 98/26/CE, do Parlamento e do Conselho, de 19 de Maio, relativa ao carácter definitivo da liquidação nos sistemas de pagamentos e de liquidação de valores mobiliários, transposta apenas na parte aplicável aos sistemas de liquidação de valores mobiliários.

---

[1] Alterado pela Declaração de Rectificação n.° 23-F/99

Aprovação do Código dos Valores Mobiliários 25

24 – Um diploma desta complexidade, mesmo quando não implique ruptura sistemática, exige uma vacatio legis suficientemente ampla para permitir aos aplicadores a necessária assimilação e adaptação. Daí que se tenha fixado o dia 1 de Março de 2000 como data de referência para a entrada em vigor do Código e para a consequente revogação das normas por ele substituídas. Era todavia imperioso estabelecer, em relação a determinadas matérias, datas diferentes para o início de vigência. Nuns([1]) casos, antecipa-se a vigência para satisfazer compromissos do Estado Português perante a Comunidade Europeia (n.ºs 1 e 2 do artigo 6.° do presente decreto-lei) ou para prevenir eventuais perturbações de funcionamento do mercado em domínios sensíveis (n.° 1 do artigo 5.° do presente decreto-lei). Noutros casos, preferiu-se admitir que o início de vigência fosse retardado como garantia de eficácia operacional (artigo 4.°, n.° 3 do artigo 6.° e artigo 9.° do presente decreto-lei).

Sublinhe-se por último, quanto ao direito transitório, que na sua plena compreensão se deve atender às disposições do decreto-lei que aprova o novo regime das sociedades gestoras de mercados regulamentados.

Foi ouvido o Conselho Nacional do Mercado de Valores Mobiliários e, individualmente, cada uma das entidades aí representadas, designadamente: Banco de Portugal, Comissão do Mercado de Valores Mobiliários, Instituto de Gestão do Crédito Público, Associação Portuguesa de Bancos, Associação Portuguesa das Sociedades de Corretagem e Financeiras de Corretagem, Associação da Bolsa de Valores de Lisboa, Associação da Bolsa de Derivados do Porto, Associação Portuguesa de Seguradoras e Associação Portuguesa de Fundos de Investimento Mobiliário.

Assim, no uso da autorização legislativa concedida pela Lei n.° 106/99, de 26 de Julho, e nos termos das alíneas *a*) e *b*) do n.° 1 do artigo 198.° da Constituição, o Governo decreta, para valer como lei geral da República, o seguinte:

ARTIGO 1.°
Aprovação do Código dos Valores Mobiliários

É aprovado o Código dos Valores Mobiliários, que faz parte do presente decreto-lei.

([1]) Alterado pela Declaração de Rectificação n.° 23-F/99

ARTIGO 2.º
Entrada em vigor

O Código dos Valores Mobiliários entra em vigor no dia 1 Março de 2000, com ressalva do disposto nos artigos seguintes.

ARTIGO 3.º
Regulação

O disposto no artigo anterior não prejudica:

a) A aprovação e publicação, em data anterior, das portarias, dos avisos e de outros regulamentos necessários à execução do Código dos Valores Mobiliários;

b) A elaboração e aprovação, pelas entidades habilitadas, das regras e cláusulas contratuais gerais exigidas ou permitidas por lei e o seu registo ou a sua aprovação pela Comissão do Mercado de Valores Mobiliários (CMVM).

ARTIGO 4.º
Central de Valores Mobiliários

A aplicação das regras relativas aos sistemas centralizados de valores mobiliários à entidade que no Código do Mercado de Valores Mobiliários revogado é designada por Central de Valores Mobiliários verificar-se-á à medida da entrada em vigor dos regulamentos operacionais do sistema, que devem ser registados na CMVM até seis meses após a entrada em vigor do Código dos Valores Mobiliários.

ARTIGO 5.º
Ofertas públicas

1 – Os artigos 187.º a 193.º, as alíneas *g*), *h*) e *i*) do n.º 2 do artigo 393.º e, na medida em que para estes preceitos seja relevante, os artigos 13.º, 16.º, 17.º, 20.º e 21.º entram em vigor 45 dias após a publicação do Código dos Valores Mobiliários.

Aprovação do Código dos Valores Mobiliários 27

2 – O disposto no Código do Mercado de Valores Mobiliários é aplicável às ofertas públicas de aquisição cujo anúncio preliminar tenha sido publicado:

a) Até à data referida no número anterior, em caso de oferta pública de aquisição obrigatória;

b) Até ao dia 1 de Março de 2000, nos restantes casos de oferta pública de aquisição.

3 – O regime das ofertas públicas de aquisição obrigatórias previsto no Código dos Valores Mobiliários não é aplicável à aquisição de valores mobiliários emitidos por sociedades cujo processo de privatização já tenha sido iniciado mas não se encontre ainda concluído, desde que as aquisições sejam feitas no âmbito de operações previstas nos diplomas que regulem o respectivo processo de privatização.

ARTIGO 6.º
Membros das bolsas e sistemas de liquidação

1 – A partir do dia 1 de Janeiro de 2000 as instituições de crédito autorizadas a receber valores mobiliários para registo e depósito e a executar ordens de bolsa podem ser membros de qualquer bolsa, não sendo aplicável o disposto na alínea *b*) do n.º 1 do artigo 206.º do Código do Mercado de Valores Mobiliários.

2 – Os capítulos I e III do título V do Código dos Valores Mobiliários entram em vigor no dia 11 de Dezembro de 1999.

3 – O capítulo II do mesmo título entra em vigor após a aprovação dos regulamentos operacionais dos sistemas de liquidação, que devem ser registados na CMVM até seis meses após a entrada em vigor do Código dos Valores Mobiliários.

ARTIGO 7.º
Sociedades abertas

As expressões «sociedade de subscrição pública» e «sociedade com subscrição pública», utilizadas em qualquer lei ou regulamento, consideram-se substituídas pela expressão «sociedade com o capital aberto ao investimento do público» com o sentido que lhe atribui o artigo 13.º do Código dos Valores Mobiliários.

ARTIGO 8.º
Participações qualificadas e acordos parassociais

1 – Quem, nos termos do artigo 16.º, seja detentor de participação qualificada que anteriormente não tinha essa natureza fica obrigado a cumprir os deveres de comunicação referidos no mesmo preceito até três meses após a entrada em vigor do Código dos Valores Mobiliários, independentemente da data e das circunstâncias determinantes da detenção da participação.

2 – Ao mesmo prazo fica sujeita a comunicação à CMVM dos acordos parassociais a que se refere o artigo 19.º, celebrados antes da entrada em vigor do Código dos Valores Mobiliários.

ARTIGO 9.º
Fundos de garantia

1 – Os fundos de garantia a que se referem os artigos 35.º a 38.º do Código dos Valores Mobiliários devem ser constituídos ou, quando já existentes, reorganizados, no prazo de um ano a contar da entrada em vigor do referido Código.

2 – Ficam isentos do imposto sobre o rendimento das pessoas colectivas os rendimentos dos fundos de garantia e do sistema de garantia dos investidores em valores mobiliários e outros instrumentos financeiros, com excepção dos rendimentos provenientes de aplicações que os mesmos façam das suas disponibilidades financeiras.

ARTIGO 10.º
Títulos ao portador registados

1 – Se a lei exigir que os títulos representativos de valores mobiliários assumam a modalidade de títulos nominativos ou ao portador registados ou apenas esta, tal exigência considera-se limitada ou substituída pela modalidade de títulos nominativos.

2 – Os valores mobiliários ao portador que estejam em regime de registo por força de lei ou do estatuto da sociedade devem ser convertidos em valores mobiliários nominativos no prazo de dois anos a contar da entrada em vigor do Código dos Valores Mobiliários.

3 – Pelos actos exigidos pela conversão a que se refere o n.° 1 ou dela resultantes não são devidos quaisquer emolumentos.

4 – Se a sujeição a registo de títulos ao portador resultar apenas do estatuto da sociedade, o emitente pode decidir a manutenção daqueles valores mobiliários como valores ao portador, sem registo.

5 – Se a sujeição a registo de títulos ao portador resultar de opção do seu titular, aqueles deixam de estar sujeitos ao regime de registo.

ARTIGO 11.°
Processos em curso

Aos processos relativos a contra-ordenações que estejam em curso ou pendentes de decisão judicial são aplicáveis as normas do Código Penal e do Código de Processo Penal sobre a aplicação no tempo, com as devidas adaptações.

ARTIGO 12.°
Alterações ao Código do IRS

1 – O artigo 117.° do Código do Imposto sobre o Rendimento das Pessoas Singulares passa a ter a seguinte redacção:

«Artigo 117.°
Comunicação da alienação de valores mobiliários

1 – As alienações de valores mobiliários cujas mais-valias estejam sujeitas a IRS, bem como o respectivo valor, devem ser comunicadas à Direcção-Geral das Contribuições e Impostos:

a) Pelas instituições de crédito, sociedades financeiras de corretagem, sociedades corretoras e outros intermediários financeiros que intervieram na alienação, até ao final do mês de Fevereiro de cada ano;

b) Pelas pessoas intervenientes na alienação, fora dos casos referidos na alínea anterior ou no artigo 116.°, até 10 dias após a alienação.

2 – As comunicações a que se refere o número anterior devem ser feitas mediante impresso de modelo aprovado oficialmente ou por suporte informático.»

2 – O artigo 129.º do Código do Imposto sobre o Rendimento das Pessoas Singulares passa a ter a seguinte redacção:

«Artigo 129.º

Registo ou depósito de valores mobiliários

1 – O registo de valores mobiliários escriturais e o depósito de valores mobiliários titulados susceptíveis de produzir rendimentos da categoria G deve ser titulado por documento emitido pela respectiva entidade registadora ou depositária, do qual conste a identificação dos valores mobiliários registados ou depositados.

2 – O disposto no número anterior é aplicável à transferência entre contas dos valores mobiliários escriturais e ao levantamento dos valores mobiliários titulados depositados.

3 – Da declaração a que se refere o número anterior, se passada por instituição de crédito ou outro intermediário financeiro, deve constar que os valores mobiliários foram adquiridos com a sua intervenção.»

ARTIGO 13.º

Alterações ao Código das Sociedades Comerciais

1 – O n.º 2 do artigo 167.º do Código das Sociedades Comerciais passa a ter a seguinte redacção:

«2 – Nas sociedades anónimas os avisos, anúncios e convocações dirigidos aos sócios ou a credores, quando a lei ou o contrato mandem publicá-los, devem ser publicados de acordo com o disposto no número anterior e ainda num jornal da localidade da sede da sociedade ou, na falta deste, num dos jornais aí mais lidos.»

2 – O n.º 4 do artigo 328.º do Código das Sociedades Comerciais passa a ter a seguinte redacção:

«4 – As cláusulas previstas neste artigo devem ser transcritas nos títulos ou nas contas de registo das acções, sob pena de serem inoponíveis a adquirentes de boa fé.»

3 – O n.º 5 do artigo 346.º do Código das Sociedades Comerciais passa a ter a seguinte redacção:

«5 – As acções totalmente reembolsadas passam a denominar-se acções de fruição, constituem uma categoria e esse facto deve constar do título ou do registo das acções.»

Aprovação do Código dos Valores Mobiliários 31

4 – O n.º 1 do artigo 371.º do Código das Sociedades Comerciais passa a ter a seguinte redacção:

«1 – A administração da sociedade deve:

a) Em relação a acções tituladas, emitir os títulos das novas acções e entregá-los aos seus titulares no prazo de 180 dias a contar da escritura do aumento do capital resultante da emissão;

b) Em relação a acções escriturais, proceder ao registo em conta das novas acções imediatamente após o registo comercial do aumento de capital resultante da emissão.»

5 – Ao artigo 490.º do Código das Sociedades Comerciais é aditado um n.º 7, com a seguinte redacção:

«7 – A aquisição tendente ao domínio total de sociedade com o capital aberto ao investimento do público rege-se pelo disposto no Código dos Valores Mobiliários.»

ARTIGO 14.º
Remissão para disposições revogadas

Quando disposições legais ou contratuais remeterem para preceitos revogados por este decreto-lei, entende-se que a remissão vale para as correspondentes disposições do Código dos Valores Mobiliários, salvo se do contexto resultar interpretação diferente.

ARTIGO 15.º
Revogação

1 – Com a entrada em vigor do Código dos Valores Mobiliários são revogados os seguintes diplomas e preceitos legais:

a) Código do Mercado dos Valores Mobiliários, aprovado pelo Decreto-Lei n.º 142-A/91, de 10 de Abril, e alterado pelos Decretos-Leis n.ºˢ 89/94, de 2 de Abril, 186/94, de 5 de Junho, 204/94, de 2 de Agosto, 196/95, de 29 de Julho, 261/95, de 3 de Outubro, 232/96, de 5 de Dezembro (rectificado pela Declaração de Rectificação n.º 4-E/97, de 31 de Janeiro), 178/97, de 24 de Julho, e 343/98, de 6 de Novembro, com excepção dos artigos 190.º, 192.º, 194.º a 263.º e 481.º a 498.º;

b) Decreto-Lei n.° 408/82, de 29 de Setembro, alterado pelos Decretos-Leis n.ºs 198/86, de 19 de Julho, 243/89, de 5 de Agosto, e 116/91, de 21 de Março;

c) Artigo 5.° do Decreto-Lei n.° 262/86, de 2 de Setembro;

d) N.° 9 do artigo 279.°, artigos 284.°, 300.°, 305.°, 326.°, 327.° e 330.° a 340.° e n.° 4 do artigo 528.°, todos do Código das Sociedades Comerciais;

e) Decreto-Lei n.° 73/95, de 19 de Abril;

f) Artigo 34.°-A aditado ao Estatuto dos Benefícios Fiscais pelo artigo 1.° do Decreto-Lei n.° 142-B/91, de 10 de Abril.

2 – Com a entrada em vigor do Código dos Valores Mobiliários são revogados todos os regulamentos aprovados ao abrigo da legislação revogada nos termos do número anterior, nomeadamente as seguintes portarias:

a) Portaria n.° 834 -A/91, de 14 de Agosto;

b) Portaria n.° 935/91, de 16 de Setembro;

c) Portaria n.° 181-A/92, de 8 de Junho;

d) Portaria n.° 647/93, de 7 de Julho;

e) Portaria n.° 219/93, de 27 de Novembro;

f) Portaria n.° 710/94, de 8 de Agosto;

g) Portaria n.° 377-C/94, de 15 de Junho, alterada pela Portaria n.° 291/96, de 23 de Dezembro;

h) Portaria n.° 904/95, de 18 de Junho;

i) Portaria n.° 905/95, de 18 de Julho, alterada pela Portaria n.° 710/96, de 9 de Dezembro;

j) Portaria n.° 222/96, de 24 de Junho;

k) Portaria n.° 291/96, de 23 de Dezembro.

Visto e aprovado em Conselho de Ministros de 2 de Setembro de 1999. – *António Manuel de Oliveira Guterres – António Luciano Pacheco de Sousa Franco – José Eduardo Vera Cruz Jardim – Joaquim Augusto Nunes de Pina Moura – José Sócrates Carvalho Pinto de Sousa.*

Promulgado em 15 de Outubro de 1999.

Publique-se.

O Presidente da República, JORGE SAMPAIO.

Referendado em 21 de Outubro de 1999.

O Primeiro-Ministro, *António Manuel de Oliveira Guterres.*

DECRETO-LEI N.º 61/2002
de 20 de Março

A transparência das participações qualificadas em sociedades abertas é elemento essencial à integridade e ao regular funcionamento dos mercados relativamente aos valores mobiliários emitidos por essas sociedades, em particular no que respeita à adequada formação das decisões dos investidores e a uma clara percepção do controlo dessas sociedades.

Tem-se verificado que os deveres de comunicação de participações qualificadas nem sempre permitem atingir aquele desiderato, nomeadamente quando tais participações são detidas por entidades inseridas numa cadeia complexa de pessoas colectivas ou com sede em jurisdições não cooperantes com as autoridades de supervisão. São essas situações que as alterações propostas visam ultrapassar, concretizando os deveres de comunicação de participação qualificada, por forma a que sejam sempre do conhecimento do mercado e da autoridade de supervisão os reais detentores dessas participações, não sendo considerado suficiente o conhecimento de titulares que, muitas vezes, apenas o são em sentido formal.

Dada a importância da matéria em causa, estabelece-se um mecanismo que visa impedir a utilização de participações qualificadas de modo não transparente, estabelecendo-se a suspensão dos direitos inerentes aos valores mobiliários que integram essa participação. Por razões de eficácia estabelece-se que a suspensão desses direitos é automática e não depende de quaisquer procedimentos posteriores, sejam administrativos ou de outra natureza.

A importância das medidas mencionadas para a credibilidade e integridade do mercado de valores mobiliários, o envolvimento das autoridades portuguesas no movimento internacional de luta contra a utilização do mercado de valores mobiliários para a prática de actividades ilícitas, bem como as expectativas e o consenso que as mesmas geraram, determinam a necessidade e justificam a urgência da aprovação do presente diploma.

Foram ouvidos a Comissão do Mercado de Valores Mobiliários, o Banco de Portugal, o Instituto de Seguros de Portugal e a BVLP – Sociedade Gestora de Mercados Regulamentados, S. A.

Assim:

Nos termos da alínea *a*) do n.º 1 do artigo 198.º da Constituição, o Governo decreta o seguinte:

Artigo único

Os artigos 16.º e 17.º do Código dos Valores Mobiliários, aprovado pelo Decreto-Lei n.º 486/99, de 13 de Novembro, passam a ter a seguinte redacção:

[...]

Visto e aprovado em Conselho de Ministros de 31 de Janeiro de 2002. – *António Manuel de Oliveira Guterres – Guilherme d'Oliveira Martins.*

Promulgado em 1 de Março de 2002.

Publique-se.

O Presidente da República, JORGE SAMPAIO.

Referendado em 7 de Março de 2002.

O Primeiro-Ministro, *António Manuel de Oliveira Guterres.*

DECRETO-LEI N.º 107/2003
de 4 de Junho

Tendo em vista reduzir os custos e superar os entraves burocráticos que, no actual contexto de liberalização dos movimentos de capitais, têm contribuído para a deslocalização das emissões para outras praças financeiras e, por conseguinte, comprometido, de forma notória, a dinâmica do mercado de valores mobiliários nacional, impõe-se a introdução de algumas alterações aos Códigos das Sociedades Comerciais, do Registo Comercial e dos Valores Mobiliários.

Uma das alterações resulta do facto de a lei em vigor postular um duplo, e por isso redundante, controlo de legalidade, com idêntico conteúdo e função, pela Comissão do Mercado de Valores Mobiliários (CMVM) e pelo conservador do registo comercial, do registo das ofertas públicas de obrigações.

Com efeito, na esteira do artigo 351.º do Código das Sociedades Comerciais, os artigos 3.º, alínea *l*), e 70.º, n.º 1, alínea *a*), do Código do Registo Comercial estabelecem que «a emissão de obrigações e a respectiva autorização» ficam sujeitas a registo e a publicação no Diário da República. Por seu turno, o artigo 69.º, n.º 1, alínea *o*), deste Código determina que seja registada por averbamento às inscrições «a emissão de cada série de obrigações».

Acresce todavia que, nos termos do Código dos Valores Mobiliários, as emissões de obrigações colocadas no mercado através de oferta pública estão sujeitas a registo prévio junto da CMVM (artigo 114.º), o qual depende do preenchimento dos requisitos de legalidade da operação em causa, que resultam do estipulado nos artigos 115.º, 118.º e 119.º do mesmo Código. Na verdade, para que a CMVM possa conceder o registo a uma emissão de obrigações tem de confrontar essa emissão com as normas gerais constantes do Código das Sociedades Comerciais e com as atinentes ao tipo específico da sociedade emitente.

Por outro lado, a publicidade das ofertas públicas é garantida através da publicação do anúncio de lançamento, em simultâneo com a divulgação do prospecto (artigos 123.º e 134.º do Código dos Valores Mobiliários).

Quanto às ofertas particulares de obrigações, o controlo de legalidade e a publicidade são efectuados na esfera do registo comercial, estando apenas sujeitas a comunicação subsequente à CMVM para efeitos estatísticos (artigo 110.º, n.º 2, do Código dos Valores Mobiliários).

Face ao atrás exposto, o presente diploma visa acabar com a duplicação actualmente existente no que concerne ao registo das emissões de obrigações colocadas através de oferta pública, à semelhança do regime já consagrado para as obrigações de caixa, hipotecárias, titularizadas e papel comercial, cometendo o controlo de legalidade apenas à CMVM.

Uma segunda alteração, esta ao Código dos Valores Mobiliários, tem em vista atenuar os requisitos relacionados com a auditoria às contas especiais. Com efeito, ao abrigo do artigo 116.º do Código dos Valores Mobiliários, as entidades que não se encontrem obrigadas a publicar informação semestral ou que não tenham cumprido essa obrigação têm de apresentar relatórios e contas especiais organizados nos termos prescritos para o relatório e contas anuais sempre que, à data do pedido do registo da oferta pública, tiverem decorrido mais de nove meses sobre o termo do último exercício a que se reportam as contas anuais apresentadas. Esta exigência implica que as contas especiais sejam objecto de relatório ou parecer elaborado por auditores registados na CMVM (artigo 8.º do Código dos Valores Mobiliários). Este regime é também aplicável quando, em idênticas circunstâncias, a CMVM é chamada a pronunciar--se sobre o prospecto de admissão de obrigações à negociação em mercado regulamentado.

Neste domínio, se bem que a maior parte das jurisdições europeias não exija a auditoria das contas semestrais, a qual, aliás, não é claramente exigida pela Directiva n.º 2001/34/CE, do Parlamento Europeu e do Conselho, de 28 de Maio (que revoga a Directiva n.º 80/390/CEE, do Conselho, de 27 de Março, que tratou inicialmente o tema), considera-se que a auditoria assegura aos investidores informação, que em determinadas circunstâncias, principalmente se existem reservas anteriores do auditor às contas apresentadas pelo emitente, pode ser relevante.

Esta solução flexibiliza o regime vigente, mantendo, por razões de segurança, a auditoria às contas especiais apresentadas aquando de ofertas públicas ou admissões de obrigações, apenas quando as últimas contas anuais contenham reservas, impossibilidade de emissão de opinião ou opinião adversa do auditor.

Aprovação do Código dos Valores Mobiliários 37

Foi ouvida a Comissão do Mercado de Valores Mobiliários.
Assim:
Nos termos da alínea *a*) do n.º 1 do artigo 198.º da Constituição, o Governo decreta o seguinte:

(…)

ARTIGO 3.º
Alteração ao Decreto-Lei n.º 486/99, de 13 de Novembro

Os artigos 116.º, 118.º, 227.º e 229.º do Código dos Valores Mobiliários, aprovado pelo Decreto-Lei n.º 486/99, de 13 de Novembro, passam a ter a seguinte redacção:

(…)

Visto e aprovado em Conselho de Ministros de 24 de Abril de 2003. *– José Manuel Durão Barroso – Maria Manuela Dias Ferreira Leite – Maria Celeste Ferreira Lopes Cardona.*

Promulgado em 20 de Maio de 2003.

Publique-se.

O Presidente da República, JORGE SAMPAIO.

Referendado em 23 de Maio de 2003.

O Primeiro-Ministro, *José Manuel Durão Barroso.*

DECRETO-LEI N.º 66/2004
de 24 de Março

Decorridos mais de três anos desde a entrada em vigor do Código dos Valores Mobiliários, aprovado pelo Decreto-Lei n.º 486/99, de 13 de Novembro, tornou-se necessário rever algumas das suas disposições para reforçar o objectivo da internacionalização e competitividade do mercado português, flexibilizando algumas das suas exigências.

É um objectivo da flexibilização e de defesa da inovação financeira que justifica o abandono, no presente decreto-lei, do princípio da tipicidade dos valores mobiliários, substituído por um princípio de liberdade de criação destes valores. O mercado de valores mobiliários português revela, actualmente, a experiência e a maturidade necessárias à revogação daquele princípio que, em 1999, foi consagrado, fundamentalmente, por razões de segurança. Segue-se, assim, de perto a prática internacional e as soluções consagradas nas legislações estrangeiras e vai-se ao encontro de recentes indicações comunitárias, dando-se primazia ao dinamismo e à criatividade dos intervenientes no mercado na emissão de possíveis novos tipos de valores mobiliários. Reserva-se, naturalmente, a função supervisora da Comissão do Mercado de Valores Mobiliários (CMVM) para os casos em que esses valores mobiliários são destinados ao público.

No respeitante aos mercados e sistemas de liquidação, é ainda o movimento de consolidação internacional entre bolsas de valores que, continuando a provocar uma intensa concorrência globalizada, implica modificações legislativas. Algumas delas foram já introduzidas pelo Decreto-Lei n.º 8-D/2002, de 15 de Janeiro, que alterou o regime jurídico das entidades gestoras de mercados e prestadoras de serviços relacionados com a gestão. Outras, porém, incidindo sobre matérias cuja sede própria se encontra no Código dos Valores Mobiliários são agora aprovadas pelo presente diploma. Assim, por exemplo, no âmbito dos mercados são introduzidas alterações em sede de aquisição da qualidade de membro, alargando-se o leque de entidades com capacidade para negociar em mercado valores mobiliários para além dos intermediários financeiros e permitindo-se que os investidores institucionais possam fazê-lo em condições menos exigentes que as actualmente consagradas. São ainda exemplos de flexibilização do regime a circunscrição da obrigatoriedade dos mecanismos de substituição da liquidação aos casos em que não exista a figura da contraparte central bem como a possibilidade de as operações de fomento de mercado serem celebradas com a própria entidade gestora mesmo que não respeitem a instrumentos financeiros derivados. Optou-se, ainda, apesar da matéria ainda estar a ser consolidada, em termos comunitários, no âmbito da revisão da Directiva dos Serviços de Investimentos, por prever a possibilidade da CMVM estabelecer deveres de informação, nomeadamente no que respeita a condições de preço, para intermediários financeiros que sistematicamente «internalizem» ordens de clientes.

Outras são as matérias reguladas no Código dos Valores Mobiliários cujo regime é flexibilizado pelo presente diploma para melhor se adaptar à prática internacional.

Em matéria de idioma, por exemplo, o legislador passa a prever a possibilidade de divulgação de informação num prospecto redigido em língua estrangeira, dentro de determinadas circunstâncias.

Por outro lado, merece referência a consagração de determinados poderes regulamentares relativos a requisitos de admissão de valores mobiliários a favor da entidade gestora de mercado, poderes esses que, até à data, a lei conferia à CMVM. Trata-se, também aqui, de alinhar a legislação portuguesa com a prática dos principais mercados europeus.

Por fim, há que referir os fundos de garantia dos investidores, cuja constituição e participação obrigatórias são substituídas por um princípio de facultatividade. Não deixam, contudo, de se manter os objectivos de apoio aos investidores inerentes a este instituto, que, em contrapartida, vê o seu âmbito de cobertura alargado a mais situações indemnizáveis.

No mercado de valores mobiliários, em que a protecção dos investidores não pode deixar de ser um objectivo prioritário, a internacionalização e a flexibilização do regime implicam, necessariamente, deveres acrescidos para todos aqueles que lhes prestam serviços. Assim se deve compreender, a título de exemplo, a extensão do dever de defesa do mercado às novas entidades susceptíveis de adquirir o estatuto de membro de mercado, como, ainda, a possibilidade da CMVM, em determinadas situações, poder determinar, por escrito, a sujeição de certas pessoas a um dever de segredo relativo a actos de supervisão que aquela Comissão pratique.

Aprovação do Código dos Valores Mobiliários 41

Todas as alterações ora introduzidas revelaram ser necessárias aos objectivos de internacionalização e flexibilização apontados mas nenhuma colide com o carácter simples, sintético e sistematizador de que o Código de Valores Mobiliários continua a ser dotado.

Foram ouvidos a CMVM, o Banco de Portugal, a Associação Portuguesa de Bancos, a Associação Portuguesa de Sociedades Corretoras e Financeiras de Corretagem, a Associação Portuguesa das Sociedades Gestoras de Patrimónios e de Fundos de Investimento, a Euronext Lisbon – Sociedade Gestora de Mercados Regulamentados, S. A., e a OPEX – Sociedade Gestora de Mercado de Valores Mobiliários não Regulamentado, S. A..

Assim:

Nos termos da alínea *a*) do n.º 1 do artigo 198.º da Constituição, o Governo decreta o seguinte:

ARTIGO 1.º
Alteração ao Código dos Valores Mobiliários

Os artigos 1.º, 8.º, 30.º, 31.º, 35.º, 36.º, 110.º, 111.º, 134.º, 143.º, 144.º, 155.º, 201.º, 203.º, 205.º, 210.º, 212.º, 222.º, 227.º, 228.º, 229.º, 230.º, 235.º, 247.º, 268.º, 280.º, 311.º, 348.º, 350.º, 351.º, 359.º, 361.º, 363.º, 388.º e 392.º do Código dos Valores Mobiliários, aprovado pelo Decreto-Lei n.º 486/99, de 13 de Novembro, com a redacção que lhe foi dada pelos Decretos-Leis n.ºs 61/2002, de 20 de Março, 38/2003, de 8 de Março, e 107/2003, de 4 de Junho, passam a ter a seguinte redacção:

(...)

ARTIGO 2.º
Aditamento ao Código dos Valores Mobiliários

São aditados ao Código dos Valores Mobiliários os artigos 163.º-A e 237.º-A, com a seguinte redacção:

(...)

ARTIGO 3.º
Revogação

São revogados os artigos 37.º e 38.º do Código dos Valores Mobiliários.

ARTIGO 4.º
Direito transitório

As normas regulamentares aprovadas pela CMVM ao abrigo da anterior redacção dos artigos 201.º, n.º 1, e 230.º mantêm-se em vigor até que a entidade gestora do mercado exerça os poderes regulamentares que lhe são atribuídos por essas normas, nos termos do presente diploma.

ARTIGO 5.º
Entrada em vigor

O presente diploma entra em vigor no dia seguinte ao da sua publicação.

Visto e aprovado em Conselho de Ministros de 11 de Fevereiro de 2004. – *José Manuel Durão Barroso – Maria Manuela Dias Ferreira Leite*.

Promulgado em 12 de Março de 2004.

Publique-se.

O Presidente da República, JORGE SAMPAIO.

Referendado em 15 de Março de 2004.

O Primeiro-Ministro, *José Manuel Durão Barroso*.

DECRETO-LEI N.º 52/2006
de 15 de Março

O presente decreto-lei transpõe para o ordenamento jurídico interno a Directiva n.º 2003/6/CE, do Parlamento Europeu e do Conselho, de 28 de Janeiro, relativa ao abuso de informação privilegiada e à manipulação de mercado, e a Directiva n.º 2003/71/CE, do Parlamento Europeu e do Conselho, de 4 de Novembro, relativa ao prospecto a publicar em caso de oferta pública de valores mobiliários ou da sua admissão à negociação, e que altera a Directiva n.º 2001/34/CE.

A transposição da Directiva n.º 2003/6/CE implica, igualmente, a transposição das Directivas n.os 2003/124/CE, da Comissão, de 22 de Dezembro, que estabelece as modalidades de aplicação da Directiva n.º 2003/6/CE, do Parlamento Europeu e do Conselho, de 28 de Janeiro, no que diz respeito à definição e divulgação pública de informação privilegiada e à definição de manipulação de mercado, 2003/125/CE, da Comissão, de 22 de Dezembro, que estabelece as modalidades de aplicação da Directiva n.º 2003/6/CE, do Parlamento Europeu e do Conselho, de 28 de Janeiro, no que diz respeito à apresentação imparcial de recomendações de investimento e à divulgação de conflitos de interesses, e 2004/72/CE, da Comissão, de 29 de Abril, relativa às modalidades de aplicação da Directiva n.º 2003/6/CE, do Parlamento Europeu e do Conselho, de 28 de Janeiro, no que diz respeito às práticas de mercado aceites, à definição da informação privilegiada em relação aos instrumentos derivados sobre mercadorias, à elaboração de listas de iniciados, à notificação das operações efectuadas por pessoas com responsabilidades directivas e à notificação das operações suspeitas.

A Directiva n.º 2003/6/CE, do Parlamento Europeu e do Conselho, de 28 de Janeiro, vem regular o abuso da informação privilegiada, revogando nesta matéria a anterior Directiva n.º 89/592/CEE, do Conselho, de 13 de Novembro, relativa à coordenação das regulamentações respeitantes às operações de iniciados, e a manipulação de mercado, sob a designação de abuso de mercado, inserindo ainda normas relativas a deveres de informação, alguns dos quais constavam dos agora revogados artigos 68.º e 81.º da Directiva n.º 2001/34/CE, do Parlamento Europeu e do Conselho, de 28 de Maio, relativa à admissão de valores mobiliários à cotação oficial de uma bolsa de valores e à informação a publicar sobre esses valores.

As três directivas da Comissão contêm normas de execução do regime constante da Directiva n.º 2003/6/CE, do Parlamento Europeu e do Conselho, de 28 de Janeiro, emitidas de acordo com o disposto no n.º 2 do artigo 17.º daquela directiva.

Do conjunto de diplomas comunitários de concretização da Directiva n.º 2003/6/CE, do Parlamento Europeu e do Conselho, de 28 de Janeiro, consta ainda o Regulamento (CE) n.º 2273/2003, da Comissão, de 22 de Dezembro, que estabelece as modalidades de aplicação da Directiva n.º 2003/6/CE no que diz respeito às derrogações para os programas de recompra e para as operações de estabilização de instrumentos financeiros. Da entrada em vigor desse regulamento resultou uma incompatibilidade material com algumas normas do Código de Valores Mobiliários que, por razões de clareza e segurança jurídica, se incluem agora no elenco das normas revogadas pelo presente decreto-lei.

As principais alterações decorrentes da transposição destas directivas prendem-se com os deveres de informação, uma vez que a definição de abuso de informação e de manipulação do mercado não se distanciam, no essencial, do regime já previsto no Código de Valores Mobiliários.

A Directiva n.º 2003/6/CE, do Parlamento Europeu e do Conselho, de 28 de Janeiro, contém igualmente um regime que visa reforçar a cooperação entre as entidades de supervisão do mercado de valores mobiliários dos vários Estados membros, de forma a tornar mais eficaz a investigação e a repressão destas infracções, e que é transposto no novo artigo 377.º do Código dos Valores Mobiliários. Este objectivo de eficácia é também o que preside à exigência contida no artigo 11.º da Directiva n.º 2003/6/CE, do Parlamento Europeu e do Conselho, de 28 de Janeiro, quanto à designação de uma única autoridade administrativa competente que garanta a aplicação do regime contido na directiva, visando-se, identicamente, conforme exposto no respectivo considerando 36, a independência dessa autoridade. Esta exigência de uma autoridade administrativa independente que garanta a aplicação do regime relativo ao abuso de mercado resulta já do regime vigente relativamente à Comissão do Mercado de Valores Mobiliários (CMVM), não havendo quanto a esse aspecto necessidade de elaborar normas específicas de transposição.

No que respeita aos deveres de informação a cargo dos emitentes, a directiva faz derivar do conceito de informação privilegiada não apenas as proibições de abuso de informação (proibição de transmissão da informação e de realização de transacções por quem detenha informação privilegiada) como também o dever de divulgação, por parte do emitente, da informação privilegiada que directamente lhe diga respeito. Este enquadramento implica uma alteração no regime anteriormente previsto para os factos relevantes, uma vez que os emitentes terão, doravante, nos termos da nova redacção do artigo 248.° do Código dos Valores Mobiliários, de passar a divulgar imediatamente os factos que possam ser enquadrados na definição de informação privilegiada e não apenas aqueles que preenchem as condições anteriormente previstas no referido artigo 248.°. Em sintonia com as exigências da directiva, no âmbito dos factos a divulgar, inclui-se já a existência de negociações, desde que, caso fossem divulgadas, tais negociações sejam idóneas a influenciar de maneira sensível a formação dos preços dos valores mobiliários com que se relacionam. De forma a evitar que este regime implique um sacrifício dos legítimos interesses dos emitentes, designadamente pondo em causa o curso normal desses processos negociais, a directiva prevê, no n.° 2 do seu artigo 6.°, a possibilidade de diferimento dessa divulgação, verificadas as condições que se transpõem no artigo 248.°-A a introduzir no Código. A Directiva n.° 2003/124/CE, da Comissão, de 22 de Dezembro, aponta precisamente, como exemplo da possibilidade de diferimento de divulgação da informação, a existência de negociações, matéria que é transposta no n.° 2 do novo artigo 248.°-A.

A Directiva n.° 2003/6/CE, do Parlamento Europeu e do Conselho, de 28 de Janeiro, regula a matéria da informação apenas na medida em que os deveres de informação estejam relacionados com a protecção da integridade do mercado, constituindo assim medidas preventivas do abuso de mercado. Nesta medida, a directiva ora transposta não exaura a totalidade dos deveres de informação a cargo dos agentes do mercado, abrangendo apenas aqueles que sejam relevantes para o cumprimento do objectivo que a directiva se propõe atingir. Neste âmbito, a regulação da matéria da informação introduzida por esta directiva, para além do dever de divulgação de informação privilegiada a cargo dos emitentes, implica ainda, em sede de transposição, a introdução de novos deveres, a saber:

> i) O dever, a cargo dos emitentes e das pessoas que actuem em seu nome ou por sua conta, de elaboração de listas de pessoas que

têm acesso a informação privilegiada, matéria transposta através nos n.ºs 6 e 7 do artigo 248.°;

ii) Um conjunto extenso de regras relativas à elaboração e divulgação de informação contendo recomendações de investimento, com destaque para as regras que obrigam à divulgação de conflitos de interesses, matéria transposta nos novos artigos 12.°-A a 12.°-E;

iii) O dever de denúncia à autoridade competente de transacções suspeitas de constituir abuso de informação ou manipulação de mercado, a cargo dos intermediários financeiros, matéria transposta através da nova redacção dada ao artigo 382.°

As alterações ao nível sancionatório são aquelas estritamente necessárias para transpor as directivas acima referidas. O essencial dos tipos incriminadores de abuso de informação (artigo 378.°) e de manipulação e mercado (artigo 379.°) mantém-se, quer quanto ao seu âmbito de aplicação, quer quanto aos pressupostos da responsabilidade. As normas prevêem apenas factos dolosos praticados por pessoas singulares. O elenco de factos tipicamente relevantes foi alargado, por exigência comunitária, a situações de informação privilegiada que se relacionam com o conhecimento da prática de actos ilícitos e que procuram abranger em especial a prática de actos terroristas pelo seu conhecido efeito nos mercados financeiros. Fora este aspecto, as novas exigências de tutela decorrentes da Directiva n.° 2003/6/CE, do Parlamento Europeu e do Conselho, de 28 de Janeiro, não foram projectadas nas normas penais incriminadoras, mas sim no sistema de contra-ordenações contido no Código, como forma de conciliar o princípio da mínima intervenção em matéria penal com as exigências de eficácia sancionatória traçadas pela directiva nesta matéria.

Neste plano, o novo regime da informação privilegiada relativa a emitentes contempla expressamente uma proibição de transmissão e do uso de tal informação fora do âmbito normal de funções que, quando violada por pessoas colectivas, com dolo ou negligência, ou por pessoas singulares, com mera negligência, dá origem a responsabilidade contra-ordenacional [artigos 248.°, n.° 4, e 394.°, n.° 1, alínea *i*)]. O facto penalmente proibido cometido por uma pessoa singular com dolo tem apenas relevância criminal se o respectivo tipo incriminador estiver realizado [artigos 248.°, n.° 4, 394.°, n.° 1, alínea *i*), in fine, e 420.°, n.° 2, na sua nova redacção], preservando-se deste modo a integral continuidade entre os ilícitos penais anteriores e posteriores a esta reforma. Apenas se admite agora expressamente a possibilidade de as pessoas colectivas serem, nos termos

Aprovação do Código dos Valores Mobiliários 47

gerais já consagrados entre nós, demandadas civilmente no processo criminal, para efeitos da apreensão das vantagens de crime e reparação de danos, na exacta medida em que a sua carteira de activos esteja envolvida nos factos criminalmente ilícitos. Pretende-se deste modo evitar que as entidades colectivas sejam utilizadas como instrumentos de crime por pessoas singulares, frustrando depois o exercício do poder punitivo do Estado em aspectos essenciais de natureza patrimonial.

O elenco de medidas sancionatórias do abuso de mercado foi completado com uma regulação expressa do problema da apreensão e da perda das vantagens patrimoniais dos crimes (novo artigo 380.°-A), exigido pela directiva em nome da proporcionalidade e eficácia das sanções, e o aditamento de algumas normas de natureza processual, igualmente decorrentes das exigências das directivas na matéria. Entre estas inclui-se a obtenção de registos de contactos telefónicos e de transmissão de dados, enquanto simples prova documental de meros contactos realizados entre agentes, que não se estende, em caso algum, ao conteúdo dos contactos ou dos dados transmitidos.

A culminar o regime sancionatório, regula-se o mecanismo de divulgação das decisões sancionatórias pela CMVM, uma vez mais, em consonância com as exigências da Directiva n.° 2003/6/CE, do Parlamento Europeu e do Conselho, de 28 de Janeiro, que, por seu turno, se articula funcionalmente com a eliminação da proibição de reformatio in pejus nos processos de contra-ordenação, como já acontece noutras áreas do sistema financeiro, garantindo deste modo a necessária autonomia entre a fase administrativa e a fase judicial do procedimento contra-ordenacional, bem como a congruência e a uniformidade de soluções do regime do ilícito de mera ordenação social vigente no sector financeiro.

Introduziram-se, ainda, alterações à sistematização do título IV do Código dos Valores Mobiliários, dedicado aos mercados. Este título compreendia, até aqui, dois capítulos, um de disposições gerais extensíveis a todos os mercados (artigos 198.° a 212.°) e outro reservado às bolsas (artigos 213.° a 265.°). Contudo, o tempo de vigência deste Código permitiu concluir que o regime legal dos mercados deveria centrar-se no conceito de mercado regulamentado e não no de mercado de bolsa, o que determinou uma redefinição sistemática deste título e, consequentemente, de todos aqueles preceitos que apelavam ao conceito de mercado de bolsa. Optou-se, assim, por uma alteração da designação do capítulo II do título IV de «Bolsas» para «Mercados regulamentados». É não só a opção mais adequada ao tecido normativo comunitário – como é o caso das directivas que ora se transpõem, cujo âmbito de aplicação é definido pelo conceito de mercado regulamentado –, mas também aquela que melhor contribui para a necessária modernização do título IV do Código e a que mais se ajusta ao regime jurídico das entidades gestoras de mercados e prestadoras de serviços relacionados com a gestão, aprovado pelo Decreto-Lei n.º 394/99, de 13 de Outubro, e que ignora o conceito de bolsa.

A Directiva n.º 2003/71/CE, do Parlamento Europeu e do Conselho, de 4 de Novembro, revoga a Directiva n.º 89/298/CEE, do Conselho, de 17 de Abril, que coordena as condições de estabelecimento, controlo e difusão do prospecto a publicar em caso de oferta pública de valores mobiliários, e revoga ainda uma parte substancial da Directiva n.º 2001/34/CE, do Parlamento Europeu e do Conselho, de 28 de Maio, relativa à admissão de valores mobiliários à cotação oficial de uma bolsa de valores e à informação a publicar sobre esses valores.

A directiva, que ora se transpõe, é complementada através do Regulamento (CE) n.º 809/2004, da Comissão, de 29 de Abril, que estabelece normas de aplicação da Directiva n.º 2003/71/CE, do Parlamento Europeu e do Conselho, no que diz respeito à informação contida nos prospectos, bem como os respectivos modelos, à inserção por remissão, à publicação dos referidos prospectos e à divulgação de anúncios publicitários. Este texto comunitário, de aplicabilidade directa na ordem jurídica portuguesa, constitui a fonte de aspectos essenciais do regime do prospecto, designadamente no tocante à informação contida nos prospectos e sua padronização, à inserção por remissão, à publicação dos prospectos e à divulgação de anúncios publicitários. Por esse motivo, embora as medidas legislativas de concretização da Directiva dos Prospectos dispensem uma transposição para a ordem jurídica interna, há vantagem em que o mesmo decreto-lei que procede a esta transposição adapte igualmente o direito nacional à vigência do já citado regulamento. Para tal, utilizam-se algumas normas remissivas, que cumprem uma função pedagógica para realizar a articulação adequada entre a fonte interna e a fonte comunitária complementar. Por razões de certeza jurídica, aproveita-se igualmente o ensejo para indicar as normas legais que serão substituídas pela entrada em vigor do Regulamento (CE) n.º 809/2004, por apresentarem uma incompatibilidade material com este diploma comunitário, as quais foram incluídas no elenco de normas revogadas do presente decreto-lei.

As modificações normativas trazidas pela transposição da Directiva dos Prospectos recaem sobretudo sobre o título III do Código dos Valores Mobiliários, dedicado às ofertas públicas referentes a valores mobiliários,

Aprovação do Código dos Valores Mobiliários 49

e sobre os artigos 236.º e seguintes do mesmo decreto-lei, aplicáveis aos prospectos de admissão à negociação em mercado regulamentado. No entanto, dada a aplicabilidade da directiva a obrigações emitidas por instituições de crédito, revelando uma extensão significativa do âmbito do dever de elaboração de prospecto relativamente aos dados comunitários anteriores, houve igualmente que efectuar modificações aos diplomas reguladores das obrigações de caixa e das obrigações hipotecárias. O texto comunitário implica igualmente modificações ao regime jurídico dos organismos de investimento colectivo e do capital de risco.

Embora, a par dos prospectos de admissão em mercado regulamentado, a directiva anuncie também dedicar-se aos prospectos a publicar em oferta pública, aquela dirige-se, na verdade, apenas aos prospectos divulgados em ofertas públicas de distribuição. Nessa medida, a maior parte das alterações legislativas introduzidas reflectiu-se no regime destas ofertas, que visam uma captação de aforro junto do público. Todavia, muitos dispositivos da parte geral do título III do Código resultaram modificados, não apenas em respeito à sistematização originária do Código, que, naturalmente, se manteve, como também porque certas soluções previstas de ofertas de distribuição na Directiva dos Prospectos têm, em última análise, uma vocação aplicativa mais geral – como sucede com a permissão de inserção de informação por remissão.

Um dos mecanismos centrais da Directiva dos Prospectos prende-se com a atribuição de eficácia à aprovação de um prospecto de oferta pública ou de admissão em mercado regulamentado a partir do momento em que a aprovação é notificada à autoridade competente do Estado membro de acolhimento. Este expediente, designado «passaporte dos prospectos», substitui o anterior sistema de reconhecimento mútuo dos prospectos, que se revelou inadequado, por ser moroso e implicar encargos significativos para os emitentes.

Deve ainda frisar-se que as normas ora transpostas dão um contributo decisivo para a modernização funcional do prospecto, propiciando a sua mais fácil elaboração pelos emitentes e uma maior utilização pelos investidores. De um lado, acentua-se o importante reconhecimento de novos formatos do prospecto, com destaque para a possibilidade de o prospecto se decompor em três peças distintas (documento de registo, nota dos valores mobiliários e sumário), a par da técnica de inserção de informação por remissão e a consagração do prospecto base para programas de emissões. De outro lado, a generalização da figura do sumário de prospecto de oferta pública de distribuição e de admissão facilitará a tarefa da compreensão pelo público investidor dos elementos essenciais do investimento proposto, sem prejuízo da consulta do prospecto integral.

No escrutínio administrativo em ofertas públicas, a directiva centra a sua atenção na aprovação do prospecto, diferenciando-se nesse aspecto da abordagem tradicionalmente seguida pelo direito nacional, que tomava como referência principal o registo concedido pela CMVM. Para harmonizar o regime nacional com o enquadramento comunitário, que estabelece neste plano uma harmonização máxima, passou a centrar-se a fiscalização de ofertas públicas de distribuição na aprovação do prospecto, a par do que já sucedia com as admissões em mercado regulamentado. Esta opção de abolição do registo prévio em ofertas públicas de distribuição fundamenta--se na necessidade de evitar uma desvantagem competitiva dos emitentes nacionais em confronto com os seus concorrentes estrangeiros e procura, igualmente, contribuir para facilitar a celeridade na aprovação dos prospectos, atentos os estreitos prazos de aprovação impostos pela directiva. Tal não prejudica os poderes de supervisão da legalidade das ofertas públicas por parte da CMVM, que mantém a possibilidade de decidir a suspensão ou a retirada de oferta, nos termos dos artigos 131.° a 133.°, podendo agora igualmente impor a proibição de lançamento da oferta, na eventualidade de detectar alguma ilegalidade ou violação do regulamento.

Os mesmos fundamentos conduziram a alargar as situações de inexigibilidade de registo comercial de obrigações e de warrants sobre valores mobiliários próprios aos casos em que estes valores mobiliários, embora emitidos através de oferta particular, se destinam a ser admitidos à negociação em mercado regulamentado. Aliás, nestas situações, à supervisão exercida pela CMVM acresce a supervisão exercida pela entidade gestora de mercado, no âmbito dos poderes que a lei e o contrato de admissão de valores mobiliários lhe conferem. Aproveitou-se, ainda, para efectuar outros ajustamentos ao regime das obrigações, alargando a legitimidade para emissão a sociedades recentemente constituídas, em coerência com o regime constante do regulamento comunitário sobre prospectos, e prevendo uma reformulação aos limites de endividamento através da emissão destes valores mobiliários.

A eliminação do registo prévio de ofertas públicas acarretou alterações reflexas no regime da titularização e do papel comercial, em benefício da coerência do sistema.

Na transposição desta directiva para o direito nacional foi ainda necessário testar a necessidade de consagração do aviso sobre disponibilização do prospecto, figura de existência facultativa, prevista no n.° 3 do artigo 14.º da directiva, com o anúncio de lançamento, acolhida no Código dos Valores Mobiliários. Funcionalmente, o anúncio de lançamento cumpre o objectivo de aviso sobre a existência e o acesso ao prospecto, mas vai além dele, não apenas no conteúdo, mas também no âmbito, pois aplica-se também às ofertas públicas de aquisição (OPA), ao passo que o aviso comunitário apenas se destina às ofertas públicas de distribuição; ressalve-se, apenas, que o âmbito do aviso abrange também admissões, o que não é coberto pelo anúncio de lançamento. Não se justificaria, assim, manter o anúncio de lançamento e adicionar a cominação do aviso sobre disponibilização do prospecto, sob pena de se criar uma insensata duplicação. Por outro lado, o anúncio de lançamento, ao informar sobre os elementos essenciais do contrato a formar com a oferta, vê a razão da sua existência afectada com a exigência do sumário de prospecto, o qual, podendo circular separadamente, cobre e excede a função do anúncio de lançamento, na medida em que, além da informação sobre os elementos essenciais da oferta ou da admissão, inclui também informação sobre os riscos inerentes à operação de investimento. Por esse motivo, decidiu-se manter o anúncio de lançamento apenas em relação a OPA, por nestas ofertas faltar o sumário do prospecto. No tocante ao aviso de disponibilização do prospecto, uma vez que este, quando se refere a ofertas, é divulgado em jornal, apenas é justificado mantê-lo quando o oferente opte pela sua divulgação electrónica. O aviso sobre acesso ao prospecto de admissão não carece de tratamento normativo, visto estar já consagrado, como dever da entidade gestora do mercado, no n.º 3 do artigo 234.º do Código. Por último, aproveitou-se para reformular o regime dos anteriormente designados «investidores institucionais» de dupla natureza: no plano terminológico, passam a merecer a designação de investidores qualificados, indo de encontro à expressão empregue na directiva, e no plano substancial, o perímetro de entidades que se incluem nesta categoria é objecto de um alargamento significativo, seja por via directa, seja por intermédio de uma qualificação facultativa dependente de registo na CMVM.

Foram ouvidos a Comissão do Mercado de Valores Mobiliários, o Banco de Portugal, as associações representativas dos sectores bancário e financeiro, a Euronext Lisbon, a Ordem dos Advogados, a Associação Portuguesa de Imprensa, o Sindicato dos Jornalistas e a Comissão Nacional de Protecção de Dados.

Assim:

No uso das autorizações legislativas concedidas pelas Leis n.ºˢ 55/2005, de 18 de Novembro, e 56/2005, de 25 de Novembro, e nos termos das alíneas *a*) e *b*) do n.º 1 do artigo 198.º da Constituição, o Governo decreta o seguinte:

ARTIGO 1.º
Objecto

O presente decreto-lei transpõe para a ordem jurídica nacional a Directiva n.º 2003/6/CE, do Parlamento Europeu e do Conselho, de 28 de Janeiro, relativa ao abuso de informação privilegiada e à manipulação de mercado, e a Directiva n.º 2003/71/CE, do Parlamento Europeu e do Conselho, de 4 de Novembro, relativa ao prospecto a publicar em caso de oferta pública de valores mobiliários ou da sua admissão à negociação, e que altera a Directiva n.º 2001/34/CE.

ARTIGO 2.º
Alteração ao Código dos Valores Mobiliários

Os artigos 8.º, 30.º a 33.º, 35.º, 68.º, 108.º, 109.º a 115.º, 117.º, 118.º, 119.º, 121.º, 122.º, 125.º, 127.º, 129.º a 131.º, 133.º a 137.º, 139.º a 143.º, 145.º a 149.º, 155.º, 159.º, 162.º, 163.º-A, 165.º, 168.º, 170.º, 180.º, 199.º, 200.º, 203.º, 206.º, 208.º, 212.º, 214.º a 223.º, 225.º, 227.º, 229.º, 231.º, 233.º, 234.º, 236.º, 237.º-A, 238.º, 244.º a 250.º, 252.º, 255.º, 256.º, 265.º, 273.º, 278.º, 281.º, 287.º, 304.º, 311.º, 317.º, 319.º, 321.º, 322.º, 346.º, 349.º, 350.º, 359.º, 360.º, 361.º, 364.º, 366.º, 367.º, 369.º, 376.º, 377.º, 378.º, 379.º, 382.º, 385.º, 388.º, 389.º, 393.º, 394.º, 397.º, 400.º, 408.º, 412.º, 416.º e 420.º e a designação da secção II e da subsecção I da secção V do título III e das secções I, II e IV do capítulo II do título IV do Código dos Valores Mobiliários, aprovado pelo Decreto--Lei n.º 486/99, de 13 de Novembro, com a redacção que lhe foi dada pelos Decretos-Leis n.ºˢ 61/2002, de 20 de Março, 38/2003, de 8 de Março, 107/2003, de 4 de Junho, 183/2003, de 19 de Agosto, e 66/2004, de 24 de Março, passam a ter a seguinte redacção:

(…)

ARTIGO 3.º
Aditamento ao Código dos Valores Mobiliários

São aditados ao Código dos Valores Mobiliários os artigos 12.º-A, 12.º-B, 12.º-C, 12.º-D, 12.º-E, 110.º-A, 135.º-A, 135.º-B, 135.º-C,

Aprovação do Código dos Valores Mobiliários　　　53

136.°-A, 140.°-A, 183.°-A, 248.°-A, 248.°-B, 248.°-C, 377.°-A, 380.°-A e 422.°, com a seguinte redacção:

(...)

ARTIGO 12.°
Norma revogatória

São revogados:
  a) Os artigos 116.°, 120.°, 123.°, 144.°, 156.°, 157.°, 158.°, 160.°, 213.°, 237.°, 239.°, 240.°, 241.° e 242.° do Código dos Valores Mobiliários;
  b) O artigo 4.° do Decreto-Lei n.° 408/91, de 17 de Outubro.

ARTIGO 13.°
Entrada em vigor

1 – Sem prejuízo do disposto nos números seguintes, o presente decreto-lei entra em vigor 15 dias após a sua publicação.

2 – Os artigos 5.° e 6.° entram em vigor no dia 31 de Dezembro de 2008, sem prejuízo da possibilidade de, a partir da data fixada no número anterior, os emitentes poderem utilizar o prospecto integral, aplicando-se nesse caso o regime decorrente do Código dos Valores Mobiliários e do Regulamento (CE) n.° 809/2004, da Comissão, de 29 de Abril.

3 – As alterações e os aditamentos ao título III do Código dos Valores Mobiliários entram em vigor no dia seguinte ao da publicação do presente decreto-lei.

Visto e aprovado em Conselho de Ministros de 29 de Dezembro de 2005. – *José Sócrates Carvalho Pinto de Sousa – Diogo Pinto de Freitas do Amaral – Fernando Teixeira dos Santos.*

Promulgado em 5 de Março de 2006.

Publique-se.

O Presidente da República, JORGE SAMPAIO.

Referendado em 6 de Março de 2006.

O Primeiro-Ministro, *José Sócrates Carvalho Pinto de Sousa.*

DECRETO-LEI N.º 219/2006
de 2 de Novembro

O presente decreto-lei transpõe para o ordenamento jurídico interno a Directiva n.º 2004/25/CE, do Parlamento Europeu e do Conselho, de 21 de Abril, relativa às ofertas públicas de aquisição.

A directiva visa harmonizar e coordenar o regime das ofertas públicas de aquisição nos Estados membros da União Europeia, respeitando os princípios gerais de equidade de tratamento, transparência na informação prestada e protecção dos interesses dos accionistas minoritários e dos trabalhadores das entidades oferentes e visadas. A harmonização dos regimes vigentes na União Europeia é reforçada pelo princípio de reciprocidade que permite a um Estado membro facultar às entidades visadas a possibilidade de aplicar um regime tanto ou mais favorável consoante o regime aplicável à entidade visada, com especial impacte na capacidade da visada de aplicar medidas defensivas.

A directiva também estabelece medidas quanto às autoridades competentes para supervisionar as suas disposições, em particular na escolha da autoridade em situações em que entidade oferente e visada estão situadas em ordenamentos jurídicos diferentes ou quando a visada tem valores mobiliários admitidos à negociação em vários mercados regulamentados. A directiva prevê, ainda, a necessidade de coordenação entre autoridades competentes.

O dever de lançamento de uma oferta pública de aquisição surge assim que uma entidade ou grupo de entidades actuando em concertação detenham valores mobiliários da entidade visada em tal percentagem dos direitos de voto que lhes permitam, directa ou indirectamente, dispor do controlo da visada. A directiva não estabelece qual a percentagem, conferindo aos Estados membros a sua definição. Neste aspecto, o legislador nacional opta por manter os actuais limiares previstos no Código dos Valores Mobiliários para as ofertas públicas de aquisição obrigatórias, ou seja, um terço e metade dos direitos de voto.

O legislador nacional optou, contudo, por introduzir uma alteração no cálculo de imputação dos direitos de voto com relevância para a determinação dos limiares de controlo. Esta alteração não resulta da transposição da Directiva n.° 2004/25/CE, do Parlamento Europeu e do Conselho, de 21 de Abril, mas trata-se de uma antecipação parcial do regime previsto na Directiva n.° 2004/109/CE, do Parlamento Europeu e do Conselho, de 15 de Dezembro, relativa à harmonização dos requisitos de transparência no que se refere às informações respeitantes aos emitentes cujos valores mobiliários estão admitidos à negociação num mercado regulamentado, e que altera a Directiva n.° 2001/34/CE, do Parlamento Europeu e do Conselho, de 21 de Maio, relativa à admissão de valores mobiliários à cotação oficial de uma bolsa de valores e à informação a publicar sobre esse valores.

Assim, o artigo 20.° do Código dos Valores Mobiliários é alterado de modo a acomodar a noção de exercício concertado de direitos de voto e prevê que não sejam imputáveis às sociedades que dominem sociedades que prestem serviços de gestão de carteira por conta de outrem, os direitos de voto inerentes às carteiras geridas desde que a sociedade gestora actue de forma independente da sociedade dominante. Introduz-se, igualmente, um novo artigo 20.°-A, que permite às sociedades dominantes derrogarem a imputação dos direitos de voto em determinadas circunstâncias que demonstrem autonomia de decisão pelas sociedades dominadas.

O lançamento de uma oferta pública de aquisição presume que a contrapartida oferecida seja equitativa, tanto no seu valor como na sua forma. Quanto ao primeiro aspecto, o artigo 188.° do Código dos Valores Mobiliários é alterado, densificando a norma já existente que estabelece a obrigatoriedade de a contrapartida ser determinada por auditor independente em determinadas circunstâncias – nomeadamente se a negociação dos valores mobiliários objecto da oferta apresentar uma liquidez reduzida que implique pouca representatividade.

Quanto à forma da contrapartida, a directiva estabelece que pode revestir numerário ou valores mobiliários, sendo obrigatória uma alternativa em numerário se os valores mobiliários não estiverem admitidos em mercado regulamentado. A directiva também permite aos Estados membros tornar obrigatória uma alternativa em numerário em todos os casos.

Neste aspecto, o legislador sopesou os argumentos que preconizam uma maior defesa dos pequenos accionistas com aqueles que pugnam por um mercado de controlo mais flexível e eficiente. A solução apresentada no artigo 188.º do Código dos Valores Mobiliários estabelece que a contrapartida pode consistir apenas valores mobiliários de comprovada liquidez, excepto se o oferente tiver, no período anterior ao lançamento da oferta, adquirido acções da visada, caso em que é obrigatória uma alternativa em numerário.

A transparência é crucial numa oferta pública de aquisição. A directiva prevê que a decisão de lançamento de uma oferta seja imediatamente tornada pública, com especiais deveres de informação aos trabalhadores das entidades oferente e visada, incluindo uma descrição detalhada dos objectivos em sede de manutenção de emprego ou localização da actividade em caso de sucesso da oferta. As alterações introduzidas no Código dos Valores Mobiliários, neste aspecto, são pontuais na medida que o regime nacional já é substancialmente próximo do previsto na directiva. O artigo 181.º densifica os deveres de informação a prestar pelo órgão de administração da entidade visada. Pelo seu lado, o novo artigo 245.º-A estabelece o dever de informação para todas as sociedades com acções admitidas à negociação em mercado regulamentado relativamente às suas práticas de governo, nomeadamente sobre a estrutura de capital e existência de medidas restritivas ou defensivas, incluindo sobre a nomeação dos órgãos de administração.

O artigo 11.º da directiva prevê a abolição de uma série de barreiras defensivas em ambiente de oferta pública de aquisição, incluindo a inaplicabilidade das restrições à transmissão de direitos de voto, das restrições em matéria de direito de voto ou relativas ao voto plural. Especial relevo é dado à possibilidade conferida ao oferente, caso passe a deter percentagem não inferior a 75% dos direitos de voto da visada na sequência da oferta, de desconsiderar restrições em matéria de transmissibilidade e direito de voto e direitos especiais dos accionistas relativos à nomeação dos órgãos de administração. Trata-se daquilo a que a doutrina tem apelidado de breakthrough rule.

O artigo 12.º da directiva prevê que os Estados membros possam conferir às entidades visadas a possibilidade de dispensar, no todo ou em parte, o disposto em determinadas disposições da directiva, incluindo as previstas no artigo 11.º, sem prejuízo do princípio da reciprocidade. Deste modo, o legislador nacional opta, no novo artigo 182.º-A, por um regime ponderado, atenta mais uma vez a argumentação que defende uma maior liberdade de circulação de capitais em contraponto com a que defende o primado da autonomia privada.

O regime das ofertas concorrentes e a revisão de ofertas são matérias que a directiva não detalha mas para as quais os Estados membros devem estabelecer regras. As alterações introduzidas neste âmbito resultam da opção clara do legislador por um mercado de controlo mais competitivo, sublinhando-se a redução do limite de revisão de contrapartida e a possibilidade de qualquer oferente rever os termos da oferta.

O regime de aquisição e alienação potestativas previsto na directiva não oferece qualquer especialidade no ordenamento nacional, dado que pouco difere em substância do regime previsto no Código dos Valores Mobiliários. Deste modo, as alterações introduzidas nos artigos 194.º a 196.º do Código dos Valores Mobiliários visam, no essencial, a harmonização dos prazos para lançamento destas ofertas e sobre a presunção da justeza da contrapartida.

É também alterado o regime sancionatório estabelecido no Código dos Valores Mobiliários, atentos os princípios de efectividade, proporcionalidade e dissuasão previstos na directiva. A violação dos deveres previstos na directiva passa a ser considerada ilícito susceptível de contra-ordenação, destacando-se, pela sua severidade, a violação dos deveres de informação relativos a informação sobre medidas defensivas, dos deveres de informação pela visada tanto aos seus accionistas como aos seus trabalhadores ou relativamente à negociação dos valores mobiliários objecto da oferta.

Finalmente, é também alterado o regime jurídico da concorrência no sentido da redução dos prazos de análise pela autoridade administrativa responsável pela área da concorrência. Com esta alteração, procura-se minimizar o período durante o qual a administração da sociedade visada vê os seus poderes limitados e contribuir para uma rápida resolução da oferta pública de aquisição.

Foram ouvidos, a título facultativo, a Comissão do Mercado de Valores Mobiliários, o Banco de Portugal, o Instituto de Seguros de Portugal, as associações representativas dos sectores bancário e financeiro e a Euronext Lisbon – Sociedade Gestora de Mercados Regulamentados, S. A.

Assim:

No uso da autorização legislativa concedida pela Lei n.º 35/2006, de 2 de Agosto, e nos termos das alíneas *a*) e *b*) do n.º 1 do artigo 198.º da Constituição, o Governo decreta o seguinte:

Aprovação do Código dos Valores Mobiliários

ARTIGO 1.º
Objecto

1 – O presente decreto-lei transpõe para o ordenamento jurídico interno a Directiva n.º 2004/25/CE, do Parlamento Europeu e do Conselho, de 21 de Abril, relativa às ofertas públicas de aquisição.

2 – O presente decreto-lei procede, ainda, à primeira alteração à Lei n.º 18/2003, de 11 de Junho.

ARTIGO 2.º
Alteração ao Código dos Valores Mobiliários

Os artigos 20.º, 108.º, 111.º, 138.º, 173.º, 175.º, 176.º, 178.º, 180.º a 182.º, 184.º, 185.º, 188.º, 190.º, 191.º, 194.º a 196.º e 393.º do Código dos Valores Mobiliários, aprovado pelo Decreto-Lei n.º 486/99, de 13 de Novembro, com a redacção que lhe foi dada pelos Decretos-Leis n.os 61/2002, de 20 de Março, 38/2003, de 8 de Março, 107/2003, de 4 de Junho, 183/2003, de 19 de Agosto, 66/2004, de 24 de Março, e 52/2006, de 15 de Março, passam a ter a seguinte redacção:

(…)

ARTIGO 3.º
Aditamento ao Código dos Valores Mobiliários

São aditados ao Código dos Valores Mobiliários os artigos 20.º-A, 145.º-A, 147.º-A, 182.º-A, 185.º-A, 185.º-B e 245.º-A, com a seguinte redacção:

(…)

ARTIGO 4.º
Alteração à Lei n.º 18/2003, de 11 de Junho

Os artigos 9.º e 36.º da Lei n.º 18/2003, de 11 de Junho, passam a ter a seguinte redacção:

(…)

ARTIGO 5.º
Direito transitório

1 – Se os valores mobiliários tiverem sido simultaneamente admitidos à negociação em mais de um mercado regulamentado, não incluindo do Estado membro em que se situa a sede da sociedade emitente, à data da entrada em vigor do presente decreto-lei, as autoridades competentes dos Estados membros dos mercados em causa decidem qual a autoridade competente para a supervisão de oferta relativa aos mesmos valores, num prazo de quatro semanas a contar da data atrás referida.

2 – Na falta de decisão por parte das autoridades de supervisão, a autoridade competente, de entre as mesmas, é escolhida pela sociedade emitente, no 1.º dia de negociação após o termo do prazo definido no número anterior, sendo aplicável o disposto no n.º 4 do artigo 145.º-A do Código dos Valores Mobiliários, na redacção introduzida pelo presente decreto-lei.

3 – Se, por efeito da entrada em vigor da nova alínea *h*) do n.º 1 do artigo 20.º do Código dos Valores Mobiliários, na redacção introduzida pelo presente decreto-lei, alguém ultrapassar um dos limites previstos no artigo 187.º do mesmo Código:

a) Deve proceder ao cumprimento do dever de comunicação previsto no artigo 16.º do Código dos Valores Mobiliários no prazo de 10 dias;

b) Deve proceder ao lançamento de oferta pública de aquisição no prazo de 180 dias, caso entretanto não cesse o fundamento da ultrapassagem do limiar relevante, nomeadamente através da alienação dos valores mobiliários excedentes a terceiro que com ele não se encontre em alguma das situações previstas no n.º 1 do artigo 20.º do Código dos Valores Mobiliários, na redacção introduzida pelo presente decreto-lei.

4 – Para efeitos do n.º 2 do artigo 182.º-A do Código dos Valores Mobiliários, na redacção introduzida pelo presente decreto-lei, as restrições referentes à transmissão ou ao exercício do direito de voto das sociedades abertas sujeitas a lei pessoal portuguesa que à data de entrada em vigor do presente decreto-lei não tenham tomado a opção referida no n.º 1 do mesmo artigo, passam a poder ser alteradas ou eliminadas desde que respeitado o quórum deliberativo de 75% dos votos emitidos.

ARTIGO 6.º
Aplicação no tempo

Sem prejuízo do disposto no artigo anterior, o disposto no presente decreto-lei não se aplica às ofertas públicas de aquisição cujo anúncio preliminar tenha sido tornado público em data anterior à entrada em vigor deste decreto-lei, nem a ofertas concorrentes daquelas.

Visto e aprovado em Conselho de Ministros de 7 de Setembro de 2006. – *José Sócrates Carvalho Pinto de Sousa – Manuel Lobo Antunes – Fernando Teixeira dos Santos – Alberto Bernardes Costa.*

Promulgado em 25 de Outubro de 2006.

Publique-se.

O Presidente da República, ANÍBAL CAVACO SILVA.

Referendado em 26 de Outubro de 2006.

O Primeiro-Ministro, *José Sócrates Carvalho Pinto de Sousa.*

DECRETO-LEI N.º 357-A/2007
de 31 de Outubro

O presente decreto-lei transpõe para a ordem jurídica interna a Directiva n.º 2004/39/CE, do Parlamento Europeu e do Conselho, de 21 de Abril, relativa aos mercados de instrumentos financeiros, que altera as Directivas n.ºs 85/611/CEE e 93/6/CE, do Conselho, e a Directiva n.º 2000/12/CE, do Parlamento Europeu e do Conselho, e que revoga a Directiva n.º 93/22/CE, do Conselho.

O quadro normativo comunitário é completado por normas de execução que se encontram vertidas no Regulamento (CE) n.º 1287/2006, da Comissão, de 10 de Agosto, que aplica a Directiva n.º 2004/39/CE, do Parlamento Europeu e do Conselho, de 21 de Abril, no que diz respeito às obrigações de manutenção de registos de empresas de investimento, à informação sobre transacções, à transparência dos mercados, à admissão à negociação de instrumentos financeiros e aos conceitos definidos para efeitos da referida directiva, bem como na Directiva n.º 2006/73/CE, da Comissão, de 10 de Agosto, que aplica a Directiva n.º 2004/39/CE, do Parlamento Europeu e do Conselho, no que diz respeito aos requisitos em matéria de organização e às condições de exercício da actividade das empresas de investimento e aos conceitos definidos para efeitos da referida directiva.

Para a adopção deste novo quadro normativo, o presente decreto-lei procede à alteração do Código dos Valores Mobiliários, aprovado pelo Decreto-Lei n.º 486/99, de 13 de Novembro e do Regime das Sociedades Corretoras e das Sociedades Financeiras de Corretagem, aprovado pelo Decreto-Lei n.º 262/2001, de 28 de Setembro.

Estas alterações são acompanhadas pela aprovação simultânea dos Decretos-Leis n.ºs 357-B/2007, 357-C/2007 e 357-D/2007, de 31 de Outubro, que procedem, respectivamente, à aprovação do regime jurídico das sociedades gestoras de mercados e sistemas e à consagração do regime jurídico das sociedades de consultoria para investimento.

Perante a cada vez maior complexidade dos serviços e instrumentos oferecidos no mercado financeiro e do aparecimento de novos espaços de negociação, o presente decreto-lei procede a alterações ao Código dos Valores Mobiliários, em especial, no sentido da actualização do elenco dos instrumentos financeiros e dos serviços e das actividades de investimento e auxiliares, do desenvolvimento dos requisitos organizativos e das normas de conduta aplicáveis a intermediários financeiros e do estabelecimento de um regime, designadamente informativo, aplicável à negociação de instrumentos financeiros e à execução de ordens, independentemente de estas ocorrerem em mercado regulamentado ou sistema de negociação multilateral ou serem realizadas, pelo próprio intermediário financeiro, assumindo a natureza de internalizador sistemático.

Relativamente ao elenco dos instrumentos financeiros, impõe-se clarificar os instrumentos financeiros que, além dos valores mobiliários, devem assim ser qualificados. Para este efeito, acolhe-se a lista constante da directiva, cuja principal novidade é a inclusão de instrumentos derivados sobre mercadorias e activos de natureza nocional e, desta forma, a sujeição da prestação de serviços sobre estes a normas prudenciais e de conduta harmonizadas a nível comunitário.

A benefício da coerência do sistema, é aproveitado o ensejo para proceder à aplicação de larga parte da disciplina do Código aos contratos de seguro ligados a fundos de investimento e aos contratos de adesão individual a fundos de pensões abertos, atenta a proximidade da função que desempenham com a categoria dos instrumentos financeiros, em geral, e dos fundos de investimento, em particular.

Paralelamente, procede-se no presente decreto-lei à transferência para a Comissão do Mercado de Valores Mobiliários das competências de supervisão e regulamentação de contratos de seguro ligados a fundos de investimento e de contratos de adesão individual a fundos de pensões abertos, no que respeita aos deveres de conduta impostos na distribuição destes produtos, em particular no âmbito de deveres informativos. Eliminam-se, deste modo, assimetrias na regulação e supervisão de instrumentos que exibem nítidas semelhanças do ponto de vista substancial.

Quanto aos serviços e actividades de investimento e auxiliares, as alterações previstas na directiva, reflectidas nos artigos 290.º e 291.º, abrangem a inclusão, nos serviços de investimento, da consultoria para investimento, que deixa, assim, de ser entendida como serviço auxiliar, obrigando a que as entidades que a prestam, numa base transfronteiriça, assumam a natureza de empresa de investimento. Outra nova actividade aqui incluída é a gestão de sistemas de negociação multilateral, a qual, tendo presente os requisitos exigidos para o exercício da mesma, se opta por reservar a determinadas instituições de crédito e a sociedades financeiras de corretagem, além de se admitir expressamente a possibilidade de as sociedades gestoras de mercados regulamentados exercerem, igualmente, esta actividade e bem assim a existência de sociedades que tenham esta actividade como objecto exclusivo.

Por seu turno, da revisão do elenco dos serviços auxiliares é de referir a inclusão da elaboração de estudos de investimento e análise financeira, da prestação de recomendações de investimento, bem como a prestação de serviços e actividades de investimento relativos a mercadorias ou a derivados sobre mercadorias ou activos de natureza nacional.

A consultoria para investimento consiste na prestação de um aconselhamento personalizado atendendo, por isso, às circunstâncias específicas do cliente concretamente considerado. Não constitui consultoria para investimento a prestação de recomendações genéricas acerca de um tipo de instrumento financeiro (consultoria genérica).

No tocante à organização da negociação de instrumentos financeiros opera-se uma alteração estrutural, que se traduz na circunstância de o título IV do Código dos Valores Mobiliários se passar a centrar na regulação da negociação de instrumentos financeiros, deixando de cuidar, exclusivamente, da regulação dos mercados regulamentados.

Em relação aos mercados regulamentados, cumpre mencionar que os mesmos passam a ser definidos tanto em função das características estruturais que apresentam, como tendo por base o reconhecimento desse estatuto jurídico que derive de autoridade competente de qualquer Estado membro da União Europeia (n.° 1 do artigo 199.°). Os sistemas de negociação multilateral definem-se como sistemas que permitem o confronto de interesses relativamente a instrumentos financeiros, tendo em vista a sua negociação (n.° 1 do artigo 200.°), os quais funcionam com base em regras claras e não discricionárias.

A distinção entre os sistemas de negociação multilateral e os mercados regulamentados prende-se com o facto de àqueles não ser exigido funcionamento regular. É, contudo, inquestionável que ambas as figuras gozam de grande consonância funcional, razão pela qual se optou por regular, em disposições comuns, todas as matérias de organização e funcionamento partilhadas pelas duas realidades. Relativamente às disposições comuns, assinala-se que as principais alterações se reconduzem ao reconhecimento da possibilidade de admissão subsequente em mercado regulamentado ou negociação em sistema de negociação multilateral sem consentimento do emitente (artigo 205.º) e ao alargamento das entidades que podem ser membros destes sistemas de negociação, agora definidas por referência às respectivas características (artigo 206.º).

De entre as disposições aplicáveis a mercados regulamentados, destaca-se o aprofundamento do regime relativo aos deveres de informação antes e após a negociação de acções, cujos princípios gerais constam do artigo 221.º e são concretizados pelo Regulamento (CE) n.º 1287/2006, da Comissão. De notar que parte deste regime é aplicável a sistemas de negociação multilateral por força da norma remissiva constante do artigo 200.º Por outro lado, faz-se notar que, relativamente à admissão à negociação, se distinguem os requisitos aplicáveis a instrumentos financeiros destinados à admissão em mercado regulamentado dos aplicáveis no caso de mercados regulamentados que formem cotação oficial, que se distinguem dos demais, precisamente, por estes requisitos de admissão.

A regulação da internalização sistemática, que consiste na negociação por conta própria, por parte do intermediário financeiro, realizada em execução de ordens dos investidores, de forma organizada e sistemática (artigo 201.º), encontra justificação no facto de se ter constatado que muitos intermediários financeiros têm vindo a negociar naqueles termos sem que houvesse um quadro regulatório que garantisse aos investidores que as operações assim executadas se baseavam em regras de transparência e não discriminação, assegurando a sua execução nas melhores condições possíveis. Este é o propósito do terceiro capítulo do título dedicado à negociação, onde é consagrado um conjunto de disposições atinentes à conduta dos internalizadores sistemáticos, nomeadamente, deveres de informação sobre preços e condições em que podem actualizar ou retirar as respectivas ofertas de preços (artigos 253.º e 255.º). A regulação da internalização sistemática, em linha com a directiva, só abrange os casos de negociação de acções admitidas a mercado regulamentado, para as quais existe um mercado líquido.

No que respeita à categorização de investidores, o regime agora fixado reconhece a existência de investidores não qualificados (não profissionais ou de retalho), de investidores qualificados (profissionais) e de contrapartes elegíveis, permitindo aos investidores, mediante a verificação de determinados requisitos e obtido o acordo do intermediário financeiro, a opção por uma qualificação distinta daquela que, à partida, lhes seria aplicável, em função dos respectivos conhecimentos e competências, tanto

Aprovação do Código dos Valores Mobiliários

para beneficiarem de um nível de protecção mais elevado, como para recusarem esse nível de protecção.

No que toca à organização do intermediário financeiro, merece destaque a obrigatoriedade de criação de sistemas fidedignos de controlo interno e de procedimentos de despistagem de erros, sendo de referir, em especial, os sistemas de controlo do cumprimento (compliance), de gestão de riscos e de auditoria interna, ainda que a independência dos mesmos não tenha que ser totalmente assegurada nos casos de intermediários financeiros cuja dimensão tornaria praticamente impossível o cumprimento dessa exigência (artigos 305.º e seguintes). Também a subcontratação é agora tratada na lei, sendo detalhadamente definidos o objecto da subcontratação e os requisitos de que a mesma depende (artigo 308.º e seguintes).

É também de salientar o aprofundamento das normas relativas a conflitos de interesses (artigo 309.º e seguintes) e, em especial, a obrigatoriedade de adopção, por escrito, de uma política destinada a identificar possíveis conflitos de interesses e a evitar ou reduzir o risco da sua ocorrência, a qual é acompanhada pela consagração de um enunciado exemplificativo de circunstâncias consideradas potencialmente prejudiciais para o cliente e que, naturalmente, deverão ser tidas em conta na elaboração daquela política. As normas sobre conflitos de interesses são completadas pela exigência da adopção de procedimentos que, nomeadamente, consagrem deveres de informação sobre operações realizadas por titulares dos órgãos sociais, colaboradores e agentes vinculados do intermediário financeiro.

No âmbito das normas de conduta, destaca-se a concretização da matéria relativa à adequação da operação às circunstâncias do cliente, cuja extensão depende do tipo de serviço a prestar. No caso da prestação de serviços de gestão de carteira ou de consultoria para investimento exige-se que o intermediário financeiro obtenha do cliente um conjunto extenso de informação que lhe permita adequar a sua estratégia ao cliente. Caso o intermediário se proponha prestar apenas o serviço de recepção e transmissão ou de execução de ordens relativas a determinados instrumentos financeiros considerados não complexos, fica desobrigado de atender, sob determinadas condições, às circunstâncias do cliente. Relativamente à prestação dos demais serviços e actividades de investimento, o intermediário financeiro fica obrigado a obter um conjunto de informação cujo grau de extensão é intermédio relativamente àqueles dois casos.

Ainda no âmbito das normas de conduta, mas relacionado em especial com o tratamento de ordens de clientes, é exigida a prévia existência de uma política de afectação de ordens que oriente a forma como os intermediários procedem à agregação de ordens e à respectiva afectação (artigos 328.° e seguintes).

No que toca aos deveres de informação previstos no artigo 312.° destaca-se o grau de detalhe da lei na definição dos elementos informativos a transmitir ao cliente actual ou potencial e a previsão de um conteúdo diferente, consoante os destinatários da informação sejam investidores qualificados ou não qualificados.

Ao nível do regime da execução de ordens, é de realçar que se faz impender sobre o intermediário financeiro tanto o dever de adoptar uma política de execução de ordens, como o ónus de demonstrar que executou as ordens de um dado investidor de acordo com a mesma. Ademais, exige-se que o intermediário financeiro divulgue a cada cliente a sua política de execução de ordens e que, sempre que se verifique a possibilidade de execução fora de um mercado regulamentado ou de um sistema de negociação multilateral, obtenha o consentimento prévio e expresso do cliente (artigos 330.° e seguintes).

Em relação aos deveres de informação, é ainda aprofundado, em articulação com o Regulamento (CE) n.° 1287/2006, da Comissão, o regime de comunicações à CMVM sobre operações realizadas sobre instrumentos financeiros admitidos à negociação em mercado regulamentado situado ou a funcionar em Estado membro da União Europeia (artigo 315.°). É ainda estabelecido o dever de divulgação de informação pós negociação relativamente a operações, realizadas fora de mercado regulamentado ou de sistema de negociação multilateral, sobre acções admitidas à negociação em mercado regulamentado (artigo 316.°).

No âmbito das entidades que exercem actividades de intermediação financeira, é consagrado um novo regime aplicável a agentes vinculados, que em comparação com o actual regime da actividade de prospecção, se caracteriza pelo potencial alargamento das funções abrangidas, pela admissibilidade de pessoas colectivas, adoptando a forma societária, exercerem esta actividade e pela aplicabilidade deste regime a todos aqueles que pretendam exercer tal actividade, em nome de intermediário financeiro sedeado em Portugal, em Estado membro da União Europeia que não preveja tal figura.

A directiva que ora se transpõe procura, igualmente, tornar mais eficaz o regime do «passaporte europeu». Destacam-se, pela sua relevância, a eliminação do direito do Estado de acolhimento condicionar o exercício da actividade ao cumprimento «por razões de interesse geral» de normas internas, a inclusão nas notificações de informação sobre o recurso a agentes vinculados e o facto de as empresas de investimento deixarem de se relacionar, para efeitos de notificação e respectivas alterações, com a autoridade competente do Estado de acolhimento.

Por último, fruto das alterações acima descritas, importa adequar algumas das disposições reguladoras da matéria da supervisão e regulação dos mercados de instrumentos financeiros, constantes do título VII do Código dos Valores Mobiliários, à circunstância de terem surgido no panorama regulatório novas figuras que carecem de acomodação sob o âmbito de competência da Comissão do Mercado de Valores Mobiliários.

No mesmo título, são introduzidas alterações aos preceitos reguladores da competência da Comissão do Mercado de Valores Mobiliários ao nível da cooperação, com o fito de clarificar as competências desta no que toca ao seu relacionamento com as suas entidades congéneres, assim se contribuindo para agilizar o novo quadro de cooperação resultante da transposição da directiva (n.os 1 e 5 do artigo 377.º do Código dos Valores Mobiliários).

O presente decreto-lei transpõe também para a ordem jurídica interna a Directiva n.º 2004/109/CE («Directiva da Transparência»), relativa à harmonização dos requisitos de transparência no que se refere às informações respeitantes aos emitentes cujos valores mobiliários estão admitidos à negociação num mercado regulamentado e a Directiva n.º 2007/14/CE, da Comissão, de 8 de Março, que estabelece as normas de execução de determinadas disposições da Directiva n.º 2004/109/CE.

A aprovação da Directiva da Transparência inseriu-se no conjunto de medidas propostas no Plano de Acção da Comissão Europeia com vista a modernizar o Direito das Sociedades e reforçar o Governo das Sociedades na União Europeia, de Maio de 2003, no que se refere ao estabelecimento de um regime harmonizado de divulgação da informação financeira por parte das sociedades com valores mobiliários admitidos à negociação em mercado regulamentado.

As modificações normativas ora introduzidas visam, a título principal, respeitar a harmonização mínima que a directiva supõe, recorrendo-se contadas vezes ao artigo 3.º da mesma. Por outro lado, procura-se uma distinção no regime dos deveres de informação entre, de um lado, as pequenas e médias empresas e, de outro lado, as empresas de grande dimensão admitidas à negociação em mercado regulamentado – tendo como critérios diferenciadores os utilizados no n.º 2 do artigo 413.º do Código das Sociedades Comerciais. Estas últimas empresas mantêm-se sujeitas à prestação de informação trimestral, ao passo que em relação às pequenas e médias empresas considera-se suficiente a prestação de informação intercalar da administração, em termos mais simplificados.

A comunicação de participações qualificadas beneficia de alguma simplificação, na medida em que o participante deixa de estar obrigado a informar sobre a percentagem de direitos de voto calculada tendo presente as acções próprias da sociedade – informação de que pode não dispor em termos actualizados.

As sociedades emitentes de valores mobiliários ficam obrigadas a divulgar as suas contas anuais no prazo de quatro meses após o termo do exercício, independentemente de terem ou não sido já aprovadas pelo órgão competente. Em consequência, aditou-se um preceito obrigando à divulgação dos resultados da deliberação de aprovação de contas.

Definiu-se também o conteúdo mínimo dos relatórios semestrais e as condições em que se considera que a lei de um país terceiro é equivalente à vigente no território nacional para dispensar o emitente de divulgar informação adicional.

No que respeita ao armazenamento de informação, não obstante a directiva permitir o recurso a sistemas alternativos, o presente decreto-lei designa como mecanismo oficial o já existente sistema de difusão de informação da CMVM, atendendo a que implementação desses outros sistemas carece de desenvolvimentos regulamentares que ainda não se encontram concluídos no plano comunitário.

Por último, na sequência de iniciativa do Governo em matéria de aperfeiçoamento da regulamentação (better regulation), o presente decreto-lei introduz ainda alterações na ordem jurídica nacional resultantes da execução de um objectivo de simplificação administrativa na supervisão do mercado de instrumentos financeiros. O referido desiderato de simplificação administrativa é prosseguido através da substituição de vários actos de registo por deveres de comunicação e simultâneo reforço da supervisão a posteriori de modo a aliar a necessária desburocratização e simplificação dos deveres dos administrados com a manutenção da qualidade da supervisão e das possibilidades de actuação da CMVM.

Refira-se a título ilustrativo que no que respeita à intermediação financeira, o registo efectuado na CMVM passa a incidir apenas sobre as actividades de intermediação financeira, passando os demais elementos a ser sujeitos a mera comunicação, bem como as respectivas alterações sub-

Aprovação do Código dos Valores Mobiliários 71

sequentes. Além disso, os códigos deontológicos das associações profissionais de intermediários financeiros, bem como as cláusulas contratuais gerais antes sujeitas a registo prévio junto da CMVM, passam a ser apenas comunicadas a esta.

Assim:

No uso da autorização legislativa concedida pela Lei n.º 25/2007, de 18 de Julho, e nos termos das alíneas *a*) e *b*) do n.º 1 do artigo 198.º da Constituição, o Governo decreta o seguinte:

ARTIGO 1.º
Objecto

O presente decreto-lei transpõe para a ordem jurídica interna:

a) A Directiva n.º 2004/39/CE, do Parlamento Europeu e do Conselho, de 21 de Abril, relativa aos mercados de instrumentos financeiros, que altera as Directivas n.ºs 85/611/CEE e 93/6/CE, do Conselho, e a Directiva n.º 2000/12/CE, do Parlamento Europeu e do Conselho, e que revoga a Directiva n.º 93/22/CE, do Conselho, alterada pela Directiva n.º 2006/31/CE, do Parlamento Europeu e do Conselho, de 5 de Abril, no que diz respeito a certos prazos;

b) A Directiva n.º 2006/73/CE, da Comissão, de 10 de Agosto, que aplica a Directiva n.º 2004/39/CE, do Parlamento Europeu e do Conselho, de 21 de Abril, no que diz respeito aos requisitos em matéria de organização e às condições de exercício da actividade das empresas de investimento e aos conceitos definidos para efeitos da referida directiva;

c) A Directiva n.º 2004/109/CE, do Parlamento Europeu e do Conselho, de 15 de Dezembro, relativa à harmonização dos requisitos de transparência no que se refere às informações respeitantes aos emitentes cujos valores mobiliários estão admitidos à negociação num mercado regulamentado e que altera a Directiva n.º 2001/34/CE;

d) A Directiva n.º 2007/14/CE, da Comissão, de 8 de Março, que estabelece as normas de execução de determinadas disposições da Directiva n.º 2004/109/CE relativa à harmonização dos requisitos de transparência no que se refere às informações respeitantes aos emitentes cujos valores mobiliários estão admitidos à negociação num mercado regulamentado.

ARTIGO 2.º
Designação de ponto de contacto

1 – A Comissão do Mercado de Valores Mobiliários é a autoridade competente designada como ponto de contacto para efeitos do disposto no n.º 1 do artigo 56.º da Directiva n.º 2004/39/CE, do Parlamento Europeu e do Conselho, de 21 de Abril, relativa aos mercados de instrumentos financeiros.

2 – A Comissão do Mercado de Valores Mobiliários deve diligenciar no sentido de responder de forma célere aos pedidos de informação solicitados pelas autoridades que hajam sido designadas como pontos de contacto nos restantes Estados membros da União Europeia.

ARTIGO 3.º
Mecanismo de armazenamento central de informações

O sistema de difusão de informação previsto no artigo 367.º do Código dos Valores Mobiliários é designado como o mecanismo de armazenamento central de informações para efeitos do disposto no n.º 2 do artigo 21.º da directiva referida na alínea *c*) do artigo 1.º

(…)

ARTIGO 18.º
Direito transitório

1 – Quem à data da entrada em vigor do presente decreto-lei disponha de participação qualificada nos termos do artigo 16.º do Código dos Valores Mobiliários, na redacção dada pelo presente decreto-lei, que ainda não tenha sido divulgada ao mercado dispõe de dois meses para comunicar ao emitente a informação relevante, devendo este divulgar a informação recebida no prazo previsto no artigo 17.º daquele Código.

2 – Os emitentes com sede estatutária num Estado não pertencente à União Europeia ficam isentos de apresentar o seu relatório anual nos termos do artigo 245.º do Código dos Valores Mobiliários, na redacção dada pelo presente decreto-lei, antes do exercício financeiro que tenha início em Janeiro de 2009, desde que o apresentem em conformidade com as normas

Aprovação do Código dos Valores Mobiliários 73

internacionalmente aceites referidas no artigo 9.º do Regulamento (CE) n.º 1606/2002, do Parlamento Europeu e do Conselho, de 19 de Julho.

3 – O disposto no artigo 246.º do Código dos Valores Mobiliários, na redacção dada pelo presente decreto-lei, não se aplica aos emitentes que, à data da entrada em vigor do presente decreto-lei, tenham apenas admitidos à negociação em mercado regulamentado valores mobiliários representativos de dívida que gozem de garantia incondicional e irrevogável do Estado ou das suas autoridades regionais ou locais.

4 – Os prospectores cuja identidade tenha sido comunicada à CMVM até 1 de Novembro de 2007 integram a lista dos agentes vinculados.

5 – Os intermediários financeiros devem comunicar à CMVM, até 30 de Novembro de 2007 a eventual alteração dos serviços prestados, a partir dessa data, pelos seus agentes vinculados.

6 – Os intermediários financeiros devem prestar, a quem seja seu cliente a 1 de Novembro de 2007, a informação prevista na alínea *b*) do n.º 1 do artigo 312.º do Código dos Valores Mobiliários, na redacção dada pelo presente decreto-lei.

(…)

ARTIGO 20.º
Republicação

É republicado, em anexo, que faz parte integrante do presente decreto-lei, o Código dos Valores Mobiliários, aprovado pelo Decreto-Lei n.º 486/99, de 13 de Novembro, com a redacção actual.

ARTIGO 21.º
Entrada em vigor

1 – Sem prejuízo do disposto nos números seguintes, o presente decreto-lei entra em vigor em 1 de Novembro de 2007.

2 – Os deveres previstos nos artigos 245.º e 246.º do Código dos Valores Mobiliários, na redacção dada pelo presente decreto-lei, aplicam-se aos exercícios iniciados em ou após Janeiro de 2007.

3 – A alínea *c*) do n.º 5 do artigo 246.º do Código dos Valores Mobiliários, na redacção dada pelo presente decreto-lei, só se aplica a partir de 9 de Março de 2009.

4 – O dever de contratar o seguro de responsabilidade civil previsto no n.º 2 do artigo 301.º do Código dos Valores Mobiliários, na redacção dada pelo presente decreto-lei, entra em vigor a 1 de Agosto de 2008.

5 – As disposições do Código dos Valores Mobiliários relativas à supervisão dos contratos de seguros ligados a fundos de investimento e dos fundos de pensões abertos com adesão individual, na redacção dada pelo presente decreto-lei, entram em vigor logo que sejam adoptados os necessários regulamentos da CMVM.

6 – O disposto no n.º 1 não prejudica a aprovação e publicação, em data prévia, dos regulamentos necessários à execução do disposto no presente decreto-lei.

Visto e aprovado em Conselho de Ministros de 9 de Agosto de 2007. – *José Sócrates Carvalho Pinto de Sousa – Luís Filipe Marques Amado – Fernando Teixeira dos Santos.*

Promulgado em 30 de Outubro de 2007.

Publique-se.

O Presidente da República, ANÍBAL CAVACO SILVA.

Referendado em 31 de Outubro de 2007.

O Primeiro-Ministro, *José Sócrates Carvalho Pinto de Sousa.*

TÍTULO I
Disposições gerais

CAPÍTULO I
Âmbito de aplicação

ARTIGO 1.º
Valores mobiliários

São valores mobiliários, além de outros que a lei como tal qualifique:

a) As acções;

b) As obrigações;

c) Os títulos de participação;

d) As unidades de participação em instituições de investimento colectivo;

e) Os warrants autónomos;

f) Os direitos destacados dos valores mobiliários referidos nas alíneas a) a d), desde que o destaque abranja toda a emissão ou série ou esteja previsto no acto de emissão;

g) Outros documentos representativos de situações jurídicas homogéneas, desde que sejam susceptíveis de transmissão em mercado.

ARTIGO 2.º
Âmbito de aplicação material

1 – O presente Código regula:

a) Os valores mobiliários e as ofertas públicas a estes respeitantes;

b) Os instrumentos do mercado monetário, com excepção dos meios de pagamento;

c) Os instrumentos derivados para a transferência do risco de crédito;

d) Os contratos diferenciais;

e) As opções, os futuros, os swaps, os contratos a prazo e quaisquer outros contratos derivados relativos a:

i) Valores mobiliários, divisas, taxas de juro ou de rendibilidades ou relativos a outros instrumentos derivados, índices financeiros ou indicadores financeiros, com liquidação física ou financeira;

ii) Mercadorias, variáveis climáticas, tarifas de fretes, licenças de emissão, taxas de inflação ou quaisquer outras estatísticas económicas, com liquidação financeira ainda que por opção de uma das partes;

iii) Mercadorias, com liquidação física, desde que sejam transaccionados em mercado regulamentado ou em sistema de negociação multilateral ou, não se destinando a finalidade comercial, tenham características análogas às de outros instrumentos financeiros derivados nos termos do artigo 38.° do Regulamento (CE) n.° 1287/2006, da Comissão, de 10 de Agosto;

f) Quaisquer outros contratos derivados, nomeadamente os relativos a qualquer dos elementos indicados no artigo 39.° do Regulamento (CE) n.° 1287/2006, da Comissão, de 10 de Agosto, desde que tenham características análogas às de outros instrumentos financeiros derivados nos termos do artigo 38.° do mesmo diploma;

g) As formas organizadas de negociação de instrumentos financeiros referidos nas alíneas anteriores, a liquidação e a compensação de operações àqueles respeitantes e as actividades de intermediação financeira;

h) O regime de supervisão e sancionatório relativo aos instrumentos e às actividades mencionadas nas alíneas anteriores.

2 – As referências feitas no presente Código a instrumentos financeiros devem ser entendidas de modo a abranger os instrumentos mencionados nas alíneas *a*) a *f*) do número anterior.

3 – As disposições dos títulos I, VII e VIII aplicam-se igualmente a contratos de seguro ligados a fundos de investimento e a contratos de adesão individual a fundos de pensões abertos.

4 – Sempre que estejam em causa unidades de participação, as referências feitas no presente Código ao emitente devem considerar-se feitas à entidade gestora da instituição de investimento colectivo.

5 – *(Revogado.)*

6 – *(Revogado.)*

ARTIGO 3.º
Normas de aplicação imediata

1 – Independentemente do direito que a outro título seja aplicável, as normas imperativas do presente Código aplicam-se se, e na medida em que, as situações, as actividades e os actos a que se referem tenham conexão relevante com o território português.

2 – Considera-se que têm conexão relevante com o território português, designadamente:

a) As ordens dirigidas a membros de mercados regulamentados ou de sistemas de negociação multilateral registados na Comissão de Mercado de Valores Mobiliários (CMVM) e as operações realizadas nesses mercados ou sistemas;

b) As actividades desenvolvidas e os actos realizados em Portugal;

c) A difusão de informações acessíveis em Portugal que digam respeito a situações, a actividades ou a actos regulados pelo direito português.

CAPÍTULO II
Forma

ARTIGO 4.º
Forma escrita

A exigência ou a previsão de forma escrita, de documento escrito ou de redução a escrito, feita no presente Código em relação a qualquer acto jurídico praticado no âmbito da autonomia negocial ou do procedimento administrativo, considera-se cumprida ou verificada ainda que o suporte em papel ou a assinatura sejam substituídos por outro suporte ou por outro meio de identificação que assegurem níveis equivalentes de inteligibilidade, de durabilidade e de autenticidade.

ARTIGO 5.º
Publicações

1 – Na falta de disposição legal em sentido diferente, as publicações obrigatórias são feitas através de meio de comunicação de grande difusão em Portugal que seja acessível aos destinatários da informação.

2 – A CMVM estabelece em regulamento os meios de comunicação adequados a cada tipo de publicação.

ARTIGO 6.º
Idioma

1 – Deve ser redigida em português ou acompanhada de tradução para português devidamente legalizada a informação divulgada em Portugal que seja susceptível de influenciar as decisões dos investidores, nomeadamente quando respeite a ofertas públicas, a mercados regulamentados, a actividades de intermediação financeira e a emitentes.

2 – A CMVM pode dispensar, no todo ou em parte, a tradução quando considere acautelados os interesses dos investidores.

3 – A CMVM e as entidades gestoras de mercados regulamentados, de sistemas de liquidação, de câmara de compensação, de contraparte central e de sistemas centralizados de valores mobiliários podem exigir a tradução para português de documentos redigidos em língua estrangeira que lhes sejam remetidos no âmbito das suas funções.

CAPÍTULO III
Informação

ARTIGO 7.º
Qualidade da informação

1 – A informação respeitante a instrumentos financeiros, a formas organizadas de negociação, às actividades de intermediação financeira, à liquidação e à compensação de operações, a ofertas públicas de valores mobiliários e a emitentes deve ser completa, verdadeira, actual, clara, objectiva e lícita.

2 – O disposto no número anterior aplica-se seja qual for o meio de divulgação e ainda que a informação seja inserida em conselho, recomendação, mensagem publicitária ou relatório de notação de risco.

3 – O requisito da completude da informação é aferido em função do meio utilizado, podendo, nas mensagens publicitárias, ser substituído por remissão para documento acessível aos destinatários.

Disposições gerais   79

4 – À publicidade relativa a instrumentos financeiros e a actividades reguladas no presente Código é aplicável o regime geral da publicidade.

ARTIGO 8.º
Informação auditada

1 – Deve ser objecto de relatório elaborado por auditor registado na CMVM a informação financeira anual contida em documento de prestação de contas ou em prospectos que:
a) Devam ser submetidos à CMVM;
b) Devam ser publicados no âmbito de pedido de admissão à negociação em mercado regulamentado; ou
c) Respeitem a instituições de investimento colectivo.

2 – Se os documentos referidos no número anterior incluírem previsões sobre a evolução dos negócios ou da situação económica e financeira da entidade a que respeitam, o relatório do auditor deve pronunciar-se expressamente sobre os respectivos pressupostos, critérios e coerência.

3 – No caso de a informação intercalar ou as informações financeiras trimestrais ou semestrais terem sido sujeitas a auditoria ou a revisão limitada, é incluído o relatório de auditoria ou de revisão; caso não o tenham sido, é declarado tal facto.

ARTIGO 9.º
Registo de auditores

1 – Só podem ser registados como auditores as sociedades de revisores oficiais de contas e outros auditores habilitados a exercer a sua actividade em Portugal que sejam dotados dos meios humanos, materiais e financeiros necessários para assegurar a sua idoneidade, independência e competência técnica.

2 – Desde que apresentem garantias equivalentes de confiança, de acordo com padrões internacionalmente reconhecidos, a CMVM pode reconhecer relatório ou parecer elaborados por auditor não registado que esteja sujeito a controlo de qualificação no Estado de origem.

ARTIGO 10.º
Responsabilidade dos auditores

1 – Pelos danos causados aos emitentes ou a terceiros por deficiência do relatório ou do parecer elaborados por auditor respondem solidária e ilimitadamente:

a) Os revisores oficiais de contas e outras pessoas que tenham assinado o relatório ou o parecer;

b) As sociedades de revisores oficiais de contas e outras sociedades de auditoria, desde que os documentos auditados tenham sido assinados por um dos seus sócios.

2 – Os auditores devem manter seguro de responsabilidade civil adequado a garantir o cumprimento das suas obrigações.

ARTIGO 11.º
Normalização de informação

1 – Ouvida a Comissão de Normalização Contabilística e a Ordem dos Revisores Oficiais de Contas, a CMVM pode, através de regulamento, definir regras, harmonizadas com padrões internacionais, sobre o conteúdo, a organização e a apresentação da informação económica, financeira e estatística utilizada em documentos de prestação de contas, bem como as respectivas regras de auditoria.

2 – A CMVM deve estabelecer com o Banco de Portugal e com o Instituto de Seguros de Portugal regras destinadas a assegurar a compatibilização da informação a prestar, nos termos do número anterior, por intermediários financeiros sujeitos também à supervisão de alguma daquelas autoridades.

ARTIGO 12.º
Notação de risco

1 – As sociedades de notação de risco estão sujeitas a registo na CMVM.

2 – Só podem ser registadas as sociedades de notação de risco dotadas dos meios humanos, materiais e financeiros necessários para assegurar a sua idoneidade, independência e competência técnica.

Disposições gerais 81

3 – Os serviços de notação de risco devem ser prestados de modo imparcial e obedecer às classificações dominantes segundo os usos internacionais.

ARTIGO 12.°-A
Recomendações de investimento

1 – Constituem recomendações de investimento os relatórios de análise financeira ou qualquer outra informação emitida por analistas independentes, empresas de investimento, instituições de crédito, entidades cuja actividade principal seja formular recomendações e pessoas que neles exerçam a sua actividade profissional, em que se formule, directa ou indirectamente, uma recomendação ou sugestão de investimento ou desinvestimento sobre um emitente de valores mobiliários, valores mobiliários ou outros instrumentos financeiros e que se destinem a canais de distribuição ou ao público.

2 – Relativamente a outras pessoas singulares ou colectivas constitui recomendação de investimento qualquer informação por elas elaborada, no exercício da sua profissão ou no quadro da sua actividade, na qual seja directamente recomendada uma decisão de investimento ou desinvestimento específica num valor mobiliário ou em outro instrumento financeiro e que se destine a canais de distribuição ou ao público.

ARTIGO 12.°-B
Conteúdo das recomendações de investimento

1 – Nas recomendações de investimento, as pessoas referidas no artigo anterior:

a) Indicam de forma clara e visível a sua identidade, designadamente o nome e a função da pessoa singular que preparou a recomendação e a denominação da pessoa colectiva autora da recomendação;

b) Distinguem claramente a matéria factual das interpretações, estimativas, pareceres e outro tipo de informação não factual;

c) Asseguram a fidedignidade das fontes ou, em caso de dúvida, referem-no expressamente;

d) Identificam como tal o conjunto das projecções, das previsões e dos preços alvo, com menção expressa dos pressupostos utilizados para os determinar;

82   *Código dos Valores Mobiliários*

e) Têm disponíveis todos os elementos necessários para demonstrar a coerência da recomendação com os pressupostos que lhe estão subjacentes, a pedido das autoridades competentes.

2 – Quando o autor da recomendação for uma das pessoas previstas no n.° 1 do artigo anterior, inclui ainda na recomendação:

a) A identidade da autoridade de supervisão da empresa de investimento ou da instituição de crédito;

b) As fontes de informação, o conhecimento pelo emitente da recomendação e a sua eventual correcção por este antes da divulgação;

c) A base de cálculo ou o método usado para avaliar o emitente e o instrumento financeiro ou para fixar o respectivo preço alvo;

d) O significado da recomendação de «comprar», «manter», «vender» ou expressões equivalentes, incluindo o prazo do investimento para que é feita, bem como advertências relacionadas com o risco envolvido e uma análise de sensibilidade aos pressupostos utilizados;

e) A periodicidade na divulgação da recomendação, bem como a respectiva actualização e modificação das políticas de cobertura previstas;

f) A data em que a recomendação foi divulgada pela primeira vez, bem como a data e hora a que se referem os preços utilizados para os instrumentos financeiros analisados, em termos claros e destacados;

g) As divergências da recomendação relativamente a uma recomendação sobre o mesmo emitente ou instrumento financeiro, emitida nos 12 meses anteriores, bem como a data em que aquela foi divulgada, em termos claros e destacados.

ARTIGO 12.°-C
Recomendações de investimento e divulgação
de conflito de interesses

1 – Em conjunto com a recomendação, as pessoas previstas no artigo 12.°-A divulgam todas as relações e circunstâncias susceptíveis de prejudicar a objectividade da recomendação, em especial nos casos em que tenham um interesse no instrumento financeiro, directo ou indirecto, ou estejam numa situação de conflito de interesses relativamente ao emitente dos valores mobiliários a que respeita a recomendação.

2 – Quando o autor da recomendação for uma pessoa colectiva, o disposto no número anterior aplica-se às pessoas singulares ou colectivas que

lhe prestem serviços, designadamente ao abrigo de contrato de trabalho, e tenham estado envolvidas na sua elaboração, incluindo, pelo menos, o seguinte:

a) A identificação de quaisquer interesses ou conflito de interesses do autor da recomendação ou das pessoas colectivas com ele relacionadas de que as pessoas envolvidas na elaboração da recomendação tivessem ou pudessem ter conhecimento;

b) A identificação de quaisquer interesses ou conflito de interesses do autor da recomendação ou das pessoas colectivas com ele relacionadas que, não estando envolvidas na elaboração das recomendações, tenham ou possam ter tido acesso à recomendação antes da sua divulgação aos clientes ou ao público.

3 – Quando o autor da recomendação for uma das pessoas previstas no n.º 1 do artigo 12.º-A, inclui ainda na recomendação as seguintes informações:

a) Participações qualificadas que o autor da recomendação ou qualquer pessoa colectiva com ele relacionada detenha no emitente ou que este detenha naqueles;

b) Outros interesses financeiros do autor da recomendação ou de qualquer pessoa colectiva com ele relacionada que, pela sua conexão com o emitente, sejam relevantes para avaliar a objectividade da recomendação;

c) Operações de fomento de mercado ou de estabilização de preços com os instrumentos financeiros objecto da recomendação em que o seu autor ou qualquer pessoa colectiva com ele relacionada tenham participado;

d) Contratos de consórcio para assistência ou colocação dos valores mobiliários do emitente em que o autor da recomendação tenha participado como líder do consórcio, nos 12 meses anteriores à elaboração da recomendação;

e) Acordos entre o emitente e o autor da recomendação ou com qualquer pessoa colectiva com aquele relacionada relativos à prestação de serviços bancários de investimento, que tenham estado em vigor nos 12 meses anteriores à elaboração da recomendação ou originado uma remuneração ou promessa de remuneração durante o mesmo período, desde que a divulgação não implique a revelação de informações comerciais confidenciais;

f) Acordos relativos à elaboração da recomendação estabelecidos entre o emitente e o autor da recomendação;

84   *Código dos Valores Mobiliários*

g) Informação relativa ao nexo entre a remuneração das pessoas envolvidas na preparação ou elaboração da recomendação e operações bancárias de investimento realizadas pela empresa de investimento ou instituição de crédito autora da recomendação ou por qualquer pessoa colectiva com elas relacionada a favor do emitente dos valores mobiliários analisados.

4 – As pessoas singulares envolvidas na preparação ou elaboração de uma recomendação que prestem serviço à empresa de investimento ou à instituição de crédito autora da recomendação e que adquiram, a título oneroso ou gratuito, acções do emitente antes da realização de uma oferta pública de distribuição informam a entidade que seja autora ou divulgadora da recomendação sobre o preço e a data da respectiva aquisição, para que tais elementos sejam também tornados públicos, sem prejuízo da aplicação do regime legal de responsabilidade por tais factos.

5 – No final de cada trimestre do ano civil, as empresas de investimento e as instituições de crédito divulgam no seu sítio na Internet:

a) A percentagem das recomendações de «comprar», «manter», ou «vender», ou expressões equivalentes, no conjunto das suas recomendações;

b) A percentagem de recomendações relativas a emitentes aos quais aquelas entidades prestaram serviços bancários de investimento significativos nos 12 meses anteriores à elaboração da recomendação.

ARTIGO 12.°-D
Divulgação de recomendações de investimento elaboradas por terceiros

1 – A divulgação de recomendações de investimento elaboradas por terceiros é acompanhada de forma clara e destacada da identificação da pessoa ou da entidade responsável pela divulgação.

2 – Qualquer alteração substancial a uma recomendação elaborada por um terceiro é claramente identificada e explicada na própria recomendação, sendo dado aos destinatários da informação acesso à identidade do autor da recomendação, ao conteúdo original da mesma e à divulgação dos conflitos de interesses do seu autor, desde que estes elementos sejam públicos.

Disposições gerais 85

3 – Quando a alteração substancial consistir numa mudança de sentido da recomendação, os deveres de informação consagrados nos artigos 12.º-B e 12.º-C aplicam-se também a quem divulgar a informação alterada, na medida da alteração introduzida.

4 – Quem divulgue resumo de recomendações de investimento produzidas por terceiros assegura a sua clareza, actualidade e que não contém informação enganosa, mencionando ainda o documento que constitui a sua fonte e o local onde as informações com ele relacionadas podem ser consultadas, caso as mesmas sejam publicamente acessíveis.

5 – Quando a recomendação for divulgada por uma empresa de investimento, instituição de crédito ou pessoa singular que para elas trabalhe, independentemente do vínculo a que esteja sujeita, para além do cumprimento dos deveres previstos nos números anteriores, identifica a entidade de supervisão da empresa de investimento ou da instituição de crédito e, caso o autor da recomendação ainda não a tenha divulgado, o divulgador cumpre, em relação ao autor da recomendação, o disposto no artigo 12.º-C.

6 – O disposto no presente artigo não se aplica à reprodução por jornalistas, em meios de comunicação social, de opiniões orais de terceiros sobre valores mobiliários, outros instrumentos financeiros ou entidades emitentes.

ARTIGO 12.º-E
Divulgação através de remissão

1 – O cumprimento do estabelecido nas alíneas *a*), *b*) e *c*) do n.º 2 do artigo 12.º-B e no artigo 12.º-C pode ser substituído por uma referência clara ao local onde a informação requerida pode ser directa e facilmente consultada pelo público, quando se trate de recomendação não escrita ou quando a inclusão de tal informação numa recomendação escrita se mostre notoriamente desproporcionada em relação à sua extensão.

2 – No caso de recomendações não escritas, o disposto no número anterior aplica-se também ao cumprimento do estabelecido nas alíneas *e*), *f*) e *g*) do n.º 2 do artigo 12.º-B.

CAPÍTULO IV
Sociedades abertas

SECÇÃO I
Disposições gerais

ARTIGO 13.°
Critérios

1 – Considera-se sociedade com o capital aberto ao investimento do público, abreviadamente designada neste Código «sociedade aberta»:

a) A sociedade que se tenha constituído através de oferta pública de subscrição dirigida especificamente a pessoas com residência ou estabelecimento em Portugal;

b) A sociedade emitente de acções ou de outros valores mobiliários que confiram direito à subscrição ou à aquisição de acções que tenham sido objecto de oferta pública de subscrição dirigida especificamente a pessoas com residência ou estabelecimento em Portugal;

c) A sociedade emitente de acções ou de outros valores mobiliários que confiram direito à sua subscrição ou aquisição, que estejam ou tenham estado admitidas à negociação em mercado regulamentado situado ou a funcionar em Portugal;

d) A sociedade emitente de acções que tenham sido alienadas em oferta pública de venda ou de troca em quantidade superior a 10% do capital social dirigida especificamente a pessoas com residência ou estabelecimento em Portugal;

e) A sociedade resultante de cisão de uma sociedade aberta ou que incorpore, por fusão, a totalidade ou parte do seu património.

2 – Os estatutos das sociedades podem fazer depender de deliberação da assembleia geral o lançamento de oferta pública de venda ou de troca de acções nominativas de que resulte a abertura do capital social nos termos da alínea *d*) do número anterior.

ARTIGO 14.°
Menção em actos externos

A qualidade de sociedade aberta deve ser mencionada nos actos qualificados como externos pelo artigo 171.° do Código das Sociedades Comerciais.

ARTIGO 15.º
Igualdade de tratamento

A sociedade aberta deve assegurar tratamento igual aos titulares dos valores mobiliários por ela emitidos que pertençam à mesma categoria.

SECÇÃO II
Participações qualificadas

ARTIGO 16.º
Deveres de comunicação

1 – Quem atinja ou ultrapasse participação de 10%, 20%, um terço, metade, dois terços e 90% dos direitos de voto correspondentes ao capital social de uma sociedade aberta, sujeita a lei pessoal portuguesa, e quem reduza a sua participação para valor inferior a qualquer daqueles limites deve, no prazo de quatro dias de negociação após o dia da ocorrência do facto ou do seu conhecimento:

a) Informar desse facto a CMVM e a sociedade participada;

b) Dar conhecimento às entidades referidas na alínea anterior das situações que determinam a imputação ao participante de direitos de voto inerentes a valores mobiliários pertencentes a terceiros, nos termos do n.º 1 do artigo 20.º.

2 – Fica igualmente sujeito aos deveres referidos no número anterior:

a) Quem atinja ou ultrapasse participação de 5%, 15% e 25% dos direitos de voto correspondentes ao capital social e quem reduza a sua participação para valor inferior a qualquer daqueles limites, relativamente a:

i) Sociedade aberta, sujeita a lei pessoal portuguesa, emitente de acções ou de outros valores mobiliários que confiram direito à sua subscrição ou aquisição, admitidos à negociação em mercado regulamentado situado ou a funcionar em Estado membro da União Europeia;

ii) Sociedade, com sede estatutária noutro Estado membro, emitente de acções ou de outros valores mobiliários que confiram direito à sua subscrição ou aquisição, exclusivamente admitidos à negociação em mercado regulamentado situado ou a funcionar em Portugal;

iii) Sociedade cuja sede social se situe fora da União Europeia, emitente de acções ou de outros valores mobiliários que confiram direito à sua subscrição ou aquisição, admitidos à negociação em mercado regulamentado situado ou a funcionar em Portugal, em relação à qual a CMVM seja autoridade competente nos termos do artigo 244.°-A; e

b) Quem atinja ou ultrapasse participação de 2% e quem reduza a sua participação para valor inferior àquela percentagem dos direitos de voto correspondentes ao capital social de sociedade aberta prevista na subalínea *i*) da alínea anterior.

3 – Para efeitos dos números anteriores:

a) Presume-se que o participante tem conhecimento do facto determinante do dever de comunicação no prazo máximo de dois dias de negociação após a ocorrência daquele;

b) Os direitos de voto são calculados com base na totalidade das acções com direitos de voto, não relevando para o cálculo a suspensão do respectivo exercício.

4 – A comunicação efectuada nos termos dos números anteriores inclui:

a) A identificação de toda a cadeia de entidades a quem a participação qualificada é imputada nos termos do n.° 1 do artigo 20.°, independentemente da lei a que se encontrem sujeitas;

b) A percentagem de direitos de voto imputáveis ao titular de participação qualificada, a percentagem de capital social e o número de acções correspondentes, bem como, quando aplicável, a discriminação da participação por categoria de acções;

c) A data em que a participação atingiu, ultrapassou ou foi reduzida aos limiares previstos nos n.ºs 1 e 2.

5 – Caso o dever de comunicação incumba a mais de um participante, pode ser feita uma única comunicação, que exonera os participantes do dever de comunicar na medida em que a comunicação se considere feita.

6 – Quando a ultrapassagem dos limiares relevantes resultar, nos termos da alínea *e*) do n.° 1 do artigo 20.°, da detenção de instrumentos financeiros que confiram ao participante o direito à aquisição, exclusivamente por sua iniciativa, por força de acordo, de acções com direitos de voto, já emitidas por emitente cujas acções estejam admitidas à negociação em mercado regulamentado, o participante deve:

a) Agregar, na comunicação, todos os instrumentos que tenham o mesmo activo subjacente;

Disposições gerais 89

b) Fazer tantas comunicações quantos os emitentes dos activos subjacentes de um mesmo instrumento financeiro;

c) Incluir na comunicação referida no número anterior, a indicação da data ou período em que os direitos de aquisição que o instrumento confere podem ser exercidos, e da data em que o instrumento expira.

7 – Quando a redução ou ultrapassagem dos limiares relevantes resultar, nos termos da alínea *g*) do n.° 1 do artigo 20.°, da atribuição de poderes discricionários para uma única assembleia geral:

a) Quem confere poderes discricionários pode, nesse momento, fazer uma comunicação única, desde que explicite a informação exigida no n.° 4 referente ao início e ao termo da atribuição de poderes discricionários para o exercício do direito de voto;

b) Aquele a quem são imputados os direitos de voto pode fazer uma comunicação única, no momento em que lhe são conferidos poderes discricionários, desde que explicite a informação exigida no n.° 4 referente ao início e ao termo dos poderes discricionários para o exercício do direito de voto.

8 – Os deveres estabelecidos no presente artigo não se aplicam a participações resultantes de transacções envolvendo membros do Sistema Europeu de Bancos Centrais, actuando na qualidade de autoridades monetárias, no âmbito de uma garantia, de um acordo de recompra ou de um acordo similar de liquidez autorizado por razões de política monetária ou no âmbito de um sistema de pagamentos, desde que as transacções se realizem dentro de um período de tempo curto e desde que não sejam exercidos os direitos de voto inerentes às acções em causa.

9   Os titulares de participação qualificada em sociedade referida na subalínea *i*) da alínea *a*) do n.° 2 devem prestar à CMVM, a pedido desta, informação sobre a origem dos fundos utilizados na aquisição ou no reforço daquela participação.

ARTIGO 16.°-A
Liquidação e criação de mercado

1 – À excepção do dever de comunicação à CMVM, o disposto nos n.ᵒˢ 1 e 2 do artigo anterior não se aplica no que respeita a acções transaccionadas exclusivamente para efeitos de operações de compensação e de liquidação no âmbito do ciclo curto e habitual de liquidação.

90 *Código dos Valores Mobiliários*

2 – Para efeitos do número anterior, o ciclo curto e habitual de negociação é de três dias de negociação contados a partir da operação.

3 – À excepção do dever de comunicação à CMVM, o disposto nos n.ᵒˢ 1 e 2 do artigo anterior não se aplica às participações de intermediário financeiro actuando como criador de mercado que atinjam, ultrapassem ou se tornem inferiores a 5% dos direitos de voto correspondentes ao capital social, desde que aquele não intervenha na gestão do emitente em causa, nem o influencie a adquirir essas acções ou a apoiar o seu preço.

4 – Para efeitos do número anterior, o intermediário financeiro deve:

a) Comunicar à CMVM, no prazo previsto no n.º 1 do artigo 16.º, que actua ou pretende actuar como criador de mercado relativamente ao emitente em causa;

b) Informar a CMVM da cessação da actuação como criador de mercado, logo que tomar essa decisão;

c) Identificar, a pedido da CMVM, as acções detidas no âmbito da actividade de criação de mercado, podendo fazê-lo por qualquer meio verificável excepto se não conseguir identificar esses instrumentos financeiros, caso em que os mantém em conta separada;

d) Apresentar à CMVM, a pedido desta, o contrato de criação de mercado quando exigível.

ARTIGO 16.º-B
Participação qualificada não transparente

1 – Na ausência da comunicação prevista no artigo 16.º, se esta não respeitar o disposto na alínea *a*) do n.º 4 do artigo ou se, em qualquer, existirem fundadas dúvidas sobre a identidade das pessoas a quem possam ser imputados os direitos de voto respeitantes a uma participação qualificada, nos termos do n.º 1 do artigo 20.º, ou sobre o cumprimento cabal dos deveres de comunicação, a CMVM notifica deste facto os interessados, os órgãos de administração e fiscalização e o presidente da mesa da assembleia geral da sociedade aberta em causa.

2 – Até 30 dias após a notificação, podem os interessados apresentar prova destinada a esclarecer os aspectos suscitados na notificação da CMVM, ou tomar medidas com vista a assegurar a transparência da titularidade das participações qualificadas.

3 – Se os elementos aduzidos ou as medidas tomadas pelos interessados não puserem fim à situação, a CMVM informa o mercado da

Disposições gerais 91

falta de transparência quanto à titularidade das participações qualificadas em causa.

4 – A partir da comunicação ao mercado feita pela CMVM nos termos do número anterior, fica imediata e automaticamente suspenso o exercício do direito de voto e dos direitos de natureza patrimonial, com excepção do direito de preferência na subscrição em aumentos de capital, inerentes à participação qualificada em causa, até que a CMVM informe o mercado e as entidades referidas no n.° 1 de que a titularidade da participação qualificada é considerada transparente.

5 – Os direitos patrimoniais referidos no número anterior que caibam à participação afectada são depositados em conta especial aberta junto de instituição de crédito habilitada a receber depósitos em Portugal, sendo proibida a sua movimentação a débito enquanto durar a suspensão.

6 – Antes de tomar as medidas estabelecidas nos n.ºs 1, 3 e 4, a CMVM dá conhecimento das mesmas ao Banco de Portugal e ao Instituto de Seguros de Portugal sempre que nelas estejam envolvidas entidades sujeitas à respectiva supervisão.

ARTIGO 17.°
Divulgação

1 – A sociedade participada deve divulgar, pelos meios referidos no n.° 4 do artigo 244.°, toda a informação recebida nos termos do artigo 16.°, o mais rapidamente possível e no prazo de três dias de negociação após recepção da comunicação.

2 – A sociedade participada e os titulares dos seus órgãos sociais, bem como as entidades gestoras de mercados regulamentados em que estejam admitidos à negociação acções ou outros valores mobiliários que confiram o direito à sua subscrição ou aquisição por aquela emitidos, devem informar a CMVM quando tiverem conhecimento ou fundados indícios de incumprimento dos deveres de informação previstos no artigo 16.°

3 – O dever de divulgação pode ser cumprido por sociedade com a qual a sociedade participada se encontre em relação de domínio ou de grupo.

4 – A divulgação a que se refere o presente artigo pode ser efectuada numa língua de uso corrente nos mercados financeiros internacionais se essa tiver sido utilizada na comunicação que lhe deu origem.

ARTIGO 18.º
Dias de negociação

1 – Para efeitos da presente secção, consideram-se dias de negociação aqueles em que esteja aberto para negociação o mercado regulamentado no qual as acções ou os outros valores mobiliários que confiram direito à sua subscrição ou aquisição estejam admitidos.

2 – A CMVM deve divulgar no seu sistema de difusão de informação o calendário de dias de negociação dos mercados regulamentados situados ou a funcionar em Portugal.

ARTIGO 19.º
Acordos parassociais

1 – Os acordos parassociais que visem adquirir, manter ou reforçar uma participação qualificada em sociedade aberta ou assegurar ou frustrar o êxito de oferta pública de aquisição devem ser comunicados à CMVM por qualquer dos contraentes no prazo de três dias após a sua celebração.

2 – A CMVM determina a publicação, integral ou parcial, do acordo, na medida em que este seja relevante para o domínio sobre a sociedade.

3 – São anuláveis as deliberações sociais tomadas com base em votos expressos em execução dos acordos não comunicados ou não publicados nos termos dos números anteriores, salvo se se provar que a deliberação teria sido adoptada sem aqueles votos.

ARTIGO 20.º
Imputação de direitos de voto

1 – No cômputo das participações qualificadas consideram-se, além dos inerentes às acções de que o participante tenha a titularidade ou o usufruto, os direitos de voto:

a) Detidos por terceiros em nome próprio, mas por conta do participante;

b) Detidos por sociedade que com o participante se encontre em relação de domínio ou de grupo;

c) Detidos por titulares do direito de voto com os quais o participante tenha celebrado acordo para o seu exercício, salvo se, pelo mesmo acordo, estiver vinculado a seguir instruções de terceiro;

d) Detidos, se o participante for uma sociedade, pelos membros dos seus órgãos de administração e de fiscalização;

e) Que o participante possa adquirir em virtude de acordo celebrado com os respectivos titulares;

f) Inerentes a acções detidas em garantia pelo participante ou por este administradas ou depositadas junto dele, se os direitos de voto lhe tiverem sido atribuídos;

g) Detidos por titulares do direito de voto que tenham conferido ao participante poderes discricionários para o seu exercício;

h) Detidos por pessoas que tenham celebrado algum acordo com o participante que vise adquirir o domínio da sociedade ou frustrar a alteração de domínio ou que, de outro modo, constitua um instrumento de exercício concertado de influência sobre a sociedade participada;

i) Imputáveis a qualquer das pessoas referidas numa das alíneas anteriores por aplicação, com as devidas adaptações, de critério constante de alguma das outras alíneas.

2 – Os titulares dos valores mobiliários a que são inerentes os direitos de voto imputáveis ao detentor de participação qualificada devem prestar a este as informações necessárias para efeitos do artigo 16.º.

3 – Não se consideram imputáveis à sociedade que exerça domínio sobre entidade gestora de fundo de investimento, sobre entidade gestora de fundo de pensões, sobre entidade gestora de fundo de capital de risco ou sobre intermediário financeiro autorizado a prestar o serviço de gestão de carteiras por conta de outrem e às sociedades associadas de fundos de pensões os direitos de voto inerentes a acções integrantes de fundos ou carteiras geridas, desde que a entidade gestora ou o intermediário financeiro exerça os direitos de voto de modo independente da sociedade dominante ou das sociedades associadas.

4 – Para efeitos da alínea *h*) do n.º 1, presume-se serem instrumento de exercício concertado de influência os acordos relativos à transmissibilidade das acções representativas do capital social da sociedade participada.

5 – A presunção referida no número anterior pode ser ilidida perante a CMVM, mediante prova de que a relação estabelecida com o participante é independente da influência, efectiva ou potencial, sobre a sociedade participada.

ARTIGO 20.°-A
Imputação de direitos de voto relativos a acções integrantes de organismos de investimento colectivo, de fundos de pensões ou de carteiras

1 – Para efeitos do n.° 3 do artigo anterior, a sociedade que exerça domínio sobre a entidade gestora ou sobre o intermediário financeiro e as sociedades associadas de fundos de pensões beneficiam da derrogação de imputação agregada de direitos de voto se:

a) Não interferirem através de instruções, directas ou indirectas, sobre o exercício dos direitos de voto inerentes às acções integrantes do fundo de investimento, do fundo de pensões, do fundo de capital de risco ou da carteira;

b) A entidade gestora ou o intermediário financeiro revelar autonomia dos processos de decisão no exercício do direito de voto.

2 – Para beneficiar da derrogação de imputação agregada de direitos de voto, a sociedade que exerça domínio sobre a entidade gestora ou sobre o intermediário financeiro deve:

a) Enviar à CMVM a lista actualizada de todas as entidades gestoras e intermediários financeiros sob relação de domínio e, no caso de entidades sujeitas a lei pessoal estrangeira, indicar as respectivas autoridades de supervisão;

b) Enviar à CMVM uma declaração fundamentada, referente a cada entidade gestora ou intermediário financeiro, de que cumpre o disposto no número anterior;

c) Demonstrar à CMVM, a seu pedido, que:

    i) As estruturas organizacionais das entidades relevantes asseguram o exercício independente dos direitos de voto;

    ii) As pessoas que exercem os direitos de voto agem independentemente; e

    iii) Existe um mandato escrito e claro que, nos casos em que a sociedade dominante recebe serviços prestados pela entidade dominada ou detém participações directas em activos por esta geridos, fixa a relação contratual das partes em consonância com as condições normais de mercado para situações similares.

3 – Para efeitos da alínea *c*) do número anterior, as entidades relevantes devem adoptar, no mínimo, políticas e procedimentos escritos que impeçam, em termos adequados, o acesso a informação relativa ao exercício dos direitos de voto.

Disposições gerais 95

4 – Para beneficiar da derrogação de imputação agregada de direitos de voto, as sociedades associadas de fundos de pensões devem enviar à CMVM uma declaração fundamentada de que cumprem o disposto no n.º 1.

5 – Caso a imputação fique a dever-se à detenção de instrumentos financeiros que confiram ao participante o direito à aquisição, exclusivamente por sua iniciativa, por força de acordo, de acções com direitos de voto, já emitidas por emitente cujas acções estejam admitidas à negociação em mercado regulamentado, basta, para efeitos do n.º 2, que a sociedade aí referida envie à CMVM a informação prevista na alínea *a*) desse número.

6 – Para efeitos do n.º 1:

a) Consideram-se instruções directas as dadas pela sociedade dominante ou outra entidade por esta dominada que precise o modo como são exercidos os direitos de voto em casos concretos;

b) Consideram-se instruções indirectas as que, em geral ou particular, independentemente da sua forma, são transmitidas pela sociedade dominante ou qualquer entidade por esta dominada, e limitam a margem de discricionariedade da entidade gestora, intermediário financeiro e sociedade associada de fundos de pensões relativamente ao exercício dos direitos de voto de modo a servir interesses empresariais específicos da sociedade dominante ou de outra entidade por esta dominada.

7 – Logo que, nos termos do n.º 1, considere não provada a independência da entidade gestora ou do intermediário financeiro que envolva uma participação qualificada em sociedade aberta, e sem prejuízo das consequências sancionatórias que ao caso caibam, a CMVM informa o mercado e notifica deste facto o presidente da mesa da assembleia geral, o órgão de administração e o órgão de fiscalização da sociedade participada.

8 – A declaração da CMVM implica a imediata imputação de todos os direitos de voto inerentes às acções que integrem o fundo de investimento, o fundo de pensões, o fundo de capital de risco ou a carteira, enquanto não seja demonstrada a independência da entidade gestora ou do intermediário financeiro, com as respectivas consequências, devendo ainda ser comunicada aos participantes ou aos clientes da entidade gestora ou do intermediário financeiro.

9 – Antes de emitir o comunicado previsto no n.º 7, a CMVM dá conhecimento do mesmo ao Instituto de Seguros de Portugal sempre que se refira a fundos de pensões.

ARTIGO 21.º
Relações de domínio e de grupo

1 – Para efeitos deste Código, considera-se relação de domínio a relação existente entre uma pessoa singular ou colectiva e uma sociedade quando, independentemente de o domicílio ou a sede se situar em Portugal ou no estrangeiro, aquela possa exercer sobre esta, directa ou indirectamente, uma influência dominante.

2 – Existe, em qualquer caso, relação de domínio quando uma pessoa singular ou colectiva:

a) Disponha da maioria dos direitos de voto;

b) Possa exercer a maioria dos direitos de voto, nos termos de acordo parassocial;

c) Possa nomear ou destituir a maioria dos titulares dos órgãos de administração ou de fiscalização.

3 – Para efeitos deste Código consideram-se em relação de grupo as sociedades como tal qualificadas pelo Código das Sociedades Comerciais, independentemente de as respectivas sedes se situarem em Portugal ou no estrangeiro.

ARTIGO 21.º-A
Equivalência

1 – Relativamente a emitentes com sede estatutária fora da União Europeia não são aplicáveis os deveres previstos:

a) Nos artigos 16.º e 17.º, se, nos termos da lei aplicável, a informação sobre participações qualificadas for divulgada no prazo máximo de sete dias de negociação;

b) No n.º 3 do artigo 20.º e no n.º 1 do artigo 20.º-A, se a lei aplicável obrigar as entidades gestoras de fundo de investimento ou os intermediários financeiros autorizados a prestar o serviço de gestão de carteiras a manter, em todas as circunstâncias, a independência no exercício do direito de voto face a sociedade dominante e a não ter em conta os interesses da sociedade dominante ou de qualquer outra entidade por esta controlada sempre que surjam conflitos de interesses.

2 – Para efeitos da alínea *b)* do número anterior, a sociedade dominante deve:

a) Cumprir os deveres de informação constantes dos n.ºs 2 e 5 do artigo 20.º-A;

b) Declarar, em relação a cada uma das entidades referidas na alínea *b*) do número anterior, que satisfaz os requisitos exigidos no n.° 1 do artigo 20.°-A;

c) Demonstrar, a pedido da CMVM, que cumpre os requisitos estabelecidos na alínea *c*) do n.° 2 e no n.° 3 do artigo 20.°-A.

SECÇÃO III
Deliberações sociais

ARTIGO 22.°
Voto por correspondência

1 – Nas assembleias gerais das sociedades abertas, o direito de voto sobre matérias que constem da convocatória pode ser exercido por correspondência.

2 – O disposto no número anterior pode ser afastado pelos estatutos da sociedade, salvo quanto à alteração destes e à eleição de titulares dos órgãos sociais.

3 – Para efeitos do n.° 1, a convocatória da assembleia geral deve incluir:

a) Indicação de que o direito de voto pode ser exercido por correspondência;

b) Descrição do modo por que se processa o voto por correspondência, incluindo o endereço e o prazo para a recepção das declarações de voto.

4 – A sociedade deve verificar a autenticidade do voto e assegurar, até ao momento da votação, a sua confidencialidade.

ARTIGO 23.°
Procuração

1 – A convocatória de assembleia geral menciona a disponibilidade de um formulário de procuração, indicando modo de o solicitar, ou incluir esse formulário.

2 – O pedido de procuração para representação em assembleia geral de sociedade aberta, que seja feito a mais de cinco accionistas ou que utilize um dos meios de contacto com o público referidos no n.° 2 e na alí-

nea *b*) do n.° 3 do artigo 109.°, deve conter, além dos elementos referidos na alínea *c*) do n.° 1 do artigo 381.° do Código das Sociedades Comerciais, os seguintes:

a) Os direitos de voto que são imputáveis ao solicitante nos termos do n.° 1 do artigo 20.°;

b) O fundamento do sentido de voto a exercer pelo solicitante.

3 – O formulário utilizado na solicitação de procuração é enviado à CMVM dois dias antes do envio aos titulares do direito de voto.

4 – O solicitante deve prestar aos titulares do direito de voto toda a informação para o efeito relevante que por eles lhe seja pedida.

ARTIGO 24.°
Suspensão de deliberação social

1 – A providência cautelar de suspensão de deliberação social tomada por sociedade aberta só pode ser requerida por sócios que, isolada ou conjuntamente, possuam acções correspondentes, pelo menos, a 0,5% do capital social.

2 – Qualquer accionista pode, porém, instar, por escrito, o órgão de administração a abster-se de executar deliberação social que considere inválida, explicitando os respectivos vícios.

3 – Se a deliberação vier a ser declarada nula ou anulada, os titulares do órgão de administração que procedam à sua execução sem tomar em consideração o requerimento apresentado nos termos do número anterior são responsáveis pelos prejuízos causados, sem que a responsabilidade para com a sociedade seja excluída pelo disposto no n.° 4 do artigo 72.° do Código das Sociedades Comerciais.

ARTIGO 25.°
Aumento de capital social

As acções emitidas por sociedade aberta constituem uma categoria autónoma:

a) Pelo prazo de 30 dias contados da deliberação de aumento de capital; ou

b) Até ao trânsito em julgado de decisão judicial sobre acção de anulação ou de declaração de nulidade de deliberação social proposta dentro daquele prazo.

Disposições gerais

ARTIGO 26.º
Anulação da deliberação de aumento
de capital social

1 – A anulação de uma deliberação de aumento de capital social de sociedade aberta determina a amortização das novas acções, se estas tiverem sido objecto de admissão à negociação em mercado regulamentado.

2 – Como contrapartida da amortização é devido montante correspondente ao valor real das acções, determinado, a expensas da sociedade, por perito qualificado e independente designado pela CMVM.

3 – Os credores cujos direitos se tenham constituído em momento anterior ao do registo da anulação podem, no prazo de seis meses contados desse registo, exigir, por escrito, à sociedade a prestação de garantias adequadas ao cumprimento das obrigações não vencidas.

4 – O pagamento da contrapartida da amortização só pode efectuar--se depois de, decorrido o prazo referido na parte final do número anterior, estarem pagos ou garantidos os credores que dentro do mesmo prazo se tenham dirigido à sociedade.

SECÇÃO IV
Perda da qualidade de sociedade aberta

ARTIGO 27.º
Requisitos

1 – A sociedade aberta pode perder essa qualidade quando:

a) Um accionista passe a deter, em consequência de oferta pública de aquisição, mais de 90% dos direitos de voto calculados nos termos do n.º 1 do artigo 20.º;

b) A perda da referida qualidade seja deliberada em assembleia geral da sociedade por uma maioria não inferior a 90% do capital social e em assembleias dos titulares de acções especiais e de outros valores mobiliários que confiram direito à subscrição ou aquisição de acções por maioria não inferior a 90% dos valores mobiliários em causa;

c) Tenha decorrido um ano sobre a exclusão da negociação das acções em mercado regulamentado, fundada na falta de dispersão pelo público.

Código dos Valores Mobiliários

2 – A perda de qualidade de sociedade aberta pode ser requerida à CMVM pela sociedade e, no caso da alínea *a*) do número anterior, também pelo oferente.

3 – No caso da alínea *b*) do n.º 1, a sociedade deve indicar um accionista que se obrigue:

a) A adquirir, no prazo de três meses após o deferimento pela CMVM, os valores mobiliários pertencentes, nesta data, às pessoas que não tenham votado favoravelmente alguma das deliberações em assembleia;

b) A caucionar a obrigação referida na alínea anterior por garantia bancária ou depósito em dinheiro efectuado em instituição de crédito.

4 – A contrapartida da aquisição referida no n.º 3 calcula-se nos termos do artigo 188.º.

ARTIGO 28.º
Publicações

1 – A decisão da CMVM é publicada, por iniciativa e a expensas da sociedade, no boletim do mercado regulamentado onde os valores mobiliários estavam admitidos à negociação e por um dos meios referidos no artigo 5.º.

2 – No caso da alínea *b*) do n.º 1 do artigo anterior, a publicação deve mencionar os termos da aquisição dos valores mobiliários e deve ser repetida no fim do 1.º e do 2.º meses do prazo para exercício do direito de alienação.

ARTIGO 29.º
Efeitos

1 – A perda de qualidade de sociedade aberta é eficaz a partir da publicação da decisão favorável da CMVM.

2 – A declaração de perda de qualidade de sociedade aberta implica a imediata exclusão da negociação em mercado regulamentado das acções da sociedade e dos valores mobiliários que dão direito à sua subscrição ou aquisição, ficando vedada a readmissão no prazo de um ano.

Disposições gerais

CAPÍTULO V
Investidores

ARTIGO 30.º
Investidores qualificados

1 – Sem prejuízo do disposto nos números subsequentes, consideram-se investidores qualificados as seguintes entidades:

a) Instituições de crédito;

b) Empresas de investimento;

c) Empresas de seguros;

d) Instituições de investimento colectivo e respectivas sociedades gestoras;

e) Fundos de pensões e respectivas sociedades gestoras;

f) Outras instituições financeiras autorizadas ou reguladas, designadamente fundos de titularização de créditos, respectivas sociedades gestoras e demais sociedades financeiras previstas na lei, sociedades de titularização de créditos, sociedades de capital de risco, fundos de capital de risco e respectivas sociedades gestoras;

g) Instituições financeiras de Estados que não sejam membros da União Europeia que exerçam actividades semelhantes às referidas nas alíneas anteriores;

h) Entidades que negoceiem em instrumentos financeiros sobre mercadorias;

i) Governos de âmbito nacional e regional, bancos centrais e organismos públicos que administram a dívida pública, instituições supranacionais ou internacionais, designadamente o Banco Central Europeu, o Banco Europeu de Investimento, o Fundo Monetário Internacional e o Banco Mundial.

2 – Para os efeitos do disposto na alínea *c*) do n.º 3 do artigo 109.º, no n.º 3 do artigo 112.º, na alínea *a*) do n.º 2 do artigo 134.º e na alínea *d*) do n.º 1 do artigo 237.º-A, as seguintes entidades são também consideradas investidores qualificados:

a) Outras entidades que tenham por objecto principal o investimento em valores mobiliários;

b) Empresas que, de acordo com as suas últimas contas individuais ou consolidadas, preencham dois dos seguintes critérios:

102 · *Código dos Valores Mobiliários*

i) Número médio de trabalhadores, ao longo do exercício financeiro, igual ou superior a 250;

ii) Activo total superior a 43 milhões de euros;

iii) Volume de negócios líquido superior a 50 milhões de euros.

3 – Para efeitos do título VI, são também considerados investidores qualificados:

a) As pessoas referidas na alínea *f*) do n.º 3 do artigo 289.º;

b) As pessoas colectivas, cuja dimensão, de acordo com as suas últimas contas individuais, satisfaça dois dos seguintes critérios:

i) Situação líquida de 2 milhões de euros;

ii) Activo total de 20 milhões de euros;

iii) Volume de negócios líquido de 40 milhões de euros.

c) As pessoas que tenham solicitado o tratamento como tal, nos termos previstos na secção IV do capítulo I daquele título.

4 – A CMVM pode, por regulamento, qualificar como investidores qualificados outras entidades dotadas de uma especial competência e experiência relativas a instrumentos financeiros, nomeadamente emitentes de valores mobiliários, definindo os indicadores económico-financeiros que permitem essa qualificação.

ARTIGO 31.º
Acção popular

1 – Gozam do direito de acção popular para a protecção de interesses individuais homogéneos ou colectivos dos investidores não qualificados em instrumentos financeiros:

a) Os investidores não qualificados;

b) As associações de defesa dos investidores que reúnam os requisitos previstos no artigo seguinte;

c) As fundações que tenham por fim a protecção dos investidores em instrumentos financeiros.

2 – A sentença condenatória deve indicar a entidade encarregada da recepção e gestão das indemnizações devidas a titulares não individualmente identificados, recaindo a designação, conforme as circunstâncias, em fundo de garantia, associação de defesa dos investidores ou um ou vários titulares de indemnização identificados na acção.

Disposições gerais 103

3 – As indemnizações que não sejam pagas em consequência de prescrição ou de impossibilidade de identificação dos respectivos titulares revertem para:

a) O fundo de garantia relacionado com a actividade em que se insere o facto gerador de indemnização;

b) Não existindo o fundo de garantia referido na alínea anterior, o sistema de indemnização dos investidores.

ARTIGO 32.º
Associações de defesa dos investidores

Sem prejuízo da liberdade de associação, só beneficiam dos direitos conferidos por este Código e legislação complementar às associações de defesa dos investidores as associações sem fim lucrativo, legalmente constituídas, que reúnam os seguintes requisitos, verificados por registo na CMVM:

a) Tenham como principal objecto estatutário a protecção dos interesses dos investidores em instrumentos financeiros;

b) Contem entre os seus associados pelo menos 100 pessoas singulares que não sejam investidores qualificados;

c) Exerçam actividade efectiva há mais de um ano.

ARTIGO 33.º
Mediação de conflitos

1 – A CMVM organiza um serviço destinado à mediação voluntária de conflitos entre investidores não qualificados, por uma parte, e intermediários financeiros, consultores para investimento, entidades gestoras de mercados regulamentados ou de sistemas de negociação multilateral ou emitentes, por outra.

2 – Os mediadores são designados pelo conselho directivo da CMVM, podendo a escolha recair em pessoas pertencentes aos seus quadros ou noutras personalidades de reconhecida idoneidade e competência.

ARTIGO 34.°
Procedimentos de mediação

1 – Os procedimentos de mediação são estabelecidos em regulamento da CMVM e devem obedecer a princípios de imparcialidade, celeridade e gratuitidade.

2 – Quando o conflito incida sobre interesses individuais homogéneos ou colectivos dos investidores, podem as associações de defesa dos investidores tomar a iniciativa da mediação e nela participar, a título principal ou acessório.

3 – O procedimento de mediação é confidencial, ficando o mediador sujeito a segredo em relação a todas as informações que obtenha no decurso da mediação e não podendo a CMVM usar, em qualquer processo, elementos cujo conhecimento lhe advenha exclusivamente do procedimento de mediação.

4 – O mediador pode tentar a conciliação ou propor às partes a solução que lhe pareça mais adequada.

5 – O acordo resultante da mediação, quando escrito, tem a natureza de transacção extrajudicial.

ARTIGO 35.°
Constituição de fundos de garantia

1 – As entidades gestoras de mercados regulamentados, de sistemas de negociação multilateral, de sistemas de liquidação, de câmara de compensação ou de contraparte central podem constituir ou promover a constituição de fundos de garantia.

2 – Os fundos de garantia visam ressarcir os investidores não qualificados pelos danos sofridos em consequência da actuação de qualquer intermediário financeiro membro do mercado ou sistema, ou autorizado a receber e transmitir ordens para execução, e dos participantes naqueles sistemas.

3 – A participação no fundo de garantia é facultativa, sem prejuízo do disposto no número seguinte.

4 – As entidades gestoras referidas no n.° 1 podem deliberar que a participação no fundo por si constituído ou promovido seja obrigatória para os membros autorizados a executar ordens por conta de outrem e para os participantes nos sistemas.

Disposições gerais 105

ARTIGO 36.º
Gestão de fundos de garantia

1 – Os fundos de garantia são geridos:

a) Por sociedade que tenha essa gestão como objecto exclusivo e em que participem como sócios uma ou mais de uma das entidades gestoras referidas no n.º 1 do artigo anterior; ou

b) Pela entidade gestora do mercado ou do sistema de liquidação a que o fundo está afecto.

2 – No caso da alínea *b*) do número anterior, o fundo de garantia constitui património autónomo.

3 – Compete, nomeadamente, ao conselho de administração da sociedade gestora do fundo de garantia:

a) Elaborar o regulamento do fundo;

b) [*Revogada*];

c) Executar as decisões de indemnização a suportar pelo fundo de garantia;

d) Decidir sobre a liquidação do fundo de garantia, nos termos do respectivo regulamento.

4 – O regulamento do fundo é aprovado pela CMVM e define, designadamente:

a) O montante mínimo do património do fundo;

b) O processo de reclamação e decisão;

c) O limite máximo das indemnizações;

d) As receitas dos fundos.

5 – A sociedade gestora do fundo e os titulares dos respectivos órgãos estão sujeitos a registo na CMVM.

ARTIGO 37.º
Receitas dos fundos de garantia

[*Revogado.*]

ARTIGO 38.º
Pagamento de indemnização pelo fundo de garantia

[*Revogado.*]

TÍTULO II
Valores mobiliários

CAPÍTULO I
Disposições gerais

SECÇÃO I
Direito aplicável

ARTIGO 39.º
Capacidade e forma

A capacidade para a emissão e a forma de representação dos valores mobiliários regem-se pela lei pessoal do emitente.

ARTIGO 40.º
Conteúdo

1 – A lei pessoal do emitente regula o conteúdo dos valores mobiliários, salvo se, em relação a obrigações e a outros valores mobiliários representativos de dívida, constar do registo da emissão que é outro o direito aplicável.

2 – Ao conteúdo dos valores mobiliários que confiram direito à subscrição, à aquisição ou à alienação de outros valores mobiliários aplica-se também a lei pessoal do emitente destes.

ARTIGO 41.º
Transmissão e garantias

A transmissão de direitos e a constituição de garantias sobre valores mobiliários regem-se:

a) Em relação a valores mobiliários integrados em sistema centralizado, pelo direito do Estado onde se situa o estabelecimento da entidade gestora desse sistema;

b) Em relação a valores mobiliários registados ou depositados não integrados em sistema centralizado, pelo direito do Estado em que se situa o estabelecimento onde estão registados ou depositados os valores mobiliários;

c) Em relação a valores mobiliários não abrangidos nas alíneas anteriores, pela lei pessoal do emitente.

ARTIGO 42.º
Referência material

A designação de um direito estrangeiro por efeito das normas da presente secção não inclui as normas de direito internacional privado do direito designado.

SECÇÃO II
Emissão

ARTIGO 43.º
Registo da emissão

1 – A emissão de valores mobiliários que não tenham sido destacados de outros valores mobiliários está sujeita a registo junto do emitente.

2 – As disposições sobre o registo de emissão de valores mobiliários aplicam-se aos valores mobiliários emitidos por entidade cuja lei pessoal seja a lei portuguesa.

ARTIGO 44.º
Menções do registo da emissão

1 – Do registo da emissão constam:

a) A identificação do emitente, nomeadamente a firma ou denominação, a sede, o número de identificação de pessoa colectiva, a conservatória do registo comercial onde se encontra matriculada e o número de matrícula;

b) As características completas do valor mobiliário, designadamente o tipo, os direitos que, em relação ao tipo, estão especialmente incluídos ou excluídos, a forma de representação e o valor nominal ou percentual;

c) A quantidade de valores mobiliários que integram a emissão e a série a que respeitam e, tratando-se de emissão contínua, a quantidade actualizada dos valores mobiliários emitidos;

d) O montante e a data dos pagamentos para liberação previstos e efectuados;

e) As alterações que se verifiquem em qualquer das menções referidas nas alíneas anteriores;

f) A data da primeira inscrição registral de titularidade ou da entrega dos títulos e a identificação do primeiro titular, bem como, se for o caso, do intermediário financeiro com quem o titular celebrou contrato para registo dos valores mobiliários;

g) O número de ordem dos valores mobiliários titulados.

2 – O registo das alterações a que se refere a alínea *e*) do número anterior deve ser feito no prazo de 30 dias.

3 – O registo da emissão é reproduzido, quanto aos elementos referidos nas alíneas *a*), *b*) e *c*) do número anterior e suas alterações:

a) Em conta aberta pelo emitente junto da entidade gestora do sistema centralizado, quando os valores mobiliários sejam integrados nesse sistema;

b) Em conta aberta pelo emitente no intermediário financeiro que presta o serviço de registo dos valores mobiliários escriturais nos termos do artigo 63.º.

ARTIGO 45.º
Categoria

Os valores mobiliários que sejam emitidos pela mesma entidade e apresentem o mesmo conteúdo constituem uma categoria, ainda que pertençam a emissões ou séries diferentes.

SECÇÃO III
Representação

ARTIGO 46.°
Formas de representação

1 – Os valores mobiliários são escriturais ou titulados, consoante sejam representados por registos em conta ou por documentos em papel; estes são, neste Código, designados também por títulos.

2 – Os valores mobiliários que integram a mesma emissão, ainda que realizada por séries, obedecem à mesma forma de representação, salvo para efeitos de negociação no estrangeiro.

3 – Os valores mobiliários destacados de valores mobiliários escriturais e de valores mobiliários titulados integrados em sistema centralizado são representados por registo em conta autónoma.

4 – Os valores mobiliários destacados de outros valores mobiliários titulados são representados por cupões fisicamente separados do título a partir do qual se constituíram.

ARTIGO 47.°
Formalidades prévias

A inscrição dos valores mobiliários em contas individualizadas ou a entrega dos títulos exige o prévio cumprimento das formalidades próprias para a criação de cada tipo de valor mobiliário, incluindo as relativas ao registo comercial.

ARTIGO 48.°
Decisão de conversão

1 – Salvo proibição legal ou estatutária, o emitente pode decidir a conversão dos valores mobiliários quanto à sua forma de representação, estabelecendo para o efeito um prazo razoável, não superior a um ano.

2 – A decisão de conversão é objecto de publicação.

3 – Os custos da conversão são suportados pelo emitente.

ARTIGO 49.º
Conversão de valores mobiliários escriturais em titulados

1 – Os valores mobiliários escriturais consideram-se convertidos em titulados no momento em que os títulos ficam disponíveis para entrega.

2 – Os registos dos valores mobiliários convertidos devem ser inutilizados ou cancelados com menção da data da conversão.

ARTIGO 50.º
Conversão de valores mobiliários titulados em escriturais

1 – Os valores mobiliários titulados são convertidos em escriturais através de inscrição em conta, após o decurso do prazo fixado pelo emitente para a entrega dos títulos a converter.

2 – Os valores mobiliários titulados a converter devem ser entregues ao emitente ou depositados junto da entidade que prestará o serviço de registo após a conversão.

3 – Os títulos relativos a valores mobiliários não entregues no prazo fixado pelo emitente apenas legitimam os titulares para solicitar o registo a seu favor.

4 – O emitente deve promover a inutilização dos valores mobiliários convertidos, através da sua destruição ou por qualquer outra forma que assinale a conversão.

5 – A conversão dos valores mobiliários titulados em depósito centralizado em valores mobiliários escriturais faz-se por mera comunicação do emitente à entidade gestora do sistema centralizado, que promove a inutilização dos títulos.

ARTIGO 51.º
Reconstituição e reforma judicial

1 – Os valores mobiliários escriturais e titulados depositados podem, em caso de destruição ou perda, ser reconstituídos a partir dos documentos e registos de segurança disponíveis.

2 – A reconstituição é efectuada pela entidade que tem a seu cargo o registo ou o depósito, com a colaboração do emitente.

Código dos Valores Mobiliários

3 – O projecto de reconstituição deve ser publicado e comunicado a cada presumível titular e a reconstituição apenas pode ser efectuada decorridos pelo menos 45 dias após a publicação e a comunicação.

4 – Qualquer interessado pode, após a publicação e a comunicação, opor-se à reconstituição, requerendo a reforma judicial dos valores mobiliários perdidos ou destruídos.

5 – Quando todos os títulos em depósito centralizado sejam destruídos, sem que os correspondentes registos tenham sido afectados, consideram-se os mesmos convertidos em valores mobiliários escriturais, salvo se o emitente, no prazo de 90 dias após a comunicação da entidade gestora do sistema de depósito centralizado, requerer a reforma judicial.

6 – O processo de reforma de documentos regulado pelos artigos 1069.° e seguintes do Código de Processo Civil aplica-se à reforma de valores mobiliários escriturais, com as devidas adaptações.

SECÇÃO IV
Modalidades

ARTIGO 52.°
Valores mobiliários nominativos
e ao portador

1 – Os valores mobiliários são nominativos ou ao portador, conforme o emitente tenha ou não a faculdade de conhecer a todo o tempo a identidade dos titulares.

2 – Na falta de cláusula estatutária ou de decisão do emitente, os valores mobiliários consideram-se nominativos.

ARTIGO 53.°
Convertibilidade

Salvo disposição legal, estatutária ou resultante das condições especiais fixadas para cada emissão, os valores mobiliários ao portador podem, por iniciativa e a expensas do titular, ser convertidos em nominativos e estes naqueles.

Valores mobiliários 113

ARTIGO 54.º
Modos de conversão

A conversão efectua-se:

a) Através de anotação na conta de registo individualizado dos valores mobiliários escriturais ou dos valores mobiliários titulados integrados em sistema centralizado;

b) Por substituição dos títulos ou por alteração no seu texto, realizadas pelo emitente.

SECÇÃO V
Legitimação

ARTIGO 55.º
Legitimação activa

1 – Quem, em conformidade com o registo ou com o título, for titular de direitos relativos a valores mobiliários está legitimado para o exercício dos direitos que lhes são inerentes.

2 – A legitimidade para exercer os direitos que tenham sido destacados, por inscrição em conta autónoma ou por separação de cupões, pertence a quem seja titular em conformidade com o registo ou com o título.

3 – São direitos inerentes aos valores mobiliários, além de outros que resultem do regime jurídico de cada tipo:

a) Os dividendos, os juros e outros rendimentos;

b) Os direitos de voto;

c) Os direitos à subscrição ou aquisição de valores mobiliários do mesmo ou de diferente tipo.

ARTIGO 56.º
Legitimação passiva

O emitente que, de boa fé, realize qualquer prestação a favor do titular legitimado pelo registo ou pelo título ou lhe reconheça qualquer direito fica liberado e isento de responsabilidade.

ARTIGO 57.º
Contitularidade

Os contitulares de um valor mobiliário exercem os direitos a eles inerentes por meio de representante comum, nos termos previstos para as acções no artigo 303.º do Código das Sociedades Comerciais.

ARTIGO 58.º
Aquisição a pessoa não legitimada

1 – Ao adquirente de um valor mobiliário que tenha procedido de boa fé não é oponível a falta de legitimidade do alienante, desde que a aquisição tenha sido efectuada de acordo com as regras de transmissão aplicáveis.

2 – O disposto no número anterior é aplicável ao titular de quaisquer direitos de garantia sobre valores mobiliários.

SECÇÃO VI
Regulamentação

ARTIGO 59.º
Regulamentação do registo no emitente e em intermediário financeiro

1 – Através de portaria, o Ministro das Finanças regulamenta:

a) O registo da emissão de valores mobiliários no emitente, nomeadamente quanto ao seu conteúdo e ao seu suporte;

b) O registo dos valores mobiliários escriturais no emitente nos termos do artigo 64.º, nomeadamente quanto aos deveres dessa entidade, ao modo de conversão dos valores mobiliários e à sua reconstituição.

2 – Cabe à CMVM a regulamentação do registo dos valores mobiliários escriturais que sigam o regime do artigo 63.º.

ARTIGO 60.º
Regulamentação do sistema centralizado de valores mobiliários

A CMVM elabora os regulamentos necessários à concretização e ao desenvolvimento das disposições relativas aos valores mobiliários escriturais e titulados integrados em sistema centralizado, ouvidas as entidades gestoras, nomeadamente quanto aos seguintes aspectos:

a) Sistema de contas e regras a que deve obedecer;

b) Exercício dos direitos inerentes aos valores mobiliários;

c) Informações a prestar pelas entidades que integram o sistema;

d) Integração dos valores mobiliários no sistema e sua exclusão;

e) Conversão da forma de representação;

f) Ligação com sistemas de liquidação;

g) Medidas de segurança a adoptar quanto ao registo de valores mobiliários registados em suporte informático;

h) Prestação do serviço de registo ou de depósito de valores mobiliários por entidades com estabelecimento no estrangeiro;

i) Procedimentos a adoptar nas relações operacionais entre sistemas centralizados a funcionar em Portugal ou no estrangeiro;

j) Termos em que pode ser ilidida a presunção a que se refere o n.º 3 do artigo 74.º.

CAPÍTULO II
Valores mobiliários escriturais

SECÇÃO I
Disposições gerais

SUBSECÇÃO I
Modalidades de registo

ARTIGO 61.º
Entidades registadoras

O registo individualizado de valores mobiliários escriturais consta de:

a) Conta aberta junto de intermediário financeiro, integrada em sistema centralizado; ou

b) Conta aberta junto de um único intermediário financeiro indicado pelo emitente; ou

c) Conta aberta junto do emitente ou de intermediário financeiro que o representa.

ARTIGO 62.º
Integração em sistema centralizado

São obrigatoriamente integrados em sistema centralizado os valores mobiliários escriturais admitidos à negociação em mercado regulamentado.

ARTIGO 63.º
Registo num único intermediário financeiro

1 – São obrigatoriamente registados num único intermediário financeiro, quando não estejam integrados em sistema centralizado:

a) Os valores mobiliários escriturais ao portador;

b) Os valores mobiliários distribuídos através de oferta pública e outros que pertençam à mesma categoria;

c) Os valores mobiliários emitidos conjuntamente por mais de uma entidade;

d) As unidades de participação em instituição de investimento colectivo.

2 – O intermediário financeiro registador é indicado pelo emitente ou pela entidade gestora da instituição de investimento colectivo, que suportam os custos da eventual mudança de entidade registadora.

3 – Se o emitente for um intermediário financeiro, o registo a que se refere o presente artigo é feito noutro intermediário financeiro.

4 – O intermediário financeiro adopta todas as medidas necessárias para prevenir e, com a colaboração do emitente, corrigir qualquer divergência entre a quantidade, total e por categorias, de valores mobiliários emitidos e a quantidade dos que se encontram em circulação.

ARTIGO 64.º
Registo no emitente

1 – Os valores mobiliários escriturais nominativos não integrados em sistema centralizado nem registados num único intermediário financeiro são registados junto do emitente.

2 – O registo junto do emitente pode ser substituído por registo com igual valor a cargo de intermediário financeiro actuando na qualidade de representante do emitente.

SUBSECÇÃO II
Processo de registo

ARTIGO 65.º
Suporte do registo

1 – Os registos integrados em sistema centralizado são feitos em suporte informático, podendo consistir em referências codificadas.

2 – As entidades que efectuem os registos em suporte informático devem utilizar meios de segurança adequados para esse tipo de suporte, em particular cópias de segurança guardadas em local distinto dos registos.

ARTIGO 66.º
Oficiosidade e instância

1 – São lavrados oficiosamente os registos relativos a actos em que a entidade registadora, de alguma forma, tenha tido intervenção, a actos que lhe sejam comunicados pela entidade gestora do sistema centralizado e a actos de apreensão judicial que lhe sejam comunicados pela entidade competente.

2 – Têm legitimidade para requerer o registo:

a) O titular da conta onde se deva proceder ao registo ou para onde devam ser transferidos os valores mobiliários;

b) O usufrutuário, o credor pignoratício e o titular de outras situações jurídicas que onerem os valores mobiliários, quanto ao registo das respectivas situações jurídicas.

ARTIGO 67.º
Base documental dos registos

1 – As inscrições e os averbamentos nas contas de registo são feitos com base em ordem escrita do disponente ou em documento bastante para a prova do facto a registar.

2 – Quando o requerente não entregue qualquer documento escrito e este não seja exigível para a validade ou a prova do facto a registar, deve a entidade registadora elaborar uma nota escrita justificativa do registo.

ARTIGO 68.°
Menções nas contas de registo individualizado

1 – Em relação a cada titular são abertas, em separado, contas por categoria de valor mobiliário que, além das menções actualizadas dos elementos constantes das alíneas *a*) e *b*) do n.° 1 do artigo 44.°, contêm:

a) A identificação do titular e, em caso de contitularidade, do representante comum;

b) Os lançamentos a crédito e a débito das quantidades adquiridas e alienadas, com identificação da conta onde se fizeram, respectivamente, os lançamentos a débito e a crédito;

c) O saldo de valores mobiliários existente em cada momento;

d) A atribuição e o pagamento de dividendos, juros e outros rendimentos;

e) A subscrição e a aquisição de valores mobiliários, do mesmo ou de diferente tipo, a que os valores mobiliários registados confiram direito;

f) O destaque de direitos inerentes ou de valores mobiliários e, neste caso, a conta onde passaram a estar registados;

g) A constituição, a modificação e a extinção de usufruto, penhor, arresto, penhora ou qualquer outra situação jurídica que onere os valores mobiliários registados;

h) Os bloqueios e o seu cancelamento;

i) A propositura de acções judiciais relativas aos valores mobiliários registados ou ao próprio registo e as respectivas decisões;

j) Outras referências que sejam exigidas pela natureza ou pelas características dos valores mobiliários registados.

2 – As menções referidas no número anterior devem incluir a data da inscrição e a referência abreviada aos documentos que lhes serviram de base.

3 – Se os valores mobiliários tiverem sido emitidos por entidade que tenha como lei pessoal uma lei estrangeira, o registo é efectuado, no que respeita às menções equivalentes às referidas nas alíneas *a*) e *b*) do n.° 1 do artigo 44.°, com base em declaração do requerente, acompanhada do parecer jurídico previsto no n.° 1 do artigo 231.°, quando exigido nos termos deste artigo.

Valores mobiliários

ARTIGO 69.º
Data e prioridade dos registos

1 – Os registos oficiosos são lavrados com a data do facto registado.

2 – Os registos requeridos pelos interessados são lavrados com a data de apresentação do requerimento de registo.

3 – Se mais de um registo se reportar à mesma data, a prioridade do registo é decidida pelo momento de verificação do facto ou da apresentação, conforme o registo seja oficioso ou dependente de apresentação.

4 – Os registos relativos a valores mobiliários escriturais bloqueados reportam-se à data da cessação do bloqueio.

5 – O registo provisório convertido em definitivo conserva a data que tinha como provisório.

6 – Em caso de recusa, o registo feito na sequência de reclamação para a entidade registadora ou de recurso julgado procedente é feito com a data correspondente ao acto recusado.

ARTIGO 70.º
Sucessão de registos

A inscrição da aquisição de valores mobiliários, bem como da constituição, modificação ou extinção de usufruto, penhor ou de outras situações jurídicas que onerem os valores mobiliários registados, exige a prévia inscrição a favor do disponente.

ARTIGO 71.º
Transferência de valores mobiliários escriturais entre contas

1 – A transferência dos valores mobiliários escriturais entre contas do mesmo ou de distintos titulares opera-se pelo lançamento a débito na conta de origem e a crédito na conta de destino.

2 – As transferências entre contas integradas em sistema centralizado são feitas em conformidade com os valores globais a transferir, comunicados pela entidade gestora do sistema centralizado de valores mobiliários.

ARTIGO 72.º
Bloqueio

1 – Estão obrigatoriamente sujeitos a bloqueio os valores mobiliários escriturais:

a) Em relação aos quais tenham sido passados certificados para exercício de direitos a eles inerentes, durante o prazo de vigência indicado no certificado, quando o exercício daqueles direitos dependa da manutenção da titularidade até à data desse exercício;

b) Em relação aos quais tenha sido passado certificado para valer como título executivo, devendo o bloqueio manter-se até à devolução do original do certificado ou até à apresentação de certidão da decisão final do processo executivo;

c) Que sejam objecto de penhora ou de outros actos de apreensão judicial, enquanto esta se mantiver;

d) Que sejam objecto de oferta pública de venda ou, quando já tenham sido emitidos, que integrem a contrapartida em oferta pública de troca, devendo o bloqueio manter-se até à liquidação da operação ou até à cessação da oferta em momento anterior.

2 – O bloqueio pode também ser efectuado:

a) Por iniciativa do titular, em qualquer caso;

b) Por iniciativa de intermediário financeiro, quanto aos valores mobiliários em relação aos quais lhe tenha sido dada ou transmitida ordem de venda em mercado registado.

3 – O bloqueio consiste num registo em conta, com indicação do seu fundamento, do prazo de vigência e da quantidade de valores mobiliários abrangidos.

4 – Durante o prazo de vigência do bloqueio, a entidade registadora fica proibida de transferir os valores mobiliários bloqueados.

SUBSECÇÃO III
Valor e vícios do registo

ARTIGO 73.º
Primeira inscrição

1 – Os valores mobiliários escriturais constituem-se por registo em contas individualizadas abertas junto das entidades registadoras.

Valores mobiliários 121

2 – O primeiro registo é efectuado com base nos elementos relevantes do registo de emissão comunicados pelo emitente.

3 – Se a entidade registadora tiver aberto contas de subscrição, o registo efectua-se por conversão dessas contas em contas de registo individualizado.

ARTIGO 74.º
Valor do registo

1 – O registo em conta individualizada de valores mobiliários escriturais faz presumir que o direito existe e que pertence ao titular da conta, nos precisos termos dos respectivos registos.

2 – Salvo indicação diversa constante da respectiva conta, as quotas dos contitulares de uma mesma conta de valores mobiliários escriturais presumem-se iguais.

3 – Quando esteja em causa o cumprimento de deveres de informação, de publicidade ou de lançamento de oferta pública de aquisição, a presunção de titularidade resultante do registo pode ser ilidida, para esse efeito, perante a autoridade de supervisão ou por iniciativa desta.

ARTIGO 75.º
Prioridade de direitos

Os direitos registados sobre os mesmos valores mobiliários prevalecem uns sobre os outros pela ordem de prioridade dos respectivos registos.

ARTIGO 76.º
Extinção dos efeitos do registo

1 – Os efeitos do registo extinguem-se por caducidade ou por cancelamento.

2 – O cancelamento é lavrado oficiosamente ou a requerimento do interessado.

ARTIGO 77.º
Recusa do registo

1 – O registo é recusado nos seguintes casos:
a) Não estar o facto sujeito a registo;

b) Não ser competente a entidade registadora;
c) Não ter o requerente legitimidade;
d) Ser manifesta a nulidade do facto a registar;
e) Ser manifesta a inadequação dos documentos apresentados;
f) Ter o registo sido lavrado como provisório por dúvidas e estas não se mostrem removidas.

2 – Quando não deva ser recusado, o registo pode ser lavrado como provisório por insuficiência documental.

3 – O registo lavrado como provisório caduca se a causa da provisoriedade não for removida no prazo de 30 dias.

ARTIGO 78.º
Prova do registo

1 – O registo prova-se por certificado emitido pela entidade registadora.

2 – O certificado prova a existência do registo da titularidade dos valores mobiliários a que respeita e dos direitos de usufruto, de penhor e de quaisquer outras situações jurídicas que especifique, com referência à data em que foi emitido ou pelo prazo nele mencionado.

3 – O certificado pode ser pedido por quem tenha legitimidade para requerer o registo.

4 – Os credores, judicialmente reconhecidos, do titular dos valores mobiliários podem requerer certidão afirmativa ou negativa da existência de quaisquer situações que onerem esses valores mobiliários.

ARTIGO 79.º
Rectificação e impugnação dos actos de registo

1 – Os registos podem ser rectificados pela entidade registadora, oficiosamente ou por iniciativa dos interessados.

2 – A rectificação retroage à data do registo rectificado, sem prejuízo dos direitos de terceiros de boa fé.

3 – Os actos de registo ou a sua recusa são impugnáveis junto dos tribunais comuns até 90 dias após o conhecimento do facto pelo impugnante, desde que ainda não tenham decorrido três anos após a data do registo.

SUBSECÇÃO IV
Transmissão, constituição e exercício de direitos

ARTIGO 80.°
Transmissão

1 – Os valores mobiliários escriturais transmitem-se pelo registo na conta do adquirente.

2 – A compra em mercado regulamentado de valores mobiliários escriturais confere ao comprador, independentemente do registo e a partir da realização da operação, legitimidade para a sua venda nesse mercado.

ARTIGO 81.°
Penhor

1 – O penhor de valores mobiliários constitui-se pelo registo na conta do titular dos valores mobiliários, com indicação da quantidade de valores mobiliários dados em penhor, da obrigação garantida e da identificação do beneficiário.

2 – O penhor pode ser constituído por registo em conta do credor pignoratício, quando o direito de voto lhe tiver sido atribuído.

3 – A entidade registadora onde está aberta a conta dos valores mobiliários empenhados não pode efectuar a transferência desses valores para conta aberta em outra entidade registadora, sem prévia comunicação ao credor pignoratício.

4 – Salvo convenção em contrário, os direitos inerentes aos valores mobiliários empenhados são exercidos pelo titular dos valores mobiliários empenhados.

5 – O disposto nos n.ᵒˢ 1 a 3 é aplicável, com as devidas adaptações, à constituição do usufruto e de quaisquer outras situações jurídicas que onerem os valores mobiliários.

ARTIGO 82.°
Penhora

A penhora e outros actos de apreensão judicial de valores mobiliários escriturais realizam-se preferencialmente mediante comunicação electrónica à entidade registadora, pelo agente de execução, de que os valores mobiliários ficam à ordem deste.

ARTIGO 83.º
Exercício de direitos

Se os direitos inerentes a valores mobiliários não forem exercidos através da entidade registadora, podem sê-lo pela apresentação dos certificados a que se refere o artigo 78.º.

ARTIGO 84.º
Título executivo

Os certificados passados pelas entidades registadoras relativos a valores mobiliários escriturais valem como título executivo, se mencionarem o fim a que se destinam, se forem emitidos por prazo indeterminado e se a assinatura do representante da entidade registadora e os seus poderes estiverem reconhecidos por notário.

SUBSECÇÃO V
Deveres das entidades registadoras

ARTIGO 85.º
Prestação de informações

1 – As entidades registadoras de valores mobiliários escriturais devem prestar, pela forma que em cada situação se mostre mais adequada, as informações que lhe sejam solicitadas:

a) Pelos titulares dos valores mobiliários, em relação aos elementos constantes das contas abertas em seu nome;

b) Pelos titulares de direitos de usufruto, de penhor e de outras situações jurídicas que onerem valores mobiliários registados, em relação aos respectivos direitos;

c) Pelos emitentes, em relação a elementos constantes das contas de valores mobiliários nominativos.

2 – O dever de informação abrange os elementos constantes dos documentos que serviram de base aos registos.

3 – Se os valores mobiliários estiverem integrados em sistema centralizado, os pedidos de informação pelos emitentes podem ser dirigidos à entidade gestora desse sistema, que os transmite a cada uma das entidades registadoras.

4 – A entidade registadora deve tomar a iniciativa de enviar a cada um dos titulares de valores mobiliários registados:

a) O extracto previsto no artigo 323.°-C;

b) Os elementos necessários para o atempado cumprimento das obrigações fiscais.

ARTIGO 86.°
Acesso à informação

Além das pessoas referidas na lei ou expressamente autorizadas pelo titular, têm acesso à informação sobre os factos e as situações jurídicas constantes dos registos e dos documentos que lhes servem de base:

a) A CMVM e o Banco de Portugal, no exercício das suas funções;

b) Através da CMVM as autoridades de supervisão de outros Estados, nos termos previstos no estatuto daquela entidade;

c) Os intermediários financeiros a quem tenha sido dada ordem de alienação dos valores mobiliários registados.

ARTIGO 87.°
Responsabilidade civil

1 – As entidades registadoras de valores mobiliários escriturais respondem pelos danos causados aos titulares de direitos sobre esses valores ou a terceiros, em consequência de omissão, irregularidade, erro, insuficiência ou demora na realização dos registos ou destruição destes, salvo se provarem que houve culpa dos lesados.

2 – As entidades registadoras têm direito de regresso contra a entidade gestora do sistema centralizado pela indemnização devida nos termos do número anterior, sempre que os factos em que a responsabilidade se baseia lhe sejam imputáveis.

3 – Sempre que possível, a indemnização é fixada em valores mobiliários da mesma categoria daqueles a que o registo se refere.

SECÇÃO II
Sistema centralizado

ARTIGO 88.°
Estrutura e funções do sistema centralizado

1 – Os sistemas centralizados de valores mobiliários são formados por conjuntos interligados de contas, através das quais se processa a constituição e a transferência dos valores mobiliários nele integrados e se assegura o controlo de quantidade dos valores mobiliários em circulação e dos direitos sobre eles constituídos.

2 – Os sistemas centralizados de valores mobiliários só podem ser geridos por entidades que preencham os requisitos fixados em lei especial.

3 – O disposto na presente secção não é aplicável aos sistemas centralizados directamente geridos pelo Banco de Portugal.

ARTIGO 89.°
Regras operacionais

1 – As regras operacionais necessárias ao funcionamento de sistema centralizado são estabelecidas pela respectiva entidade gestora, estando sujeitas a registo.

2 – A CMVM recusa o registo ou impõe modificações sempre que as considere insuficientes ou contrárias a disposição legal ou regulamentar.

ARTIGO 90.°
Integração e exclusão de valores mobiliários

1 – A integração em sistema centralizado abrange todos os valores mobiliários da mesma categoria, depende de solicitação do emitente e realiza-se através de registo em conta aberta no sistema centralizado.

2 – Os valores mobiliários que não estejam obrigatoriamente integrados em sistema centralizado podem dele ser excluídos por solicitação do emitente.

Valores mobiliários 127

ARTIGO 91.º
Contas integrantes do sistema centralizado

1 – O sistema centralizado é constituído, pelo menos, pelas seguintes contas:

a) Contas de emissão, abertas no emitente, nos termos do n.º 1 do artigo 44.º;

b) Contas de registo individualizado, abertas junto dos intermediários financeiros para o efeito autorizados;

c) Contas de controlo da emissão, abertas por cada um dos emitentes na entidade gestora do sistema, nos termos da alínea *a*) do n.º 3 do artigo 44.º;

d) Contas de controlo das contas de registo individualizado, abertas pelos intermediários financeiros na entidade gestora do sistema.

2 – Se os valores mobiliários tiverem sido emitidos por entidade que tenha como lei pessoal uma lei estrangeira, a conta de emissão a que se refere a alínea *a*) do n.º 1 pode ser aberta em intermediário financeiro autorizado a actuar em Portugal ou ser substituída por elementos fornecidos por outro sistema centralizado com o qual exista coordenação adequada.

3 – As contas de registo individualizado podem também ser abertas junto de intermediários financeiros reconhecidos pela entidade gestora do sistema centralizado, desde que estejam organizadas em condições de eficiência, segurança e controlo equivalentes às exigidas aos intermediários financeiros autorizados a exercer a sua actividade em Portugal.

4 – As contas a que se refere a alínea *d*) do n.º 1 são contas globais abertas em nome de cada uma das entidades autorizadas a movimentar contas de registo individualizado, devendo, em relação a cada categoria de valores mobiliários, o somatório dos respectivos saldos ser igual ao somatório dos saldos apurados em cada uma das contas de registo individualizado.

5 – As contas a que se refere a alínea *d*) do n.º 1 devem revelar em separado as quantidades de valores mobiliários de que cada intermediário financeiro registador é titular.

6 – Nos casos previstos em regulamento da CMVM, podem ser abertas directamente junto da entidade gestora do sistema centralizado contas de registo individualizado, às quais se aplica o regime jurídico das contas da mesma natureza junto dos intermediários financeiros.

7 – Devem ser abertas junto da entidade gestora do sistema centralizado subcontas específicas relativas a valores mobiliários empenha-

dos ou que não possam ser transferidos ou que, por outras circunstâncias, não satisfaçam os requisitos de negociabilidade em mercado regulamentado.

ARTIGO 92.º
Controlo dos valores mobiliários em circulação

1 – A entidade gestora do sistema centralizado deve adoptar as medidas necessárias para prevenir e corrigir qualquer divergência entre a quantidade, total e por categorias, de valores mobiliários emitidos e a quantidade dos que se encontram em circulação.

2 – Se as contas a que se refere o n.º 1 do artigo anterior respeitarem apenas a uma parte da categoria, o controlo da totalidade da categoria é assegurado através de coordenação adequada com outros sistemas centralizados.

ARTIGO 93.º
Informações a prestar ao emitente

A entidade gestora do sistema centralizado deve fornecer ao emitente informação sobre:

a) A conversão de valores mobiliários escriturais em titulados ou destes em escriturais;

b) Os elementos necessários para o exercício dos direitos patrimoniais inerentes aos valores mobiliários registados e para o controlo desse exercício pelo emitente.

ARTIGO 94.º
Responsabilidade civil

1 – A entidade gestora do sistema centralizado responde pelos danos causados aos intermediários financeiros e aos emitentes em consequência de omissão, irregularidade, erro, insuficiência ou demora na realização dos registos que lhe compete efectuar e na transmissão das informações que deve fornecer, salvo se provar que houve culpa dos lesados.

2 – A entidade gestora do sistema centralizado tem direito de regresso contra os intermediários financeiros pelas indemnizações pagas

aos emitentes, e contra estes, pelas indemnizações que tenha de pagar àqueles, sempre que os factos em que a responsabilidade se baseia sejam imputáveis, conforme os casos, aos intermediários financeiros ou aos emitentes.

CAPÍTULO III
Valores mobiliários titulados

SECÇÃO I
Títulos

ARTIGO 95.º
Emissão e entrega dos títulos

A emissão e entrega dos títulos ao primeiro titular constitui dever do emitente, que suporta os respectivos encargos.

ARTIGO 96.º
Cautelas

Enquanto não forem emitidos os títulos, a posição jurídica do titular pode ser provada através de cautelas passadas pelo emitente ou pelo intermediário financeiro colocador da emissão.

ARTIGO 97.º
Menções nos títulos

1 – Dos títulos devem constar, além das menções referidas nas alíneas *a*) e *b*) do n.º 1 do artigo 44.º, os seguintes elementos:

a) Número de ordem, excepto os títulos ao portador;

b) Quantidade de direitos representados no título e, se for o caso, valor nominal global;

c) Identificação do titular, nos títulos nominativos.

2 – Os títulos são assinados, ainda que através de chancela, por um titular do órgão de administração do emitente.

3 – A alteração de qualquer dos elementos constantes do título pode ser feita por substituição do título ou, desde que subscrita nos termos do número anterior, no respectivo texto.

ARTIGO 98.º
Divisão e concentração de títulos

Os títulos representam uma ou mais unidades da mesma categoria de valores mobiliários, podendo o titular solicitar a divisão ou concentração de títulos, suportando os respectivos encargos.

SECÇÃO II
Depósito

ARTIGO 99.º
Modalidades de depósito

1 – O depósito de valores mobiliários titulados efectua-se:

a) Em intermediário financeiro autorizado, por iniciativa do seu titular;

b) Em sistema centralizado, nos casos em que a lei o imponha ou por iniciativa do emitente.

2 – Os valores mobiliários titulados são obrigatoriamente depositados:

a) Em sistema centralizado, quando estejam admitidos à negociação em mercado regulamentado;

b) Em intermediário financeiro ou em sistema centralizado, quando toda a emissão ou série seja representada por um só título.

3 – A entidade depositária deve manter contas de registo separadas por titular.

4 – Os títulos nominativos depositados em intermediário financeiro mantêm o seu número de ordem.

5 – Aos valores mobiliários a que se refere a alínea *b*) do n.º 2, quando não estejam integrados em sistema centralizado, aplica-se o regime dos valores mobiliários escriturais registados num único intermediário financeiro.

ARTIGO 100.º
Titularidade dos valores mobiliários depositados

1 – A titularidade sobre os valores mobiliários titulados depositados não se transmite para a entidade depositária, nem esta pode utilizá-los para fins diferentes dos que resultem do contrato de depósito.

2 – Em caso de falência da entidade depositária, os valores mobiliários não podem ser apreendidos para a massa falida, assistindo aos titulares o direito de reclamar a sua separação e restituição.

SECÇÃO III
Transmissão, constituição e exercício de direitos

ARTIGO 101.º
Transmissão de valores mobiliários titulados ao portador

1 – Os valores mobiliários titulados ao portador transmitem-se por entrega do título ao adquirente ou ao depositário por ele indicado.

2 – Se os títulos já estiverem depositados junto do depositário indicado pelo adquirente, a transmissão efectua-se por registo na conta deste, com efeitos a partir da data do requerimento do registo.

3 – Em caso de transmissão por morte, o registo referido no número anterior é feito com base nos documentos comprovativos do direito à sucessão.

ARTIGO 102.º
Transmissão de valores mobiliários titulados nominativos

1 – Os valores mobiliários titulados nominativos transmitem-se por declaração de transmissão, escrita no título, a favor do transmissário, seguida de registo junto do emitente ou junto de intermediário financeiro que o represente.

2 – A declaração de transmissão entre vivos é efectuada:

a) Pelo depositário, nos valores mobiliários em depósito não centralizado, que lavra igualmente o respectivo registo na conta do transmissário;

b) Pelo funcionário judicial competente, quando a transmissão dos valores mobiliários resulte de sentença ou de venda judicial;

c) Pelo transmitente, em qualquer outra situação.

3 – A declaração de transmissão por morte do titular é efectuada:

a) Havendo partilha judicial, nos termos da alínea *b*) do número anterior;

b) Nos restantes casos, pelo cabeça-de-casal ou pelo notário que lavrou a escritura de partilha.

4 – Tem legitimidade para requerer o registo junto do emitente qualquer das entidades referidas nos n.ºs 2 e 3.

5 – A transmissão produz efeitos a partir da data do requerimento de registo junto do emitente.

6 – Os registos junto do emitente, relativos aos títulos nominativos, são gratuitos.

7 – O emitente não pode, para qualquer efeito, opor ao interessado a falta de realização de um registo que devesse ter efectuado nos termos dos números anteriores.

ARTIGO 103.°
Usufruto e penhor

A constituição, modificação ou extinção de usufruto, de penhor ou de quaisquer situações jurídicas que onerem os valores mobiliários titulados é feita nos termos correspondentes aos estabelecidos para a transmissão da titularidade dos valores mobiliários.

ARTIGO 104.°
Exercício de direitos

1 – O exercício de direitos inerentes aos valores mobiliários titulados ao portador depende da posse do título ou de certificado passado pelo depositário, nos termos do n.° 2 do artigo 78.°.

2 – Os direitos inerentes aos valores mobiliários titulados nominativos não integrados em sistema centralizado são exercidos de acordo com o que constar no registo do emitente.

3 – Os títulos podem ter cupões destinados ao exercício de direitos inerentes aos valores mobiliários.

SECÇÃO IV
Valores mobiliários titulados em sistema centralizado

ARTIGO 105.º
Regime aplicável

Aos valores mobiliários titulados integrados em sistema centralizado é aplicável o disposto para os valores mobiliários escriturais integrados em sistema centralizado.

ARTIGO 106.º
Integração em sistema centralizado

1 – Após o depósito dos títulos no sistema centralizado, os valores mobiliários são registados em conta, devendo mencionar-se nos títulos a integração em sistema centralizado e respectiva data.

2 – A entidade gestora do sistema centralizado pode entregar os títulos junto dela depositados à guarda de intermediário financeiro autorizado a recebê-los, mantendo aquela entidade a totalidade dos seus deveres e a responsabilidade para com o depositante.

ARTIGO 107.º
Exclusão de sistema centralizado

A exclusão dos valores mobiliários titulados do sistema centralizado só pode realizar-se após a entidade gestora desse sistema se ter assegurado de que os títulos reproduzem os elementos constantes do registo, deles fazendo constar a menção e a data da exclusão.

TÍTULO III
Ofertas públicas

CAPÍTULO I
Disposições comuns

SECÇÃO I
Princípios gerais

ARTIGO 108.º
Direito aplicável

1 – Sem prejuízo do disposto nos n.ᵒˢ 2 e 3 do artigo 145.º, as disposições deste título e os regulamentos que as complementam aplicam-se às ofertas públicas dirigidas especificamente a pessoas com residência ou estabelecimento em Portugal, seja qual for a lei pessoal do oferente ou do emitente e o direito aplicável aos valores mobiliários que são objecto da oferta.

2 – Às ofertas públicas de aquisição previstas no artigo 145.º-A:

a) No que respeita à contrapartida proposta, ao processamento da oferta, ao conteúdo do prospecto da oferta e à divulgação da oferta, aplica-se a lei do Estado membro cuja autoridade supervisora seja competente para a supervisão da oferta;

b) No que respeita à informação aos trabalhadores da sociedade visada, à percentagem de direitos de voto que constitui domínio, às derrogações ou dispensas ao dever de lançamento de oferta pública de aquisição e às limitações de poderes do órgão de administração da sociedade visada, aplica-se a lei pessoal da sociedade emitente dos valores mobiliários objecto da oferta.

ARTIGO 109.º
Oferta pública

1 – Considera-se pública a oferta relativa a valores mobiliários dirigida, no todo ou em parte, a destinatários indeterminados.

2 – A indeterminação dos destinatários não é prejudicada pela circunstância de a oferta se realizar através de múltiplas comunicações padronizadas, ainda que endereçadas a destinatários individualmente identificados.

3 – Considera-se também pública:

a) A oferta dirigida à generalidade dos accionistas de sociedade aberta, ainda que o respectivo capital social esteja representado por acções nominativas;

b) A oferta que, no todo ou em parte, seja precedida ou acompanhada de prospecção ou de recolha de intenções de investimento junto de destinatários indeterminados ou de promoção publicitária;

c) A oferta dirigida a, pelo menos, 100 pessoas que sejam investidores não qualificados com residência ou estabelecimento em Portugal.

ARTIGO 110.º
Ofertas particulares

1 – São sempre havidas como particulares:

a) As ofertas relativas a valores mobiliários dirigidas apenas a investidores qualificados;

b) As ofertas de subscrição dirigidas por sociedades com o capital fechado ao investimento do público à generalidade dos seus accionistas, fora do caso previsto na alínea *b)* do n.º 3 do artigo anterior.

2 – As ofertas particulares dirigidas por sociedades abertas e por sociedades emitentes de valores mobiliários negociados em mercado ficam sujeitas a comunicação subsequente à CMVM para efeitos estatísticos.

ARTIGO 110.º-A
Qualificação facultativa

1 – Para efeitos do disposto na alínea *c)* do n.º 3 do artigo 109.º, no n.º 3 do artigo 112.º e no n.º 2 do artigo 134.º, as seguintes entidades são

consideradas investidores qualificados se, para o efeito, se inscreverem em registo junto da CMVM:

a) Pequenas e médias empresas, com sede estatutária em Portugal, que, de acordo com as suas últimas contas individuais ou consolidadas, preencham apenas um dos critérios enunciados na alínea *b)* do n.° 2 do artigo 30.°;

b) Pessoas singulares residentes em Portugal que preencham, pelo menos, dois dos seguintes requisitos:

i) Tenham realizado operações de volume significativo nos mercados de valores mobiliários com uma frequência média de, pelo menos, 10 operações por trimestre ao longo dos últimos quatro trimestres;

ii) Tenham uma carteira de valores mobiliários de montante superior a € 500 000;

iii) Prestem ou tenham prestado funções, pelo menos durante um ano, no sector financeiro, numa posição profissional em que seja exigível um conhecimento do investimento em valores mobiliários.

2 – As entidades registadas devem comunicar à CMVM qualquer alteração relativa aos elementos referidos no número anterior que afecte a sua qualificação.

3 – As entidades registadas nos termos do presente artigo podem, a todo o tempo, cancelar a respectiva inscrição.

4 – A CMVM define, através de regulamento, o modo de organização e funcionamento do registo, designadamente quanto aos elementos exigíveis para a concretização e a prova dos requisitos mencionados no n.° 1, bem como aos procedimentos a observar aquando da inscrição, rectificação e cancelamento do mesmo.

ARTIGO 111.°
Âmbito

1 – Exceptuam-se do âmbito de aplicação do presente título:

a) As ofertas públicas de distribuição de valores mobiliários não representativos de capital social emitidos por um Estado membro ou por uma das suas autoridades regionais ou locais e as ofertas públicas de distribuição de valores mobiliários que gozem de garantia incondicional e irrevogável por um daqueles Estados ou por uma destas autoridades regionais ou locais;

b) As ofertas públicas de valores mobiliários emitidos pelo Banco Central Europeu ou pelo banco central de um dos Estados membros;

c) As ofertas relativas a valores mobiliários emitidos por uma instituição de investimento colectivo de tipo aberto realizadas pelo emitente ou por sua conta;

d) As ofertas em mercado regulamentado ou sistema de negociação multilateral registado na CMVM que sejam apresentadas exclusivamente através dos meios de comunicação próprios desse mercado ou sistema e que não sejam precedidas ou acompanhadas de prospecção ou de recolha de intenções de investimento junto de destinatários indeterminados ou de promoção publicitária;

e) As ofertas públicas de distribuição de valores mobiliários cujo valor nominal unitário seja igual ou superior a € 50 000 ou cujo preço de subscrição ou de venda por destinatário seja igual ou superior àquele montante;

f) As ofertas públicas de distribuição de valores mobiliários não representativos de capital social emitidos por organismos públicos internacionais de que façam parte um ou vários Estados membros;

g) As ofertas públicas de distribuição de valores mobiliários emitidos por associações regularmente constituídas ou por entidades sem fins lucrativos, reconhecidas por um Estado membro, com o objectivo de obterem os meios necessários para consecução dos seus objectivos não lucrativos;

h) As ofertas públicas de distribuição de valores mobiliários não representativos de capital social emitidos de forma contínua ou repetida por instituições de crédito, na condição de esses valores mobiliários:

    i) Não serem subordinados, convertíveis ou passíveis de troca;

    ii) Não conferirem o direito de aquisição de outros tipos de valores mobiliários e não estarem associados a um instrumento derivado;

    iii) Certificarem a recepção de depósitos reembolsáveis;

    iv) Serem abrangidos pelo Fundo de Garantia de Depósitos previsto no Regime Geral das Instituições de Crédito e de Sociedades Financeiras ou por outro regime de garantia de depósitos ao abrigo da Directiva n.º 94/19/CE, do Parlamento Europeu e do Conselho, de 30 de Maio, relativa aos sistemas de garantia de depósitos;

i) As ofertas públicas de distribuição de valores mobiliários cujo valor total seja inferior a € 2 500 000, limite esse que é calculado em função das ofertas realizadas ao longo de um período de 12 meses;

j) As ofertas públicas de distribuição de valores mobiliários não representativos de capital social emitidos de maneira contínua ou repetida por instituições de crédito quando o valor total da oferta for inferior a € 50 000 000, limite esse que é calculado em função das ofertas realizadas ao longo de um período de 12 meses, desde que tais valores mobiliários:

    i) Não sejam subordinados, convertíveis ou passíveis de troca;

    ii) Não confiram o direito de aquisição de outros tipos de valores mobiliários e não estejam ligados a um instrumento derivado;

l) As ofertas públicas de subscrição de acções emitidas em substituição de acções já emitidas da mesma categoria, se a emissão dessas novas acções não implicar um aumento do capital emitido.

m) As ofertas públicas de aquisição de valores mobiliários emitidos por organismos de investimento colectivo sob a forma societária;

n) As ofertas públicas de valores mobiliários representativos de dívida emitidos por prazo inferior a um ano.

2 – Para efeitos das alíneas *h*) e *j*) do número anterior, entende-se por emissão de maneira contínua ou repetida o conjunto de emissões que envolva pelo menos duas emissões distintas de valores mobiliários de tipo e ou categoria semelhante ao longo de um período de 12 meses.

3 – Nos casos das alíneas *a*), *b*), *i*) e *j*) do n.º 1, o emitente tem o direito de elaborar um prospecto, ficando este sujeito às regras do presente Código e dos diplomas que o complementem.

4 – *(Revogado.)*

ARTIGO 112.º
Igualdade de tratamento

1 – As ofertas públicas devem ser realizadas em condições que assegurem tratamento igual aos destinatários, sem prejuízo da possibilidade prevista no n.º 2 do artigo 124.º.

2 – Se a quantidade total dos valores mobiliários que são objecto das declarações de aceitação pelos destinatários for superior à quantidade dos valores mobiliários oferecidos, procede-se a rateio na proporção dos valores mobiliários cuja alienação ou aquisição for pretendida pelos destinatários, salvo se critério diverso resultar de disposição legal ou não merecer oposição da CMVM na aprovação do prospecto.

Código dos Valores Mobiliários

3 – Quando, nos termos do presente Código, não for exigível a elaboração de um prospecto, as informações de importância significativa fornecidas por um emitente ou oferente e dirigidas a investidores qualificados ou a categorias especiais de investidores, incluindo as informações divulgadas no contexto de reuniões relacionadas com ofertas de valores mobiliários, devem ser divulgadas a todos os investidores qualificados ou a todas as categorias especiais de investidores a que a oferta exclusivamente se dirija.

4 – Quando deva ser publicado um prospecto, as informações a que se refere o número anterior devem ser incluídas nesse prospecto ou numa adenda ao prospecto.

ARTIGO 113.º
Intermediação obrigatória

1 – As ofertas públicas relativas a valores mobiliários em que seja exigível prospecto devem ser realizadas com intervenção de intermediário financeiro, que presta pelo menos os seguintes serviços:

a) Assistência e colocação, nas ofertas públicas de distribuição;

b) Assistência a partir do anúncio preliminar e recepção das declarações de aceitação, nas ofertas públicas de aquisição.

2 – As funções correspondentes às referidas no número anterior podem ser desempenhadas pelo oferente, quando este seja intermediário financeiro autorizado a exercê-las.

SECÇÃO II
Aprovação de prospecto, registo
e publicidade

ARTIGO 114.º
Aprovação de prospecto e registo prévio

1 – Os prospectos de oferta pública de distribuição estão sujeitos a aprovação pela CMVM.

2 – A realização de oferta pública de aquisição está sujeita a registo prévio na CMVM.

ARTIGO 115.º
Instrução do pedido

1 – O pedido de registo ou de aprovação de prospecto é instruído com os seguintes documentos:

a) Cópia da deliberação de lançamento tomada pelos órgãos competentes do oferente e das decisões administrativas exigíveis;

b) Cópia dos estatutos do emitente dos valores mobiliários sobre que incide a oferta;

c) Cópia dos estatutos do oferente;

d) Certidão actualizada do registo comercial do emitente;

e) Certidão actualizada do registo comercial do oferente;

f) Cópia dos relatórios de gestão e de contas, dos pareceres dos órgãos de fiscalização e da certificação legal de contas do emitente respeitante aos períodos exigíveis nos termos do Regulamento (CE) n.º 809//2004, da Comissão, de 29 de Abril;

g) Relatório ou parecer de auditor elaborado nos termos dos artigos 8.º e 9.º;

h) Código de identificação dos valores mobiliários que são objecto da oferta;

i) Cópia do contrato celebrado com o intermediário financeiro encarregado da assistência;

j) Cópia do contrato de colocação e do contrato de consórcio de colocação, se existir;

l) Cópia do contrato de fomento de mercado, do contrato de estabilização e do contrato de opção de distribuição de lote suplementar, se existirem;

m) Projecto de prospecto;

n) Informação financeira pró-reforma, quando exigível;

o) Projecto de anúncio de lançamento, quando exigível;

p) Relatórios periciais, quando exigíveis.

2 – A junção de documentos pode ser substituída pela indicação de que os mesmos já se encontram, em termos actualizados, em poder da CMVM.

3 – A CMVM pode solicitar ao oferente, ao emitente ou a qualquer pessoa que com estes se encontre em alguma das situações previstas do n.º 1 do artigo 20.º as informações complementares que sejam necessárias para a apreciação da oferta.

ARTIGO 116.°
Relatórios e contas especiais

(Revogado.)

ARTIGO 117.°
Legalidade da oferta

O oferente assegura que a oferta cumpre as normas legais e regulamentares aplicáveis, nomeadamente as relativas à licitude do seu objecto, à transmissibilidade dos valores mobiliários e, quando for o caso, à sua emissão.

ARTIGO 118.°
Decisão

1 – A aprovação do prospecto, o registo ou a sua recusa devem ser comunicados ao oferente:

a) No prazo de oito dias, em oferta pública de aquisição;

b) No prazo de 10 dias úteis, em ofertas públicas de distribuição, salvo se respeitantes a emitentes que não tenham previamente realizado qualquer oferta pública de distribuição ou admissão à negociação em mercado regulamentado, caso em que o prazo é de 20 dias úteis.

2 – Os prazos referidos no número anterior contam-se a partir da recepção do pedido ou das informações complementares solicitadas ao oferente ou a terceiros.

3 – A necessidade de prestação de informações complementares é comunicada, em termos fundamentados, ao oferente no prazo de 10 dias úteis a partir da recepção do pedido de registo.

4 – A ausência de decisão no prazo referido no n.° 1 implica o indeferimento tácito do pedido.

5 – A aprovação do prospecto é o acto que implica a verificação da sua conformidade com as exigências de completude, veracidade, actualidade, clareza, objectividade e licitude da informação.

6 – O registo de oferta pública de aquisição implica a aprovação do respectivo prospecto e baseia-se em critérios de legalidade.

7 – A aprovação do prospecto e o registo não envolvem qualquer garantia quanto ao conteúdo da informação, à situação económica ou finan-

Ofertas públicas 143

ceira do oferente, do emitente ou do garante, à viabilidade da oferta ou à qualidade dos valores mobiliários.

8 – As decisões da CMVM de aprovação de prospecto e de concessão de registo de oferta pública de aquisição são divulgadas através do seu sistema de difusão de informação.

ARTIGO 119.º
Recusa de aprovação de prospecto e de registo

1 – O registo da oferta é recusado apenas quando:

a) Algum dos documentos que instruem o pedido for falso ou desconforme com os requisitos legais ou regulamentares;

b) A oferta for ilegal ou envolver fraude à lei.

2 – A aprovação do prospecto é recusada apenas quando se verificar a situação prevista na alínea *a*) do número anterior.

3 – Antes da recusa, a CMVM deve notificar o oferente para suprir, em prazo razoável, os vícios sanáveis.

ARTIGO 120.º
Caducidade do registo

(Revogado.)

ARTIGO 121.º
Publicidade

1 – A publicidade relativa a ofertas públicas deve:

a) Obedecer aos princípios enunciados no artigo 7.º;

b) Referir a existência ou a disponibilidade futura de prospecto e indicar as modalidades de acesso ao mesmo;

c) Harmonizar-se com o conteúdo do prospecto.

2 – Todo o material publicitário relacionado com a oferta pública está sujeito a aprovação prévia pela CMVM.

3 – À responsabilidade civil pelo conteúdo da informação divulgada em acções publicitárias aplica-se, com as devidas adaptações, o disposto nos artigos 149.º e seguintes.

ARTIGO 122.º
Publicidade prévia

Quando a CMVM, após exame preliminar do pedido, considere que a aprovação do prospecto ou o registo da oferta é viável, pode autorizar publicidade anterior à aprovação do prospecto ou à concessão do registo, desde que daí não resulte perturbação para os destinatários ou para o mercado.

SECÇÃO III
Lançamento e execução

ARTIGO 123.º
Anúncio de lançamento

(Revogado.)

ARTIGO 124.º
Conteúdo da oferta

1 – O conteúdo da oferta só pode ser modificado nos casos previstos nos artigos 128.º, 172.º e 184.º.

2 – O preço da oferta é único, salvo a possibilidade de preços diversos consoante as categorias de valores mobiliários ou de destinatários, fixados em termos objectivos e em função de interesses legítimos do oferente.

3 – A oferta só pode ser sujeita a condições que correspondam a um interesse legítimo do oferente e que não afectem o funcionamento normal do mercado.

4 – A oferta não pode estar sujeita a condições cuja verificação dependa do oferente.

ARTIGO 125.º
Prazo da oferta

O prazo de vigência da oferta deve ser fixado em conformidade com as suas características, com a defesa dos interesses dos destinatários e do emitente e com as exigências de funcionamento do mercado.

ARTIGO 126.º
Declarações de aceitação

1 – A declaração de aceitação dos destinatários da oferta consta de ordem dirigida a intermediário financeiro.

2 – A aceitação pode ser revogada através de comunicação ao intermediário financeiro que a recebeu até cinco dias antes de findar o prazo da oferta ou em prazo inferior constante dos documentos da oferta.

ARTIGO 127.º
Apuramento e publicação do resultado da oferta

1 – Terminado o prazo da oferta, o resultado desta é imediatamente apurado e publicado:

a) Por um intermediário financeiro que concentre as declarações de aceitação; ou

b) Em sessão especial de mercado regulamentado

2 – Em caso de oferta pública de distribuição, paralelamente à divulgação do resultado, o intermediário financeiro ou a entidade gestora do mercado regulamentado devem informar se foi requerida a admissão à negociação dos valores mobiliários que dela são objecto.

3 – A modificação deve ser divulgada imediatamente, através de meios iguais aos utilizados para a divulgação do prospecto ou, no caso de este não ser exigível, de meio de divulgação fixado pela CMVM, através de regulamento.

SECÇÃO IV
Vicissitudes

ARTIGO 128.º
Alteração das circunstâncias

Em caso de alteração imprevisível e substancial das circunstâncias que, de modo cognoscível pelos destinatários, hajam fundado a decisão de lançamento da oferta, excedendo os riscos a esta inerentes, pode o oferente, em prazo razoável e mediante autorização da CMVM, modificar a oferta ou revogá-la.

ARTIGO 129.°
Modificação da oferta

1 – A modificação da oferta constitui fundamento de prorrogação do respectivo prazo, decidida pela CMVM por sua iniciativa ou a requerimento do oferente.

2 – As declarações de aceitação da oferta anteriores à modificação consideram-se eficazes para a oferta modificada.

3 – A modificação deve ser divulgada imediatamente, através de meios iguais aos utilizados para a divulgação do anúncio de lançamento.

ARTIGO 130.°
Revogação da oferta

1 – A oferta pública só é revogável nos termos do artigo 128.°.

2 – A revogação deve ser divulgada imediatamente, através de meios iguais aos utilizados para a divulgação do prospecto ou, no caso de este não ser exigível, de meio de divulgação fixado pela CMVM, através de regulamento.

ARTIGO 131.°
Retirada e proibição da oferta

1 – A CMVM deve, consoante o caso, ordenar a retirada da oferta ou proibir o seu lançamento, se verificar que esta enferma de alguma ilegalidade ou violação de regulamento insanáveis.

2 – As decisões de retirada e de proibição são publicadas, a expensas do oferente, através de meios iguais aos utilizados para a divulgação do prospecto ou, no caso de este não ser exigível, de meio de divulgação fixado pela CMVM, através de regulamento.

ARTIGO 132.°
Efeitos da revogação e da retirada

A revogação e a retirada da oferta determinam a ineficácia desta e dos actos de aceitação anteriores ou posteriores à revogação ou à retirada, devendo ser restituído tudo o que foi entregue.

Ofertas públicas 147

ARTIGO 133.º
Suspensão da oferta

1 – A CMVM deve proceder à suspensão da oferta quando verifique alguma ilegalidade ou violação de regulamento sanáveis.

2 – Quando se verifiquem as circunstâncias referidas no artigo 142.º, o oferente deve suspender a oferta até publicação de adenda ou de rectificação do prospecto.

3 – A suspensão da oferta faculta aos destinatários a possibilidade de revogar a sua declaração até ao 5.º dia posterior ao termo da suspensão, com direito à restituição do que tenha sido entregue.

4 – Cada período de suspensão da oferta não pode ser superior a 10 dias úteis.

5 – Findo o prazo referido no número anterior sem que tenham sido sanados os vícios que determinaram a suspensão, a CMVM deve ordenar a retirada da oferta.

SECÇÃO V
Prospecto

SUBSECÇÃO I
Exigibilidade, formato e conteúdo

ARTIGO 134.º
Exigibilidade de prospecto

1 – A realização de qualquer oferta pública relativa a valores mobiliários deve ser precedida de divulgação de um prospecto.

2 – Exceptuam-se do disposto no número anterior:

a) As ofertas de valores mobiliários a atribuir, por ocasião de uma fusão, a pelo menos 100 accionistas que não sejam investidores qualificados, desde que esteja disponível, com pelo menos 15 dias de antecedência em relação à data da assembleia geral, um documento com informações consideradas pela CMVM equivalentes às de um prospecto;

b) O pagamento de dividendos sob a forma de acções da mesma categoria das acções em relação às quais são pagos os dividendos, desde que esteja disponível um documento com informações sobre o número e a natureza das acções, bem como sobre as razões e características da oferta;

c) As ofertas de distribuição de valores mobiliários a membros dos órgãos de administração ou trabalhadores, existentes ou antigos, pelo respectivo empregador quando este tenha valores mobiliários admitidos à negociação num mercado regulamentado ou por uma sociedade dominada pelo mesmo, desde que esteja disponível um documento com informações sobre o número e a natureza dos valores mobiliários, bem como sobre as razões e características da oferta;

d) *(Revogada.)*

e) *(Revogada.)*

f) *(Revogada.)*

g) *(Revogada.)*

3 – Nos casos referidos no número anterior e nas alíneas *a*), *b*), *f*), *i*) e *j*) do n.° 1 do artigo 111.°, o oferente tem o direito de elaborar um prospecto, ficando este sujeito às regras do presente Código e dos diplomas que o complementem.

4 – Salvo o disposto no número anterior, em ofertas públicas em que o prospecto não seja exigível, a informação referida no n.° 2 deve ser enviada à CMVM antes do respectivo lançamento ou da ocorrência dos factos nele previstos.

ARTIGO 135.°
Princípios gerais

1 – O prospecto deve conter informação completa, verdadeira, actual, clara, objectiva e lícita, que permita aos destinatários formar juízos fundados sobre a oferta, os valores mobiliários que dela são objecto e os direitos que lhe são inerentes, sobre as características específicas, a situação patrimonial, económica e financeira e as previsões relativas à evolução da actividade e dos resultados do emitente e de um eventual garante.

2 – As previsões relativas à evolução da actividade e dos resultados do emitente bem como à evolução dos preços dos valores mobiliários que são objecto da oferta devem:

a) Ser claras e objectivas;

b) Obedecer ao disposto no Regulamento (CE) n.° 809/2004, da Comissão, de 29 de Abril;

c) *(Revogada.)*

Ofertas públicas 149

ARTIGO 135.º-A
Sumário do prospecto de oferta pública
de distribuição

1 – Independentemente do formato em que o mesmo seja elaborado, o prospecto de oferta pública de distribuição deve incluir um sumário que apresente, de forma concisa e numa linguagem não técnica, as características essenciais e os riscos associados ao emitente, ao eventual garante e aos valores mobiliários objecto da oferta.

2 – O sumário deve fazer referência ao regime consagrado no n.º 4 do artigo 149.º e conter a advertência de que:

a) Constitui uma introdução ao prospecto;

b) Qualquer decisão de investimento nos valores mobiliários deve basear-se na informação do prospecto no seu conjunto.

ARTIGO 135.º-B
Formato do prospecto de oferta pública
de distribuição

1 – O prospecto de oferta pública de distribuição pode ser elaborado sob a forma de um documento único ou de documentos separados.

2 – O prospecto composto por documentos separados é constituído por um documento de registo, uma nota sobre os valores mobiliários e um sumário.

3 – O documento de registo deve conter as informações referentes ao emitente e deve ser submetido previamente à CMVM, para aprovação ou para conhecimento.

4 – A nota sobre os valores mobiliários deve conter informações respeitantes aos valores mobiliários objecto de oferta pública.

5 – O emitente que dispuser de um documento de registo aprovado e válido só tem de elaborar a nota sobre os valores mobiliários e o sumário aquando de uma oferta pública de valores mobiliários.

6 – No caso referido no número anterior, a nota sobre os valores mobiliários deve fornecer informações normalmente apresentadas no documento de registo, caso se tenha verificado uma alteração significativa ou tenham ocorrido factos novos que possam afectar a apreciação dos investidores desde a aprovação do último documento de registo actualizado ou de qualquer adenda.

150   *Código dos Valores Mobiliários*

7 – Se o documento de registo tiver sido previamente aprovado e for válido, a nota sobre os valores mobiliários e o sumário são aprovados no âmbito do processo de aprovação do prospecto.

8 – Se o documento de registo tiver apenas sido previamente comunicado à CMVM sem aprovação, os três documentos estão sujeitos a aprovação no âmbito do processo de aprovação do prospecto.

ARTIGO 135.°-C
Prospecto de base

1 – Pode ser utilizado um prospecto de base, contendo informação sobre o emitente e os valores mobiliários, em ofertas públicas de distribuição de:

a) Valores mobiliários não representativos de capital social, incluindo warrants, emitidos no âmbito de um programa de oferta;

b) Valores mobiliários não representativos de capital social emitidos de forma contínua ou repetida por instituição de crédito se:

i) Os montantes resultantes da emissão desses valores mobiliários forem investidos em activos que assegurem uma cobertura suficiente das responsabilidades resultantes dos valores mobiliários até à respectiva data de vencimento; e

ii) Em caso de falência da respectiva instituição de crédito, os referidos montantes se destinarem, a título prioritário, a reembolsar o capital e os juros vincendos.

2 – Para efeitos do disposto na alínea *a*) do número anterior, considera-se programa de oferta as ofertas de distribuição de valores mobiliários de categorias semelhantes realizadas de forma contínua ou repetida ao abrigo de um plano comum envolvendo, pelo menos, duas emissões durante 12 meses.

3 – O prospecto de base deve ser complementado, se necessário, com informação actualizada sobre o emitente e sobre os valores mobiliários que são objecto de oferta pública, através de adenda.

4 – Quando as condições finais da oferta não estiverem incluídas no prospecto de base ou numa adenda, devem as mesmas ser divulgadas aos investidores e comunicadas à CMVM logo que tal seja viável e, se possível, antes do início da oferta.

5 – O conteúdo do prospecto de base e das respectivas condições finais e a divulgação destas obedecem ao disposto no Regulamento (CE) n.° 809/2004, da Comissão, de 29 de Abril.

Ofertas públicas 151

ARTIGO 136.º
Conteúdo comum do prospecto

O prospecto deve, nomeadamente, incluir informações sobre:

a) As pessoas que, nos termos do artigo 149.º, são responsáveis pelo seu conteúdo;

b) Os objectivos da oferta;

c) O emitente e a actividade por este desenvolvida;

d) O oferente e a actividade por este desenvolvida;

e) A estrutura de administração e fiscalização do emitente;

f) A composição dos órgãos do emitente e do oferente;

g) Os intermediários financeiros que integram o consórcio de colocação, quando exista.

ARTIGO 136.º-A
Inserção por remissão

1 – É permitida a inserção de informações no prospecto por remissão para documentos publicados prévia ou simultaneamente e que pela CMVM tenham sido aprovados ou a ela tenham sido comunicados no âmbito dos deveres de informação de emitentes e de titulares de participações qualificadas em sociedades abertas.

2 – O prospecto deve incluir uma lista de remissões quando contenha informações por remissão.

3 – O sumário do prospecto não pode conter informação inserida por remissão.

4 – A inserção por remissão obedece ao disposto no Regulamento (CE) n.º 809/2004, da Comissão, de 29 de Abril.

ARTIGO 137.º
Conteúdo do prospecto de oferta pública
de distribuição

1 – O conteúdo do prospecto de oferta pública de distribuição obedece ao disposto no Regulamento (CE) n.º 809/2004, da Comissão, de 29 de Abril.

2 – O prospecto de oferta pública de distribuição deve incluir também declarações efectuadas pelas pessoas que, nos termos do artigo 149.º, são

152   *Código dos Valores Mobiliários*

responsáveis pelo seu conteúdo que atestem que, tanto quanto é do seu conhecimento, a informação constante do prospecto está de acordo com os factos e de que não existem omissões susceptíveis de alterar o seu alcance.

3 – Se a oferta incidir sobre valores mobiliários admitidos ou que se prevê que venham a ser admitidos à negociação em mercado regulamentado situado ou a funcionar em Portugal ou noutro Estado membro da Comunidade Europeia, pode ser aprovado e utilizado um único prospecto que satisfaça os requisitos exigidos para ambos os efeitos.

4 – *(Revogada.)*

ARTIGO 138.º
Conteúdo do prospecto de oferta pública de aquisição

1 – Além da prevista no n.º 1 do artigo 183.º-A, o prospecto de oferta pública de aquisição deve incluir informação sobre:

a) A contrapartida oferecida e sua justificação;

b) As quantidades mínima e máxima de valores mobiliários que o oferente se propõe adquirir;

c) A percentagem de direitos de voto que, nos termos do n.º 1 do artigo 20.º, pode ser exercida pelo oferente na sociedade visada;

d) A percentagem de direitos de voto que, nos termos do n.º 1 do artigo 20.º, pode ser exercida pela sociedade visada na sociedade oferente;

e) As pessoas que, segundo o seu conhecimento, estejam com o oferente ou com a sociedade visada em alguma das relações previstas no n.º 1 do artigo 20.º;

f) Os valores mobiliários da mesma categoria dos que são objecto da oferta que tenham sido adquiridos nos seis meses anteriores pelo oferente ou por alguma das pessoas que com este estejam em alguma das relações previstas do n.º 1 do artigo 20.º, com indicação das datas de aquisição, da quantidade e das contrapartidas;

g) As intenções do oferente quanto à continuidade ou modificação da actividade empresarial da sociedade visada, do oferente, na medida em que seja afectado pela oferta, e, nos mesmos termos, por sociedades que com estes estejam em relação de domínio ou de grupo, quanto à manutenção e condições do emprego dos trabalhadores e dirigentes das entidades referidas, designadamente eventuais repercussões sobre os locais em que são exercidas as actividades, quanto à manutenção da qualidade de

Ofertas públicas 153

sociedade aberta da sociedade visada e quanto à manutenção da negociação em mercado regulamentado dos valores mobiliários que são objecto da oferta;

h) As possíveis implicações do sucesso da oferta sobre a situação financeira do oferente e eventuais financiamentos da oferta;

i) Os acordos parassociais, celebrados pelo oferente ou por qualquer das pessoas referidas no n.º 1 do artigo 20.º, com influência significativa na sociedade visada;

j) Os acordos celebrados entre o oferente ou qualquer das pessoas referidas do n.º 1 do artigo 20.º e os titulares dos órgãos sociais da sociedade visada, incluindo as vantagens especiais eventualmente estipuladas a favor destes;

l) O modo de pagamento da contrapartida quando os valores mobiliários que são objecto da oferta estejam igualmente admitidos à negociação em mercado regulamentado situado ou a funcionar no estrangeiro;

m) A indemnização proposta em caso de supressão dos direitos por força das regras previstas no artigo 182.º-A, indicando a forma de pagamento e o método empregue para determinar o seu valor;

n) A legislação nacional que será aplicável aos contratos celebrados entre o oferente e os titulares de valores mobiliários da sociedade visada, na sequência da aceitação da oferta, bem como os tribunais competentes para dirimir os litígios daqueles emergentes;

o) Quaisquer encargos a suportar pelos destinatários da oferta.

2 – Se a contrapartida consistir em valores mobiliários, emitidos ou a emitir, o prospecto deve incluir todas as informações que seriam exigíveis se os valores mobiliários fossem objecto de oferta pública de venda ou de subscrição.

ARTIGO 139.º
Adaptação do prospecto em casos especiais

Sem prejuízo da informação adequada dos investidores, quando, excepcionalmente, determinadas informações exigidas, nomeadamente pelo Regulamento (CE) n.º 809/2004, da Comissão, de 29 de Abril, para serem incluídas no prospecto forem inadequadas à esfera de actividade ou à forma jurídica do emitente ou ainda aos valores mobiliários a que se refere o prospecto, o prospecto deve conter, quando possível, informações equivalentes à informação exigida.

ARTIGO 140.°
Divulgação

1 – O prospecto só pode ser divulgado após aprovação pela CMVM, devendo o respectivo texto e formato a divulgar ser idênticos à versão original aprovada.

2 – Após aprovação, a versão final do prospecto, já com a indicação da data de aprovação ou do número de registo, deve ser enviada à CMVM e colocada à disposição do público pelo oferente com uma antecedência razoável em função das características da oferta e dos investidores a que se destina.

3 – O prospecto deve ser divulgado:

a) Em caso de oferta pública de distribuição precedida de negociação de direitos, até ao dia útil anterior ao da data de destaque dos direitos;

b) Nas restantes ofertas públicas de distribuição, o mais tardar até ao início da oferta pública a que respeita.

4 – Tratando-se de oferta pública de uma categoria de acções ainda não admitida à negociação num mercado regulamentado e que se destina a ser admitida à negociação em mercado regulamentado pela primeira vez, o prospecto deve estar disponível pelo menos seis dias úteis antes do termo do prazo da oferta.

5 – Considera-se colocado à disposição do público o prospecto que tenha sido divulgado:

a) Através de publicação num ou mais jornais de difusão nacional ou de grande difusão; ou

b) Sob forma impressa, colocado gratuitamente à disposição do público nas instalações do mercado em que é solicitada a admissão à negociação dos valores mobiliários, ou na sede estatutária do emitente e nas agências dos intermediários financeiros responsáveis pela sua colocação, incluindo os responsáveis pelo serviço financeiro do emitente; ou

c) Sob forma electrónica no sítio da Internet do emitente e, se for caso disso, no sítio da Internet dos intermediários financeiros responsáveis pela colocação ou venda dos valores mobiliários, incluindo os responsáveis pelo serviço financeiro do emitente; ou

d) Sob forma electrónica no sítio da Internet do mercado regulamentado em que se solicita a admissão à negociação; ou

e) Sob forma electrónica no sítio da Internet da CMVM.

6 – Se o oferente optar pela divulgação do prospecto através das formas previstas nas alíneas *a*) ou *b*) do número anterior, deve também

divulgar o prospecto sob forma electrónica de acordo com a alínea *c*) do número anterior.

7 – Se o prospecto for constituído por vários documentos e ou contiver informação mediante remissão, os documentos e a informação que o compõem podem ser publicados e divulgados de forma separada, desde que os referidos documentos sejam colocados gratuitamente à disposição do público de acordo com o disposto nos números anteriores.

8 – Para efeitos do número anterior, cada documento deve indicar onde podem ser obtidos os restantes documentos constitutivos do prospecto completo.

9 – Se o prospecto for disponibilizado sob forma electrónica, o emitente, o oferente ou intermediários financeiros responsáveis pela colocação dos valores devem disponibilizar ao investidor, gratuitamente, uma versão em suporte de papel, sempre que este o solicite.

10 – A divulgação do prospecto obedece ao disposto no Regulamento (CE) n.º 809/2004, da Comissão, de 29 de Abril.

ARTIGO 140.º-A
Aviso sobre disponibilidade do prospecto

1 – Em ofertas públicas cujo prospecto seja divulgado apenas sob forma electrónica, nos termos das alíneas *c*), *d*) e *e*) do n.º 5 do artigo anterior, deve ser divulgado um aviso sobre a disponibilidade do prospecto.

2 – O conteúdo e a divulgação do aviso sobre a disponibilidade do prospecto obedecem ao disposto no Regulamento (CE) n.º 809/2004, da Comissão, de 29 de Abril.

ARTIGO 141.º
Dispensa de inclusão de matérias no prospecto

A requerimento do emitente ou do oferente, a CMVM pode dispensar a inclusão de informações no prospecto se:

a) A divulgação de tais informações for contrária ao interesse público;

b) A divulgação de tais informações for muito prejudicial para o emitente, desde que a omissão não seja susceptível de induzir o público em erro no que respeita a factos e circunstâncias essenciais para uma avaliação informada do emitente, oferente ou eventual garante, bem como dos direitos inerentes aos valores mobiliários a que se refere o prospecto; ou

Código dos Valores Mobiliários

c) Essas informações forem de importância menor para a oferta e não forem susceptíveis de influenciar a apreciação da posição financeira e das perspectivas do emitente, oferente ou eventual garante.

ARTIGO 142.º
Adenda ao prospecto e rectificação do prospecto

1 – Se, entre a data de aprovação do prospecto e o fim do prazo da oferta, for detectada alguma deficiência no prospecto ou ocorrer qualquer facto novo ou se tome conhecimento de qualquer facto anterior não considerado no prospecto, que sejam relevantes para a decisão a tomar pelos destinatários, deve ser imediatamente requerida à CMVM a aprovação de adenda ou de rectificação do prospecto.

2 – A adenda ou a rectificação ao prospecto deve ser aprovada no prazo de sete dias úteis desde o requerimento e deve ser divulgada nos termos do artigo 140.º.

3 – O sumário e as suas traduções devem ser completados ou rectificados, se necessário, para ter em conta as informações incluídas na adenda ou na rectificação.

4 – Os investidores que já tenham transmitido ordens de aceitação da oferta antes de ser publicada a adenda ou a rectificação têm o direito de revogar a sua aceitação durante um prazo não inferior a dois dias úteis após a colocação à disposição do público da adenda ou da rectificação.

ARTIGO 143.º
Validade do prospecto

1 – O prospecto de oferta pública de distribuição e o prospecto base são válidos por um prazo de 12 meses a contar da data da sua colocação à disposição do público, devendo ser completados por eventuais adendas exigidas nos termos do artigo 142.º.

2 – Quando se tratar de oferta pública de valores mobiliários não representativos de capital social referidos na alínea *b*) do n.º 1 do artigo 135.º-C, o prospecto é válido até que aqueles deixem de ser emitidos de forma contínua ou repetida.

3 – O documento de registo é válido por um prazo de 12 meses a contar da data de aprovação das contas anuais em que o mesmo se baseie.

ARTIGO 144.º
Prospecto de referência

(Revogado.)

SUBSECÇÃO II
Prospecto de oferta internacional

ARTIGO 145.º
Autoridade competente

1 – A CMVM é competente para a aprovação de prospectos de ofertas públicas de distribuição, cujos emitentes tenham sede estatutária em Portugal, relativamente a emissões de acções, de valores mobiliários que dêem direito à sua aquisição, desde que o emitente dos valores mobiliários seja o emitente dos valores mobiliários subjacentes ou uma entidade pertencente ao grupo deste último emitente, e de outros valores mobiliários com valor nominal inferior a € 1 000.

2 – O Estado membro em que o emitente tem a sua sede estatutária ou em que os valores mobiliários foram ou serão admitidos à negociação num mercado regulamentado ou oferecidos ao público, à escolha do emitente ou do oferente, é competente para a aprovação do prospecto de oferta pública de distribuição:

a) De valores mobiliários não representativos de capital social cujo valor nominal unitário se eleve a pelo menos € 1 000;

b) De valores mobiliários não representativos de capital social que dêem direito a adquirir valores mobiliários ou a receber um montante em numerário, em consequência da sua conversão ou do exercício de direitos por eles conferidos, desde que o emitente dos valores mobiliários não representativos de capital social não seja o emitente dos valores mobiliários subjacentes ou uma entidade pertencente ao grupo deste último.

3 – Para a aprovação do prospecto de oferta pública de distribuição, cujo emitente tenha sido constituído num país que não pertença à União Europeia, de valores mobiliários que não sejam referidos no número anterior, é competente o Estado membro em que esses valores mobiliários se destinam a ser objecto de oferta ao público pela primeira vez ou em que é apresentado o primeiro pedido de admissão à negociação num mercado regulamentado, à escolha do emitente ou do oferente, consoante o caso,

sob reserva de escolha subsequente pelos emitentes constituídos num país terceiro se o Estado membro de origem não tiver sido determinado por escolha destes.

4 – A CMVM pode decidir delegar a aprovação do prospecto de oferta pública de distribuição na autoridade competente de outro Estado membro, obtido o prévio acordo desta.

5 – A delegação de competência prevista no número anterior deve ser notificada ao emitente ou ao oferente no prazo de três dias úteis a contar da data da decisão pela CMVM.

ARTIGO 145.°-A
**Autoridade competente em ofertas públicas
de aquisição**

1 – A CMVM é competente para a supervisão de ofertas públicas de aquisição que tenham por objecto valores mobiliários emitidos por sociedades sujeitas a lei pessoal portuguesa, desde que os valores objecto da oferta:

a) Estejam admitidos à negociação em mercado regulamentado situado ou a funcionar em Portugal;

b) Não estejam admitidos à negociação em mercado regulamentado.

2 – A CMVM é igualmente competente para a supervisão de ofertas públicas de aquisição de valores mobiliários em que seja visada sociedade sujeita a lei pessoal estrangeira, desde que os valores mobiliários objecto da oferta:

a) Estejam exclusivamente admitidos à negociação em mercado regulamentado situado ou a funcionar em Portugal; ou

b) Não estando admitidos à negociação no Estado membro onde se situa a sede da sociedade emitente, tenham sido admitidos à negociação em mercado regulamentado situado ou a funcionar em Portugal em primeiro lugar.

3 – Se a admissão à negociação dos valores mobiliários objecto da oferta for simultânea em mais de um mercado regulamentado de diversos Estados membros, não incluindo o Estado membro onde se situa a sede da sociedade emitente, a sociedade emitente escolhe, no primeiro dia de negociação, a autoridade competente para a supervisão da oferta de entre as autoridades desses Estados membros e comunica essa decisão aos mercados regulamentados em causa e às respectivas autoridades de supervisão.

Ofertas públicas   159

4 – Quando a CMVM seja competente nos termos do número anterior, a decisão da sociedade é divulgada no sistema de difusão de informação da CMVM.

ARTIGO 146.º
Âmbito comunitário do prospecto

1 – O prospecto aprovado por autoridade competente de Estado membro da União Europeia relativo a uma oferta pública de distribuição a realizar em Portugal e noutro Estado membro é eficaz em Portugal, desde que a CMVM receba da autoridade competente:

a) Um certificado de aprovação que ateste que o prospecto foi elaborado em conformidade com a Directiva n.º 2003/71/CE, do Parlamento Europeu e do Conselho, de 4 de Novembro, e que justifique, se for o caso, a dispensa de inclusão de informação no prospecto;

b) Uma cópia do referido prospecto e, quando aplicável, uma tradução do respectivo sumário.

2 – Se se verificarem factos novos significativos, erros ou inexactidões importantes no prospecto, a CMVM pode alertar a autoridade competente que aprovou o prospecto para a necessidade de eventuais informações novas e de consequente publicação de uma adenda.

3 – Para efeitos de utilização internacional de prospecto aprovado pela CMVM, os documentos referidos no n.º 1 são fornecidos pela CMVM à autoridade competente dos outros Estados membros em que a oferta também se realize, no prazo de três dias úteis a contar da data do pedido que para o efeito lhe tiver sido dirigido pelo oferente ou pelo intermediário financeiro encarregado da assistência, ou no prazo de um dia útil a contar da data de aprovação do prospecto, se aquele pedido for apresentado juntamente com o pedido de registo da oferta.

4 – A tradução do sumário é da responsabilidade do oferente.

5 – O disposto nos números anteriores aplica-se igualmente às adendas e às rectificações ao prospecto.

ARTIGO 147.º
Emitentes não comunitários

1 – A CMVM pode aprovar um prospecto relativo a oferta pública de distribuição de valores mobiliários de emitente que tenha sede estatutária

160   *Código dos Valores Mobiliários*

num Estado não membro da União Europeia elaborado em conformidade com a legislação de um Estado não membro da União Europeia desde que:

a) O prospecto tenha sido elaborado de acordo com as normas internacionais estabelecidas por organizações internacionais de supervisores de valores mobiliários, incluindo as normas da Organização Internacional de Comissões de Valores Mobiliários; e

b) O prospecto contenha informação, nomeadamente de natureza financeira, equivalente à prevista neste Código e no Regulamento (CE) n.º 809/2004, da Comissão, de 29 de Abril.

2 – Aos prospectos a que se refere o presente artigo aplica-se também o artigo 146.º.

ARTIGO 147.º-A
Reconhecimento mútuo

1 – O prospecto de oferta pública de aquisição de valores mobiliários admitidos à negociação em mercado regulamentado situado ou a funcionar em Portugal, aprovado por autoridade competente de outro Estado membro é reconhecido pela CMVM, desde que:

a) Esteja traduzido para português, sem prejuízo do disposto no n.º 2 do artigo 6.º;

b) Seja disponibilizado à CMVM um certificado, emitido pela autoridade competente responsável pela aprovação do prospecto, em como este cumpre as disposições comunitárias e nacionais relevantes, acompanhado pelo prospecto aprovado.

2 – A CMVM pode exigir a introdução de informação suplementar que decorra de especificidades do regime português e respeite a formalidades relativas ao pagamento da contrapartida, à aceitação da oferta e ao regime fiscal a que esta fica sujeita.

ARTIGO 148.º
Cooperação

A CMVM deve estabelecer formas de cooperação com as autoridades competentes estrangeiras quanto à troca de informações necessárias à supervisão de ofertas realizadas em Portugal e no estrangeiro, em especial, quando um emitente com sede noutro Estado membro tiver mais de uma

Ofertas públicas

autoridade competente de origem devido às suas diversas categorias de valores mobiliários, ou quando a aprovação do prospecto tiver sido delegada na autoridade competente de outro Estado membro.

SUBSECÇÃO III
Responsabilidade pelo prospecto

ARTIGO 149.º
Âmbito

1 – São responsáveis pelos danos causados pela desconformidade do conteúdo do prospecto com o disposto no artigo 135.º, salvo se provarem que agiram sem culpa:

a) O oferente;

b) Os titulares do órgão de administração do oferente;

c) O emitente;

d) Os titulares do órgão de administração do emitente;

e) Os promotores, no caso de oferta de subscrição para a constituição de sociedade;

f) Os titulares do órgão de fiscalização, as sociedades de revisores oficiais de contas, os revisores oficiais de contas e outras pessoas que tenham certificado ou, de qualquer outro modo, apreciado os documentos de prestação de contas em que o prospecto se baseia;

g) Os intermediários financeiros encarregados da assistência à oferta;

h) As demais pessoas que aceitem ser nomeadas no prospecto como responsáveis por qualquer informação, previsão ou estudo que nele se inclua.

2 – A culpa é apreciada de acordo com elevados padrões de diligência profissional.

3 – A responsabilidade é excluída se alguma das pessoas referidas no n.º 1 provar que o destinatário tinha ou devia ter conhecimento da deficiência de conteúdo do prospecto à data da emissão da sua declaração contratual ou em momento em que a respectiva revogação ainda era possível.

4 – A responsabilidade é ainda excluída se os danos previstos no n.º 1 resultarem apenas do sumário de prospecto, ou de qualquer das suas traduções, salvo se o mesmo contiver menções enganosas, inexactas ou incoerentes quando lido em conjunto com os outros documentos que compõem o prospecto.

ARTIGO 150.º
Responsabilidade objectiva

Respondem independentemente de culpa:

a) O oferente, se for responsável alguma das pessoas referidas nas alíneas *b*), *g*) e *h*) do n.º 1 do artigo anterior;

b) O emitente, se for responsável alguma das pessoas referidas nas alíneas *d*), *e*) e *f*) do n.º 1 do artigo anterior;

c) O chefe do consórcio de colocação, se for responsável um dos membros do consórcio, nos termos da alínea *g*) do n.º 1 do artigo anterior.

ARTIGO 151.º
Responsabilidade solidária

Se forem várias as pessoas responsáveis pelos danos causados, é solidária a sua responsabilidade.

ARTIGO 152.º
Dano indemnizável

1 – A indemnização deve colocar o lesado na exacta situação em que estaria se, no momento da aquisição ou da alienação dos valores mobiliários, o conteúdo do prospecto estivesse conforme com o disposto no artigo 135.º.

2 – O montante do dano indemnizável reduz-se na medida em que os responsáveis provem que o dano se deve também a causas diversas dos vícios da informação ou da previsão constantes do prospecto.

ARTIGO 153.º
Cessação do direito à indemnização

O direito de indemnização fundado nos artigos precedentes deve ser exercido no prazo de seis meses após o conhecimento da deficiência do conteúdo do prospecto e cessa, em qualquer caso, decorridos dois anos contados desde a data da divulgação do resultado da oferta.

ARTIGO 154.°
Injuntividade

As regras previstas nesta subsecção não podem ser afastadas ou modificadas por negócio jurídico.

SECÇÃO VI
Regulamentação

ARTIGO 155.°
Matérias a regulamentar

A CMVM elabora os regulamentos necessários à concretização do disposto no presente título, nomeadamente sobre as seguintes matérias:

a) Regime de comunicação subsequente das ofertas particulares relativas a valores mobiliários;

b) Modelo a que obedece a estrutura dos prospectos de oferta pública de aquisição;

c) Quantidade mínima de valores mobiliários que pode ser objecto de oferta pública;

d) Local de publicação do resultado das ofertas públicas;

e) Opção de distribuição de lote suplementar;

f) Recolha de intenções de investimento, designadamente quanto ao conteúdo e à divulgação do anúncio e do prospecto preliminares;

g) Requisitos a que devem obedecer os valores mobiliários que integram a contrapartida de oferta pública de aquisição;

h) Deveres de informação a cargo das pessoas que beneficiam de derrogação quanto à obrigatoriedade de lançamento de oferta pública de aquisição;

i) Taxas devidas à CMVM pela aprovação do prospecto de oferta pública de distribuição, pela aprovação do prospecto preliminar de recolha de intenções de investimento, pelo registo de oferta pública de aquisição e pela aprovação de publicidade;

j) Deveres de informação para a distribuição através de oferta pública dos valores mobiliários a que se refere a alínea g) do artigo 1.°.

l) Conteúdo e modo de divulgação da informação referida no n.° 2 do artigo 134.°.

CAPÍTULO II
Ofertas públicas de distribuição

SECÇÃO I
Disposições gerais

ARTIGO 156.º
Estudo de viabilidade

(Revogado.)

ARTIGO 157.º
Registo provisório

(Revogado.)

ARTIGO 158.º
Distribuição de lote suplementar

(Revogado.)

ARTIGO 159.º
Omissão de informação

1 – Sempre que o preço definitivo da oferta e o número de valores mobiliários que são oferecidos ao público não possam ser incluídos, o prospecto pode omitir essa informação se:

a) Os critérios e ou as condições segundo os quais o preço e o número de valores mobiliários são determinados ou, no caso do preço, o preço máximo forem indicados no prospecto; ou

b) A aceitação da aquisição ou subscrição de valores mobiliários possa ser revogada durante um prazo não inferior a dois dias úteis após a notificação do preço definitivo da oferta e do número de valores mobiliários objecto da oferta ao público.

Ofertas públicas 165

2 – Logo que sejam apurados, o preço definitivo da oferta e o número dos valores mobiliários devem ser comunicados à CMVM e divulgados nos termos do artigo 140.º.

ARTIGO 160.º
Estabilização de preços

(Revogado.)

ARTIGO 161.º
Distribuição incompleta

Se a quantidade total dos valores mobiliários que são objecto das declarações de aceitação for inferior à quantidade dos que foram oferecidos, a oferta é eficaz em relação aos valores mobiliários efectivamente distribuídos, salvo se o contrário resultar de disposição legal ou dos termos da oferta.

ARTIGO 162.º
Divulgação de informação

1 – O emitente, o oferente, os intermediários financeiros intervenientes em oferta pública de distribuição, decidida ou projectada, e as pessoas que com estes estejam em alguma das situações previstas do n.º 1 do artigo 20.º devem, até que a informação relativa à oferta seja tornada pública:
a) Limitar a revelação de informação relativa à oferta ao que for necessário para os objectivos da oferta, advertindo os destinatários sobre o carácter reservado da informação transmitida;
b) Limitar a utilização da informação reservada aos fins relacionados com a preparação da oferta.
2 – As entidades referidas no número anterior que, a partir do momento em que a oferta se torne pública, divulguem informação relacionada com o emitente ou com a oferta devem:
a) Observar os princípios a que deve obedecer a qualidade da informação;

166 *Código dos Valores Mobiliários*

b) Assegurar que a informação prestada é coerente com a contida no prospecto;

c) Esclarecer as suas ligações com o emitente ou o seu interesse na oferta.

ARTIGO 163.°
Frustração de admissão à negociação

1 – Quando uma oferta pública de distribuição for acompanhada da informação de que os valores mobiliários que dela são objecto se destinam a ser admitidos à negociação em mercado regulamentado, os destinatários da oferta podem resolver os negócios de aquisição, se:

a) A admissão à negociação não tiver sido requerida até ao apuramento do resultado da oferta; ou

b) A admissão for recusada com fundamento em facto imputável ao emitente, ao oferente, ao intermediário financeiro ou a pessoas que com estes estejam em alguma das situações previstas do n.° 1 do artigo 20.°.

2 – A resolução deve ser comunicada ao emitente até 60 dias após o acto de recusa de admissão a mercado regulamentado ou após a divulgação do resultado da oferta, se nesse prazo não tiver sido apresentado pedido de admissão.

3 – O emitente deve restituir os montantes recebidos até 30 dias após a recepção da declaração de resolução.

ARTIGO 163.°-A
Idioma

1 – O prospecto de oferta pública de distribuição pode ser, no todo ou em parte, redigido numa língua de uso corrente nos mercados financeiros internacionais:

a) Se a sua apresentação não resultar de exigência legal;

b) Se tiver sido elaborado no âmbito de uma oferta dirigida a vários Estados; ou

c) Se a lei pessoal do emitente for estrangeira.

2 – Nos casos previstos na alínea *b*) e *c*) do número anterior, a CMVM pode exigir que o sumário seja divulgado também em português.

SECÇÃO II
Recolha de intenções de investimento

ARTIGO 164.°
Admissibilidade

1 – É permitida a recolha de intenções de investimento para apurar a viabilidade de uma eventual oferta pública de distribuição.

2 – A recolha de intenções de investimento só pode iniciar-se após divulgação de prospecto preliminar.

3 – As intenções de investimento não podem servir como meio de formação de contratos, mas podem conferir às pessoas consultadas condições mais favoráveis em oferta futura.

ARTIGO 165.°
Prospecto preliminar

1 – O prospecto preliminar de recolha de intenções de investimento deve ser aprovado pela CMVM.

2 – O pedido de aprovação de prospecto preliminar é instruído com os documentos referidos nas alíneas *a*) a *g*) do n.° 1 do artigo 115.°, acompanhado de projecto de prospecto preliminar.

3 – O prospecto preliminar obedece ao Regulamento (CE) n.° 809//2004, da Comissão, de 29 de Abril, com as necessárias adaptações.

ARTIGO 166.°
Responsabilidade pelo prospecto

À responsabilidade pelo conteúdo do prospecto preliminar aplica-se, com as necessárias adaptações, o disposto nos artigos 149.° e seguintes.

ARTIGO 167.°
Publicidade

É permitida a realização de acções publicitárias, observando-se o disposto nos artigos 121.° e 122.°.

SECÇÃO III
Oferta pública de subscrição

ARTIGO 168.º
Oferta pública de subscrição para constituição de sociedade

Além dos documentos exigidos nas alíneas *j*) a *n*) do n.º 1 do artigo 115.º, o pedido de aprovação de prospecto de oferta pública de subscrição para constituição de sociedade deve ser instruído com os seguintes elementos:

a) Identificação dos promotores;

b) Documento comprovativo da subscrição do capital social mínimo pelos promotores;

c) Cópia do projecto do contrato de sociedade;

d) Certidão comprovativa do registo comercial provisório.

ARTIGO 169.º
Sucessão de ofertas e ofertas em séries

O lançamento pela mesma entidade de nova oferta de subscrição de valores mobiliários do mesmo tipo dos que foram objecto de oferta anterior ou o lançamento de nova série depende do pagamento prévio da totalidade do preço de subscrição ou da colocação em mora dos subscritores remissos e do cumprimento das formalidades associadas à emissão ou à série anteriores.

SECÇÃO IV
Oferta pública de venda

ARTIGO 170.º
Bloqueio dos valores mobiliários

O pedido de aprovação de prospecto de oferta pública de venda é instruído com certificado comprovativo do bloqueio dos valores mobiliários oferecidos.

Ofertas públicas   169

ARTIGO 171.º
Dever de cooperação do emitente

O emitente de valores mobiliários distribuídos em oferta pública de venda deve fornecer ao oferente, a expensas deste, as informações e os documentos necessários para a elaboração do prospecto.

ARTIGO 172.º
Revisão da oferta

1 – O oferente pode reduzir em pelo menos 2% o preço inicialmente anunciado.

2 – À revisão da oferta é aplicável o disposto no artigo 129.º.

CAPÍTULO III
Ofertas públicas de aquisição

SECÇÃO I
Disposições comuns

ARTIGO 173.º
Objecto da oferta

1 – A oferta pública de aquisição é dirigida a todos os titulares dos valores mobiliários que dela são objecto.

2 – Se a oferta pública não visar a aquisição da totalidade das acções da sociedade visada e dos valores mobiliários que conferem direito à sua subscrição ou aquisição, emitidos pela sociedade visada, não é permitida a aceitação pelo oferente ou por pessoas que com este estejam em alguma das situações previstas no n.º 1 do artigo 20.º.

3 – À oferta pública de aquisição lançada apenas sobre valores mobiliários que não sejam acções ou valores mobiliários que conferem direito à sua subscrição ou aquisição não se aplicam as regras relativas ao anúncio preliminar, aos deveres de informação sobre transacções efectuadas, aos deveres do emitente, à oferta concorrente e à oferta pública de aquisição obrigatória.

170   *Código dos Valores Mobiliários*

ARTIGO 174.°
Segredo

O oferente, a sociedade visada, os seus accionistas e os titulares de órgãos sociais e, bem assim, todos os que lhes prestem serviços a título permanente ou ocasional devem guardar segredo sobre a preparação da oferta até à publicação do anúncio preliminar.

ARTIGO 175.°
Publicação do anúncio preliminar

1 – Logo que tome a decisão de lançamento de oferta pública de aquisição, o oferente deve enviar anúncio preliminar à CMVM, à sociedade visada e às entidades gestoras dos mercados regulamentados em que os valores mobiliários que são objecto da oferta ou que integrem a contrapartida a propor estejam admitidos à negociação, procedendo de imediato à respectiva publicação.

2 – A publicação do anúncio preliminar obriga o oferente a:

a) Lançar a oferta em termos não menos favoráveis para os destinatários do que as constantes desse anúncio;

b) Requerer o registo da oferta no prazo de 20 dias, prorrogável pela CMVM até 60 dias nas ofertas públicas de troca.

c) Informar os representantes dos seus trabalhadores ou, na sua falta, os trabalhadores sobre o conteúdo dos documentos da oferta, assim que estes sejam tornados públicos.

ARTIGO 176.°
Conteúdo do anúncio preliminar

1 – O anúncio preliminar deve indicar:

a) O nome, a denominação ou a firma do oferente e o seu domicílio ou sede;

b) A firma e a sede da sociedade visada;

c) Os valores mobiliários que são objecto da oferta;

d) A contrapartida oferecida;

e) O intermediário financeiro encarregado da assistência à oferta, se já tiver sido designado;

f) A percentagem de direitos de voto na sociedade visada detidos pelo oferente e por pessoas que com este estejam em alguma das situações previstas no artigo 20.°, calculada, com as necessárias adaptações, nos termos desse artigo.

g) A enunciação sumária dos objectivos do oferente, designadamente quanto à continuidade ou modificação da actividade empresarial da sociedade visada, do oferente, na medida em que seja afectado pela oferta, e, nos mesmos termos, por sociedades que com estes estejam em relação de domínio ou de grupo;

h) O estatuto do oferente quanto às matérias a que se refere o artigo 182.° e o n.° 1 do artigo 182.°-A.

2 – A fixação de limite mínimo ou máximo da quantidade dos valores mobiliários a adquirir e a sujeição da oferta a qualquer condição só são eficazes se constarem do anúncio preliminar.

ARTIGO 177.°
Contrapartida

1 – A contrapartida pode consistir em dinheiro, em valores mobiliários, emitidos ou a emitir, ou ser mista.

2 – Se a contrapartida consistir em dinheiro, o oferente deve, previamente ao registo da oferta, depositar o montante total em instituição de crédito ou apresentar garantia bancária adequada.

3 – Se a contrapartida consistir em valores mobiliários, estes devem ter adequada liquidez e ser de fácil avaliação.

ARTIGO 178.°
Oferta pública de troca

1 – Os valores mobiliários oferecidos como contrapartida, que já tenham sido emitidos, devem ser registados ou depositados à ordem do oferente em sistema centralizado ou junto de intermediário financeiro, procedendo-se ao seu bloqueio.

2 – O anúncio preliminar e o anúncio de lançamento de oferta pública de aquisição cuja contrapartida consista em valores mobiliários que não sejam emitidos pelo oferente devem também indicar os elementos respeitantes ao emitente e aos valores mobiliários por este emitidos ou a emitir, que são referidos no artigo 176.° e no n.° 1 do artigo 183.°-A.

ARTIGO 179.º
Registo da oferta pública de aquisição

Além dos referidos no artigo 115.º, o pedido de registo de oferta pública de aquisição apresentado na CMVM é instruído com os documentos comprovativos dos seguintes factos:

a) Entrega do anúncio preliminar, do projecto de anúncio de lançamento e de projecto de prospecto à sociedade visada e às entidades gestoras de mercados regulamentados em que os valores mobiliários estão admitidos à negociação;

b) Depósito da contrapartida em dinheiro ou emissão da garantia bancária que cauciona o seu pagamento;

c) Bloqueio dos valores mobiliários já emitidos que sejam objecto da contrapartida e dos referidos no n.º 2 do artigo 173.º.

ARTIGO 180.º
Transacções na pendência da oferta

1 – A partir da publicação do anúncio preliminar e até ao apuramento do resultado da oferta, o oferente e as pessoas que com este estejam em alguma das situações previstas no artigo 20.º:

a) Não podem negociar fora de mercado regulamentado valores mobiliários da categoria dos que são objecto da oferta ou dos que integram a contrapartida, excepto se forem autorizados pela CMVM, com parecer prévio da sociedade visada;

b) Devem informar diariamente a CMVM sobre as transacções realizadas por cada uma delas sobre valores mobiliários emitidos pela sociedade visada ou da categoria dos que integram a contrapartida.

2 – As aquisições de valores mobiliários da categoria daqueles que são objecto da oferta ou dos que integram a contrapartida, feitas depois da publicação do anúncio preliminar, são imputadas no cálculo da quantidade mínima que o adquirente se propõe adquirir.

3 – Caso ocorram as aquisições referidas no número anterior:

a) No âmbito de ofertas públicas de aquisição voluntárias, a CMVM pode determinar a revisão da contrapartida se, por efeito dessas aquisições, a contrapartida não se mostrar equitativa;

b) No âmbito de ofertas públicas de aquisição obrigatórias, o oferente é obrigado a aumentar a contrapartida para um preço não inferior ao preço mais alto pago pelos valores mobiliários assim adquiridos.

ARTIGO 181.º
Deveres da sociedade visada

1 – O órgão de administração da sociedade visada deve, no prazo de oito dias a contar da recepção dos projectos de prospecto e de anúncio de lançamento e no prazo de cinco dias após a divulgação de adenda aos documentos da oferta, enviar ao oferente e à CMVM e divulgar ao público um relatório elaborado nos termos do artigo 7.º sobre a oportunidade e as condições da oferta.

2 – O relatório referido no número anterior deve conter um parecer autónomo e fundamentado sobre, pelo menos:

a) O tipo e o montante da contrapartida oferecida;

b) Os planos estratégicos do oferente para a sociedade visada;

c) As repercussões da oferta nos interesses da sociedade visada, em geral, e, em particular, nos interesses dos seus trabalhadores e nas suas condições de trabalho e nos locais em que a sociedade exerça a sua actividade;

d) A intenção dos membros do órgão de administração que simultaneamente sejam accionistas da sociedade visada, quanto à aceitação da oferta.

3 – O relatório deve conter informação sobre eventuais votos negativos expressos na deliberação do órgão de administração que procedeu à sua aprovação.

4 – Se, até ao início da oferta, o órgão de administração receber dos trabalhadores, directamente ou através dos seus representantes, um parecer quanto às repercussões da oferta a nível do emprego, deve proceder à sua divulgação em apenso ao relatório por si elaborado.

5 – O órgão de administração da sociedade visada deve, a partir da publicação do anúncio preliminar e até ao apuramento do resultado da oferta:

a) Informar diariamente a CMVM acerca das transacções realizadas pelos seus titulares sobre valores mobiliários emitidos pela sociedade visada ou por pessoas que com esta estejam em alguma das situações previstas do n.º 1 do artigo 20.º;

b) Prestar todas as informações que lhe venham a ser solicitadas pela CMVM no âmbito das suas funções de supervisão;

c) Informar os representantes dos seus trabalhadores ou, na sua falta, os trabalhadores sobre o conteúdo dos documentos da oferta e do relatório por si elaborado, assim que estes sejam tornados públicos;

d) Agir de boa fé, designadamente quanto à correcção da informação e quanto à lealdade do comportamento.

ARTIGO 182.º
Limitação dos poderes da sociedade visada

1 – A partir do momento em que tome conhecimento da decisão de lançamento de oferta pública de aquisição que incida sobre mais de um terço dos valores mobiliários da respectiva categoria e até ao apuramento do resultado ou até à cessação, em momento anterior, do respectivo processo, o órgão de administração da sociedade visada não pode praticar actos susceptíveis de alterar de modo relevante a situação patrimonial da sociedade visada que não se reconduzam à gestão normal da sociedade e que possam afectar de modo significativo os objectivos anunciados pelo oferente.

2 – Para efeitos do número anterior:

a) Equipara-se ao conhecimento do lançamento da oferta a recepção pela sociedade visada do anúncio preliminar;

b) Consideram-se alterações relevantes da situação patrimonial da sociedade visada, nomeadamente, a emissão de acções ou de outros valores mobiliários que confiram direito à sua subscrição ou aquisição e a celebração de contratos que visem a alienação de parcelas importantes do activo social;

c) A limitação estende-se aos actos de execução de decisões tomadas antes do período ali referido e que ainda não tenham sido parcial ou totalmente executados.

3 – Exceptuam-se do disposto nos números anteriores:

a) Os actos que resultem do cumprimento de obrigações assumidas antes do conhecimento do lançamento da oferta;

b) Os actos autorizados por força de assembleia geral convocada exclusivamente para o efeito durante o período mencionado no n.º 1;

c) Os actos destinados à procura de oferentes concorrentes.

4 – Durante o período referido no n.º 1:

a) A antecedência do prazo de divulgação de convocatória de assembleia geral é reduzida para 15 dias;

b) As deliberações da assembleia geral prevista na alínea *b*) do número anterior, bem como as relativas à distribuição antecipada de dividendos e de outros rendimentos, apenas podem ser tomadas pela maioria exigida para a alteração dos estatutos.

5 – O oferente é responsável pelos danos causados por decisão de lançamento de oferta pública de aquisição tomada com o objectivo principal de colocar a sociedade visada na situação prevista neste artigo.

Ofertas públicas 175

6 – O regime previsto neste artigo não é aplicável a ofertas públicas de aquisição dirigidas por sociedades oferentes que não estejam sujeitas às mesmas regras ou que sejam dominadas por sociedade que não se sujeite às mesmas regras.

7 – Nas sociedades que adoptem o modelo referido na alínea *c*) do n.° 1 do artigo 278.° do Código das Sociedades Comerciais, os n.ᵒˢ 1 a 6 aplicam-se, com as necessárias adaptações, ao conselho de administração executivo e ao conselho geral e de supervisão.

ARTIGO 182.°-A
Suspensão voluntária de eficácia de restrições transmissivas e de direito de voto

1 – As sociedades sujeitas a lei pessoal portuguesa podem prever estatutariamente que:

a) As restrições, previstas nos estatutos ou em acordos parassociais, referentes à transmissão de acções ou de outros valores mobiliários que dêem direito à sua aquisição ficam suspensas, não produzindo efeitos em relação à transmissão decorrente da aceitação da oferta;

b) As restrições, previstas nos estatutos ou em acordos parassociais, referentes ao exercício do direito de voto ficam suspensas, não produzindo efeitos na assembleia geral convocada nos termos da alínea *b*) do n.° 3 do artigo anterior;

c) Quando, na sequência de oferta pública de aquisição, seja atingido pelo menos 75% do capital social com direito de voto, ao oferente não são aplicáveis as restrições relativas à transmissão e ao direito de voto referidas nas anteriores alíneas, nem podem ser exercidos direitos especiais de designação ou de destituição de membros do órgão de administração da sociedade visada.

2 – Os estatutos das sociedades abertas sujeitas a lei pessoal portuguesa que não exerçam integralmente a opção mencionada no número anterior não podem fazer depender a alteração ou a eliminação das restrições referentes à transmissão ou ao exercício do direito de voto de quórum deliberativo mais agravado do que o respeitante a 75% dos votos emitidos.

3 – Os estatutos das sociedades abertas sujeitas a lei pessoal portuguesa que exerçam a opção mencionada no n.° 1 podem prever que o regime previsto não seja aplicável a ofertas públicas de aquisição dirigidas

176 *Código dos Valores Mobiliários*

por sociedades oferentes que não estejam sujeitas às mesmas regras ou que sejam dominadas por uma sociedade que não se sujeite às mesmas regras.

4 – O oferente é responsável pelos danos causados pela suspensão de eficácia de acordos parassociais integralmente divulgados até à data da publicação do anúncio preliminar.

5 – O oferente não é responsável pelos danos causados aos accionistas que tenham votado favoravelmente as alterações estatutárias para efeitos do n.° 1 e as pessoas que com eles se encontrem em alguma das relações previstas no artigo 20.°.

6 – A aprovação de alterações estatutárias para efeitos do n.° 1 por sociedades sujeitas a lei pessoal portuguesa e por sociedades emitentes de valores mobiliários admitidos à negociação em mercado regulamentado nacional deve ser divulgada à CMVM e, nos termos do artigo 248.°, ao público.

7 – As cláusulas estatutárias referentes à suspensão de eficácia das restrições relativas à transmissão e ao direito de voto referidas no n.° 1 apenas podem vigorar por um prazo máximo de 18 meses, sendo renováveis através de nova deliberação da assembleia geral, aprovada nos termos legalmente previstos para a alteração dos estatutos.

8 – O disposto no presente artigo não se aplica no caso de um Estado membro ser titular de valores mobiliários da sociedade visada que lhe confira direitos especiais.

ARTIGO 183.°
Prazo da oferta

1 – O prazo da oferta pode variar entre 2 e 10 semanas.

2 – A CMVM, por sua própria iniciativa ou a pedido do oferente, pode prorrogar a oferta em caso de revisão, lançamento de oferta concorrente ou quando a protecção dos interesses dos destinatários o justifique.

ARTIGO 183.°-A
Anúncio de lançamento

1 – Em ofertas públicas de aquisição deve ser divulgado um anúncio de lançamento que descreva os elementos essenciais para a formação dos contratos a que se refere, incluindo designadamente os seguintes:

a) Identificação e sede social do oferente, do emitente e dos intermediários financeiros encarregados da assistência e da colocação da oferta;

Ofertas públicas 177

b) Características e quantidade dos valores mobiliários que são objecto da oferta;

c) Tipo de oferta;

d) Qualidade em que os intermediários financeiros intervêm na oferta;

e) Preço e montante global da oferta, natureza e condições de pagamento;

f) Prazo da oferta;

g) Critério de rateio;

h) Condições de eficácia a que a oferta fica sujeita;

i) Percentagem de direitos de voto na sociedade detidos pelo oferente e por pessoas que com este estejam em alguma das situações previstas no artigo 20.°, calculadas nos termos desse artigo;

j) Locais de divulgação do prospecto;

l) Entidade responsável pelo apuramento e pela divulgação do resultado da oferta.

2 – O anúncio de lançamento deve ser publicado, em simultâneo com a divulgação do prospecto, em meio de comunicação com grande difusão no País e em meio de divulgação de informação indicado pela entidade gestora do mercado regulamentado em que os valores mobiliários estejam admitidos à negociação.

ARTIGO 184.°
Revisão da oferta

1 – Até cinco dias antes do fim do prazo da oferta, o oferente pode rever a contrapartida quanto à sua natureza e montante.

2 – A oferta revista não pode conter condições que a tornem menos favorável e a sua contrapartida deve ser superior à antecedente em, pelo menos, 2% do seu valor.

3 – Aplica-se à revisão da oferta o artigo 129.°.

ARTIGO 185.°
Oferta concorrente

1 – A partir da publicação do anúncio preliminar de oferta pública de aquisição de valores mobiliários admitidos à negociação em mercado regulamentado, qualquer outra oferta pública de aquisição de valores mo-

178   *Código dos Valores Mobiliários*

biliários da mesma categoria só pode ser realizada através de oferta concorrente lançada nos termos do presente artigo.

2 – As ofertas concorrentes estão sujeitas às regras gerais aplicáveis às ofertas públicas de aquisição, com as alterações constantes deste artigo e dos artigos 185.°-A e 185.°-B.

3 – Não podem lançar uma oferta concorrente as pessoas que estejam com o oferente inicial ou com oferente concorrente anterior em alguma das situações previstas no n.° 1 do artigo 20.°, salvo autorização da CMVM a conceder caso a situação que determina a imputação de direitos de voto cesse antes do registo da oferta.

4 – As ofertas concorrentes não podem incidir sobre quantidade de valores mobiliários inferior àquela que é objecto da oferta inicial.

5 – A contrapartida da oferta concorrente deve ser superior à antecedente em pelo menos 2% do seu valor e não pode conter condições que a tornem menos favorável.

6 – A oferta concorrente não pode fazer depender a sua eficácia de uma percentagem de aceitações por titulares de valores mobiliários ou de direitos de voto em quantidade superior ao constante da oferta inicial ou de oferta concorrente anterior, salvo se, para efeitos do número anterior, essa percentagem se justificar em função dos direitos de voto na sociedade visada já detidos pelo oferente e por pessoas que com este estejam em alguma das situações previstas no n.° 1 do artigo 20.°.

7 – A sociedade visada deve assegurar igualdade de tratamento entre oferentes quanto à informação que lhes seja prestada.

ARTIGO 185.°-A
Processo das ofertas concorrentes

1 – A oferta concorrente deve ser lançada até ao 5.° dia anterior àquele em que termine o prazo da oferta inicial.

2 – É proibida a publicação de anúncio preliminar em momento que não permita o cumprimento do prazo referido no número anterior.

3 – Com o lançamento tempestivo de oferta concorrente, o prazo das ofertas deve ser coincidente, devendo cada OPA concorrente respeitar o prazo mínimo previsto no n.° 1 do artigo 183.°

4 – O pedido de registo de oferta concorrente é indeferido pela CMVM se esta entidade concluir, em função da data da apresentação do pedido de registo da oferta e do exame deste último, pela impossibilidade de decisão

Ofertas públicas 179

em tempo que permita o lançamento tempestivo da oferta, de acordo com o estabelecido no n.º 1.

5 – Quando o anúncio preliminar da oferta concorrente seja publicado após o registo da oferta inicial ou de ofertas concorrentes anteriores, são reduzidos para oito dias e quatro dias, respectivamente, os prazos fixados na alínea *b*) do n.º 2 do artigo 175.º e no n.º 1 do artigo 181.º.

6 – Em caso de ofertas concorrentes, as aceitações podem ser revogadas até ao último dia do período de aceitações.

ARTIGO 185.º-B
Direitos dos oferentes anteriores

1 – O lançamento de oferta concorrente e a revisão de qualquer oferta em concorrência conferem a qualquer oferente o direito de proceder à revisão dos termos da sua oferta, independentemente de o ter ou não feito ao abrigo do artigo 184.º.

2 – Caso pretenda exercer o direito referido no número anterior, o oferente comunica a sua decisão à CMVM e publica um anúncio no prazo de quatro dias úteis a contar do lançamento da oferta concorrente ou da revisão da oferta, considerando-se para todos os efeitos, na falta dessa publicação, que mantém os termos da sua oferta.

3 – À revisão da oferta em concorrência é aplicável o disposto no n.º 5 do artigo 185.º.

4 – O lançamento de oferta concorrente constitui fundamento de revogação de ofertas voluntárias nos termos do artigo 128.º.

5 – A decisão de revogação é publicada logo que seja tomada, devendo sê-lo até quatro dias a contar do lançamento da oferta concorrente.

ARTIGO 186.º
Sucessão de ofertas

Salvo autorização concedida pela CMVM para protecção dos interesses da sociedade visada ou dos destinatários da oferta, nem o oferente nem qualquer das pessoas que com este estejam em alguma das situações previstas no n.º 1 do artigo 20.º podem, nos 12 meses seguintes à publicação do apuramento do resultado da oferta, lançar, directamente, por

180   *Código dos Valores Mobiliários*

intermédio de terceiro ou por conta de terceiro, qualquer oferta pública de aquisição sobre os valores mobiliários pertencentes à mesma categoria dos que foram objecto da oferta ou que confiram direito à sua subscrição ou aquisição.

SECÇÃO II
Oferta pública de aquisição obrigatória

ARTIGO 187.º
Dever de lançamento de oferta pública
de aquisição

1 – Aquele cuja participação em sociedade aberta ultrapasse, directamente ou nos termos do n.º 1 do artigo 20.º, um terço ou metade dos direitos de voto correspondentes ao capital social tem o dever de lançar oferta pública de aquisição sobre a totalidade das acções e de outros valores mobiliários emitidos por essa sociedade que confiram direito à sua subscrição ou aquisição.

2 – Não é exigível o lançamento da oferta quando, ultrapassado o limite de um terço, a pessoa que a ela estaria obrigada prove perante a CMVM não ter o domínio da sociedade visada nem estar com esta em relação de grupo.

3 – Quem fizer a prova a que se refere o número anterior fica obrigado:

a) A comunicar à CMVM qualquer alteração da percentagem de direitos de voto de que resulte aumento superior a 1% em relação à situação anteriormente comunicada; e

b) A lançar oferta pública de aquisição geral logo que adquira uma posição que lhe permita exercer influência dominante sobre a sociedade visada.

4 – O limite de um terço referido no n.º 1 pode ser suprimido pelos estatutos das sociedades abertas que não tenham acções ou valores mobiliários que confiram direito à sua subscrição ou aquisição admitidos à negociação em mercado regulamentado.

5 – Para efeitos do presente artigo é irrelevante a inibição de direitos de voto prevista no artigo 192.º.

Ofertas públicas 181

ARTIGO 188.º
Contrapartida

1 – A contrapartida de oferta pública de aquisição obrigatória não pode ser inferior ao mais elevado dos seguintes montantes:

a) O maior preço pago pelo oferente ou por qualquer das pessoas que, em relação a ele, estejam em alguma das situações previstas no n.º 1 do artigo 20.º pela aquisição de valores mobiliários da mesma categoria, nos seis meses imediatamente anteriores à data da publicação do anúncio preliminar da oferta;

b) O preço médio ponderado desses valores mobiliários apurado em mercado regulamentado durante o mesmo período.

2 – Se a contrapartida não puder ser determinada por recurso aos critérios referidos no n.º 1 ou se a CMVM entender que a contrapartida, em dinheiro ou em valores mobiliários, proposta pelo oferente não se encontra devidamente justificada ou não é equitativa, por ser insuficiente ou excessiva, a contrapartida mínima será fixada a expensas do oferente por auditor independente designado pela CMVM.

3 – A contrapartida, em dinheiro ou em valores mobiliários, proposta pelo oferente, presume-se não equitativa nas seguintes situações:

a) Se o preço mais elevado tiver sido fixado mediante acordo entre o adquirente e o alienante através de negociação particular;

b) Se os valores mobiliários em causa apresentarem liquidez reduzida por referência ao mercado regulamentado em que estejam admitidos à negociação;

c) Se tiver sido fixada com base no preço de mercado dos valores mobiliários em causa e aquele ou o mercado regulamentado em que estes estejam admitidos tiverem sido afectados por acontecimentos excepcionais.

4 – A decisão da CMVM relativa à designação de auditor independente para a fixação da contrapartida mínima, bem como o valor da contrapartida assim que fixado por aquele, são imediatamente divulgados ao público.

5 – A contrapartida pode consistir em valores mobiliários, se estes forem do mesmo tipo do que os visados na oferta e estiverem admitidos ou forem da mesma categoria de valores mobiliários de comprovada liquidez admitidos à negociação em mercado regulamentado, desde que o oferente e pessoas que com ele estejam em alguma das situações do n.º 1 do artigo 20.º não tenham, nos seis meses anteriores ao anúncio preliminar e até ao encerramento da oferta, adquirido quaisquer acções representativas do

capital social da sociedade visada com pagamento em dinheiro, caso em que deve ser apresentada contrapartida equivalente em dinheiro.

ARTIGO 189.º
Derrogações

1 – O disposto no artigo 187.º não se aplica quando a ultrapassagem do limite de direitos de voto relevantes nos termos dessa disposição resultar:

a) Da aquisição de valores mobiliários por efeito de oferta pública de aquisição lançada sobre a totalidade dos valores mobiliários referidos no artigo 187.º emitidos pela sociedade visada, sem nenhuma restrição quanto à quantidade ou percentagem máximas de valores mobiliários a adquirir e com respeito dos requisitos estipulados no artigo anterior;

b) Da execução de plano de saneamento financeiro no âmbito de uma das modalidades de recuperação ou saneamento previstas na lei;

c) Da fusão de sociedades, se da deliberação da assembleia geral da sociedade emitente dos valores mobiliários em relação aos quais a oferta seria dirigida constar expressamente que da operação resultaria o dever de lançamento de oferta pública de aquisição.

2 – A derrogação do dever de lançamento de oferta é objecto de declaração pela CMVM, requerida e imediatamente publicada pelo interessado.

ARTIGO 190.º
Suspensão do dever

1 – O dever de lançamento de oferta pública de aquisição fica suspenso se a pessoa a ele obrigada, em comunicação escrita dirigida à CMVM, imediatamente após a ocorrência do facto constitutivo do dever de lançamento, se obrigar a pôr termo à situação nos 120 dias subsequentes.

2 – Neste prazo deve o interessado alienar a pessoas que, em relação a ele, não estejam em alguma das situações previstas no n.º 1 do artigo 20.º os valores mobiliários bastantes para que os seus direitos de voto se situem abaixo dos limites a que se refere o artigo 187.º.

3 – Durante o período de suspensão os direitos de voto ficam inibidos nos termos dos n.ºs 1, 3 e 4 do artigo 192.º.

Ofertas públicas   183

ARTIGO 191.º
Cumprimento

1 – A publicação do anúncio preliminar da oferta deve ocorrer imediatamente após a verificação do facto constitutivo do dever de lançamento.

2 – A pessoa obrigada pode fazer-se substituir por outra no cumprimento do seu dever.

ARTIGO 192.º
Inibição de direitos

1 – O incumprimento do dever de lançamento de oferta pública de aquisição determina a imediata inibição dos direitos de voto e a dividendos inerentes às acções:

a) Que excedam o limite a partir do qual o lançamento seria devido;

b) Que tenham sido adquiridas por exercício de direitos inerentes às acções referidas na alínea anterior ou a outros valores mobiliários que confiram direito à sua subscrição ou aquisição.

2 – A inibição vigora durante cinco anos, cessando:

a) Na totalidade, com a publicação de anúncio preliminar de oferta pública de aquisição mediante contrapartida não inferior à que seria exigida se o dever tivesse sido cumprido atempadamente;

b) Em relação a cada uma das acções referidas no número anterior, à medida da sua alienação a pessoas que não estejam em nenhuma das situações previstas no n.º 1 do artigo 20.º.

3 – A inibição abrange, em primeiro lugar, as acções de que a pessoa obrigada ao lançamento é titular directo e, sucessivamente, na medida do necessário, aquelas de que são titulares as pessoas indicadas no n.º 1 do artigo 20.º, segundo a ordem das respectivas alíneas, e, em relação a pessoas referidas na mesma alínea, na proporção das acções detidas por cada uma delas.

4 – São anuláveis as deliberações dos sócios que, sem os votos inibidos, não teriam sido aprovadas.

5 – Os dividendos que tenham sido objecto de inibição revertem para a sociedade.

ARTIGO 193.º
Responsabilidade civil

O infractor é responsável pelos danos causados aos titulares dos valores mobiliários sobre os quais deveria ter incidido oferta pública de aquisição.

SECÇÃO III
Aquisição tendente ao domínio total

ARTIGO 194.º
Aquisição potestativa

1 – Quem, na sequência do lançamento de oferta pública de aquisição geral em que seja visada sociedade aberta que tenha como lei pessoal a lei portuguesa, atinja ou ultrapasse, directamente ou nos termos do n.º 1 do artigo 20.º, 90% dos direitos de voto correspondentes ao capital social até ao apuramento dos resultados da oferta e 90% dos direitos de voto abrangidos pela oferta pode, nos três meses subsequentes, adquirir as acções remanescentes mediante contrapartida justa, em dinheiro, calculada nos termos do artigo 188.º.

2 – Se o oferente, em resultado da aceitação de oferta pública de aquisição geral e voluntária, adquirir pelo menos 90% das acções representativas de capital social com direitos de voto abrangidas pela oferta, presume-se que a contrapartida da oferta corresponde a uma contrapartida justa da aquisição das acções remanescentes.

3 – O sócio dominante que tome a decisão de aquisição potestativa deve publicar de imediato anúncio preliminar e enviá-lo à CMVM para efeitos de registo.

4 – Ao conteúdo do anúncio preliminar aplica-se, com as devidas adaptações, o disposto nas alíneas a) a e) do n.º 1 do artigo 176.º.

5 – A publicação do anúncio preliminar obriga o sócio dominante a consignar a contrapartida em depósito junto de instituição de crédito, à ordem dos titulares das acções remanescentes.

Ofertas públicas 185

ARTIGO 195.º
Efeitos

1 – A aquisição torna-se eficaz a partir da publicação, pelo interessado, do registo na CMVM.

2 – A CMVM envia à entidade gestora do sistema centralizado ou à entidade registadora das acções as informações necessárias para a transferência entre contas.

3 – Se as acções forem tituladas e não estiverem integradas em sistema centralizado, a sociedade procede à emissão de novos títulos representativos das acções adquiridas, servindo os títulos antigos apenas para legitimar o recebimento da contrapartida.

4 – A aquisição implica, em termos imediatos, a perda da qualidade de sociedade aberta da sociedade e a exclusão da negociação em mercado regulamentado das acções da sociedade e dos valores mobiliários que a elas dão direito, ficando vedada a readmissão durante um ano.

ARTIGO 196.º
Alienação potestativa

1 – Cada um dos titulares das acções remanescentes, nos três meses subsequentes ao apuramento dos resultados da oferta pública de aquisição referida no n.º 1 do artigo 194.º, exercer o direito de alienação potestativa, devendo antes, para o efeito, dirigir por escrito ao sócio dominante convite para que, no prazo de oito dias, lhe faça proposta de aquisição das suas acções.

2 – Na falta da proposta a que se refere o número anterior ou se esta não for considerada satisfatória, qualquer titular de acções remanescentes pode tomar a decisão de alienação potestativa, mediante declaração perante a CMVM acompanhada de:

a) Documento comprovativo de consignação em depósito ou de bloqueio das acções a alienar;

b) Indicação da contrapartida calculada nos termos dos n.ºs 1 e 2 do artigo 194.º.

3 – Verificados pela CMVM os requisitos da alienação, esta torna-se eficaz a partir da notificação por aquela autoridade ao sócio dominante.

4 – A certidão comprovativa da notificação constitui título executivo.

ARTIGO 197.º
Igualdade de tratamento

Nos processos de aquisição tendente ao domínio total, deve ser assegurado, nomeadamente quanto à fixação da contrapartida, tratamento igual aos titulares de acções da mesma categoria.

TÍTULO IV
Negociação

CAPÍTULO I
Âmbito

ARTIGO 198.º
Formas organizadas de negociação

1 – É permitido o funcionamento em Portugal, sem prejuízo de outras que a CMVM determine por regulamento, das seguintes formas organizadas de negociação de instrumentos financeiros:
a) Mercados regulamentados;
b) Sistemas de negociação multilateral;
c) Internalização sistemática.
2 – *(Revogado.)*

ARTIGO 199.º
Mercados regulamentados

1 – São mercados regulamentados os sistemas que, tendo sido autorizados como tal por qualquer Estado membro da União Europeia, são multilaterais e funcionam regularmente a fim de possibilitar o encontro de interesses relativos a instrumentos financeiros com vista à celebração de contratos sobre tais instrumentos.

2 – Os mercados regulamentados autorizados nos termos do artigo 217.º obedecem aos requisitos fixados no capítulo II do presente título.

ARTIGO 200.º
Sistemas de negociação multilateral

1 – São sistemas de negociação multilateral os sistemas que têm essa qualidade e possibilitam o encontro de interesses relativos a instrumentos financeiros com vista à celebração de contratos sobre tais instrumentos.

2 – Os sistemas de negociação multilateral obedecem aos requisitos fixados na secção I do capítulo II do presente título e nos n.ºs 1 a 9 do artigo 221.º.

3 – O disposto nos n.ºs 1 a 4 do artigo 224.º e 1 e 2 do artigo 225.º é aplicável aos sistemas de negociação multilateral.

ARTIGO 201.º
Internalização sistemática

1 – É internalização sistemática a negociação, por intermediário financeiro, de instrumentos financeiros por conta própria em execução de ordens de clientes fora de mercado regulamentado e de sistema de negociação multilateral, de modo organizado, frequente e sistemático.

2 – A internalização sistemática em acções admitidas à negociação em mercado regulamentado obedece aos requisitos fixados no capítulo III do presente título.

3 – *(Revogado.)*

4 – *(Revogado.)*

CAPÍTULO II
Mercados regulamentados
e sistemas de negociação multilateral

SECÇÃO I
Disposições comuns

ARTIGO 202.º
Registo na CMVM

1 – Os mercados regulamentados e os sistemas de negociação multi-

lateral estão sujeitos a registo na CMVM, bem assim como as regras aos mesmos subjacentes.

2 – *(Revogado.)*

3 – *(Revogado.)*

ARTIGO 203.º
Entidade gestora

1 – Os mercados regulamentados e os sistemas de negociação multilateral são geridos por entidade gestora que preencha os requisitos fixados em lei especial e, no que respeita apenas a sistemas de negociação multilateral, também por intermediário financeiro, de acordo com o seu regime.

2 – *(Revogado.)*

3 – *(Revogado.)*

4 – *(Revogado.)*

5 – *(Revogado.)*

6 – *(Revogado.)*

7 – *(Revogado.)*

ARTIGO 204.º
Objecto de negociação

1 – Podem ser objecto de negociação organizada:

a) Valores mobiliários fungíveis, livremente transmissíveis, integralmente liberados e que não estejam sujeitos a penhor ou a qualquer outra situação jurídica que os onere, salvo se respeitados os requisitos previstos nos artigos 35.º e 36.º do Regulamento (CE) n.º 1287/2006, da Comissão, de 10 de Agosto;

b) Outros instrumentos financeiros, nomeadamente instrumentos financeiros derivados, cuja configuração permita a formação ordenada de preços.

2 – São fungíveis, para efeitos de negociação organizada, os valores mobiliários que pertençam à mesma categoria, obedeçam à mesma forma de representação, estejam objectivamente sujeitos ao mesmo regime fiscal e dos quais não tenham sido destacados direitos diferenciados.

3 – *(Revogado.)*

190   *Código dos Valores Mobiliários*

ARTIGO 205.º
Admissão e selecção para negociação

1 – A admissão à negociação em mercado regulamentado e a selecção para negociação em sistema de negociação multilateral depende de decisão da respectiva entidade gestora.

2 – Os valores mobiliários admitidos à negociação em mercado regulamentado podem ser subsequentemente negociados noutros mercados regulamentados e em sistemas de negociação multilateral sem o consentimento do emitente.

3 – Ocorrendo a negociação subsequente referida no número anterior, o emitente não é obrigado a prestar qualquer informação adicional por virtude da negociação nesses outros mercados ou sistemas de negociação multilateral.

4 – *(Revogado.)*

5 – *(Revogado.)*

6 – *(Revogado.)*

ARTIGO 206.º
Membros

1 – A negociação dos instrumentos financeiros efectua-se em mercado regulamentado e em sistema de negociação multilateral através dos respectivos membros.

2 – Podem ser admitidos como membros intermediários financeiros e outras pessoas que:

a) Sejam idóneas e profissionalmente aptas;

b) Tenham um nível suficiente de capacidade e competência de negociação;

c) Tenham, quando aplicável, mecanismos organizativos adequados; e

d) Tenham recursos suficientes para as funções a exercer.

3 – A admissão de membros compete à respectiva entidade gestora, de acordo com princípios de legalidade, igualdade e de respeito pelas regras de sã e leal concorrência.

4 – A intervenção dos membros pode consistir no mero registo de operações.

ARTIGO 207.º
Operações

1 – O elenco das operações a realizar em cada mercado regulamentado e sistema de negociação multilateral é o definido pela respectiva entidade gestora.

2 – As operações sobre os instrumentos financeiros referidos nas alíneas *e*) e *f*) do n.º 1 do artigo 2.º realizam-se nos termos das cláusulas contratuais gerais, em que são padronizados o objecto, a quantidade, o prazo da operação, a periodicidade dos ajustes de perdas e ganhos e a modalidade de liquidação, elaboradas pela entidade gestora e sujeitas a:

a) Comunicação prévia à CMVM; e

b) Aprovação do Banco de Portugal, se tiverem como activo subjacente instrumentos do mercado monetário e cambial.

3 – A realização de operações em mercado regulamentado ou sistema de negociação multilateral sobre os instrumentos financeiros previstos nas subalíneas *ii*) e *iii*) da alínea *e*) e na alínea *f*) do n.º 1 do artigo 2.º depende de autorização nos termos a fixar em portaria conjunta do Ministro responsável pela área das finanças e do ministro responsável pela área do respectivo sector, precedendo parecer da CMVM e do Banco de Portugal.

4 – A entidade gestora adopta procedimentos eficazes para permitir a compensação e a liquidação eficientes e atempadas das operações efectuadas através dos seus sistemas e informa claramente os membros dos mesmos sobre as respectivas responsabilidades pela liquidação das operações.

5 – Os membros de mercado regulamentado e sistema de negociação multilateral podem designar o sistema de liquidação de operações por si realizadas nesse mercado ou sistema se:

a) Existirem ligações e acordos entre o sistema de liquidação designado e todos os sistemas ou infra-estruturas necessários para assegurar a liquidação eficiente e económica da operação em causa; e

b) A CMVM não se opuser por considerar que as condições técnicas para a liquidação de operações realizadas no mercado ou sistema, através de um sistema de liquidação diferente do designado pela entidade gestora desse mercado ou sistema, permitem o funcionamento harmonioso e ordenado do mercado de instrumentos financeiros.

ARTIGO 208.º
Sistemas de negociação

1 – As operações de mercado regulamentado e de sistemas de negociação multilateral realizam-se através de sistemas de negociação adequados à correcta formação dos preços dos instrumentos financeiros neles negociados e à liquidez do mercado, assegurando designadamente a transparência das operações.

2 – Para boa execução das ordens por si aceites, os membros de mercado regulamentado ou de sistema de negociação multilateral introduzem ofertas no sistema de negociação, segundo a modalidade mais adequada e no tempo mais oportuno.

3 – Os negócios sobre instrumentos financeiros celebrados directamente entre os interessados que sejam registados no sistema através de um dos seus membros podem ser equiparados a operações de mercado regulamentado, nos termos das regras aprovadas pela entidade gestora.

ARTIGO 209.º
Regras

1 – Para cada mercado regulamentado ou sistema de negociação multilateral, a entidade gestora deve aprovar regras transparentes e não discriminatórias, baseadas em critérios objectivos, que assegurem o bom funcionamento daquele, designadamente relativas a:

a) Requisitos de admissão à negociação ou de selecção para negociação e respectivo processo;

b) Acesso à qualidade de membro;

c) Operações e ofertas;

d) Negociação e execução de ordens; e

e) Obrigações aplicáveis aos respectivos membros.

2 – As regras referidas no número anterior são objecto de registo na CMVM, o qual visa a verificação da sua suficiência, adequação e legalidade.

3 – A aprovação ou a alteração de regras que não imponham a verificação prevista no número anterior deve ser comunicada à CMVM.

4 – Após o registo na CMVM, a entidade gestora divulga as regras adoptadas, as quais entram em vigor na data de divulgação ou noutra nelas prevista.

5 – *(Revogado.)*

Negociação   193

ARTIGO 210.º
Direitos inerentes

1 – Os direitos patrimoniais inerentes aos valores mobiliários vendidos pertencem ao comprador desde a data da operação.

2 – O comprador paga ao vendedor, além do preço formado, os juros e outras remunerações certas correspondentes ao tempo decorrido após o último vencimento até à data da liquidação da operação.

3 – O disposto nos números anteriores não exclui diferente regime de atribuição de direitos inerentes aos valores mobiliários transaccionados, desde que tal regime seja prévia e claramente publicado nos termos previstos nas regras do mercado regulamentado ou do sistema de negociação multilateral.

ARTIGO 211.º
Fiscalização de operações

1 – A entidade gestora deve adoptar mecanismos e procedimentos eficazes para fiscalizar o cumprimento, pelos respectivos membros, das regras daqueles sistemas e para o controlo das operações efectuadas nos mesmos, por forma a identificar violações a essas regras, condições anormais de negociação ou comportamentos susceptíveis de pôr em risco a regularidade de funcionamento, a transparência e a credibilidade do mercado.

2 – A entidade gestora deve comunicar imediatamente à CMVM a ocorrência de alguma das situações referidas no número anterior, fornecendo todas as informações relevantes para a respectiva investigação, bem como as situações de incumprimento relevante de regras relativas ao funcionamento do mercado ou sistema.

ARTIGO 212.º
Informação ao público

1 – Para cada mercado regulamentado ou sistema de negociação multilateral, a entidade gestora deve prestar ao público informação sobre:

a) Os instrumentos financeiros admitidos à negociação ou seleccionados para negociação;

b) As operações realizadas e respectivos preços.

2 – No caso de sistema de negociação multilateral, considera-se cumprido o dever estabelecido na alínea *a*) do número anterior se a entidade gestora se certificar de que existe acesso à informação em causa.

3 – O conteúdo, os meios e a periodicidade da informação a prestar ao público devem ser os adequados às características de cada sistema, ao nível de conhecimentos e à natureza dos investidores e à composição dos vários interesses envolvidos.

4 – A CMVM pode exigir a alteração das regras relativas à informação quando verifique que não são suficientes para a protecção dos investidores.

5 – A entidade gestora deve divulgar por escrito:

a) Um boletim nos dias em que tenham lugar sessões normais;

b) Informação estatística relativa aos mercados ou sistemas por si geridos, sem prejuízo do disposto em matéria de segredo;

c) O texto actualizado das regras por que se regem a entidade gestora, os mercados ou sistemas por si geridos e as operações nestes realizadas.

ARTIGO 213.º
**Suspensão e exclusão da negociação
em mercado regulamentado**

1 – A entidade gestora de mercado regulamentado pode, a menos que tal medida seja susceptível de causar prejuízos significativos aos interesses dos investidores e ao funcionamento regular do mercado, suspender ou excluir instrumentos financeiros da negociação.

2 – A suspensão da negociação justifica-se quando:

a) Deixem de se verificar os requisitos de admissão ou o incumprimento relevante de outras regras do mercado, desde que a falta seja sanável;

b) Ocorram circunstâncias susceptíveis de, com razoável grau de probabilidade, perturbar o regular desenvolvimento da negociação;

c) A situação do emitente implique que a negociação seja prejudicial para os interesses dos investidores.

3 – A exclusão da negociação justifica-se quando:

a) Deixem de se verificar os requisitos de admissão ou o incumprimento relevante de outras regras do mercado, se a falta não for sanável;

b) Não tenham sido sanadas as faltas que justificaram a suspensão.

4 – A exclusão de instrumentos financeiros cuja negociação seja condição para a admissão de outros implica a exclusão destes.

5 – A entidade gestora de mercado regulamentado torna pública a decisão final de suspensão ou de exclusão da negociação e comunica à CMVM a informação relevante, sem prejuízo da possibilidade de comunicar directamente ao emitente e à entidade gestora de outros mercados onde os instrumentos financeiros são negociados ou constituam o activo subjacente de instrumentos financeiros derivados.

6 – A CMVM informa as autoridades competentes dos outros Estados membros após a comunicação de entidade gestora de mercado regulamentado referida no número anterior.

7 – Relativamente às operações referidas no n.° 2 do artigo 207.°:

a) A decisão de suspensão da negociação deve ser imediatamente comunicada à CMVM, que informa o Banco de Portugal se as operações se incluírem nas referidas na alínea *b*) do n.° 2 do artigo 207.°;

b) A decisão de exclusão é precedida de comunicação à CMVM, que informa o Banco de Portugal se as operações se incluírem nas referidas na alínea *b*) do n.° 2 do artigo 207.°

ARTIGO 214.°
Poderes da CMVM

1 – A CMVM pode:

a) Ordenar à entidade gestora de mercado regulamentado ou de sistema de negociação multilateral que proceda à suspensão de instrumentos financeiros da negociação, quando a situação do emitente implique que a negociação seja prejudicial para os interesses dos investidores ou, no caso de entidade gestora de mercado regulamentado, esta não o tenha feito em tempo oportuno;

b) Ordenar à entidade gestora de mercado regulamentado ou de sistema de negociação multilateral que proceda à exclusão de instrumentos financeiros da negociação quando comprovar a violação das leis ou regulamentos aplicáveis;

c) Estender a suspensão ou a exclusão a todos os mercados regulamentados e sistemas de negociação multilateral onde instrumentos financeiros da mesma categoria são negociados.

2 – Imediatamente após ordem de suspensão ou exclusão da negociação em mercado regulamentado, ao abrigo do número anterior, a

196   *Código dos Valores Mobiliários*

CMVM torna pública a respectiva decisão e informa as autoridades competentes dos outros Estados membros da União Europeia.

3 – *(Revogado.)*

4 – *(Revogado.)*

ARTIGO 215.º
Efeitos da suspensão e da exclusão

1 – A decisão de suspensão ou de exclusão produz efeitos imediatos.

2 – A suspensão mantém-se pelo tempo estritamente necessário à regularização da situação que lhe deu origem, não podendo cada período de suspensão ser superior a 10 dias úteis.

3 – A suspensão da negociação não exonera o emitente do cumprimento das obrigações de informação a que esteja sujeito.

4 – Se a tal não obstar a urgência da decisão, a entidade gestora de mercado regulamentado notifica o emitente para se pronunciar sobre a suspensão ou a exclusão no prazo que para o efeito lhe fixar.

5 – Quando seja informada pela autoridade competente de outro Estado membro da União Europeia da respectiva decisão de suspensão ou exclusão de um instrumento financeiro da negociação em mercado regulamentado desse Estado membro, a CMVM ordena a suspensão ou exclusão da negociação desse instrumento financeiro em mercado regulamentado ou em sistema de negociação multilateral registado em Portugal, excepto quando tal puder causar prejuízos significativos aos interesses dos investidores ou ao bom funcionamento dos mercados.

ARTIGO 216.º
Regulamentação

1 – A CMVM elabora os regulamentos necessários à concretização do disposto no presente título, nomeadamente sobre as seguintes matérias:

a) Processo de registo dos mercados regulamentados e sistemas de negociação multilateral e das regras aos mesmos subjacentes;

b) Processo de comunicação de regras que não imponham a verificação da sua legalidade, suficiência e adequação;

c) Informações a prestar à CMVM pelas entidades gestoras de mercados regulamentados e de sistemas de negociação multilateral;

d) Informações a prestar ao público pelas entidades gestoras de mercados regulamentados e de sistemas de negociação multilateral e pelos emitentes de valores mobiliários admitidos à negociação, designadamente quanto ao conteúdo da informação, aos meios e aos prazos em que deve ser prestada ou publicada;

e) Divulgações obrigatórias no boletim do mercado regulamentado e do sistema de negociação multilateral.

2 – *(Revogado.)*

3 – *(Revogado.)*

4 – *(Revogado.)*

SECÇÃO II
Mercados regulamentados

SUBSECÇÃO I
Disposições gerais

ARTIGO 217.°
Autorização

1 – A constituição e extinção dos mercados regulamentados depende de autorização requerida pela respectiva entidade gestora e concedida pelo Ministro das Finanças, mediante portaria e ouvida a CMVM.

2 – A CMVM comunica à Comissão Europeia e aos Estados membros a lista dos mercados regulamentados registados nos termos do disposto no artigo 202.°

ARTIGO 218.°
Acordos entre entidades gestoras

1 – As entidades gestoras de mercados regulamentados situados ou a funcionar em Portugal podem acordar, entre si, sistemas de conexão informativa ou operativa se o bom funcionamento dos mercados por elas geridos e os interesses dos investidores o aconselharem.

2 – As entidades gestoras de mercados regulamentados situados ou a funcionar em Portugal podem celebrar acordos com entidades congéneres de outros Estados, prevendo nomeadamente:

a) Que em cada um deles sejam negociados instrumentos financeiros admitidos à negociação no outro;

b) Que os membros de cada um dos mercados regulamentados possam intervir no outro.

3 – Os acordos a que se referem os números anteriores são previamente comunicados à CMVM, a qual, nos 15 dias após a comunicação, pode deduzir oposição, no caso do n.º 2, se o mercado regulamentado situado ou a funcionar em Estado não membro da União Europeia não impuser níveis de exigência similares aos do mercado regulamentado situado ou a funcionar em Portugal quanto à admissão dos instrumentos financeiros à negociação e à informação a prestar ao público e não forem assegurados outros requisitos de protecção dos investidores.

ARTIGO 219.º
Estrutura do mercado regulamentado

1 – Em cada mercado regulamentado podem ser criados os segmentos que se revelem necessários tendo em conta, nomeadamente, as características das operações, dos instrumentos financeiros negociados, das entidades que os emitem, do sistema de negociação e as quantidades a transaccionar.

2 – *(Revogado.)*
3 – *(Revogado.)*
4 – *(Revogado.)*

ARTIGO 220.º
Sessões do mercado regulamentado

1 – Os mercados regulamentados funcionam em sessões públicas, que podem ser normais ou especiais.

2 – As sessões normais de mercado regulamentado funcionam no horário e nos dias definidos pela entidade gestora do mercado regulamentado, para negociação corrente dos instrumentos financeiros admitidos à negociação.

3 – As sessões especiais realizam-se em cumprimento de decisão judicial ou por decisão da entidade gestora do mercado regulamentado a pedido dos interessados.

4 – As sessões especiais decorrem de acordo com as regras fixadas pela entidade gestora do mercado regulamentado, podendo as operações ter por objecto instrumentos financeiros admitidos ou não à negociação em sessões normais.

ARTIGO 221.º
Informação sobre ofertas e operações em mercado regulamentado

1 – A entidade gestora do mercado regulamentado deve divulgar ao público, de forma contínua durante o horário normal de negociação, os preços de compra e de venda de acções e a quantidade das ofertas pendentes relativas a acções.

2 – A CMVM pode dispensar o cumprimento do dever de divulgação referido no número anterior, atendendo ao modelo de mercado ou ao tipo e à quantidade das ofertas em causa.

3 – A entidade gestora do mercado regulamentado deve divulgar ao público as seguintes informações:

a) O preço, a quantidade, o momento e outras informações pormenorizadas relativas a cada operação em acções;

b) A quantidade total de acções negociadas.

4 – A CMVM pode autorizar a divulgação diferida das informações referidas na alínea *a*) do número anterior atendendo ao tipo e à quantidade das operações em causa.

5 – As informações referidas nos n.ᵒˢ 1 e 3 são disponibilizadas em condições comerciais razoáveis.

6 – São definidos nos artigos 17.º a 20.º, 27.º a 30.º e 32.º do Regulamento (CE) n.º 1287/2006, da Comissão, de 10 de Agosto:

a) A concreta informação cuja divulgação é exigida nos termos dos n.ᵒˢ 1 e 3;

b) Os prazos, condições e meios de divulgação da informação prevista nos n.ᵒˢ 1 e 3;

c) As condições de dispensa ou deferimento do cumprimento do dever de divulgação referidas, respectivamente, nos n.ᵒˢ 2 e 4.

7 – A entidade gestora do mercado regulamentado divulga aos membros do mercado e aos investidores em geral os mecanismos a utilizar para a divulgação diferida referida no n.º 4, depois de obtida autorização da CMVM quanto à utilização dos mesmos.

8 – Se os preços não forem expressos em moeda com curso legal em Portugal, deve ser clara a informação quanto à moeda utilizada.

9 – A CMVM define, através de regulamento, o conteúdo, os meios e a periodicidade da informação a prestar ao público relativamente a outros instrumentos financeiros negociados em mercado regulamentado.

10 – A entidade gestora do mercado regulamentado pode facultar o acesso, em condições comerciais razoáveis e numa base não discriminatória, aos mecanismos que utiliza para a divulgação das informações previstas no presente artigo a entidades gestoras de sistemas de negociação multilateral e a intermediários financeiros.

ARTIGO 222.º
Cotação

1 – Sempre que na lei ou em contrato se refira a cotação numa certa data, considera-se como tal o preço de referência definido pela entidade gestora do mercado regulamentado a contado.

2 – Em relação às operações efectuadas em cada sessão, a entidade gestora do mercado regulamentado divulga o preço de referência, calculado nos termos das regras de mercado.

3 – Se os instrumentos financeiros estiverem admitidos à negociação em mais de um mercado regulamentado situado ou a funcionar em Portugal, é tido em conta, para os efeitos do n.º 1, o preço efectuado no mercado regulamentado situado ou a funcionar em Portugal que, nos termos a fixar em regulamento da CMVM, seja considerado mais representativo.

ARTIGO 223.º
Admissão de membros

1 – A admissão como membro de mercado regulamentado e a manutenção dessa qualidade dependem, além dos requisitos definidos no artigo 206.º, da observância dos requisitos fixados pela respectiva entidade gestora, decorrentes:

a) Da constituição e administração do mercado regulamentado;

b) Das regras relativas às operações nesse mercado;

c) Das normas profissionais impostas aos colaboradores das entidades que operam no mercado;

d) Das normas e procedimentos para a compensação e liquidação das operações realizadas nesse mercado.

2 – Os membros dos mercados regulamentados que apenas exerçam funções de negociação só podem ser admitidos após terem celebrado contrato com um ou mais membros que assegurem a liquidação das operações por eles negociadas.

3 – A entidade gestora de um mercado regulamentado não pode limitar o número máximo dos seus membros.

4 – A qualidade de membro do mercado regulamentado não depende da titularidade de qualquer parcela do capital social da entidade gestora.

5 – A entidade gestora de mercado regulamentado deve comunicar à CMVM a lista dos respectivos membros, sendo a periodicidade desta comunicação estabelecida por regulamento da CMVM.

SUBSECÇÃO II
Membros

ARTIGO 224.º
Acesso remoto a mercados autorizados
em Portugal

1 – As regras relativas à qualidade de membro de mercado regulamentado possibilitam o acesso remoto ao mesmo por empresas de investimento e instituições de crédito autorizadas em outros Estados membros da União Europeia, salvo se os procedimentos e sistemas de negociação do mercado em causa exigirem uma presença física para a conclusão das operações no mesmo.

2 – A entidade gestora de mercado regulamentado registado em Portugal pode disponibilizar, no território de outros Estados membros, mecanismos adequados a facilitar o acesso àquele mercado e a negociação no mesmo por parte de membros remotos estabelecidos no território daqueles outros Estados membros devendo, para o efeito, comunicar à CMVM o Estado membro em que tenciona disponibilizar esses mecanismos.

202   *Código dos Valores Mobiliários*

3 – No prazo de um mês, contado da data da comunicação referida no número anterior, a CMVM comunica aquela intenção à autoridade competente do Estado membro em que a entidade gestora tenciona disponibilizar tais mecanismos.

4 – A pedido da autoridade competente referida no número anterior, a CMVM informa-a, em prazo razoável, da identidade dos membros remotos do mercado autorizado em Portugal estabelecidos nesse Estado membro.

5 – Nas circunstâncias previstas no artigo 16.º do Regulamento (CE) n.º 1287/2006, de 10 de Agosto, a CMVM estabelece com a autoridade competente do Estado membro em que o mecanismo foi disponibilizado acordo de cooperação visando a adequada supervisão do mercado regulamentado em causa.

ARTIGO 225.º
**Acesso remoto a mercados autorizados
no estrangeiro**

1 – A disponibilização, em território nacional, de mecanismos adequados a facilitar o acesso e a negociação a mercado regulamentado autorizado noutro Estado membro da União Europeia, por membros remotos estabelecidos em Portugal, depende de comunicação à CMVM, pela autoridade competente do Estado em que o mercado regulamentado foi autorizado:

a) Da intenção da entidade gestora disponibilizar esses mecanismos em Portugal; e

b) Da identidade dos membros desse mercado que se encontrem estabelecidos em Portugal, a pedido da CMVM.

2 – A CMVM pode autorizar a disponibilização, em território nacional, de mecanismos adequados a facilitar o acesso e a negociação a mercado autorizado em Estado que não seja membro da União Europeia desde que aqueles se encontrem sujeitos a requisitos legais e de supervisão equivalentes.

3 – Nas circunstâncias previstas no artigo 16.º do Regulamento (CE) n.º 1287/2006, de 10 de Agosto, a CMVM estabelece com a autoridade competente do Estado membro em que o mercado regulamentado foi autorizado acordo de cooperação visando a adequada supervisão do mesmo.

ARTIGO 226.°
Deveres dos membros

1 – Os membros de mercado regulamentado devem:

a) Acatar as decisões dos órgãos da entidade gestora do mercado regulamentado que sejam tomadas no âmbito das disposições legais e regulamentares aplicáveis no mercado onde actuam; e

b) Prestar à entidade gestora do mercado regulamentado as informações necessárias à boa gestão dos mercados, ainda que tais informações estejam sujeitas a segredo profissional.

2 – Cada um dos membros do mercado regulamentado designa um titular do seu órgão de administração, ou um representante com poderes bastantes, como interlocutor directo perante a entidade gestora do mercado regulamentado e a CMVM.

3 – *(Revogado.)*

SUBSECÇÃO III
Admissão à negociação

ARTIGO 227.°
Admissão à negociação em mercado regulamentado

1 – Só podem ser admitidos à negociação valores mobiliários cujo conteúdo e forma de representação sejam conformes ao direito que lhes é aplicável e que tenham sido, em tudo o mais, emitidos de harmonia com a lei pessoal do emitente.

2 – São definidas nos artigos 35.° a 37.° do Regulamento (CE) n.° 1287/2006, da Comissão, de 10 de Agosto, as características dos diferentes tipos de instrumentos financeiros que devem ser tidas em consideração pela entidade gestora do mercado regulamentado ao avaliar se o mesmo foi emitido em termos que permitam a sua admissão à negociação.

3 – O emitente deve satisfazer os seguintes requisitos:

a) Ter sido constituído e estar a funcionar em conformidade com a respectiva lei pessoal;

b) Comprovar que possui situação económica e financeira compatível com a natureza dos valores mobiliários a admitir e com o mercado onde é solicitada a admissão.

204   *Código dos Valores Mobiliários*

4 – No requerimento de admissão devem ser indicados:

a) Os meios a utilizar pelo emitente para a prestação da informação ao público;

b) A identificação do participante em sistema de liquidação aceite pela entidade gestora através do qual se assegure o pagamento dos direitos patrimoniais inerentes aos valores mobiliários a admitir e de outras prestações devidas.

5 – O emitente tem o dever de, no prazo de 90 dias após a sua emissão, solicitar a admissão das acções que pertençam à categoria das já admitidas.

6 – As acções podem ser admitidas à negociação após inscrição definitiva do acto constitutivo da sociedade ou do aumento de capital no registo comercial, ainda que não esteja efectuada a respectiva publicação.

7 – A entidade gestora do mercado regulamentado estabelece e mantém mecanismos eficazes para:

a) Verificar se os emitentes de valores mobiliários admitidos à negociação no mercado regulamentado cumprem as obrigações de informação aplicáveis;

b) Facilitar aos membros do mercado regulamentado o acesso às informações que tenham sido divulgadas ao público por parte dos emitentes;

c) Verificar regularmente se os valores mobiliários que estão admitidos à negociação no mercado regulamentado continuam a cumprir os requisitos de admissão.

ARTIGO 228.º
Admissão a mercado de cotações oficiais

1 – Além dos previstos no n.º 3 do artigo anterior, o emitente de valores mobiliários a negociar em mercado que forme cotação oficial deve satisfazer os seguintes requisitos:

a) Desenvolver a sua actividade há pelo menos três anos;

b) Ter divulgado, nos termos da lei, os seus relatórios de gestão e contas anuais relativos aos três anos anteriores àquele em que a admissão é solicitada.

2 – Se a sociedade emitente tiver resultado de fusão ou cisão, os requisitos referidos no número anterior consideram-se satisfeitos se se verificarem numa das sociedades fundidas ou na sociedade cindida.

3 – A CMVM pode dispensar os requisitos referidos no n.º 1 quando os interesses do emitente e dos investidores o aconselhem e o requisito

da alínea *b*) do n.° 3 no artigo anterior, por si só, permita aos investidores formar um juízo esclarecido sobre o emitente e os valores mobiliários.

4 – *(Revogado.)*

5 – *(Revogado.)*

6 – *(Revogado.)*

7 – *(Revogado.)*

ARTIGO 229.°
**Admissão de acções à negociação em mercado
de cotações oficiais**

1 – Só podem ser admitidas à negociação em mercado que forme cotação oficial acções em relação às quais:

a) Se verifique, até ao momento da admissão, um grau adequado de dispersão pelo público;

b) Se preveja capitalização bolsista de, pelo menos, um milhão de euros, ou, se a capitalização bolsista não puder ser determinada, os capitais próprios da sociedade, incluindo os resultados do último exercício, sejam de pelo menos um milhão de euros.

2 – Presume-se que existe um grau adequado de dispersão quando as acções que são objecto do pedido de admissão à negociação se encontram dispersas pelo público numa proporção de, pelo menos, 25% do capital social subscrito representado por essa categoria de acções, ou, quando, devido ao elevado número de acções da mesma categoria e devido à amplitude da sua dispersão entre o público, esteja assegurado um funcionamento regular do mercado com uma percentagem mais baixa.

3 – No caso de pedido de admissão de acções da mesma categoria de acções já admitidas, a adequação da dispersão pelo público deve ser analisada em relação à totalidade das acções admitidas.

4 – Não se aplica o disposto na alínea *b*) do n.° 1 em casos de admissão à negociação de acções da mesma categoria das já admitidas.

5 – A entidade gestora do mercado regulamentado pode exigir uma capitalização bolsista superior à prevista na alínea *b*) do n.° 1 se existir um outro mercado regulamentado nacional para o qual as exigências nessa matéria sejam iguais às referidas na mesma alínea.

6 – *(Revogado.)*

7 – *(Revogado.)*

8 – *(Revogado.)*

ARTIGO 230.º
Admissão de obrigações à negociação em mercado de cotações oficiais

1 – Só podem ser admitidas à negociação em mercado que forme cotação oficial obrigações representativas de empréstimo obrigacionista ou de alguma das suas séries cujo montante seja igual ou superior a € 200 000.

2 – A admissão de obrigações convertíveis em acções ou com direito de subscrição de acções a mercado que forme cotação oficial depende de prévia ou simultânea admissão das acções a que conferem direito ou de acções pertencentes à mesma categoria.

3 – A exigência do número anterior pode ser dispensada pela CMVM se tal for permitido pela lei pessoal do emitente e este demonstrar que os titulares das obrigações dispõem da informação necessária para formarem um juízo fundado quanto ao valor das acções em que as obrigações são convertíveis.

4 – A admissão de obrigações convertíveis em acções ou com direito de subscrição de acções já admitidas à negociação em mercado regulamentado situado ou a funcionar num Estado membro da União Europeia onde o emitente tenha a sua sede depende de consulta prévia às autoridades desse Estado membro.

5 – Não se aplica o disposto na alínea *b*) do n.º 3 do artigo 227.º e no n.º 1 do artigo 228.º à admissão de obrigações:

a) Representativas de dívida pública nacional ou estrangeira;

b) Emitidas pelas Regiões Autónomas e pelas autarquias locais nacionais;

c) Emitidas por institutos públicos e fundos públicos nacionais;

d) Garantidas, solidária e incondicionalmente, pelo Estado Português ou por Estado estrangeiro;

e) Emitidas por pessoas colectivas internacionais de carácter público e por instituições financeiras internacionais.

ARTIGO 231.º
Disposições especiais sobre a admissão de valores mobiliários sujeitos a direito estrangeiro

1 – Salvo nos casos em que os valores mobiliários estejam admitidos à negociação em mercado regulamentado situado ou a funcionar em

Estado membro da União Europeia, a CMVM pode exigir ao emitente a apresentação de parecer jurídico que ateste os requisitos do n.ᵒˢ 1 e 2 e da alínea *a*) do n.º 3 do artigo 227.º

2 – A admissão de valores mobiliários sujeitos ao direito de um Estado membro da Comunidade Europeia não pode ser subordinada à admissão prévia em mercado regulamentado situado ou a funcionar nesse Estado.

3 – Quando o direito do Estado a que estão sujeitos os valores mobiliários a admitir não permita a sua admissão directa em mercado situado ou a funcionar fora desse Estado, ou a admissão desses valores mobiliários se mostre de difícil execução operacional, podem ser admitidos à negociação em mercado regulamentado situado ou a funcionar em Portugal certificados representativos de registo ou de depósito desses valores mobiliários.

ARTIGO 232.º
Efeitos da admissão à negociação

1 – A admissão de valores mobiliários que tenham sido objecto de uma oferta pública só produz efeitos após o encerramento da oferta.

2 – A entidade gestora pode autorizar a celebração de negócios sobre valores mobiliários, emitidos ou a emitir, objecto de oferta pública de distribuição sobre que incida pedido de admissão, em período temporal curto anterior à admissão em mercado desde que sujeitos à condição de a admissão se tornar eficaz.

3 – A admissão à negociação abrange todos os valores mobiliários da mesma categoria.

SUBSECÇÃO IV
Processo de admissão

ARTIGO 233.º
Pedido de admissão

1 – O pedido de admissão à negociação, instruído com os elementos necessários para a prova dos requisitos exigidos, é apresentado à entidade

gestora de mercado regulamentado em cujo mercado os valores mobiliários serão negociados:

a) Pelo emitente;

b) Por titulares de, pelo menos, 10% dos valores mobiliários emitidos, pertencentes à mesma categoria, se o emitente já for uma sociedade aberta;

c) Pelo Instituto de Gestão do Crédito Público, se se tratar de obrigações emitidas pelo Estado Português.

2 – A entidade gestora do mercado regulamentado envia à CMVM cópia do pedido de admissão com os documentos necessários para a aprovação do prospecto.

3 – O pedido de admissão à negociação pode ser apresentado antes de se encontrarem reunidos todos os requisitos exigidos, desde que o emitente indique como, e em que prazos, vão ser preenchidos.

4 – O emitente de valores mobiliários admitidos à negociação em mercado regulamentado deve, no momento em que solicita a admissão, nomear um representante com poderes bastantes para as relações com o mercado e com a CMVM.

ARTIGO 234.°

Decisão de admissão

1 – A entidade gestora decide a admissão dos valores mobiliários à negociação ou a sua recusa até 90 dias após a apresentação do pedido, devendo a decisão ser notificada imediatamente ao requerente.

2 – A decisão de admissão à negociação não envolve qualquer garantia quanto ao conteúdo da informação, à situação económica e financeira do emitente, à viabilidade deste e à qualidade dos valores mobiliários admitidos.

3 – A entidade gestora do mercado regulamentado divulga a sua decisão de admissão e comunica-a à CMVM, identificando os valores mobiliários admitidos, descrevendo as suas características e o modo de acesso ao prospecto.

4 – Quando a entidade gestora do mercado regulamentado admita valores mobiliários à negociação sem consentimento do respectivo emitente, nos termos previstos no n.° 2 do artigo 205.°, deve informar este desse facto.

Negociação 209

ARTIGO 235.º
Recusa de admissão

1 – A admissão à negociação só pode ser recusada se:

a) Não estiverem preenchidos os requisitos exigidos na lei, em regulamento ou nas regras do respectivo mercado;

b) O emitente não tiver cumprido os deveres a que está sujeito noutros mercados, situados ou a funcionar em Portugal ou no estrangeiro, onde os valores mobiliários se encontrem admitidos à negociação;

c) O interesse dos investidores desaconselhar a admissão à negociação, atenta a situação do emitente.

2 – A entidade gestora deve notificar o requerente para suprir os vícios sanáveis em prazo razoável, que lhe fixará.

3 – A admissão considera-se recusada se a decisão não for notificada ao requerente nos 90 dias posteriores ao pedido de admissão.

SUBSECÇÃO V
Prospecto

ARTIGO 236.º
Exigibilidade

1 – Previamente à admissão de valores mobiliários à negociação, o requerente deve divulgar, nos termos do artigo 140.º, um prospecto aprovado:

a) Pela CMVM, em caso de admissão de valores mobiliários referidos no n.º 1 do artigo 145.º;

b) Pela autoridade competente, por aplicação dos critérios mencionados nos n.ºs 2 e 3 do artigo 145.º, com as necessárias adaptações.

2 – O prospecto não é exigido para a admissão dc:

a) Valores mobiliários referidos nas alíneas *a*), *b*), *c*), *d*), *f*), *g*), *h*), *i*), *j*), *l*) e *n*) do n.º 1 do artigo 111.º e na alínea *a*) do n.º 2 do artigo 134.º, nas condições ali previstas;

b) Acções oferecidas, atribuídas ou a atribuir gratuitamente a accionistas existentes e dividendos pagos sob a forma de acções da mesma categoria das acções em relação às quais são pagos os dividendos, desde que as referidas acções sejam da mesma categoria que as acções já admitidas à negociação no mesmo mercado regulamentado e esteja disponível um

210 *Código dos Valores Mobiliários*

documento com informações sobre o número e a natureza das acções, bem como sobre as razões e características da oferta;

c) Valores mobiliários oferecidos, atribuídos ou a atribuir a membros dos órgãos de administração ou a trabalhadores, actuais ou antigos, pelo empregador ou por uma sociedade dominada por este, desde que os referidos valores mobiliários sejam da mesma categoria que os valores mobiliários já admitidos à negociação no mesmo mercado regulamentado e esteja disponível um documento com informações sobre o número e a natureza dos valores mobiliários, bem como sobre as razões e características da oferta;

d) Acções que representem, ao longo de um período de 12 meses, menos de 10% do número de acções da mesma categoria já admitidas à negociação no mesmo mercado regulamentado;

e) Acções resultantes da conversão ou troca de outros valores mobiliários ou do exercício dos direitos conferidos por outros valores mobiliários, desde que aquelas sejam da categoria de acções já admitidas à negociação no mesmo mercado regulamentado;

f) Valores mobiliários já admitidos à negociação noutro mercado regulamentado nas seguintes condições:

> *i*) Esses valores mobiliários, ou valores da mesma categoria, terem sido admitidos à negociação nesse outro mercado regulamentado há mais de 18 meses;
>
> *ii*) Para os valores mobiliários admitidos pela primeira vez à negociação num mercado regulamentado, a admissão à negociação nesse outro mercado regulamentado ter sido acompanhada da divulgação de um prospecto através dos meios mencionados no artigo 140.°;
>
> *iii*) Excepto quando seja aplicável o disposto na subalínea anterior, para os valores mobiliários admitidos pela primeira vez à negociação depois de 30 de Junho de 1983, o prospecto ter sido aprovado em conformidade com os requisitos da Directiva n.° 80/390/CEE, do Conselho, de 27 de Março, ou da Directiva n.° 2001/34/CE, do Conselho, de 28 de Maio;
>
> *iv*) Terem sido preenchidos os requisitos a observar para negociação nesse outro mercado regulamentado;
>
> *v*) A pessoa que solicite a admissão nos termos desta excepção tenha elaborado um sumário disponibilizado ao público numa língua que seja aceite pela CMVM;

vi) O sumário referido na subalínea anterior seja disponibilizado ao público; e

vii) O conteúdo do sumário cumpra o disposto no artigo 135.°-A e que, bem assim, refira onde pode ser obtido o prospecto mais recente e onde está disponível a informação financeira publicada pelo emitente de acordo com as suas obrigações de divulgação.

3 – Nos casos das alíneas *a*), *b*), *i*) e *j*) do artigo 111.°, o requerente de pedido de admissão tem o direito de elaborar um prospecto, ficando este sujeito às regras do presente Código e dos diplomas que o complementem.

ARTIGO 237.°
Reconhecimento mútuo e cooperação

(Revogado.)

ARTIGO 237.°-A
Idioma

1 – O prospecto de admissão pode ser, no todo ou em parte, redigido numa língua de uso corrente nos mercados financeiros internacionais:

a) Se os valores mobiliários a admitir tiverem um valor nominal igual ou superior a € 50 000, ou, em caso de valores mobiliários sem valor nominal, se o valor inicial previsto de admissão for igual ou superior àquele montante.

b) Se tiver sido elaborado no âmbito de um pedido de admissão dirigido a mercados de vários Estados;

c) Se a lei pessoal do emitente for estrangeira;

d) Se se destinar a mercado ou segmento de mercado que, pelas suas características, apenas seja acessível a investidores qualificados

2 – Aos casos previstos nas alíneas *b*) e *c*) do número anterior é aplicável o n.° 2 do artigo 163.°-A.

3 – A informação periódica relativa a emitentes de valores mobiliários admitidos à negociação nas situações previstas no artigo 163.°-A pode ser redigida numa língua de uso corrente nos mercados financeiros internacionais.

ARTIGO 238.º
Conteúdo do prospecto

1 – Ao prospecto de admissão de valores mobiliários em mercado regulamentado são aplicáveis, com as necessárias adaptações, o artigo 110.º-A, os n.ᵒˢ 1 a 4 do artigo 118.º, o n.º 3 do artigo 134.º, os artigos 135.º, 135.º-A, 135.º-B, 135.º-C, as alíneas *a*), *c*), *e*), *f*) e *g*) do artigo 136.º e os artigos 136.º-A, 137.º, 139.º, 140.º, 141.º, 142.º, 145.º, 146.º e 147.º.

2 – Em prospecto de admissão à negociação em mercado regulamentado de valores mobiliários não representativos de capital social com um valor nominal de, pelo menos, € 50 000 não é obrigatório apresentar um sumário.

ARTIGO 239.º
Critérios gerais de dispensa do prospecto

(Revogado.)

ARTIGO 240.º
Dispensa total ou parcial de prospecto

(Revogado.)

ARTIGO 241.º
Dispensa parcial de prospecto

(Revogado.)

ARTIGO 242.º
Regulamentação

(Revogado.)

ARTIGO 243.º
Responsabilidade pelo conteúdo do prospecto

À responsabilidade pelo conteúdo do prospecto aplica-se o disposto nos artigos 149.º a 154.º, com as devidas adaptações e as seguintes especialidades:

a) São responsáveis as pessoas referidas nas alíneas *c*), *d*), *f*) e *h*) do n.º 1 do artigo 149.º;

b) O direito à indemnização deve ser exercido no prazo de seis meses após o conhecimento da deficiência do prospecto ou da sua alteração e cessa, em qualquer caso, decorridos dois anos a contar da divulgação do prospecto de admissão ou da alteração que contém a informação ou previsão desconforme.

SUBSECÇÃO VI
Informação relativa a valores mobiliários admitidos à negociação

ARTIGO 244.º
Regras gerais

1 – As seguintes entidades enviam à CMVM os documentos e as informações a que se referem os artigos seguintes, até ao momento da sua divulgação, se outro prazo não estiver especialmente previsto:

a) Os emitentes, sujeitos a lei pessoal portuguesa, de acções e de valores mobiliários representativos de dívida com valor nominal inferior a € 1 000 admitidos à negociação em mercado regulamentado situado ou a funcionar em Portugal ou noutro Estado membro;

b) Os emitentes, com sede estatutária noutro Estado membro da União Europeia, dos valores referidos na alínea anterior exclusivamente admitidos à negociação em mercado regulamentado situado ou a funcionar em Portugal;

c) Os emitentes, cuja sede estatutária se situe fora da União Europeia, dos valores mobiliários referidos na alínea *a*) admitidos à negociação em mercado regulamentado situado ou a funcionar em Portugal ou noutro Estado membro, desde que, neste último caso, a CMVM seja a respectiva autoridade competente;

d) Os emitentes de valores mobiliários não abrangidos pelas alíneas anteriores admitidos à negociação em mercado regulamentado situado ou a funcionar em Portugal ou noutro Estado membro, desde que a CMVM seja a respectiva autoridade competente.

2 – As pessoas que tenham solicitado a admissão à negociação dos valores mobiliários referidos nas alíneas anteriores sem o consentimento do respectivo emitente sempre que divulgarem a informação a que se refere os artigos seguintes enviam-na simultaneamente à CMVM.

3 – Os emitentes de valores mobiliários admitidos à negociação em mercado regulamentado situado ou a funcionar em Portugal e em mercado regulamentado situado ou a funcionar em Estado não pertencente à União Europeia enviam à CMVM as informações adicionais que, sendo relevantes para a avaliação dos valores mobiliários, estejam obrigados a prestar às autoridades daquele Estado no prazo fixado na legislação aplicável.

4 – As informações exigidas nos artigos seguintes são:

a) Divulgadas de forma a permitir aos investidores de toda a Comunidade Europeia o acesso rápido, dentro dos prazos especialmente previstos, e sem custos específicos a essas informações numa base não discriminatória; e

b) Enviadas para o sistema previsto no artigo 367.°

5 – Para efeitos da alínea *a*) do número anterior, as entidades referidas no n.° 1 devem:

a) Transmitir a informação em texto integral não editado, podendo, no que respeita às informações referidas nos artigos 245.°, 246.° e 246.°-A, limitar-se a divulgar um comunicado informando da disponibilização dessa informação e indicando os sítios da Internet, além do mecanismo previsto no artigo 367.°, onde a informação pode ser obtida;

b) Assegurar que a transmissão da informação é feita por um meio seguro, que minimiza os riscos de corrupção dos dados e de acesso não autorizado e que assegura a autenticidade da fonte da informação;

c) Garantir a segurança da recepção mediante a correcção imediata de qualquer falha ou interrupção na transmissão da informação;

d) Assegurar que a informação transmitida é identificável como informação exigida por lei e que permite a identificação clara do emitente, do objecto da informação e da data e hora da transmissão;

e) Comunicar à CMVM, a pedido, o nome da pessoa que transmitiu a informação, dados relativos à validação dos mecanismos de segurança empregues, data, hora e meio em que a informação foi transmitida e, caso aplicável, dados relativos a embargo imposto à divulgação da informação.

6 – A CMVM, no que respeita à informação cuja divulgação seja obrigatória, pode:

a) Fazê-la divulgar a expensas das entidades a tal obrigadas, caso estas se recusem a acatar as ordens que, nos termos da lei, por ela lhes sejam dadas;

b) Decidir torná-la pública através do sistema previsto no artigo 367.°.

Negociação 215

7 – Os emitentes de valores mobiliários admitidos à negociação em mercado regulamentado colocam e mantêm no seu sítio Internet durante um ano, salvo outros prazos especialmente previstos, todas as informações que sejam obrigados a tornar públicas ao abrigo do presente Código, da sua regulamentação e da legislação materialmente conexa.

8 – A informação referida no número anterior deve ser autonomamente acessível em relação a informação não obrigatória, designadamente de natureza publicitária.

ARTIGO 244.º-A
Escolha da autoridade competente

1 – Para os efeitos referidos nas alíneas *c*) e *d*) do n.º 1 do artigo anterior, a competência da CMVM resulta, respectivamente:

a) Da admissão à negociação exclusiva em mercado regulamentado situado ou a funcionar em Portugal ou do facto de neste ter sido apresentado o primeiro pedido de admissão na União Europeia;

b) Da escolha de Portugal como Estado competente de entre aquele em que o emitente tem a sua sede social e aqueles em cujos territórios se situem ou funcionem mercados regulamentados em que estejam admitidos à negociação os valores mobiliários em causa.

2 – A escolha prevista na alínea *b*) do número anterior é feita pelo emitente e é vinculativa por, pelo menos, por três anos.

3 – A escolha feita por força do número anterior deve ser divulgada nos termos previstos no n.º 3 do artigo 244.º.

ARTIGO 245.º
Relatório e contas anuais

1 – As entidades referidas no n.º 1 do artigo 244.º divulgam, no prazo de quatro meses a contar da data de encerramento do exercício e mantêm à disposição do público por cinco anos:

a) O relatório de gestão, as contas anuais, a certificação legal de contas e demais documentos de prestação de contas exigidos por lei ou regulamento, ainda que não tenham sido submetidos a aprovação em assembleia geral;

b) Relatório elaborado por auditor registado na CMVM;

216   *Código dos Valores Mobiliários*

c) Declarações de cada uma das pessoas responsáveis do emitente, cujos nomes e funções devem ser claramente indicados, onde afirmem que, tanto quanto é do seu conhecimento, a informação prevista na alínea *a*) foi elaborada em conformidade com as normas contabilísticas aplicáveis, dando uma imagem verdadeira e apropriada do activo e do passivo, da situação financeira e dos resultados do emitente e das empresas incluídas no perímetro da consolidação, quando for o caso, e que o relatório de gestão expõe fielmente a evolução dos negócios, do desempenho e da posição do emitente e das empresas incluídas no perímetro da consolidação, contém uma descrição dos principais riscos e incertezas com que se defrontam.

2 – O relatório referido na alínea *b*) do número anterior é divulgado na íntegra, incluindo:

a) Opinião relativa às previsões sobre a evolução dos negócios e da situação económica e financeira contidas nos documentos a que se refere a alínea a) do n.º 1;

b) Elementos correspondentes à certificação legal de contas, se esta não for exigida por outra norma legal ou se não tiver sido elaborada por auditor registado na CMVM.

3 – Os emitentes obrigados a elaborar contas consolidadas divulgam a informação referida no n.º 1 sob a forma individual, elaborada de acordo com a legislação nacional, e sob forma consolidada, elaborada de acordo com o Regulamento (CE) n.º 1606/2002, do Parlamento Europeu e do Conselho, de 19 de Julho.

4 – Os emitentes não obrigados a elaborar contas consolidadas divulgam a informação referida no n.º 1 sob a forma individual, elaborada de acordo com a legislação nacional.

5 – Se o relatório e contas anuais não derem uma imagem exacta do património, da situação financeira e dos resultados da sociedade, pode a CMVM ordenar a publicação de informações complementares.

6 – Os documentos que integram o relatório e as contas anuais são enviados à CMVM logo que sejam colocados à disposição dos accionistas.

ARTIGO 245.º-A
Informação anual sobre governo das sociedades

1 – Os emitentes de acções admitidas à negociação em mercado regulamentado divulgam, em capítulo do relatório anual de gestão especial-

mente elaborado para o efeito ou em anexo a este, a seguinte informação detalhada sobre a estrutura e práticas de governo societário:

a) Estrutura de capital, incluindo indicação das acções não admitidas à negociação, diferentes categorias de acções, direitos e deveres inerentes às mesmas e percentagem de capital que cada categoria representa;

b) Eventuais restrições à transmissibilidade das acções, tais como cláusulas de consentimento para a alienação, ou limitações à titularidade de acções;

c) Participações qualificadas no capital social da sociedade;

d) Identificação de accionistas titulares de direitos especiais e descrição desses direitos;

e) Mecanismos de controlo previstos num eventual sistema de participação dos trabalhadores no capital na medida em que os direitos de voto não sejam exercidos directamente por estes;

f) Eventuais restrições em matéria de direito de voto, tais como limitações ao exercício do voto dependente da titularidade de um número ou percentagem de acções, prazos impostos para o exercício do direito de voto ou sistemas de destaque de direitos de conteúdo patrimonial;

g) Acordos parassociais que sejam do conhecimento da sociedade e possam conduzir a restrições em matéria de transmissão de valores mobiliários ou de direitos de voto;

h) Regras aplicáveis à nomeação e substituição dos membros do órgão de administração e à alteração dos estatutos da sociedade;

i) Poderes do órgão de administração, nomeadamente no que respeita a deliberações de aumento do capital;

j) Acordos significativos de que a sociedade seja parte e que entrem em vigor, sejam alterados ou cessem em caso de mudança de controlo da sociedade na sequência de uma oferta pública de aquisição, bem como os efeitos respectivos, salvo se, pela sua natureza, a divulgação dos mesmos for seriamente prejudicial para a sociedade, excepto se a sociedade for especificamente obrigada a divulgar essas informações por força de outros imperativos legais;

l) Acordos entre a sociedade e os titulares do órgão de administração ou trabalhadores que prevejam indemnizações em caso de pedido de demissão do trabalhador, despedimento sem justa causa ou cessação da relação de trabalho na sequência de uma oferta pública de aquisição;

m) Sistemas de controlo interno e de risco de gestão implementados na sociedade.

218   *Código dos Valores Mobiliários*

2 – Os emitentes de acções admitidas à negociação em mercado regulamentado sujeitos a lei pessoal portuguesa divulgam a informação sobre a estrutura e práticas de governo societário nos termos definidos em regulamento da CMVM, onde se integra a informação exigida no número anterior.

3 – O órgão de administração de sociedades emitentes de acções admitidas à negociação em mercado regulamentado sujeitas a lei pessoal portuguesa apresenta anualmente à assembleia geral um relatório explicativo das matérias a que se refere o n.° 1.

ARTIGO 246.°
Informação semestral

1 – Os emitentes de acções e de valores mobiliários representativos de dívida referidos no n.° 1 do artigo 244.° divulgam, até dois meses após o termo do 1.° semestre do exercício, relativamente à actividade desse período, e mantêm à disposição do público por cinco anos:

a) As demonstrações financeiras condensadas;

b) Um relatório de gestão intercalar;

c) Declarações de cada uma das pessoas responsáveis do emitente, cujos nomes e funções devem ser claramente indicados, onde afirmem que, tanto quanto é do seu conhecimento, a informação prevista na alínea *a*) foi elaborada em conformidade com as normas contabilísticas aplicáveis, dando uma imagem verdadeira e apropriada do activo e do passivo, da situação financeira e dos resultados do emitente e das empresas incluídas no perímetro da consolidação, quando for o caso, e que o relatório de gestão intercalar expõe fielmente as informações exigidas nos termos do n.° 2.

2 – O relatório de gestão intercalar deve conter, pelo menos, uma indicação dos acontecimentos importantes que tenham ocorrido no período a que se refere e o impacto nas respectivas demonstrações financeiras, bem como uma descrição dos principais riscos e incertezas para os seis meses seguintes.

3 – Os emitentes obrigados a elaborar contas consolidadas:

a) Devem elaborar as demonstrações financeiras de acordo com as normas internacionais de contabilidade aplicáveis aos relatórios financeiros intercalares adoptadas nos termos do Regulamento (CE) n.° 1606/2002 do Parlamento Europeu e do Conselho, de 19 de Julho;

b) A informação referida na alínea anterior é apenas divulgada sob forma consolidada, salvo se as contas em base individual contiverem informação significativa;

c) Os emitentes de acções devem incluir ainda informação sobre as principais transacções relevantes entre partes relacionadas realizadas nos seis primeiros meses do exercício que tenham afectado significativamente a sua situação financeira ou o desempenho bem como quaisquer alterações à informação incluída no relatório anual precedente susceptíveis de ter um efeito significativo na sua posição financeira ou desempenho nos primeiros seis meses do exercício corrente.

4 – Se o emitente não estiver obrigado a elaborar contas consolidadas, as demonstrações financeiras condensadas incluem, pelo menos, um balanço e uma demonstração de resultados condensados, elaborados de acordo com os princípios de reconhecimentos e mensuração aplicáveis à elaboração dos relatórios financeiros anuais, e notas explicativas àquelas contas.

5 – Nos casos previstos no número anterior:

a) O balanço condensado e a demonstração de resultados condensada devem apresentar todas as rubricas e subtotais incluídos nas últimas demonstrações financeiras anuais do emitente, sendo acrescentadas as rubricas adicionais necessárias se, devido a omissões, as demonstrações financeiras semestrais reflectirem uma imagem enganosa do activo, do passivo, da posição financeira e dos resultados do emitente;

b) O balanço deve incluir informação comparativa referida ao final do exercício imediatamente precedente;

c) A demonstração de resultados deve incluir informação comparativa relativa ao período homólogo do exercício precedente;

d) As notas explicativas devem incluir informação suficiente para assegurar a comparabilidade das demonstrações financeiras semestrais condensadas com as demonstrações financeiras anuais e a correcta apreensão, por parte dos utilizadores, de qualquer alteração significativa de montantes e da evolução no período semestral em causa reflectidos no balanço e na demonstração de resultados;

e) Os emitentes de acções devem incluir, no mínimo, informações sobre as principais transacções relevantes entre partes relacionadas realizadas nos seis primeiros meses do exercício referindo nomeadamente o montante de tais transacções, a natureza da relação relevante e outra informação necessária à compreensão da posição financeira do emitente se tais

220   *Código dos Valores Mobiliários*

transacções forem relevantes e não tiverem sido concluídas em condições normais de mercado.

6 – Para efeitos da alínea *e*) do número anterior, as transacções entre partes relacionadas podem ser agregadas de acordo com a sua natureza, excepto se a informação separada for necessária para a compreensão dos efeitos da transacção na posição financeira do emitente.

ARTIGO 246.°-A
**Informação trimestral e informação intercalar
da administração**

1 – Estão obrigados à prestação de informação trimestral os emitentes, sujeitos a lei pessoal portuguesa, de acções admitidas à negociação em mercado regulamentado que, durante dois anos consecutivos, ultrapassem dois dos seguintes limites:

a) Total do balanço: € 100 000 000;

b) Total das vendas líquidas e outros proveitos: € 150 000 000;

c) Número de trabalhadores empregados em média durante o exercício: 150.

2 – Os emitentes de acções referidos no n.° 1 do artigo 244.° que não estejam obrigados a prestar a informação prevista no número anterior divulgam, durante o primeiro e o segundo semestres do exercício financeiro, uma declaração do órgão de administração relativa ao período compreendido entre o início do semestre e a data da declaração contendo os seguintes elementos:

a) Uma descrição explicativa das ocorrências relevantes e das transacções feitas durante o período relevante e a sua incidência sobre a posição financeira do emitente e das empresas por si dominadas; e

b) Uma descrição geral da posição financeira e do desempenho do emitente e das empresas por si dominadas durante o período relevante.

3 – A declaração referida no número anterior é feita entre o fim das primeiras 10 semanas e as últimas 6 semanas do semestre a que respeite.

4 – A divulgação de informação trimestral substitui o dever de divulgação de informação intercalar da administração.

ARTIGO 247.º
Regulamentação

A CMVM, através de regulamento, estabelece:

a) Os termos das informações referidas nos artigos anteriores quando os emitentes de valores mobiliários admitidos à negociação não sejam sociedades comerciais;

b) Os documentos a apresentar para cumprimento do disposto nos n.ᵒˢ 1 a 4 do artigo 245.º e no artigo 246.º;

c) As adaptações necessárias quando as exigências das alíneas *a*) e *b*) do n.º 1 do artigo 246.º se revelem desajustadas à actividade da sociedade;

d) A informação semestral a prestar quando o primeiro exercício económico das sociedades que adoptem um exercício anual diferente do correspondente ao ano civil tenha uma duração superior a 12 meses;

e) O conteúdo e o prazo de divulgação da informação trimestral e o conteúdo da informação intercalar da administração;

f) A organização, pelas entidades gestoras dos mercados, de sistemas de informação acessíveis ao público, contendo dados actualizados relativamente a cada um dos emitentes de valores mobiliários admitidos à negociação;

g) Deveres de informação para a admissão à negociação dos valores mobiliários a que se refere a alínea *g*) do artigo 1.º;

h) Os termos e condições em que é comunicada e tornada acessível a informação relativa às transacções previstas no artigo 248.º-B, nomeadamente a possibilidade de tal comunicação ser realizada de forma agregada, em função de um determinado montante e de um período de tempo específico;

i) A informação que deve ser tornada acessível através do sítio do emitente na Internet, previsto nos n.ᵒˢ 7 e 8 do artigo 244.º.

ARTIGO 248.º
Informação privilegiada relativa a emitentes

1 – Os emitentes que tenham valores mobiliários admitidos à negociação em mercado regulamentado ou requerido a respectiva admissão a um mercado dessa natureza divulgam imediatamente:

a) Toda a informação que lhes diga directamente respeito ou aos valores mobiliários por si emitidos, que tenha carácter preciso, que não tenha sido tornada pública e que, se lhe fosse dada publicidade, seria idónea para influenciar de maneira sensível o preço desses valores mobiliários ou dos instrumentos subjacentes ou derivados com estes relacionados;

b) Qualquer alteração à informação tornada pública nos termos da alínea anterior, utilizando para o efeito o mesmo meio de divulgação.

2 – Para efeitos da presente lei, a informação privilegiada abrange os factos ocorridos, existentes ou razoavelmente previsíveis, independentemente do seu grau de formalização, que, por serem susceptíveis de influir na formação dos preços dos valores mobiliários ou dos instrumentos financeiros, qualquer investidor razoável poderia normalmente utilizar, se os conhecesse, para basear, no todo ou em parte, as suas decisões de investimento.

3 – Os emitentes asseguram que a divulgação de informação privilegiada é realizada de forma simultânea junto das várias categorias de investidores e nos mercados regulamentados dos Estados membros da União Europeia, em que os seus valores estejam admitidos à negociação ou que tenham sido objecto de um pedido nesse sentido.

4 – Sem prejuízo de eventual responsabilidade criminal, qualquer pessoa ou entidade que detenha informação com as características referidas nos n.ºs 1 e 2 não pode, por qualquer modo, transmiti-la para além do âmbito normal das suas funções ou utilizá-la antes de a mesma ser tornada pública.

5 – A proibição prevista no número anterior não se aplica quando se trate de transacções sobre acções próprias efectuadas no âmbito de programas de recompra realizados nas condições legalmente permitidas.

6 – Os emitentes e as pessoas que actuem em seu nome ou por sua conta elaboram e mantêm rigorosamente actualizada uma lista dos seus trabalhadores ou colaboradores, ao abrigo de contrato de trabalho ou de qualquer outro vínculo, que têm acesso, regular ou ocasional, a informação privilegiada, comunicando a essas pessoas a inclusão dos seus nomes na lista e as consequências legais decorrentes da divulgação ou utilização abusiva de informação privilegiada.

7 – A lista prevista no número anterior contém a identidade das pessoas, os motivos pelos quais constam da lista, a data da mesma e qualquer actualização relevante, sendo conservada em arquivo pelos emitentes pelo prazo de cinco anos desde a última actualização e imediatamente remetida à CMVM, sempre que esta o solicitar.

ARTIGO 248.°-A
Diferimento da divulgação de informação

1 – Os emitentes referidos no n.° 1 do artigo anterior podem decidir diferir a divulgação pública da informação aí referida, desde que, cumulativamente:

a) A divulgação imediata seja susceptível de prejudicar os seus legítimos interesses;

b) O diferimento não seja susceptível de induzir o público em erro;

c) O emitente demonstre que assegura a confidencialidade da informação.

2 – É susceptível de prejudicar os legítimos interesses do emitente a divulgação de informação privilegiada nomeadamente nas seguintes situações:

a) Decisões tomadas ou contratos celebrados pelo órgão de direcção de um emitente, cuja eficácia dependa da aprovação de outro órgão do emitente, desde que a sua divulgação antes da aprovação, mesmo acompanhada do anúncio da pendência de aprovação, comprometa a correcta apreensão da informação pelo público;

b) Processos negociais em curso ou elementos com eles relacionados, desde que a respectiva divulgação pública possa afectar os resultados ou o curso normal dessas negociações.

3 – Em caso de risco para a viabilidade financeira do emitente e desde que este não se encontre em situação de insolvência, a divulgação dessa informação pode ser diferida durante um período limitado e apenas se for susceptível de colocar seriamente em risco os interesses dos accionistas actuais e potenciais, por prejudicar a conclusão de negociações destinadas a garantir a recuperação financeira do emitente.

4 – Para assegurar a confidencialidade da informação cuja divulgação é diferida e obstar à sua utilização indevida, o emitente adopta, pelo menos, as seguintes medidas:

a) Restringe o acesso à informação às pessoas que dela necessitem para o exercício das suas funções;

b) Garante que as pessoas com acesso a essa informação tenham conhecimento da natureza privilegiada da informação, dos deveres e proibições que decorrem desse conhecimento e das sanções a que podem estar sujeitas pela divulgação ou utilização abusiva dessa informação;

c) Adopta os mecanismos necessários à divulgação pública imediata da informação quando haja quebra da confidencialidade.

224 *Código dos Valores Mobiliários*

5 – Se um emitente ou uma pessoa que actue em seu nome ou por sua conta comunicarem, no âmbito do exercício normal da sua actividade, da sua profissão ou das suas funções, informação privilegiada a um terceiro que não esteja sujeito a dever de segredo, tal informação é tornada pública simultaneamente, se a comunicação for intencional, ou imediatamente, se a comunicação for não intencional.

ARTIGO 248.°-B
Comunicação de transacções

1 – Os dirigentes de um emitente de valores mobiliários admitidos à negociação em mercado regulamentado ou de sociedade que o domine, bem como as pessoas com aqueles estreitamente relacionadas, informam a CMVM, no prazo de cinco dias úteis, sobre todas as transacções efectuadas por conta própria, de terceiros ou por estes por conta daqueles, relativas às acções daquele emitente ou aos instrumentos financeiros com estas relacionados.

2 – A comunicação prevista no número anterior identifica relativamente à transacção:

a) A natureza;

b) A data;

c) O local;

d) O preço;

e) O volume;

f) O emitente;

g) O instrumento financeiro que dela é objecto;

h) O motivo da obrigação de comunicação;

i) O número de acções do emitente de que o dirigente passou a ser titular após a transacção.

3 – Para efeito do disposto no n.° 1, consideram-se dirigentes os membros dos órgãos de administração e de fiscalização do emitente e os responsáveis que, não sendo membros daqueles órgãos, possuem um acesso regular a informação privilegiada e participam nas decisões sobre a gestão e estratégia negocial do emitente.

4 – Para efeito do disposto no n.° 1, consideram-se pessoas estreitamente relacionadas com os dirigentes as seguintes:

a) O cônjuge do dirigente ou pessoa que com ele viva em união de facto, descendentes a seu cargo e outros familiares que com ele coabitem há mais de um ano;

b) Qualquer entidade que seja directa ou indirectamente dominada pelo dirigente, constituída em seu benefício ou de que este seja também dirigente.

5 – As normas previstas nos números anteriores aplicam-se aos dirigentes de emitentes que tenham sede em Portugal ou que, não tendo sede num Estado membro da União Europeia, estejam obrigados a prestar à CMVM a informação relativa às contas anuais.

ARTIGO 248.°-C
Documento de consolidação da informação anual

1 – Os emitentes de valores mobiliários admitidos à negociação em mercado regulamentado divulgam pelo menos uma vez por ano um documento que contenha ou faça referência à informação publicada ou disponibilizada ao público pelo emitente, no período de 12 meses antecedente, na sua situação de emitente de valores mobiliários admitidos à negociação.

2 – O documento referido no número anterior deve conter menção pelo menos à informação divulgada em cumprimento dos deveres de informação:

a) Impostos pelo presente Código e quaisquer regulamentos da CMVM;

b) Decorrentes do Código das Sociedades Comerciais e do Código do Registo Comercial;

c) Decorrentes do Regulamento n.° 1606/2002, do Parlamento Europeu e do Conselho, de 19 de Julho.

3 – O documento referido no n.° 1 obedece ao disposto no Regulamento (CE) n.° 809/2004, da Comissão, de 29 de Abril.

4 – O presente artigo não se aplica aos emitentes de valores mobiliários não representativos de capital social cujo valor nominal unitário ascenda a pelo menos € 50 000.

ARTIGO 249.°
Outras informações

1 – As entidades referidas no n.° 1 do artigo 244.° enviam à CMVM e à entidade gestora de mercado regulamentado:

a) Projecto de alteração dos estatutos, até à data da convocação do órgão competente para aprovar as alterações;

b) Extracto da acta contendo a deliberação sobre a alteração dos estatutos, nos 15 dias posteriores à deliberação.

226 *Código dos Valores Mobiliários*

2 – As entidades referidas no n.° 1 do artigo 244.° informam imediatamente o público sobre:

a) Convocação das assembleias dos titulares de valores mobiliários admitidos à negociação;

b) Alteração, atribuição e pagamento ou exercício de quaisquer direitos inerentes aos valores mobiliários admitidos à negociação ou às acções a que estes dão direito, incluindo indicação dos procedimentos aplicáveis e da instituição financeira através da qual os accionistas podem exercer os respectivos direitos patrimoniais;

c) Alteração dos direitos dos obrigacionistas que resultem, nomeadamente, de modificação das condições do empréstimo ou da taxa de juro;

d) Emissão de acções e obrigações, com indicação dos privilégios e garantias de que beneficiam, incluindo informações sobre quaisquer procedimentos de atribuição, subscrição, cancelamento, conversão, troca ou reembolso;

e) Alterações aos elementos que tenham sido exigidos para a admissão dos valores mobiliários à negociação;

f) A aquisição e alienação de acções próprias, sempre que em resultado da mesma a percentagem das mesmas exceda ou se torne inferior aos limites de 5% e 10%;

g) A deliberação da assembleia geral relativa aos documentos de prestação de contas.

3 – Os emitentes de acções referidos no n.° 1 do artigo 244.° divulgam o número total de direitos de voto e o capital social no final de cada mês civil em que ocorra um aumento ou uma diminuição desse número total.

4 – A convocatória para a assembleia de titulares de valores mobiliários representativos de dívida admitidos à negociação em mercado regulamentado deve respeitar o disposto no n.° 1 do artigo 23.°

ARTIGO 250.°
Dispensa de divulgação da informação

1 – Com excepção do disposto nos artigos 245.° a 246.°-A, nas alíneas *a)* do n.° 1 do artigo 249.°, *a)* a *d)* e *f)* do n.° 2 do artigo 249.° e no n.° 3 do artigo 249.°, a CMVM pode dispensar a divulgação da informação exigida nos artigos anteriores quando seja contrária ao interesse público e possa causar prejuízo grave para o emitente, desde que a ausência de divulgação não induza o público em erro sobre factos e circunstâncias essenciais para a avaliação dos valores mobiliários.

2 – A dispensa considera-se concedida se a CMVM não comunicar qualquer decisão até 15 dias após a recepção do pedido de dispensa.

3 – *(Revogado.)*

ARTIGO 250.°-A
Âmbito

1 – O disposto nos artigos 245.°, 246.° e 246.°-A não se aplica a:

a) Estados, autoridades regionais, autoridades locais, organismos públicos internacionais de que faça parte pelo menos um Estado membro, Banco Central Europeu, bancos centrais nacionais dos Estados membros;

b) Emitentes de valores mobiliários representativos de dívida admitidos à negociação num mercado regulamentado, cujo valor nominal unitário seja, pelo menos, de 50.000 euros ou de valor equivalente na data da emissão.

2 – O disposto nas alíneas *b)* e *d)* do n.° 2 e no n.° 4 do artigo 249.° não se aplica ao Estado e suas autoridade regionais e locais.

3 – A presente subsecção não é aplicável a valores mobiliários representativos de dívida emitidos por prazo inferior a um ano.

ARTIGO 250.°-B
Equivalência

1 – Sem prejuízo do dever de envio à CMVM e do disposto nos n.ºˢ 3 e 4 do artigo 244.°, os emitentes com sede estatutária fora da União Europeia estão dispensados do cumprimento dos deveres de prestação de informação previstos:

a) No que respeita à alínea *a)* do n.° 1 do artigo 245.°, relativamente ao relatório de gestão, se a lei aplicável obrigar o emitente a incluir no relatório de gestão anual, no mínimo, uma análise apropriada da evolução dos negócios, do desempenho e da situação do emitente, uma descrição dos principais riscos e incertezas com que se defronta para que o relatório apresente uma visão equilibrada e completa do desenvolvimento e desempenho dos negócios do emitente e da sua posição, coerente com a dimensão e complexidade da actividade exercida, uma indicação dos acontecimentos importantes ocorridos após o encerramento do exercício e indicações sobre a provável evolução futura do emitente;

b) No que respeita à alínea *c*) do n.º 1 do artigo 245.º e alínea *c*) do n.º 1 do artigo 246.º, se a lei aplicável obrigar o emitente a dispor de uma ou mais pessoas responsáveis pela informação financeira e em particular, pela conformidade das demonstrações financeiras com o conjunto das normas contabilísticas aplicáveis e a adequação do relatório de gestão;

c) No que respeita ao n.º 3 do artigo 245.º, se a lei aplicável, embora não obrigando à divulgação de informação sob a forma individual, obrigar o emitente a incluir nas contas consolidadas informação sobre o capital social mínimo, requisitos de capital próprio e necessidades de liquidez e, adicionalmente, para emitentes de acções, cálculo dos dividendos e indicação da capacidade de proceder ao seu pagamento;

d) No que respeita ao n.º 4 do artigo 245.º, se a lei aplicável, embora não obrigando à divulgação de informação sob a forma consolidada, obrigar o emitente a elaborar as contas individuais de acordo com as Normas Internacionais de Contabilidade reconhecidas nos termos do artigo 3.º do Regulamento (CE) n.º 1606/2002, do Parlamento Europeu e do Conselho, de 19 de Julho, aplicáveis na União Europeia, ou com as normas nacionais de contabilidade de um país terceiro consideradas equivalentes àquelas normas;

e) No que respeita ao n.º 2 do artigo 246.º, se a lei aplicável obrigar o emitente a divulgar um conjunto de demonstrações financeiras condensadas que inclua, no mínimo, um relatório de gestão intercalar contendo a análise do período em causa, indicações sobre a evolução do emitente nos seis meses restantes do exercício e, adicionalmente para emitentes de acções, as principais transacções entre partes relacionadas, caso não sejam divulgadas em base contínua;

f) No que respeita ao artigo 246.º-A, se a lei aplicável obrigar o emitente a divulgar relatórios financeiros trimestrais;

g) No que respeita à alínea *a*) do n.º 2 do artigo 249.º, se a lei aplicável obrigar o emitente a prestar, no mínimo, informação sobre o local, calendário e ordem de trabalhos da assembleia;

h) No que respeita à alínea *f*) do n.º 2 do artigo 249.º, se a lei aplicável obrigar o emitente autorizado a deter até 5%, no máximo, de acções próprias a informar o público sempre que for alcançado ou superado esse limiar e, para emitentes autorizados a deter entre 5% e 10%, no máximo, de acções próprias, a informar o público sempre que forem alcançados ou superados esses limiares;

i) No n.º 3 do artigo 249.º, se a lei aplicável obrigar o emitente a divulgar o número total de direitos de voto e capital no prazo de 30 dias após a ocorrência de um aumento ou diminuição destes.

2 – Para efeitos da alínea *a*) do número anterior a análise aí referida inclui, na medida do necessário para assegurar a compreensão da evolução, do desempenho ou da posição do emitente, indicadores do desempenho financeiro e, caso necessário, não financeiro, pertinentes para a actividade desenvolvida.

3 – Para efeitos da alínea *c*) do n.º 1, o emitente deve apresentar à CMVM, a pedido, informação suplementar auditada sobre as contas individuais pertinente para enquadrar a informação aí requerida, podendo elaborar essa informação de acordo com as normas contabilísticas de um país terceiro.

4 – Para efeitos da alínea *d*) do n.º 1, as contas individuais devem ser objecto de auditoria e se não forem elaboradas de acordo com as normas aí referidas, são apresentadas sob a forma de informação financeira reformulada.

ARTIGO 251.º
Responsabilidade civil

À responsabilidade pelo conteúdo da informação que os emitentes publiquem nos termos dos artigos anteriores aplica-se, com as devidas adaptações, o disposto no artigo 243.º.

CAPÍTULO III
Internalização sistemática

ARTIGO 252.º
Internalizadores sistemáticos

1 – São regulados no artigo 21.º do Regulamento (CE) n.º 1287/2006, da Comissão, de 10 de Agosto:

a) Os requisitos para um intermediário financeiro ser considerado internalizador sistemático;

b) O procedimento para a perda da qualidade de internalizador sistemático.

2 – O intermediário financeiro deve comunicar previamente à CMVM os instrumentos financeiros relativamente aos quais exerce a actividade de internalização sistemática.

ARTIGO 253.º
Informação sobre ofertas

1 – Os internalizadores sistemáticos devem divulgar os preços firmes a que se propõem negociar acções admitidas à negociação em mercado regulamentado para as quais exista um mercado líquido, sempre que a quantidade da oferta não seja superior ao volume normal de mercado.

2 – Relativamente às acções para as quais não exista um mercado líquido, os internalizadores sistemáticos devem divulgar ofertas de preços aos seus clientes a pedido destes.

3 – As acções devem ser agrupadas em classes com base na média aritmética do valor das ordens executadas no mercado.

4 – Cada oferta de venda e de compra deve incluir o preço firme para uma ou mais quantidades até ao volume normal de mercado para a classe de acções a que pertence a acção objecto da oferta.

5 – O preço oferecido deve reflectir as condições de mercado prevalecentes para essa acção.

6 – A divulgação ao público prevista no n.º 1 deve realizar-se de forma facilmente acessível, de modo regular e contínuo, durante o horário normal da negociação, e numa base comercial razoável.

7 – São definidos nos artigos 22.º, 23.º, 24.º e 29.º a 32.º do Regulamento (CE) n.º 1287/2006, da Comissão, de 10 de Agosto, e em regulamento da CMVM:

a) O conceito de mercado líquido;

b) O volume normal de mercado para cada classe de acções;

c) As condições em que os preços oferecidos cumprem o disposto no n.º 4;

d) O prazo e meios de divulgação das ofertas.

8 – A CMVM pode definir, através de regulamento, o conteúdo, os meios e a periodicidade da informação a prestar à CMVM e ao público relativamente à internalização de instrumentos financeiros além do referido no n.º 1.

ARTIGO 254.º
Classes de acções

1 – Nos casos em que o mercado português seja considerado, para uma determinada acção, o mercado mais relevante em termos de liquidez,

Negociação 231

a CMVM, anualmente, deve determinar e divulgar a classe de acções a que a mesma pertence, tal como definida no n.º 3 do artigo anterior.

2 – A determinação prevista no número anterior deve ter por base:

a) O conceito de mercado mais relevante em termos de liquidez definido no artigo 9.º do Regulamento (CE) n.º 1287/2006, da Comissão, de 10 de Agosto;

b) Os indicadores de liquidez previstos no artigo 9.º do Regulamento (CE) n.º 1287/2006, da Comissão, de 10 de Agosto.

ARTIGO 255.º
Actualização e retirada das ofertas

Os internalizadores sistemáticos podem, a qualquer momento, actualizar as suas ofertas de preço, só as podendo retirar em condições de mercado excepcionais.

ARTIGO 256.º
Acesso às ofertas

1 – Os internalizadores sistemáticos devem elaborar regras claras, baseadas na sua política comercial e em critérios objectivos e não discriminatórios, relativas aos investidores a quem facultam o acesso às suas ofertas de preços.

2 – Sem prejuízo do disposto no artigo 328.º, os internalizadores sistemáticos podem:

a) Recusar-se a iniciar ou pôr termo a relações comerciais com investidores por motivos de ordem comercial, tais como a situação financeira do investidor, o risco de contraparte e a liquidação final da operação;

b) Limitar, de forma não discriminatória, o número de ordens de um cliente que se comprometem a executar nas condições divulgadas, a fim de reduzirem o risco de exposição a múltiplas opcraçõcs do mesmo cliente;

c) Limitar, de forma não discriminatória, o número total de operações simultâneas de clientes diferentes, quando o número ou a quantidade das ordens dos clientes os exponham a um grau indevido de risco, de acordo com o disposto no artigo 25.º do Regulamento (CE) n.º 1287/2006, da Comissão, de 10 de Agosto.

232   *Código dos Valores Mobiliários*

3 – Os mecanismos destinados a garantir um tratamento não discriminatório regem-se pelo n.º 3 do artigo 25.º do Regulamento (CE) n.º 1287/2006, da Comissão, de 10 de Agosto.

ARTIGO 257.º
Execução das ordens e alteração do preço oferecido

1 – Os internalizadores sistemáticos devem executar as ordens que recebem dos seus clientes, em relação às acções para as quais sejam internalizadores sistemáticos, aos preços por si divulgados no momento da recepção da ordem.

2 – Os internalizadores sistemáticos podem executar ordens recebidas de um cliente que seja investidor qualificado a um preço melhor, desde que:

a) O novo preço se situe dentro de um intervalo de variação, divulgado ao público e próximo das condições do mercado; e

b) A quantidade da ordem recebida seja mais elevada do que o volume das ordens dadas habitualmente por um investidor não qualificado, conforme definido no artigo 26.º do Regulamento (CE) n.º 1287/2006, da Comissão, de 10 de Agosto.

3 – Os internalizadores sistemáticos podem executar ordens recebidas dos seus clientes que sejam investidores qualificados a preços diferentes dos oferecidos e sem observância das condições enunciadas no número anterior, quando se trate de operações resultantes de execuções parciais ou de ordens sujeitas a condições diferentes do preço corrente de mercado, conforme enunciadas no artigo 25.º do Regulamento (CE) n.º 1287/2006, da Comissão, de 10 de Agosto.

4 – Um internalizador sistemático que faça ofertas de preços para uma única quantidade, ou cuja maior quantidade seja inferior ao volume normal de mercado, e receba uma ordem de um cliente com dimensão superior à quantidade da sua oferta mas inferior ao volume normal de mercado, pode decidir executar a parte da ordem em que esta excede a quantidade da sua oferta, desde que a execute ao preço indicado ou a outro preço, neste último caso se permitido ao abrigo dos n.os 2 e 3.

5 – Sempre que o internalizador sistemático faça ofertas de preços para quantidades diferentes e receba uma ordem entre essas mesmas quantidades que decida executar, deve executar a ordem a um dos preços divulgados ou a outro preço, neste último caso se permitido ao abrigo dos n.os 2 e 3.

TÍTULO V
Contraparte central, compensação e liquidação

CAPÍTULO I
Contraparte central

ARTIGO 258.º
Âmbito

1 – O disposto no presente capítulo é aplicável a todas as operações em que uma entidade tenha assumido a posição de contraparte central.

2 – Quando uma entidade assuma a posição de contraparte central nas operações, estas só são eficazes perante aquela após o seu registo.

3 – A realização de operações em mercado regulamentado ou em sistema de negociação multilateral sobre os instrumentos financeiros referidos nas alíneas *e*) e *f*) do n.º 1 do artigo 2.º exige a interposição de contraparte central.

ARTIGO 259.º
Gestão de operações

1 – A contraparte central deve assegurar a boa gestão das operações, em particular:

a) O registo das posições;

b) A gestão das garantias prestadas, incluindo a constituição, o reforço, a redução e a liberação;

c) Os ajustes de ganhos e perdas emergentes de operações registadas.

234 *Código dos Valores Mobiliários*

2 – Quando a defesa do mercado o exija, a contraparte central pode, designadamente:

a) Determinar a adopção das medidas necessárias para diminuir a exposição ao risco de um membro compensador, designadamente encerrando posições;

b) Promover a transferência de posições para outros membros compensadores;

c) Determinar os preços de referência de forma distinta da prevista nas regras.

3 – As posições abertas nos instrumentos referidos nas alíneas *e*) e *f*) do n.° 1 do artigo 2.° podem ser encerradas, antes da data de vencimento do contrato, através da abertura de posições de sentido inverso.

4 – Os membros compensadores são responsáveis perante a contraparte central pelo cumprimento das obrigações resultantes de operações por si assumidas, por sua conta ou por conta dos membros negociadores perante quem tenham assumido a função de compensação das operações.

ARTIGO 260.°
Minimização dos riscos

1 – Cabe à contraparte central a tomada de medidas adequadas à minimização dos riscos e à protecção do sistema de compensação e dos mercados, devendo avaliar com uma periodicidade, no mínimo anual, o seu nível de exposição.

2 – Para os efeitos do número anterior, a contraparte central:

a) Deve adoptar sistemas seguros de gestão e monitorização do risco;

b) Deve estabelecer procedimentos adequados a fazer face a falhas e incumprimentos dos seus membros;

c) Pode criar fundos destinados, em última instância, à distribuição das perdas entre todos os membros compensadores.

3 – A contraparte central deve identificar as respectivas fontes de risco operacional e minimizá-las através do estabelecimento de sistemas, controlos e procedimentos adequados, nomeadamente desenvolvendo planos de contingência.

4 – *(Revogado.)*

5 – *(Revogado.)*

6 – *(Revogado.)*

7 – *(Revogado.)*

ARTIGO 261.º
Margens e outras garantias

1 – A exposição ao risco da contraparte central e dos seus membros deve ser coberta por cauções, designadas margens, e outras garantias, salvo quando, em função da natureza da operação, sejam dispensadas nos casos e nos termos a estabelecer em regulamento da CMVM.

2 – A contraparte central deve definir as margens e outras garantias a prestar pelos seus membros com base em parâmetros de risco que devem ser sujeitos a revisão regular.

3 – Os membros compensadores são responsáveis pela constituição, pelo reforço ou pela substituição da caução.

4 – A caução deve ser prestada através de:

a) Contrato de garantia financeira previsto no Decreto-Lei n.º 105/ /2004, de 8 de Maio, sobre instrumentos financeiros de baixo risco e elevada liquidez, livres de quaisquer ónus, ou sobre depósito de dinheiro em instituição autorizada;

b) Garantia bancária.

5 – Sobre os valores dados em caução não podem ser constituídas outras garantias.

6 – Os membros compensadores devem adoptar procedimentos e medidas para cobrir de forma adequada a exposição ao risco, devendo exigir aos seus clientes ou aos membros negociadores perante os quais tenham assumido funções de compensação a entrega de margens e outras garantias, nos termos definidos por contrato com eles celebrado.

ARTIGO 262.º
Execução extrajudicial das garantias

1 – Os instrumentos financeiros recebidos em caução podem ser vendidos extrajudicialmente para satisfação das obrigações emergentes das operações caucionadas ou como consequência do encerramento de posições dos membros que tenham prestado a caução.

2 – A execução extrajudicial das cauções deve ser efectuada pela contraparte central, através de intermediário financeiro, sempre que aquela não revista esta natureza.

ARTIGO 263.º
Segregação patrimonial

1 – A contraparte central deve adoptar uma estrutura de contas que permita uma adequada segregação patrimonial entre os instrumentos financeiros próprios dos seus membros e os pertencentes aos clientes destes últimos.

2 – *(Revogado.)*

3 – *(Revogado.)*

ARTIGO 264.º
Participantes

1 – A contraparte central deve definir as condições de acesso dos membros compensadores e as obrigações que sobre eles impendem, de modo a garantir níveis elevados de solvabilidade e limitação dos riscos, nomeadamente impondo-lhes que reúnam recursos financeiros suficientes e que sejam dotados de uma capacidade operacional robusta.

2 – A contraparte central fiscaliza, numa base regular, o cumprimento dos requisitos de acesso dos membros, adoptando os procedimentos necessários para o efeito.

ARTIGO 265.º
Regras da contraparte central

1 – A contraparte central deve aprovar regras transparentes e não discriminatórias, baseadas em critérios objectivos, que assegurem o adequado desempenho das suas funções, relativas, designadamente, às matérias referidas nos artigos 259.º, 260.º, 261.º, 263.º e 264.º.

2 – As regras referidas no número anterior são objecto de registo na CMVM, o qual visa a verificação da sua suficiência, adequação e legalidade.

3 – Após o registo na CMVM, a contraparte central deve divulgar as regras adoptadas, as quais entram em vigor na data de divulgação ou noutra nelas prevista.

4 – *(Revogado.)*

CAPÍTULO II
Sistemas de liquidação

SECÇÃO I
Disposições gerais

ARTIGO 266.º
Âmbito

1 – Os sistemas de liquidação de instrumentos financeiros são criados por acordo escrito pelo qual se estabelecem regras comuns e procedimentos padronizados para a execução de ordens de transferência, entre os participantes, de instrumentos financeiros ou de direitos deles destacados.

2 – O acordo deve ser subscrito por três ou mais participantes, sem contar com os participantes especiais.

3 – As transferências de dinheiro associadas às transferências de instrumentos financeiros ou a direitos a eles inerentes e as garantias relativas a operações sobre instrumentos financeiros fazem parte integrante dos sistemas de liquidação.

ARTIGO 267.º
Participantes

Podem ser participantes num sistema de liquidação, independentemente de serem sócios da entidade gestora do mesmo:

a) As instituições de crédito, as empresas de investimento e as instituições com funções correspondentes que estejam habilitadas a exercer actividade em Portugal;

b) As entidades públicas e as empresas que beneficiem de garantia do Estado.

ARTIGO 268.º
Participantes especiais

1 – Consideram-se também participantes em sistemas de liquidação:

a) Câmaras de compensação, que têm como função o cálculo das posições líquidas dos participantes no sistema;

238 *Código dos Valores Mobiliários*

b) Contrapartes centrais, que actuam como contraparte exclusiva dos participantes do sistema, relativamente às ordens de transferência dadas por estes;

c) Agentes de liquidação, que asseguram aos participantes e à contraparte central ou apenas a esta contas de liquidação através das quais são executadas ordens de transferência emitidas no âmbito do sistema, podendo conceder crédito para efeitos de liquidação.

2 – Podem actuar como câmara de compensação:

a) Instituições de crédito autorizadas a exercer actividade em Portugal;

b) Entidades gestoras de mercados regulamentados, de sistemas de negociação multilateral e de sistemas de liquidação;

c) Entidades gestoras de câmaras de compensação e contraparte central.

3 – Podem actuar como contraparte central:

a) Instituições de crédito autorizadas a exercer actividade em Portugal;

b) Entidades gestoras de sistemas de liquidação;

c) Entidades gestoras de câmaras de compensação e de contraparte central.

4 – Podem desempenhar as funções de agentes de liquidação:

a) Instituições de crédito autorizadas a exercer actividade em Portugal;

b) Sistemas centralizados de valores mobiliários.

5 – De acordo com as regras do sistema, o mesmo participante pode actuar apenas como contraparte central, agente de liquidação ou câmara de compensação, ou exercer uma parte ou a totalidade dessas funções.

6 – O Banco de Portugal pode desempenhar as funções referidas nos números anteriores.

ARTIGO 269.º
Regras do sistema

1 – A organização, o funcionamento e os procedimentos operacionais relativos a cada sistema de liquidação constam:

a) Do acordo constitutivo e das alterações aprovadas por todos os participantes; e

b) De regras aprovadas pela entidade gestora.

2 – As regras referidas no número anterior são objecto de registo na CMVM, o qual visa a verificação da sua suficiência, adequação e legalidade.

3 – Após o registo na CMVM, a entidade gestora do sistema de liquidação deve divulgar as regras adoptadas, as quais entram em vigor na data de divulgação ou noutra nelas prevista.

ARTIGO 270.º
Direito à informação

Qualquer pessoa com interesse legítimo pode requerer a cada um dos participantes referidos no artigo 267.º que a informe sobre os sistemas de liquidação em que participa e sobre as regras essenciais de funcionamento desses sistemas.

ARTIGO 271.º
Reconhecimento

1 – Os sistemas de liquidação de instrumentos financeiros, com excepção dos que forem geridos pelo Banco de Portugal, são reconhecidos através de registo na CMVM.

2 – A CMVM é a autoridade competente para notificar a Comissão Europeia dos sistemas por ela reconhecidos, dos quais dará conhecimento ao Banco de Portugal.

3 – O Banco de Portugal, por aviso, designa os sistemas de liquidação de valores mobiliários que são por si geridos, notificando a Comissão Europeia dessa designação e dando conhecimento à CMVM.

ARTIGO 272.º
Registo

1 – Só podem ser registados na CMVM os sistemas de liquidação que satisfaçam cumulativamente os seguintes requisitos:

a) Integrem pelo menos um participante com sede em Portugal;

b) Cuja sociedade gestora, quando exista, tenha sede efectiva em Portugal;

240 *Código dos Valores Mobiliários*

c) A que se aplique o direito português por força de cláusula expressa do respectivo acordo constitutivo;

d) Tenham adoptado regras compatíveis com este Código, os regulamentos da CMVM e do Banco de Portugal.

2 – Do registo constam os seguintes elementos actualizados:

a) O acordo celebrado entre os participantes;

b) A identificação dos participantes no sistema;

c) Elementos de identificação da entidade gestora, quando exista, incluindo os respectivos estatutos e a identificação dos titulares dos órgãos sociais e dos accionistas detentores de participações qualificadas;

d) As regras aprovadas pela entidade gestora.

3 – Ao processo de registo, incluindo a sua recusa e o seu cancelamento, aplica-se, com as devidas adaptações, o disposto para o registo de entidades gestoras de mercados regulamentados e de sistemas de negociação multilateral.

ARTIGO 273.º
Regulamentação

1 – A CMVM elabora os regulamentos necessários à concretização das seguintes matérias:

a) Reconhecimento e registo de sistemas de liquidação;

b) Regras de segurança a adoptar pelo sistema;

c) Garantias a prestar a favor da contraparte central;

d) Regras de gestão, prudenciais e de contabilidade, necessárias para garantir a separação patrimonial.

2 – Em relação aos sistemas utilizados na liquidação de operações de mercado regulamentado ou de sistema de negociação multilateral, a CMVM, sob proposta ou com audiência prévia da entidade gestora dos sistemas em causa, define ou concretiza, através de regulamento:

a) Os prazos em que deve processar-se a liquidação;

b) Os procedimentos a adoptar em caso de incumprimento pelos participantes;

c) A ordenação das operações a compensar e a liquidar;

d) O registo das operações realizadas através do sistema e sua contabilidade.

3 – O Banco de Portugal regulamenta os sistemas por si geridos.

SECÇÃO II
Operações

SUBSECÇÃO I
Disposições gerais

ARTIGO 274.º
Ordens de transferência

1 – As ordens de transferência são introduzidas no sistema pelos participantes ou, por delegação destes, pela entidade gestora do mercado regulamentado ou do sistema de negociação multilateral onde os instrumentos financeiros foram transaccionados ou pela entidade que assuma as funções de câmara de compensação e contraparte central relativamente às operações realizadas nesse mercado ou sistema.

2 – As ordens de transferência são irrevogáveis, produzem efeitos entre os participantes e são oponíveis a terceiros a partir do momento em que tenham sido introduzidas no sistema.

3 – O momento e o modo de introdução das ordens no sistema determinam-se de acordo com as regras do sistema.

ARTIGO 275.º
Modalidades de execução

A execução das ordens de transferência consiste em colocar à disposição do beneficiário, em conta aberta por este junto de um agente de liquidação:

a) O montante bruto indicado em cada uma das ordens de transferência ou;

b) O saldo líquido apurado por efeito de compensação bilateral ou multilateral.

ARTIGO 276.º
Compensação

A compensação efectuada no âmbito do sistema de liquidação tem carácter definitivo e é efectuada pelo próprio sistema ou por entidade que assuma funções de câmara de compensação participante deste.

ARTIGO 277.º
Invalidade dos negócios subjacentes

A invalidade ou a ineficácia dos negócios jurídicos subjacentes às ordens de transferência e às obrigações compensadas não afectam a irrevogabilidade das ordens nem o carácter definitivo da compensação.

SUBSECÇÃO II
Liquidação de operações de mercado regulamentado

ARTIGO 278.º
Princípios

1 – A liquidação das operações de mercado regulamentado ou de sistema de negociação multilateral deve ser organizada de acordo com princípios de eficiência, de redução do risco sistémico e de simultaneidade dos créditos em instrumentos financeiros e em dinheiro.
2 – *(Revogado.)*

ARTIGO 279.º
Obrigações dos participantes

1 – Os participantes colocam à disposição do sistema de liquidação, no prazo indicado nas regras do sistema, os valores mobiliários ou o dinheiro necessários à boa liquidação das operações.
2 – A obrigação a que se refere o número anterior incumbe ao participante que introduziu no sistema a ordem de transferência ou que tenha sido indicado pela entidade gestora do mercado regulamentado ou do sistema de negociação multilateral onde se efectuaram as operações a liquidar ou pela entidade que assuma as funções de câmara de compensação e contraparte central relativamente a essas operações.
3 – O participante indicado para liquidação de uma operação pode, por sua vez, indicar outro participante no sistema para a efectuar, mas não se libera se este recusar a indicação.
4 – A recusa de indicação é ineficaz se estiver excluída por contrato celebrado entre os participantes e revelado perante o sistema.

ARTIGO 280.º
Incumprimento

1 – A inobservância, no prazo previsto, das obrigações referidas no artigo anterior constitui incumprimento definitivo.

2 – Verificado o incumprimento, a entidade gestora do sistema deve accionar imediatamente os procedimentos de substituição necessários a assegurar a boa liquidação da operação.

3 – Os procedimentos de substituição são descritos nas regras do sistema, devendo estar previstos pelo menos os seguintes:

a) Empréstimo dos valores mobiliários a liquidar;

b) Recompra dos valores mobiliários que não tenham sido entregues;

c) Revenda dos valores mobiliários que não tenham sido pagos.

4 – Nos casos em que exista contraparte central:

a) É a contraparte central que acciona os procedimentos de substituição necessários;

b) Os procedimentos de substituição são descritos nas regras da contraparte central, não sendo obrigatória a existência dos referidos nas alíneas *a)* a *c)* do número anterior.

5 – Os procedimentos de substituição não são accionados quando o credor declarar, em tempo útil, que perdeu o interesse na liquidação, salvo disposição em contrário constante de regra aprovada pela entidade gestora do sistema ou, se aplicável, pela contraparte central.

6 – As regras referidas no número anterior asseguram que os mecanismos de substituição adoptados possibilitam a entrega dos instrumentos financeiros ao credor num prazo razoável.

ARTIGO 281.º
Conexão com outros sistemas e instituições

1 – Os sistemas utilizados na liquidação de operações de mercado regulamentado ou de sistema de negociação multilateral devem estabelecer as ligações necessárias à boa liquidação das operações, constituindo uma rede de conexões, nomeadamente com:

a) Entidades gestoras dos mercados regulamentados ou dos sistemas de negociação multilateral onde se realizem as operações a liquidar;

b) Entidades que assumam as funções de câmara de compensação e contraparte central;

244 *Código dos Valores Mobiliários*

c) Entidades gestoras de sistemas centralizados de valores mobiliários;

d) O Banco de Portugal ou instituições de crédito, se a entidade gestora do sistema não estiver autorizada a receber depósitos em dinheiro;

e) Outros sistemas de liquidação.

2 – Os acordos de conexão devem ser previamente comunicados à CMVM.

ARTIGO 282.º
Responsabilidade civil

Salvo caso de força maior, cada um dos participantes responde pelos danos causados pelo incumprimento das suas obrigações, incluindo o custo dos procedimentos de substituição.

SECÇÃO III
Insolvência dos participantes

Artigo 283.º
Ordens de transferência e compensação

1 – A abertura de processo de insolvência, de recuperação de empresa ou de saneamento de qualquer participante não tem efeitos retroactivos sobre os direitos e obrigações decorrentes da sua participação no sistema ou a ela associados.

2 – A abertura dos processos a que se refere o número anterior não afecta a irrevogabilidade das ordens de transferência nem a sua oponibilidade a terceiros nem o carácter definitivo da compensação, desde que as ordens tenham sido introduzidas no sistema:

a) Antes da abertura do processo; ou

b) Após a abertura do processo, se as ordens tiverem sido executadas no dia em que foram introduzidas e se a câmara de compensação, o agente de liquidação ou a contraparte central provarem que não tinham nem deviam ter conhecimento da abertura do processo.

3 – O momento de abertura dos processos a que se refere o presente capítulo é aquele em que a autoridade competente profere a decisão de

Contraparte central, compensação e liquidação 245

declaração de insolvência, de prosseguimento da acção de recuperação de empresa ou decisão equivalente.

ARTIGO 284.º
Garantias

1 – Sem prejuízo do disposto no Decreto-Lei n.º 105/2004, de 8 de Maio, as garantias de obrigações decorrentes do funcionamento de um sistema de liquidação não são afectadas pela abertura de processo de insolvência, de recuperação de empresa ou de saneamento da entidade garante, revertendo apenas para a massa falida ou para a empresa em recuperação ou saneamento o saldo que eventualmente se apure após o cumprimento das obrigações garantidas.

2 – O disposto no número anterior aplica-se às garantias prestadas a favor de bancos centrais de Estados membros da Comunidade Europeia e do Banco Central Europeu, actuando nessa qualidade.

3 – Para os efeitos do presente artigo consideram-se garantias o penhor e os direitos decorrentes de reporte e de outros contratos similares.

4 – Se os instrumentos financeiros objecto de garantia nos termos do presente artigo estiverem registados ou depositados em sistema centralizado situado ou a funcionar num Estado membro da Comunidade Europeia, a determinação dos direitos dos beneficiários da garantia rege-se pela legislação desse Estado membro, desde que a garantia tenha sido registada no mesmo sistema centralizado.

ARTIGO 285.º
Direito aplicável

Aberto um processo de falência, de recuperação de empresa ou de saneamento de um participante, os direitos e obrigações decorrentes dessa participação ou a ela associados regem-se pelo direito aplicável ao sistema.

ARTIGO 286.º
Notificações

1 – A decisão de abertura de processo de falência, de recuperação de empresa ou de saneamento de qualquer participante é imediatamente noti-

ficada à CMVM e ao Banco de Portugal pelo tribunal ou pela autoridade administrativa que a proferir.

2 – A CMVM ou o Banco de Portugal, em relação aos sistemas por ele geridos, notificam imediatamente os restantes Estados membros da Comunidade Europeia da decisão a que se refere o n.° 1.

3 – A CMVM é a autoridade competente para receber a notificação das decisões a que se refere o n.° 1, quando tomadas por autoridade judicial ou administrativa de outro Estado membro da Comunidade Europeia.

4 – A CMVM e o Banco de Portugal notificam imediatamente as entidades gestoras dos sistemas de liquidação junto delas registados das decisões a que se refere o n.° 1 e de qualquer notificação recebida de um Estado estrangeiro relativa à falência de um participante.

SECÇÃO IV
Gestão

ARTIGO 287.°
Regime

1 – Os sistemas utilizados na liquidação de operações de mercado regulamentado ou de sistema de negociação multilateral só podem ser geridos por sociedade que preencha os requisitos fixados em lei especial.

2 – Os restantes sistemas de liquidação, com excepção dos que forem geridos pelo Banco de Portugal, podem também ser geridos pelo conjunto dos participantes.

ARTIGO 288.°
Responsabilidade civil

1 – A entidade gestora do sistema de liquidação responde perante os participantes tal como, nos termos do artigo 94.°, a entidade gestora de um sistema centralizado de valores mobiliários responde perante os intermediários financeiros.

2 – Se o sistema for gerido directamente pelos participantes, estes respondem solidária e ilimitadamente pelos danos por que teria de responder a entidade gestora.

TÍTULO VI
Intermediação

CAPÍTULO I
Disposições gerais

SECÇÃO I
Actividades

ARTIGO 289.º
Noção

1 – São actividades de intermediação financeira:

a) Os serviços e actividades de investimento em instrumentos financeiros;

b) Os serviços auxiliares dos serviços e actividades de investimento;

c) A gestão de instituições de investimento colectivo e o exercício das funções de depositário dos valores mobiliários que integram o património dessas instituições.

2 – Só os intermediários financeiros podem exercer, a título profissional, actividades de intermediação financeira.

3 – O disposto no número anterior não é aplicável:

a) Aos membros do Sistema Europeu de Bancos Centrais, no exercício das suas funções, e ao Estado e outras entidades públicas no âmbito da gestão da dívida pública e das reservas do Estado;

b) Às pessoas que prestam serviços de investimento exclusivamente à sua sociedade dominante, a filial desta, ou à sua própria filial;

c) Às pessoas que prestem conselhos de investimento como complemento normal e não especificamente remunerado de profissão de fim diverso da prestação de serviços de investimento;

d) Às pessoas que tenham por única actividade de investimento a negociação por conta própria desde que não sejam criadores de mercado ou entidades que negoceiem por conta própria, fora de um mercado regulamentado ou de um sistema de negociação multilateral, de modo organizado, frequente e sistemático, facultando um sistema acessível a terceiros com o fim de com eles negociar;

e) Às pessoas que prestam, exclusivamente ou em cumulação com a actividade descrita na alínea *b*), serviços de investimento relativos à gestão de sistemas de participação de trabalhadores;

f) Às pessoas que prestem serviços de investimento, ou exerçam actividades de investimento, que consistam, exclusivamente, na negociação por conta própria nos mercados a prazo ou a contado, neste caso com a única finalidade de cobrir posições nos mercados de derivados, ou na negociação ou participação na formação de preços por conta de outros membros dos referidos mercados, e que sejam garantidas por um membro compensador que nos mesmos actue, quando a responsabilidade pela execução dos contratos celebrados for assumida por um desses membros;

g) Às pessoas cuja actividade principal consista em negociar por conta própria em mercadorias, em instrumentos derivados sobre mercadorias, ou em ambos, desde que não actuem no âmbito de um grupo cuja actividade principal consista na prestação de outros serviços de investimento ou de natureza bancária;

h) Às pessoas que negoceiem instrumentos financeiros por conta própria ou que prestem serviços de investimento em instrumentos derivados sobre mercadorias ou contratos de derivados referidos nas subalíneas *ii*) e *iii*) da alínea *e*) e na alínea *f*) do n.° 1 do artigo 2.°, desde que tais actividades sejam exercidas de forma acessória no contexto de um grupo cuja actividade principal não consista na prestação de serviços de investimento ou de natureza bancária;

i) Às pessoas que exercem, a título principal, algum dos serviços enumerados nas alíneas *c*), *d*) e *g*) do artigo 291.°, desde que não actuem no âmbito de um grupo cuja actividade principal consista na prestação de serviços de investimento ou de natureza bancária.

4 – O disposto nos artigos 294.°-A a 294.°-D, 306.° a 306.°-D, 308.° a 308.°-C, 309.°-D, 313.°, 314.° a 314.°-D, 317.° a 317.°-D não é aplicável à actividade de gestão de instituições de investimento colectivo.

Intermediação 249

ARTIGO 290.º
Serviços e actividades de investimento

1 – São serviços e actividades de investimento em instrumentos financeiros:

a) A recepção e a transmissão de ordens por conta de outrem;

b) A execução de ordens por conta de outrem;

c) A gestão de carteiras por conta de outrem;

d) A tomada firme e a colocação com ou sem garantia em oferta pública de distribuição;

e) A negociação por conta própria;

f) A consultoria para investimento;

g) A gestão de sistema de negociação multilateral.

2 – A recepção e transmissão de ordens por conta de outrem inclui a colocação em contacto de dois ou mais investidores com vista à realização de uma operação.

3 – *(Revogado.)*

ARTIGO 291.º
Serviços auxiliares

São serviços auxiliares dos serviços e actividades de investimento:

a) O registo e o depósito de instrumentos financeiros, bem como os serviços relacionados com a sua guarda, como a gestão de tesouraria ou de garantias;

b) A concessão de crédito, incluindo o empréstimo de valores mobiliários, para a realização de operações sobre instrumentos financeiros em que intervém a entidade concedente de crédito;

c) A elaboração de estudos de investimento, análise financeira ou outras recomendações genéricas relacionadas com operações em instrumentos financeiros;

d) A consultoria sobre a estrutura de capital, a estratégia industrial e questões conexas, bem como sobre a fusão e a aquisição de empresas;

e) A assistência em oferta pública relativa a valores mobiliários;

f) Os serviços de câmbios e o aluguer de cofres-fortes ligados à prestação de serviços de investimento;

g) Os serviços e actividades enunciados no n.º 1 do artigo 290.º, quando se relacionem com os activos subjacentes aos instrumentos finan-

250 *Código dos Valores Mobiliários*

ceiros mencionados nas subalíneas *ii*) e *iii*) da alínea *e*) e na alínea *f*) do n.º 1 do artigo 2.º.

ARTIGO 292.º
Publicidade e prospecção

A publicidade e a prospecção dirigidas à celebração de contratos de intermediação financeira ou à recolha de elementos sobre clientes actuais ou potenciais só podem ser realizadas:

a) Por intermediário financeiro autorizado a exercer a actividade em causa;

b) Por agente vinculado, nos termos previstos nos artigos 294.º-A a 294.º-D.

ARTIGO 293.º
Intermediários financeiros

1 – São intermediários financeiros em instrumentos financeiros:

a) As instituições de crédito e as empresas de investimento que estejam autorizadas a exercer actividades de intermediação financeira em Portugal;

b) As entidades gestoras de instituições de investimento colectivo autorizadas a exercer essa actividade em Portugal;

c) As instituições com funções correspondentes às referidas nas alíneas anteriores que estejam autorizadas a exercer em Portugal qualquer actividade de intermediação financeira.

2 – São empresas de investimento em instrumentos financeiros:

a) As sociedades corretoras;

b) As sociedades financeiras de corretagem;

c) As sociedades gestoras de patrimónios;

d) As sociedades mediadoras dos mercados monetário e de câmbios;

e) As sociedades de consultoria para investimento;

f) As sociedades gestoras de sistemas de negociação multilateral;

g) Outras que como tal sejam qualificadas por lei, ou que, não sendo instituições de crédito, sejam pessoas cuja actividade, habitual e profissionalmente exercida, consista na prestação, a terceiros, de serviços de investimento, ou no exercício de actividades de investimento.

Intermediação 251

ARTIGO 294.º
Consultoria para investimento

1 – Entende-se por consultoria para investimento a prestação de um aconselhamento personalizado a um cliente, na sua qualidade de investidor efectivo ou potencial, quer a pedido deste quer por iniciativa do consultor relativamente a transacções respeitantes a valores mobiliários ou a outros instrumentos financeiros.

2 – Para efeitos do número anterior, existe aconselhamento personalizado quando é feita uma recomendação a uma pessoa, na sua qualidade de investidor efectivo ou potencial, que seja apresentada como sendo adequada para essa pessoa ou baseada na ponderação das circunstâncias relativas a essa pessoa, com vista à tomada de uma decisão de investimento.

3 – Uma recomendação não constitui um aconselhamento personalizado, caso seja emitida exclusivamente através dos canais de distribuição ou ao público.

4 – A consultoria para investimento pode ser exercida:

a) Por intermediário financeiro autorizado a exercer essa actividade, relativamente a quaisquer instrumentos financeiros;

b) Por consultores para investimento, relativamente a valores mobiliários.

5 – Os consultores para investimento podem ainda prestar o serviço de recepção e transmissão de ordens em valores mobiliários desde que:

a) A transmissão de ordens se dirija a intermediários financeiros referidos no n.º 1 do artigo 293.º;

b) Não detenham fundos ou valores mobiliários pertencentes a clientes.

6 – Aos consultores para investimento aplicam-se as regras gerais previstas para as actividades de intermediação financeira, com as devidas adaptações.

ARTIGO 294.º-A
Actividade do agente vinculado
e respectivos limites

1 – O intermediário financeiro pode ser representado por agente vinculado na prestação dos seguintes serviços:

a) Prospecção de investidores, exercida a título profissional, sem solicitação prévia destes, fora do estabelecimento do intermediário financeiro, com o objectivo de captação de clientes para quaisquer actividades de intermediação financeira; e

b) Recepção e transmissão de ordens, colocação e consultoria sobre instrumentos financeiros ou sobre os serviços prestados pelo intermediário financeiro.

2 – A actividade é efectuada fora do estabelecimento, nomeadamente, quando:

a) Exista comunicação à distância, feita directamente para a residência ou local de trabalho de quaisquer pessoas, designadamente por correspondência, telefone, correio electrónico ou fax;

b) Exista contacto directo entre o agente vinculado e o investidor em quaisquer locais, fora das instalações do intermediário financeiro.

3 – No exercício da sua actividade é vedado ao agente vinculado:

a) Actuar em nome e por conta de mais do que um intermediário financeiro, excepto quando entre estes exista relação de domínio ou de grupo;

b) Delegar noutras pessoas os poderes que lhe foram conferidos pelo intermediário financeiro;

c) Sem prejuízo do disposto na alínea *b)* do n.° 1, celebrar quaisquer contratos em nome do intermediário financeiro;

d) Receber ou entregar dinheiro, salvo se o intermediário financeiro o autorizar;

e) Actuar ou tomar decisões de investimento em nome ou por conta dos investidores;

f) Receber dos investidores qualquer tipo de remuneração.

4 – Na sua relação com os investidores, o agente vinculado deve:

a) Proceder à sua identificação perante aqueles, bem como à do intermediário financeiro em nome e por conta de quem exerce a actividade;

b) Entregar documento escrito contendo informação completa, designadamente sobre os limites a que está sujeito no exercício da sua actividade.

ARTIGO 294.°-B
Exercício da actividade

1 – O exercício da actividade do agente vinculado depende de contrato escrito, celebrado entre aquele e o intermediário financeiro, que estabeleça expressamente as funções que lhe são atribuídas, designadamente as previstas na alínea *b)* do n.° 1 do artigo anterior.

Intermediação

2 – Sem prejuízo do disposto no artigo 294.°-D, a actividade do agente vinculado é exercida:

a) Por pessoas singulares, estabelecidas em Portugal, não integradas na estrutura organizativa do intermediário financeiro;

b) Por sociedades comerciais, com sede estatutária em Portugal, que não se encontrem em relação de domínio ou de grupo com o intermediário financeiro.

3 – O agente vinculado deve ser idóneo e possuir formação e experiência profissional adequadas.

4 – O intermediário financeiro é responsável pela verificação dos requisitos previstos no número anterior.

5 – No caso previsto na alínea *b*) do n.° 2:

a) A idoneidade é aferida relativamente à sociedade, aos titulares do órgão de administração e às pessoas singulares que exercem a actividade de agente vinculado;

b) A adequação da formação e da experiência profissional é aferida relativamente às pessoas singulares que exercem a actividade de agente vinculado.

6 – O exercício da actividade de agente vinculado só pode iniciar-se após comunicação do intermediário à CMVM, para divulgação pública, da identidade daquele.

7 – A cessação do contrato estabelecido entre o intermediário financeiro e o agente vinculado deve ser comunicada à CMVM no prazo de cinco dias.

ARTIGO 294.°-C
Responsabilidade e deveres
do intermediário financeiro

1 – O intermediário financeiro:

a) Responde por quaisquer actos ou omissões do agente vinculado no exercício das funções que lhe foram confiadas;

b) Deve controlar e fiscalizar a actividade desenvolvida pelo agente vinculado, encontrando-se este sujeito aos procedimentos internos daquele;

c) Deve adoptar as medidas necessárias para evitar que o exercício pelo agente vinculado de actividade distinta da prevista no n.° 1 do artigo 294.°-A possa ter nesta qualquer impacto negativo.

254   *Código dos Valores Mobiliários*

2 – Caso o intermediário financeiro permita aos agentes vinculados a recepção de ordens, deve comunicar previamente à CMVM:

a) Os procedimentos adoptados para garantir a observância das normas aplicáveis a esse serviço;

b) A informação escrita a prestar aos investidores sobre as condições de recepção de ordens pelos agentes vinculados.

ARTIGO 294.°-D
**Agentes vinculados não estabelecidos
em Portugal**

O disposto nos artigos 294.°-A a 294.°-C é aplicável às pessoas estabelecidas em Estado membro da União Europeia que não permita a nomeação de agentes vinculados e que pretendam exercer, nesse Estado membro, a actividade de agente vinculado em nome e por conta de intermediário financeiro com sede em Portugal.

SECÇÃO II
Registo

ARTIGO 295.°
Requisitos de exercício

1 – O exercício profissional de qualquer actividade de intermediação financeira depende:

a) De autorização concedida pela autoridade competente;

b) De registo prévio na CMVM.

2 – O registo de intermediários financeiros cuja actividade consista exclusivamente na gestão de sistemas de negociação multilateral rege-se pelo disposto no Decreto-Lei n.° 357-C/2007, de 31 de Outubro.

3 – A CMVM organiza uma lista das instituições de crédito e das empresas de investimento que exerçam actividades de intermediação financeira em Portugal em regime de livre prestação de serviços.

ARTIGO 296.º
Função do registo

O registo na CMVM tem como função assegurar o controlo prévio dos requisitos para o exercício de cada uma das actividades de intermediação financeira e permitir a organização da supervisão.

ARTIGO 297.º
Elementos sujeitos a registo

1 – O registo dos intermediários financeiros contém cada uma das actividades de intermediação financeira que o intermediário financeiro pretende exercer.

2 – A CMVM organiza e divulga uma lista contendo os elementos identificativos dos intermediários financeiros registados nos termos dos artigos 66.º e 67.º do Regime Geral das Instituições de Crédito e Sociedades Financeiras e as actividades de intermediação financeira registadas nos termos do número anterior.

ARTIGO 298.º
Processo de registo

1 – O pedido de registo deve ser acompanhado dos documentos necessários para demonstrar que o intermediário financeiro possui os meios humanos, materiais e técnicos indispensáveis para o exercício da actividade em causa.

2 – A CMVM, através de inspecção, pode verificar a existência dos meios a que se refere o número anterior.

3 – O registo só pode ser efectuado após comunicação pela autoridade competente, certificando que o intermediário financeiro está autorizado a exercer as actividades requeridas.

4 – Não é exigível a apresentação dos documentos que já estejam em poder da CMVM ou que esta possa obter em publicações oficiais ou junto da autoridade nacional que concedeu a autorização ou a quem a autorização foi comunicada.

5 – As insuficiências e as irregularidades verificadas no requerimento ou na documentação podem ser sanadas no prazo fixado pela CMVM.

ARTIGO 299.°
Indeferimento tácito

O registo considera-se recusado se a CMVM não o efectuar no prazo de 30 dias a contar:
a) Da comunicação da autorização; e
b) Da data da recepção do pedido ou de informações complementares que hajam sido solicitadas.

ARTIGO 300.°
Recusa de registo

1 – O registo é recusado se o intermediário financeiro:
a) Não estiver autorizado a exercer a actividade de intermediação a registar;
b) Não demonstrar que possui as aptidões e os meios indispensáveis para garantir a prestação das actividades em causa em condições de eficiência e segurança;
c) Tiver prestado falsas declarações;
d) Não sanar insuficiências e irregularidades do processo no prazo fixado pela CMVM.
2 – A recusa de registo pode ser total ou parcial.

ARTIGO 301.°
Consultores para investimento

1 – O exercício da actividade dos consultores para investimento depende de registo na CMVM.
2 – O registo só é concedido a pessoas singulares idóneas que demonstrem possuir qualificação e aptidão profissional, de acordo com elevados padrões de exigência, adequadas ao exercício da actividade e meios materiais suficientes, incluindo um seguro de responsabilidade civil, ou a pessoas colectivas que demonstrem respeitar exigências equivalentes.
3 – Quando o registo for concedido a pessoas colectivas:
a) A idoneidade e os meios materiais são aferidos relativamente à pessoa colectiva, aos titulares do órgão de administração e aos colaboradores que exercem a actividade;

Intermediação

b) A adequação da qualificação e da aptidão profissional é aferida relativamente aos colaboradores que exercem a actividade;

c) O seguro de responsabilidade civil é exigido para cada colaborador que exerce a actividade.

4 – As condições mínimas do seguro de responsabilidade civil previsto nos números anteriores são fixadas por norma regulamentar do Instituto de Seguros de Portugal, ouvida a CMVM.

ARTIGO 302.º
Suspensão do registo

Quando o intermediário financeiro deixe de reunir os meios indispensáveis para garantir a prestação de alguma das actividades de intermediação em condições de eficiência e segurança, pode a CMVM proceder à suspensão do registo por um prazo não superior a 60 dias.

ARTIGO 303.º
Cancelamento do registo

1 – Constituem fundamento de cancelamento de registo pela CMVM:

a) A verificação de circunstância que obstaria ao registo, se essa circunstância não tiver sido sanada no prazo fixado pela CMVM;

b) A revogação ou a caducidade da autorização;

c) A cessação de actividade ou a desconformidade entre o objecto e a actividade efectivamente exercida.

2 – A decisão de cancelamento que não seja fundamentada na revogação ou caducidade da autorização deve ser precedida de parecer favorável do Banco de Portugal, a emitir no prazo de 15 dias, salvo no que respeita às sociedades de consultoria para investimento.

3 – A decisão de cancelamento deve ser comunicada ao Banco de Portugal e às autoridades competentes dos Estados membros da União Europeia onde o intermediário financeiro tenha sucursais ou preste serviços.

SECÇÃO III
Organização e exercício

SUBSECÇÃO I
Disposições gerais

ARTIGO 304.°
Princípios

1 – Os intermediários financeiros devem orientar a sua actividade no sentido da protecção dos legítimos interesses dos seus clientes e da eficiência do mercado.

2 – Nas relações com todos os intervenientes no mercado, os intermediários financeiros devem observar os ditames da boa fé, de acordo com elevados padrões de diligência, lealdade e transparência.

3 – Na medida do necessário para o cumprimento dos seus deveres na prestação do serviço, o intermediário financeiro deve informar-se junto do cliente sobre os seus conhecimentos e experiência no que respeita ao tipo específico de instrumento financeiro ou serviço oferecido ou procurado, bem como, se aplicável, sobre a situação financeira e os objectivos de investimento do cliente.

4 – Os intermediários financeiros estão sujeitos ao dever de segredo profissional nos termos previstos para o segredo bancário, sem prejuízo das excepções previstas na lei, nomeadamente o cumprimento do disposto no artigo 382.°.

5 – Estes princípios e os deveres referidos nos artigos seguintes são aplicáveis aos titulares do órgão de administração e às pessoas que dirigem efectivamente a actividade do intermediário financeiro ou do agente vinculado e aos colaboradores do intermediário financeiro, do agente vinculado ou de entidades subcontratadas, envolvidos no exercício ou fiscalização de actividades de intermediação financeira ou de funções operacionais que sejam essenciais à prestação de serviços de forma contínua e em condições de qualidade e eficiência.

Intermediação 259

ARTIGO 304.°-A
Responsabilidade civil

1 – Os intermediários financeiros são obrigados a indemnizar os danos causados a qualquer pessoa em consequência da violação dos deveres respeitantes à organização e ao exercício da sua actividade, que lhes sejam impostos por lei ou por regulamento emanado de autoridade pública.

2 – A culpa do intermediário financeiro presume-se quando o dano seja causado no âmbito de relações contratuais ou pré-contratuais e, em qualquer caso, quando seja originado pela violação de deveres de informação.

ARTIGO 304.°-B
Códigos deontológicos

Os códigos de conduta que venham a ser aprovados pelas associações profissionais de intermediários financeiros devem ser comunicados à CMVM no prazo de 15 dias.

ARTIGO 304.°-C
Dever de comunicação pelos auditores

1 – Os auditores que prestem serviço a intermediário financeiro ou a empresa que com ele esteja em relação de domínio ou de grupo ou que nele detenha, directa ou indirectamente, pelo menos 20% dos direitos de voto ou do capital social, devem comunicar imediatamente à CMVM os factos respeitantes a esse intermediário financeiro ou a essa empresa de que tenham conhecimento no exercício das suas funções, quando tais factos sejam susceptíveis de:

a) Constituir crime ou ilícito de mera ordenação social que estabeleça as condições de autorização ou que regule, de modo específico, actividades de intermediação financeira; ou

b) Afectar a continuidade do exercício da actividade do intermediário financeiro; ou

c) Justificar a recusa da certificação das contas ou a emissão de reservas.

2 – O dever de comunicação imposto pelo presente artigo prevalece sobre quaisquer restrições à divulgação de informações, legal ou contratualmente previstas, e o seu cumprimento de boa fé não envolve qualquer responsabilidade para os respectivos sujeitos.

3 – Se os factos referidos no n.º 1 constituírem informação privilegiada nos termos do artigo 248.º, a CMVM e o Banco de Portugal devem coordenar as respectivas acções, tendo em vista uma adequada conjugação dos objectivos de supervisão prosseguidos por cada uma dessas autoridades.

4 – Os auditores referidos no n.º 1 devem apresentar, anualmente, à CMVM um relatório que ateste o carácter adequado dos procedimentos e medidas, adoptados pelo intermediário financeiro por força das disposições da subsecção III da presente secção.

SUBSECÇÃO II
Organização interna

ARTIGO 305.º
Requisitos gerais

1 – O intermediário financeiro deve manter a sua organização empresarial equipada com os meios humanos, materiais e técnicos necessários para prestar os seus serviços em condições adequadas de qualidade, profissionalismo e de eficiência e por forma a evitar procedimentos errados, devendo, designadamente:

a) Adoptar uma estrutura organizativa e procedimentos decisórios que especifiquem os canais de comunicação e atribuam funções e responsabilidades;

b) Assegurar que as pessoas referidas no n.º 5 do artigo 304.º estejam ao corrente dos procedimentos a seguir para a correcta execução das suas responsabilidades;

c) Assegurar o cumprimento dos procedimentos adoptados e das medidas tomadas;

d) Contratar colaboradores com as qualificações, conhecimentos e capacidade técnica necessários para a execução das responsabilidades que lhes são atribuídas;

e) Adoptar meios eficazes de reporte e comunicação da informação interna;

f) Manter registos das suas actividades e organização interna;

g) Assegurar que a realização de diversas funções por pessoas referidas no n.º 5 do artigo 304.º não as impede de executar qualquer função específica de modo eficiente, honesto e profissional;

h) Adoptar sistemas e procedimentos adequados a salvaguardar a segurança, a integridade e a confidencialidade da informação;

i) Adoptar uma política de continuidade das suas actividades, destinada a garantir, no caso de uma interrupção dos seus sistemas e procedimentos, a preservação de dados e funções essenciais e a prossecução das suas actividades de intermediação financeira ou, se tal não for possível, a recuperação rápida desses dados e funções e o reatamento rápido dessas actividades;

j) Adoptar uma organização contabilística que lhe permita, a todo o momento e de modo imediato, efectuar a apresentação atempada de relatórios financeiros que reflictam uma imagem verdadeira e apropriada da sua situação financeira e que respeitem todas as normas e regras contabilísticas aplicáveis, designadamente em matéria de segregação patrimonial.

2 – Para efeitos do disposto nas alíneas *a)* a *g)* do número anterior, o intermediário financeiro deve ter em conta a natureza, a dimensão e a complexidade das suas actividades, bem como o tipo de actividades de intermediação financeira prestadas.

3 – O intermediário financeiro deve acompanhar e avaliar regularmente a adequação e a eficácia dos sistemas e procedimentos, estabelecidos para efeitos do n.º 1, e tomar as medidas adequadas para corrigir eventuais deficiências.

ARTIGO 305.º-A
Sistema de controlo do cumprimento

1 – O intermediário financeiro deve adoptar políticas e procedimentos adequados a detectar qualquer risco de incumprimento dos deveres a que se encontra sujeito, aplicando medidas para os minimizar ou corrigir, evitando ocorrências futuras, e que permitam às autoridades competentes exercer as suas funções.

2 – O intermediário financeiro dever estabelecer e manter um sistema de controlo do cumprimento independente que abranja, pelo menos:

a) O acompanhamento e a avaliação regular da adequação e da eficácia das medidas e procedimentos adoptados para detectar qualquer risco de incumprimento dos deveres a que o intermediário financeiro se encontra sujeito, bem como das medidas tomadas para corrigir eventuais deficiências no cumprimento destes;

b) A prestação de aconselhamento às pessoas referidas no n.º 5 do artigo 304.º responsáveis pelo exercício de actividades de intermediação financeira, para efeitos do cumprimento dos deveres previstos no presente Código;

c) A identificação das operações sobre instrumentos financeiros suspeitas de branqueamento de capitais, de financiamento de terrorismo e as analisadas nos termos do n.º 3 do artigo 311.º;

d) A prestação imediata ao órgão de administração de informação sobre quaisquer indícios de violação de deveres consagrados em norma referida no n.º 2 do artigo 388.º que possam fazer incorrer o intermediário financeiro ou as pessoas referidas no n.º 5 do artigo 304.º num ilícito de natureza contra-ordenacional grave ou muito grave;

e) A manutenção de um registo dos incumprimentos e das medidas propostas e adoptadas nos termos da alínea anterior;

f) A elaboração e apresentação ao órgão de administração e ao órgão de fiscalização de um relatório, de periodicidade pelo menos anual, sobre o sistema de controlo do cumprimento, identificando os incumprimentos verificados e as medidas adoptadas para corrigir eventuais deficiências;

3 – Para garantir a adequação e a independência do sistema de controlo do cumprimento, o intermediário financeiro deve:

a) Nomear um responsável pelo mesmo e por qualquer prestação de informação relativa àquele e conferir-lhe os poderes necessários ao desempenho das suas funções de modo independente, designadamente quanto ao acesso a informação relevante;

b) Dotá-lo de meios e capacidade técnica adequados;

c) Assegurar que as pessoas referidas no n.º 5 do artigo 304.º envolvidas no sistema de controlo do cumprimento não estejam envolvidas na prestação de serviços ou exercício de actividades por si controlados;

d) Assegurar que o método de determinação da remuneração das pessoas referidas no n.º 5 do artigo 304.º envolvidas no sistema de controlo do cumprimento não seja susceptível de comprometer a sua objectividade.

4 – Os deveres previstos nas alíneas *c*) e *d*) do número anterior não são exigíveis se o intermediário financeiro demonstrar que o seu cumprimento não é necessário para garantir a adequação e a independência deste sistema, tendo em conta a natureza, a dimensão e a complexidade das actividades do intermediário financeiro, bem como o tipo de actividades de intermediação financeira prestadas.

Intermediação   263

ARTIGO 305.°-B
Gestão de riscos

1 – O intermediário financeiro deve adoptar políticas e procedimentos para identificar e gerir os riscos relacionados com as suas actividades, procedimentos e sistemas, considerando o nível de risco tolerado.

2 – O intermediário financeiro deve acompanhar a adequação e a eficácia das políticas e procedimentos adoptados nos termos do n.° 1, o cumprimento destes por parte das pessoas referidas no n.° 5 do artigo 304.° e a adequação e a eficácia das medidas tomadas para corrigir eventuais deficiências naqueles.

3 – O intermediário financeiro deve estabelecer um serviço de gestão de risco independente e responsável por:

a) Assegurar a aplicação da política e dos procedimentos referidos no n.° 1; e

b) Prestar aconselhamento ao órgão de administração e elaborar e apresentar a este e ao órgão de fiscalização um relatório, de periodicidade pelo menos anual, relativo à gestão de riscos, indicando se foram tomadas as medidas adequadas para corrigir eventuais deficiências.

4 – O dever previsto no número anterior é aplicável sempre que adequado e proporcional, tendo em conta a natureza, a dimensão e a complexidade das actividades, bem como o tipo de actividades de intermediação financeira prestadas.

5 – O intermediário financeiro que, em função dos critérios previstos no número anterior, não adopte um serviço de gestão de riscos independente deve garantir que as políticas e os procedimentos adoptados satisfazem os requisitos constantes dos n.ᵒˢ 1 e 2.

ARTIGO 305.°-C
Auditoria interna

1 – O intermediário financeiro deve estabelecer um serviço de auditoria interna, que actue com independência, responsável por:

a) Adoptar e manter um plano de auditoria para examinar e avaliar a adequação e a eficácia dos sistemas, procedimentos e normas que suportam o sistema de controlo interno do intermediário financeiro;

b) Emitir recomendações baseadas nos resultados das avaliações realizadas e verificar a sua observância; e

264   *Código dos Valores Mobiliários*

c) Elaborar e apresentar ao órgão de administração e ao órgão de fiscalização um relatório, de periodicidade pelo menos anual, sobre questões de auditoria, indicando e identificando as recomendações que foram seguidas.

2 – O dever previsto no número anterior é aplicável sempre que adequado e proporcional, tendo em conta a natureza, a dimensão e a complexidade das actividades, bem como o tipo de actividades de intermediação financeira prestadas.

ARTIGO 305.°-D

**Responsabilidades dos titulares
do órgão de administração**

1 – Sem prejuízo das funções do órgão de fiscalização, os titulares do órgão de administração do intermediário financeiro são responsáveis por garantir o cumprimento dos deveres previstos no presente Código.

2 – Os titulares do órgão de administração devem avaliar periodicamente a eficácia das políticas, procedimentos e normas internas adoptados para cumprimento dos deveres referidos nos artigos 305.°-A a 305.°-C e tomar as medidas adequadas para corrigir eventuais deficiências detectadas e prevenir a sua ocorrência futura.

ARTIGO 305.°-E

Reclamações de investidores

1 – O intermediário financeiro deve manter um procedimento eficaz e transparente para o tratamento adequado e rápido de reclamações recebidas de investidores não qualificados, que preveja, pelo menos:

a) A recepção, encaminhamento e tratamento da reclamação por colaborador diferente do que praticou o acto de que se reclama;

b) Procedimentos concretos a adoptar para a apreciação das reclamações;

c) Prazo máximo de resposta.

2 – O intermediário financeiro deve manter, por um prazo de cinco anos, registos de todas as reclamações que incluam:

a) A reclamação, a identificação do reclamante e a data de entrada daquela;

Intermediação 265

b) A identificação da actividade de intermediação financeira em causa e a data da ocorrência dos factos;

c) A identificação do colaborador que praticou o acto reclamado;

d) A apreciação efectuada pelo intermediário financeiro, as medidas tomadas para resolver a questão e a data da sua comunicação ao reclamante.

SUBSECÇÃO III
Salvaguarda dos bens de clientes

ARTIGO 306.º
Princípios gerais

1 – Em todos os actos que pratique, assim como nos registos contabilísticos e de operações, o intermediário financeiro deve assegurar uma clara distinção entre os bens pertencentes ao seu património e os bens pertencentes ao património de cada um dos clientes.

2 – A abertura de processo de insolvência, de recuperação de empresa ou de saneamento do intermediário financeiro não tem efeitos sobre os actos praticados pelo intermediário financeiro por conta dos seus clientes.

3 – O intermediário financeiro não pode, no seu interesse ou no interesse de terceiros, dispor de instrumentos financeiros dos seus clientes ou exercer os direitos a eles inerentes, salvo acordo dos titulares.

4 – As empresas de investimento não podem utilizar no seu interesse ou no interesse de terceiros o dinheiro recebido de clientes.

5 – Para efeitos dos números anteriores, o intermediário financeiro deve:

a) Conservar os registos e as contas que sejam necessários para lhe permitir, em qualquer momento e de modo imediato, distinguir os bens pertencentes ao património de um cliente dos pertencentes ao património de qualquer outro cliente, bem como dos bens pertencentes ao seu próprio património;

b) Manter os registos e contas organizados de modo a garantir a sua exactidão e, em especial, a sua correspondência com os instrumentos financeiros e o dinheiro de clientes;

c) Realizar, com a frequência necessária e, no mínimo, com uma periodicidade mensal, reconciliações entre os registos das suas contas internas de clientes e as contas abertas junto de terceiros, para depósito ou registo de bens desses clientes;

d) Tomar as medidas necessárias para garantir que quaisquer instrumentos financeiros dos clientes, depositados ou registados junto de um terceiro, sejam identificáveis separadamente dos instrumentos financeiros pertencentes ao intermediário financeiro, através de contas abertas em nome dos clientes ou em nome do intermediário financeiro com menção de serem contas de clientes, ou através de medidas equivalentes que garantam o mesmo nível de protecção;

e) Tomar as medidas necessárias para garantir que o dinheiro dos clientes seja detido numa conta ou em contas identificadas separadamente face a quaisquer contas utilizadas para deter dinheiro do intermediário financeiro; e

f) Adoptar disposições organizativas para minimizar o risco de perda ou de diminuição de valor dos activos dos clientes ou de direitos relativos a esses activos, como consequência de utilização abusiva dos activos, de fraude, de má gestão, de manutenção de registos inadequada ou de negligência.

6 – Caso, devido ao direito aplicável, incluindo em especial a legislação relativa à propriedade ou à insolvência, as medidas tomadas pelo intermediário financeiro em cumprimento do disposto no n.º 5, não sejam suficientes para satisfazer os requisitos constantes dos n.ºs 1 e 2, a CMVM determina as medidas que devem ser adoptadas, a fim de respeitar estas obrigações.

7 – Caso o direito aplicável no país em que são detidos os bens dos clientes impeça o intermediário financeiro de respeitar o disposto nas alíneas *d*) ou *e*) do n.º 5, a CMVM estabelece os requisitos com um efeito equivalente em termos de salvaguarda dos direitos dos clientes.

8 – Sempre que, nos termos da alínea *c*) do n.º 5, se detectem divergências, estas devem ser regularizadas o mais rapidamente possível.

9 – Se as divergências referidas no número anterior persistirem por prazo superior a um mês, o intermediário financeiro deve informar imediatamente a CMVM da ocorrência.

10 – O intermediário financeiro comunica à CMVM, imediatamente, quaisquer factos susceptíveis de afectar a segurança dos bens pertencentes ao património dos clientes ou de gerar risco para os demais intermediários financeiros ou para o mercado.

Intermediação 267

ARTIGO 306.°-A
Registo e depósito de instrumentos financeiros
de clientes

1 – O intermediário financeiro que pretenda registar ou depositar instrumentos financeiros de clientes, numa ou mais contas abertas junto de um terceiro deve:

a) Observar deveres de cuidado e empregar elevados padrões de diligência profissional na selecção, na nomeação e na avaliação periódica do terceiro, considerando a sua capacidade técnica e a sua reputação no mercado; e

b) Ponderar os requisitos legais ou regulamentares e as práticas de mercado, relativos à detenção, ao registo e ao depósito de instrumentos financeiros por esses terceiros, susceptíveis de afectar negativamente os direitos dos clientes.

2 – Sempre que o registo e depósito de instrumentos financeiros estiver sujeito a regulamentação e a supervisão no Estado em que o intermediário financeiro se proponha proceder ao seu registo e depósito junto de um terceiro, o intermediário financeiro não pode proceder a esse registo ou depósito junto de entidade não sujeita a essa regulamentação ou supervisão.

3 – O intermediário financeiro não pode registar ou depositar instrumentos financeiros de clientes junto de uma entidade estabelecida num Estado que não regulamenta o registo e o depósito de instrumentos financeiros por conta de outrem, salvo se:

a) A natureza dos instrumentos financeiros ou dos serviços de investimento associados a esses instrumentos financeiros o exijam; ou

b) Os instrumentos financeiros devam ser registados ou depositados por conta de um investidor qualificado que o tenha requerido por escrito.

ARTIGO 306.°-B
Utilização de instrumentos financeiros
de clientes

1 – Caso pretenda dispor de instrumentos financeiros registados ou depositados em nome de um cliente, o intermediário financeiro deve solicitar autorização prévia e expressa daquele, comprovada, no caso de inves-

268 *Código dos Valores Mobiliários*

tidor não qualificado, pela sua assinatura ou por um mecanismo alternativo equivalente.

2 – Se os instrumentos financeiros se encontrarem registados ou depositados numa conta global, o intermediário financeiro que pretenda dispor dos mesmos deve:

a) Solicitar autorização prévia e expressa de todos os clientes cujos instrumentos financeiros estejam registados ou depositados conjuntamente na conta global; ou

b) Dispor de sistemas e controlos que assegurem que apenas são utilizados os instrumentos financeiros de clientes que tenham dado previamente a sua autorização expressa, nos termos do n.º 1.

3 – Os registos do intermediário financeiro devem incluir informação sobre o cliente que autorizou a utilização dos instrumentos financeiros, as condições dessa utilização e a quantidade de instrumentos financeiros utilizados de cada cliente, de modo a permitir a atribuição de eventuais perdas.

ARTIGO 306.º-C
Depósito de dinheiro de clientes

1 – O dinheiro entregue pelos clientes a empresas de investimento é imediatamente:

a) Depositado numa ou mais contas abertas junto de um banco central, de instituição de crédito autorizada na União Europeia a receber depósitos ou de banco autorizado num país terceiro; ou

b) Aplicado num fundo do mercado monetário elegível, se o cliente, tendo conhecimento ainda que em termos genéricos desta possibilidade, não manifestar a sua oposição.

2 – As contas mencionadas no número anterior são abertas em nome da empresa de investimento por conta dos seus clientes, podendo respeitar a um único cliente ou a uma pluralidade destes.

3 – Sempre que não deposite o dinheiro de clientes junto de um banco central, a empresa de investimento deve:

a) Actuar com especial cuidado e diligência na selecção, na nomeação e na avaliação periódica da entidade depositária, considerando a sua capacidade técnica e a sua reputação no mercado; e

b) Ponderar os requisitos legais ou regulamentares e as práticas de mercado relativas à detenção de dinheiro de clientes por essas entidades susceptíveis de afectar negativamente os direitos daqueles.

4 – As empresas de investimento devem estabelecer procedimentos escritos aplicáveis à recepção de dinheiro de clientes, nos quais se definem, designadamente:

a) Os meios de pagamento aceites para provisionamento das contas;

b) O departamento ou os colaboradores autorizados a receber dinheiro;

c) O tipo de comprovativo que é entregue ao cliente;

d) Regras relativas ao local onde o mesmo é guardado até ser depositado ou aplicado e ao arquivo de documentos;

e) Os procedimentos para prevenção de branqueamento de capitais e financiamento de terrorismo.

5 – Para efeitos da alínea *b*) do n.° 1, entende-se por «fundo do mercado monetário elegível», um organismo de investimento colectivo harmonizado ou que esteja sujeito à supervisão e, se aplicável, seja autorizado por uma autoridade de um Estado membro da União Europeia, desde que:

a) O seu objectivo principal de investimento seja a manutenção constante do valor líquido dos activos do organismo de investimento colectivo ao par ou ao valor do capital inicial adicionado dos ganhos;

b) Com vista à realização do objectivo principal de investimento, invista exclusivamente em instrumentos do mercado monetário de elevada qualidade, com vencimento ou vencimento residual não superior a 397 dias ou com ajustamentos da rendibilidade efectuados em conformidade com aquele vencimento, e cujo vencimento médio ponderado seja de 60 dias, podendo aquele objectivo ser igualmente atingido através do investimento, com carácter acessório, em depósitos bancários; e

c) Proporcione liquidez através da liquidação no próprio dia ou no dia seguinte.

6 – Um instrumento do mercado monetário é de elevada qualidade se tiver sido objecto de notação de risco por uma sociedade de notação de risco competente e receber a notação de risco disponível mais elevada por parte de todas as sociedades de notação de risco competentes que tenham sujeitado esse instrumento a notação.

7 – Para efeitos do número anterior, uma sociedade de notação de risco é competente, se:

a) Emitir notações de risco relativas a fundos do mercado monetário numa base regular e profissional;

b) For uma sociedade de notação de risco elegível na acepção do n.° 1 do artigo 81.° da Directiva n.° 2006/48/CE, do Parlamento Europeu e do Conselho, de 14 de Junho, relativa ao acesso à actividade das instituições de crédito e ao seu exercício.

270 *Código dos Valores Mobiliários*

ARTIGO 306.º-D
Movimentação de contas

1 – O intermediário financeiro deve disponibilizar aos clientes os instrumentos financeiros ou o dinheiro devidos por quaisquer operações relativas a instrumentos financeiros, incluindo a percepção de juros, dividendos e outros rendimentos:

a) No próprio dia em que os instrumentos financeiros ou montantes em causa estejam disponíveis na conta do intermediário financeiro;

b) Até ao dia útil seguinte, se as regras do sistema de liquidação das operações forem incompatíveis com o disposto na alínea anterior.

2 – As empresas de investimento podem movimentar a débito as contas referidas no n.º 1 do artigo anterior para:

a) Pagamento do preço de subscrição ou aquisição de instrumentos financeiros para os clientes;

b) Pagamento de comissões ou outros custos pelos clientes; ou

c) Transferência ordenada pelos clientes.

SUBSECÇÃO IV
Registo e conservação de documentos

ARTIGO 307.º
Contabilidade e registos

1 – A contabilidade do intermediário financeiro deve reflectir diariamente, em relação a cada cliente, o saldo credor ou devedor em dinheiro e em instrumentos financeiros.

2 – O intermediário mantém um registo diário e sequencial das operações por si realizadas, por conta própria e por conta de cada um dos clientes, com indicação dos movimentos de instrumentos financeiros e de dinheiro.

3 – O registo de cada movimento contém ou permite identificar:

a) O cliente e a conta a que diz respeito;

b) A data do movimento e a respectiva data valor;

c) A natureza do movimento, a débito ou a crédito;

d) A descrição do movimento ou da operação que lhe deu origem;

e) A quantidade ou o montante;

f) O saldo inicial e após cada movimento.

Intermediação 271

4 – As ordens e decisões de negociar são registadas nos termos previstos no artigo 7.° do Regulamento (CE) n.° 1287/2006, da Comissão, de 10 de Agosto.

5 – Os elementos que devem ser registados pelo intermediário financeiro após a execução ou recepção da confirmação da execução de uma ordem constam do artigo 8.° do Regulamento (CE) n.° 1287/2006, da Comissão, de 10 de Agosto.

ARTIGO 307.°-A
Registo do cliente

O intermediário financeiro deve manter um registo do cliente, contendo, designadamente, informação actualizada relativa aos direitos e às obrigações de ambas as partes em contratos de intermediação financeira, o qual assenta nos respectivos documentos de suporte.

ARTIGO 307.°-B
Prazo e suporte de conservação

1 – Sem prejuízo de exigências legais ou regulamentares mais rigorosas, os intermediários financeiros conservam em arquivo os documentos e registos relativos a:

a) Operações sobre instrumentos financeiros, pelo prazo de cinco anos após a realização da operação;

b) Contratos de prestação de serviço celebrados com os clientes ou os documentos de onde constam as condições com base nas quais o intermediário financeiro presta serviços ao cliente, até que tenham decorrido cinco anos após o termo da relação de clientela.

2 – A pedido das autoridades competentes ou dos seus clientes, os intermediários financeiros devem emitir certificados dos registos respeitantes às operações em que intervieram.

3 – Os registos devem ser conservados num suporte que permita o armazenamento de informação de forma acessível para futura referência pela CMVM e de modo que:

a) Seja possível reconstituir cada uma das fases essenciais do tratamento de todas as operações;

272   *Código dos Valores Mobiliários*

b) Quaisquer correcções ou outras alterações, bem como o conteúdo dos registos antes dessas correcções ou alterações, possam ser facilmente verificados; e

c) Não seja possível manipular ou alterar, por qualquer forma, os registos.

4 – O intermediário financeiro deve fixar as ordens transmitidas telefonicamente em suporte fonográfico, devendo informar previamente o cliente desse registo.

SUBSECÇÃO V
Subcontratação

Artigo 308.º
Âmbito

1 – A subcontratação com terceiros de actividades de intermediação financeira ou destinada à execução de funções operacionais, que sejam essenciais à prestação de serviços de forma contínua e em condições de qualidade e eficiência, pressupõe a adopção, pelo intermediário financeiro, das medidas necessárias para evitar riscos operacionais adicionais decorrentes da mesma e só pode ser realizada se não prejudicar o controlo interno a realizar pelo intermediário financeiro nem a capacidade de a autoridade competente controlar o cumprimento por este dos deveres que lhes sejam impostos por lei ou por regulamento emanado de autoridade pública.

2 – Uma função operacional é considerada essencial à prestação de serviços de investimento e à execução de actividades de investimento de forma contínua e em condições de qualidade e eficiência, se uma falha no seu exercício prejudicar significativamente o cumprimento, por parte do intermediário financeiro subcontratante, dos deveres a que se encontra sujeito, os seus resultados financeiros ou a continuidade dos seus serviços e actividades de investimento.

3 – Excluem-se, designadamente, do número anterior:

a) A prestação ao intermediário financeiro de serviços de consultoria ou de outros serviços que não façam parte das actividades de intermediação financeira, designadamente os serviços de consultoria jurídica, de formação de colaboradores, de facturação, de publicidade e de segurança;

Intermediação 273

b) A aquisição de serviços padronizados, nomeadamente serviços de informação sobre mercados e a disponibilização de informação relativa a preços efectivos.

ARTIGO 308.º-A
Princípios aplicáveis à subcontratação

1 – A subcontratação obedece aos seguintes princípios:

a) Não deve resultar na delegação das responsabilidades do órgão de administração;

b) Manutenção, pelo intermediário financeiro subcontratante, do controlo das actividades e funções subcontratadas e da responsabilidade perante os seus clientes, nomeadamente dos deveres de informação;

c) Não esvaziamento da actividade do intermediário financeiro subcontratante;

d) Manutenção da relação e dos deveres do intermediário financeiro subcontratante relativamente aos seus clientes, nomeadamente dos deveres de informação;

e) Manutenção dos requisitos de que dependem a autorização e o registo do intermediário financeiro subcontratante.

2 – O disposto na alínea *d*) do número anterior implica que o intermediário financeiro subcontratante:

a) Defina a política de gestão e tome as principais decisões, se os serviços, as actividades ou as funções subcontratados implicarem poderes de gestão de qualquer natureza;

b) Mantenha o exclusivo das relações com o cliente, aí incluídos os pagamentos que devam ser feito pelo ou ao cliente.

ARTIGO 308.º-B
Requisitos da subcontratação

1 – O intermediário financeiro subcontratante deve observar deveres de cuidado e empregar elevados padrões de diligência profissional na conclusão, na gestão ou na cessação de qualquer subcontrato.

2 – O intermediário financeiro subcontratante deve assegurar que a entidade subcontratada:

a) Tem as qualificações, a capacidade e a autorização, se requerida por lei, para realizar de forma confiável e profissional as actividades ou funções subcontratadas;

b) Presta eficazmente as actividades ou funções subcontratadas;

c) Controla a realização das actividades ou funções subcontratadas e gere os riscos associados à subcontratação;

d) Dispõe de toda a informação necessária ao cumprimento do subcontrato;

e) Informa o intermediário financeiro subcontratante de factos susceptíveis de influenciar a sua capacidade para exercer, em cumprimento dos requisitos legislativos e regulamentares aplicáveis, as actividades ou funções subcontratadas;

f) Coopera com as autoridades de supervisão relativamente às actividades ou funções subcontratadas;

g) Permite o acesso do intermediário financeiro subcontratante, dos respectivos auditores e das autoridades de supervisão à informação relativa às actividades ou funções subcontratadas, bem como às suas instalações comerciais;

h) Diligencia no sentido de proteger quaisquer informações confidenciais relativas ao intermediário financeiro subcontratante ou aos seus clientes.

3 – Além dos deveres previstos no número anterior, o intermediário financeiro subcontratante deve:

a) Ter a capacidade técnica necessária para supervisionar as actividades ou funções subcontratadas e para gerir os riscos associados à subcontratação;

b) Estabelecer métodos de avaliação do nível de desempenho da entidade subcontratada;

c) Tomar medidas adequadas, caso suspeite que a entidade subcontratada possa não estar a prestar as actividades ou funções subcontratadas de modo eficaz e em cumprimento dos requisitos legais e regulamentares aplicáveis;

d) Poder cessar o subcontrato, sempre que necessário, sem prejuízo da continuidade e da qualidade dos serviços prestados aos clientes;

e) Incluir nos seus relatórios anuais os elementos essenciais das actividades ou funções subcontratadas e os termos em que decorreram.

4 – Sempre que necessário, tendo em conta as actividades ou funções subcontratadas, o intermediário financeiro subcontratante e a entidade subcontratada devem adoptar um plano de contingência e realizar ensaios periódicos dos sistemas de cópias de segurança.

5 – Se o intermediário financeiro subcontratante e a entidade subcontratada integrarem o mesmo grupo de sociedades, o primeiro pode,

Intermediação 275

para efeitos dos números anteriores e do artigo 308.º-C, ter em conta a medida em que controla a entidade subcontratada ou influencia as suas acções e em que esta está incluída na supervisão consolidada do grupo.

6 – A subcontratação é formalizada por contrato escrito, do qual constam os direitos e deveres que decorrem para ambas as partes do disposto nos artigos e nos números anteriores.

7 – O subcontrato deve ser enviado à CMVM no prazo de cinco dias, a contar da respectiva celebração.

ARTIGO 308.º-C
**Subcontratação de serviços de gestão de carteiras
em entidades localizadas em países terceiros**

1 – Além do cumprimento dos requisitos previstos nos artigos 308.º-A e 308.º-B, um intermediário financeiro pode subcontratar o serviço de gestão de carteiras de investidores não qualificados a entidade localizada num país não pertencente à União Europeia, desde que:

a) No seu país de origem, a entidade subcontratada esteja autorizada a prestar esse serviço e esteja sujeita a supervisão prudencial; e

b) Exista um acordo de cooperação entre a CMVM e a autoridade de supervisão daquela entidade.

2 – Quando não se verificar qualquer das condições previstas no número anterior, um intermediário financeiro pode proceder à subcontratação junto de uma entidade localizada num país não pertencente à União Europeia, se a CMVM, no prazo de 30 dias após ter sido notificada da celebração do subcontrato, não levantar objecções ao mesmo.

3 – A CMVM divulga, nos termos do artigo 367.º:

a) A lista das autoridades de supervisão dos países não pertencente à União Europeia com as quais tenha acordos de cooperação para efeitos da alínea *a*) do n.º 1;

b) Uma declaração de princípios que inclua exemplos de situações em que, ainda que não se verificasse uma das condições previstas no n.º 1, a CMVM não levantaria objecções à subcontratação, incluindo uma explicação clara sobre as razões pelas quais, nesses casos, a esta não colocaria em risco o cumprimento das requisitos previstos nos artigos 308.º-A e 308.º-B.

SUBSECÇÃO VI
Conflitos de interesses
e realização de operações pessoais

ARTIGO 309.º
Princípios gerais

1 – O intermediário financeiro deve organizar-se por forma a identificar possíveis conflitos de interesses e actuar de modo a evitar ou a reduzir ao mínimo o risco da sua ocorrência.

2 – Em situação de conflito de interesses, o intermediário financeiro deve agir por forma a assegurar aos seus clientes um tratamento transparente e equitativo.

3 – O intermediário financeiro deve dar prevalência aos interesses do cliente, tanto em relação aos seus próprios interesses ou de sociedades com as quais se encontra em relação de domínio ou de grupo, como em relação aos interesses dos titulares dos seus órgãos sociais ou dos de agente vinculado e dos colaboradores de ambos.

4 – Sempre que o intermediário financeiro realize operações para satisfazer ordens de clientes deve pôr à disposição destes os instrumentos financeiros pelo mesmo preço por que os adquiriu.

ARTIGO 309.º-A
Política em matéria de conflitos de interesses

1 – O intermediário financeiro deve adoptar uma política em matéria de conflitos de interesses, reduzida a escrito, e adequada às suas dimensão e organização e à natureza, à dimensão e à complexidade das suas actividades.

2 – Sempre que o intermediário financeiro faça parte de um grupo d sociedades, a política deve ter igualmente em conta quaisquer circunstâncias que são, ou deveriam ser, do conhecimento daquele susceptíveis de originar um conflito de interesses decorrente da estrutura e actividades comerciais de outras sociedades do grupo.

3 – A política em matéria de conflitos de interesses deve, designadamente:

a) Identificar, relativamente a actividades de intermediação financeira específicas prestadas por ou em nome do intermediário financeiro, as circunstâncias que constituem ou podem dar origem a um conflito de interesses;

b) Especificar os procedimentos a seguir e as medidas a tomar, a fim de gerir esses conflitos.

4 – Os procedimentos e as medidas previstos na alínea *b*) do número anterior devem ser concebidos de forma a assegurar que as pessoas referidas no n.º 5 do artigo 304.º envolvidas em diferentes actividades, implicando uma situação de conflito de interesses do tipo especificado na alínea *a*) do número anterior, desenvolvam as referidas actividades com um grau adequado de independência face à dimensão e às actividades do intermediário financeiro e do grupo a que pertence e a importância do risco de prejuízo para os interesses dos clientes.

5 – Na medida do necessário para assegurar o nível de independência requerido, devem ser incluídos:

a) Procedimentos eficazes para impedir ou controlar a troca de informação entre pessoas referidas no n.º 5 do artigo 304.º envolvidas em actividades que impliquem um risco de conflito de interesses, sempre que aquela possa prejudicar os interesses de um ou mais clientes;

b) Uma fiscalização distinta das pessoas referidas no n.º 5 do artigo 304.º cujas principais funções envolvam a realização de actividades por conta de clientes, ou a prestação de serviços a estes, quando os seus interesses possam estar em conflito ou quando representem interesses diferentes, susceptíveis de estar em conflito, inclusive com os do intermediário financeiro;

c) A eliminação de qualquer relação directa entre a remuneração de pessoas referidas no n.º 5 do artigo 304.º envolvidas numa actividade e a remuneração ou as receitas geradas por outras pessoas referidas no n.º 5 do artigo 304.º, envolvidas numa outra actividade, na medida em que possa surgir um conflito de interesses entre essas actividades;

d) A adopção de medidas destinadas a impedir ou a limitar qualquer pessoa de exercer uma influência inadequada sobre o modo como uma pessoa referida no n.º 5 do artigo 304.º presta actividades de intermediação financeira;

e) A adopção de medidas destinadas a impedir ou controlar o envolvimento simultâneo ou sequencial de uma pessoa referida no n.º 5 do artigo 304.º em diferentes actividades de intermediação financeira, quando esse envolvimento possa entravar a gestão adequada dos conflitos de interesses.

6 – Caso a adopção de algum dos procedimentos e medidas previstos no número anterior não assegure o nível requerido de independência, a CMVM pode exigir que o intermediário financeiro adopte as medidas alternativas ou adicionais que se revelem necessárias e adequadas para o efeito.

ARTIGO 309.º-B
Conflitos de interesses potencialmente prejudiciais para um cliente

A identificação dos conflitos de interesses, designadamente para efeitos da política em matéria de conflitos de interesses, deve contemplar obrigatoriamente as situações em que, em resultado da prestação de actividades de intermediação financeira ou por outra circunstância, o intermediário financeiro, uma pessoa em relação de domínio com este ou uma pessoa referida no n.º 5 do artigo 304.º:

a) Seja susceptível de obter um ganho financeiro ou evitar uma perda financeira, em detrimento do cliente;

b) Tenha interesse nos resultados decorrentes de um serviço prestado ao cliente ou de uma operação realizada por conta do cliente, que seja conflituante com o interesse do cliente nesses resultados;

c) Receba um benefício financeiro ou de outra natureza para privilegiar os interesses de outro cliente face aos interesses do cliente em causa;

d) Desenvolva as mesmas actividades que o cliente;

e) Receba ou venha a receber, de uma pessoa que não o cliente, um benefício relativo a um serviço prestado ao cliente, sob forma de dinheiro, bens ou serviços, que não a comissão ou os honorários normais desse serviço.

ARTIGO 309.º-C
Registo de actividades que originam conflitos de interesses

1 – O intermediário financeiro deve manter e actualizar regularmente registos de todos os tipos de actividades de intermediação financeira, realizadas directamente por si ou em seu nome, que originaram um conflito de interesses com risco relevante de afectação dos interesses de

Intermediação 279

um ou mais clientes ou, no caso de actividades em curso, susceptíveis de o originar.

2 – Quando preste serviços relacionados com ofertas públicas ou outros de que resulte o conhecimento de informação privilegiada, o intermediário deve elaborar listas das pessoas que tiveram acesso à informação.

ARTIGO 309.°-D
Recomendações de investimento

1 – O intermediário financeiro que, fora do âmbito do exercício da actividade de consultoria para investimento, elabora recomendações de investimento, tal como definidas no artigo 12.°-A, destinadas ou susceptíveis de serem divulgadas, sob a sua responsabilidade ou de sociedade pertencente ao mesmo grupo, como recomendações de investimento aos seus clientes ou ao público, deve cumprir o disposto no n.° 5 do artigo 309.°-A relativamente às pessoas envolvidas na elaboração das recomendações.

2 – As pessoas envolvidas na elaboração da recomendação não podem realizar operações pessoais, em sentido contrário ao que nela se recomenda, sobre os instrumentos financeiros abrangidos pela recomendação ou instrumentos financeiros com eles relacionados, salvo se ocorrerem circunstâncias excepcionais e forem para tal autorizados pelo serviço competente do intermediário financeiro.

3 – Os analistas e outras pessoas referidas no n.° 5 do artigo 304.° que conheçam o momento provável de divulgação da recomendação ou o seu conteúdo não podem realizar operações, nem por sua conta, nem por conta de outrem, sobre os instrumentos financeiros abrangidos pela recomendação ou instrumentos financeiros com eles relacionados antes de os destinatários da recomendação a ela terem tido acesso e a oportunidade de tomar decisões de investimento em função do seu conteúdo, excepto se no âmbito do exercício normal da função de criador de mercado ou em execução de uma ordem de cliente não solicitada.

4 – Para efeito do disposto nos números anteriores considera-se instrumento financeiro relacionado com outro instrumento financeiro qualquer instrumento financeiro cujo preço é susceptível de ser influenciado por oscilações de preço de outro instrumento financeiro.

280   *Código dos Valores Mobiliários*

5 – O intermediário financeiro, os analistas e outras pessoas referidas no n.º 5 do artigo 304.º envolvidas na elaboração de recomendações não podem:

a) Aceitar, de quem tem um interesse significativo na matéria objecto das recomendações benefícios ilegítimos, tal como definidos no artigo 313.º;

b) Prometer uma avaliação favorável aos emitentes a que a recomendação se refere.

6 – Até à sua comunicação aos destinatários, o intermediário financeiro deve limitar o acesso ao conteúdo da recomendação aos analistas envolvidos na sua elaboração.

7 – O intermediário financeiro deve adoptar os procedimentos destinados a assegurar o cumprimento do disposto nos n.ºs 2 a 6.

8 – O intermediário financeiro pode divulgar, junto do público ou de clientes, recomendações de investimento elaboradas por terceiros desde que, para além do cumprimento do disposto no artigo 12.º-D, verifique que quem as elabora está sujeito a requisitos equivalentes aos previstos no presente Código relativamente à elaboração de recomendações ou estabeleceu uma política interna que os prevê.

ARTIGO 309.º-E

Operações realizadas por pessoas relevantes

1 – O intermediário financeiro deve adoptar procedimentos destinados a evitar que qualquer pessoa referida no n.º 5 do artigo 304.º envolvida em actividades susceptíveis de originar um conflito de interesses ou que tenha acesso a informação privilegiada ou a outras informações confidenciais realize uma operação pessoal ou aconselhe ou solicite a outrem a realização de uma operação em instrumentos financeiros:

a) Em violação do n.º 4 do artigo 248.º e do artigo 378.º;

b) Que implique a utilização ilícita ou a divulgação indevida das informações confidenciais;

c) Em violação de qualquer dever do intermediário financeiro previsto no presente Código.

2 – Os procedimentos adoptados pelo intermediário financeiro devem assegurar, em especial, que:

a) Todas as pessoas referidas no n.º 5 do artigo 304.º abrangidas pelo n.º 1 estejam informadas das restrições e dos procedimentos relativos a operações pessoais;

Intermediação 281

b) O intermediário financeiro seja imediatamente informado de todas as operações pessoais realizadas; e

c) Seja mantido um registo de cada operação pessoal, incluindo indicação de qualquer autorização ou proibição relativa à mesma.

ARTIGO 309.°-F
Operação pessoal

Para efeitos dos artigos 309.°-D e 309.°-E, entende-se por operação pessoal, uma operação sobre um instrumento financeiro concluída por uma pessoa referida no n.° 5 do artigo 304.° ou em seu nome, desde que:

a) A pessoa referida no n.° 5 do artigo 304.° actue fora do âmbito das funções que realiza nessa qualidade; ou

b) A operação seja realizada por conta:

i) Da pessoa referida no n.° 5 do artigo 304.°;

ii) De pessoas que com a pessoa referida no n.° 5 do artigo 304.° tenham uma relação nos termos do n.° 4 do artigo 248.°-B;

iii) De sociedade na qual a pessoa referida no n.° 5 do artigo 304.° detenha, directa ou indirectamente, pelo menos 20% dos direitos de voto ou do capital social;

iv) De sociedade em relação de grupo com sociedade dominada pela pessoa referida no n.° 5 do artigo 304.°; ou

v) De pessoa cuja relação com a pessoa referida no n.° 5 do artigo 304.° seja tal que esta tenha um interesse material, directo ou indirecto, no resultado da operação, além da remuneração ou comissão cobrada pela execução da mesma.

SUBSECÇÃO VII
Defesa do mercado

ARTIGO 310.°
Intermediação excessiva

1 – O intermediário financeiro deve abster-se de incitar os seus clientes a efectuar operações repetidas sobre instrumentos financeiros ou de as realizar por conta deles, quando tais operações tenham como fim prin-

cipal a cobrança de comissões ou outro objectivo estranho aos interesses do cliente.

2 – Nas operações a que se refere o número anterior inclui-se a concessão de crédito para a realização de operações.

3 – Além da responsabilidade civil e contra-ordenacional que ao caso caiba, pela realização das operações referidas nos números anteriores não são devidas comissões, juros ou outras remunerações.

ARTIGO 311.º

Defesa do mercado

1 – Os intermediários financeiros e os demais membros de mercado devem comportar-se com a maior probidade comercial, abstendo-se de participar em operações ou de praticar outros actos susceptíveis de pôr em risco a regularidade de funcionamento, a transparência e a credibilidade do mercado.

2 – São, nomeadamente, susceptíveis de pôr em risco a regularidade de funcionamento, a transparência e a credibilidade do mercado:

a) A realização de operações imputadas a uma mesma carteira tanto na compra como na venda;

b) A transferência aparente, simulada ou artificial de instrumentos financeiros entre diferentes carteiras;

c) A execução de ordens destinadas a defraudar ou a limitar significativamente os efeitos de leilão, rateio ou outra forma de atribuição de instrumentos financeiros;

d) A realização de operações de fomento não previamente comunicadas à CMVM ou de operações de estabilização que não sejam efectuadas nas condições legalmente permitidas.

3 – As entidades referidas no n.º 1 analisam ainda com especial cuidado e diligência as ordens e as transacções, nomeadamente as que se possam reconduzir às seguintes situações:

a) A execução de ordens ou a realização de transacções por comitentes com uma posição considerável de compra ou de venda ou que representem uma percentagem considerável do volume diário transaccionado sobre determinado instrumento financeiro e que, em função de tais factos, sejam idóneas para produzir alterações significativas no preço desse instrumento financeiro ou de instrumento subjacente ou derivado com ele relacionado;

Intermediação 283

b) A execução de ordens ou a realização de transacções concentradas num curto período da sessão de negociação, idóneas para produzir alterações significativas de preços de instrumentos financeiros ou de instrumentos subjacentes ou derivados com eles relacionados, que sejam posteriormente invertidas;

c) A execução de ordens ou a realização de transacções em momentos sensíveis de formação de preços de referência, de liquidação ou outros preços calculados em momentos determinantes de avaliação e que sejam idóneas para produzir alterações desses preços ou avaliações;

d) A execução de ordens que alterem as características normais do livro de ofertas para determinado instrumento financeiro e o cancelamento dessas ofertas antes da sua execução;

e) A execução de ordens ou a realização de transacções antecedidas ou seguidas de divulgação de informação falsa, incompleta, exagerada, tendenciosa ou enganosa pelos comitentes, pelos beneficiários económicos das transacções ou por pessoas com eles relacionadas;

f) A execução de ordens ou a realização de transacções antecedidas ou seguidas da elaboração ou divulgação de estudos ou recomendações de investimento contendo informação falsa, incompleta, exagerada, tendenciosa, enganosa ou manifestamente influenciada por um interesse significativo, quando os comitentes, os beneficiários económicos das transacções ou pessoas com eles relacionadas tenham participado na elaboração ou divulgação de tais estudos ou recomendações.

SUBSECÇÃO VIII
Informação a investidores

DIVISÃO I
Princípios gerais

ARTIGO 312.º
Deveres de informação

1 – O intermediário financeiro deve prestar, relativamente aos serviços que ofereça, que lhe sejam solicitados ou que efectivamente preste, todas as informações necessárias para uma tomada de decisão esclarecida e fundamentada, incluindo nomeadamente as respeitantes:

a) Ao intermediário financeiro e aos serviços por si prestados;

b) À natureza de investidor não qualificado, investidor qualificado ou contraparte elegível do cliente, ao seu eventual direito de requerer um tratamento diferente e a qualquer limitação ao nível do grau de protecção que tal implica;

c) À origem e à natureza de qualquer interesse que o intermediário financeiro ou as pessoas que em nome dele agem tenham no serviço a prestar, sempre que as medidas organizativas adoptadas pelo intermediário nos termos dos artigos 309.º e seguintes não sejam suficientes para garantir, com um grau de certeza razoável, que serão evitados o risco de os interesses dos clientes serem prejudicados;

d) Aos instrumentos financeiros e às estratégias de investimento propostas;

e) Aos riscos especiais envolvidos nas operações a realizar;

f) À sua política de execução de ordens e, se for o caso, à possibilidade de execução de ordens de clientes fora de mercado regulamentado ou de sistema de negociação multilateral;

g) À existência ou inexistência de qualquer fundo de garantia ou de protecção equivalente que abranja os serviços a prestar;

h) Ao custo do serviço a prestar.

2 – A extensão e a profundidade da informação devem ser tanto maiores quanto menor for o grau de conhecimentos e de experiência do cliente.

3 – A circunstância de os elementos informativos serem inseridos na prestação de conselho, dado a qualquer título, ou em mensagem promocional ou publicitária não exime o intermediário financeiro da observância dos requisitos e do regime aplicáveis à informação em geral.

4 – A informação prevista no n.º 1 deve ser prestada por escrito ainda que sob forma padronizada.

5 – Sempre que, na presente Subsecção, se estabelece que a informação deve ser prestada por escrito, a informação deve ser prestada em papel salvo se:

a) A prestação da informação noutro suporte seja adequada no contexto da relação, actual ou futura, entre o intermediário financeiro e o investidor; e

b) O investidor tenha expressamente escolhido a prestação da informação em suporte diferente do papel.

6 – Presume-se que a prestação de informação através de comunicação electrónica é adequada ao contexto da relação entre o intermediário financeiro e o investidor quando este tenha indicado um endereço de correio electrónico para a realização de contactos no âmbito daquela.

Intermediação 285

7 – A informação prevista nos artigos 312.°-C a 312.°-G pode ser prestada através de um sítio da Internet, se o investidor o tiver expressamente consentido e desde que:

a) A sua prestação nesse suporte seja adequada no contexto da relação, actual ou futura, entre o intermediário financeiro e o investidor;

b) O investidor tenha sido notificado, por via electrónica, do endereço do sítio da Internet e do local no mesmo de acesso à informação;

c) Esteja continuamente acessível, por um período razoável para que o investidor a possa consultar.

ARTIGO 312.°-A
Qualidade da informação

1 – A informação divulgada pelo intermediário financeiro a investidores não qualificados deve:

a) Incluir a sua denominação social;

b) Não dar ênfase a quaisquer benefícios potenciais de uma actividade de intermediação financeira ou de um instrumento financeiro, sem dar igualmente uma indicação correcta e clara de quaisquer riscos relevantes;

c) Ser apresentada de modo a ser compreendida pelo destinatário médio;

d) Ser apresentada de modo a não ocultar ou subestimar elementos, declarações ou avisos importantes.

2 – A comparação de actividades de intermediação financeira, instrumentos financeiros ou intermediários financeiros deve incidir sobre aspectos relevantes e especificar os factos e pressupostos de que depende e as fontes em que se baseia.

3 – As indicações de resultados registados no passado de um instrumento financeiro, de um índice financeiro ou de uma actividade de intermediação financeira devem:

a) Não constituir o aspecto mais visível da comunicação;

b) Incluir informação adequada relativa aos resultados que abranja os cinco anos imediatamente anteriores, ou a totalidade do período para o qual o instrumento financeiro foi oferecido, se inferior a cinco anos, mas não inferior a um ano, ou por um período mais longo que o intermediário financeiro tenha decidido e que se baseie, em qualquer caso, em períodos completos de 12 meses;

c) Referir o período de referência e a fonte da informação;

286 *Código dos Valores Mobiliários*

d) Conter um aviso bem visível de que os dados se referem ao passado e que os resultados registados no passado não constituem um indicador confiável dos resultados futuros;

e) Sempre que se basearem em dados denominados numa moeda diferente da do Estado em que reside um investidor não qualificado, indicar a moeda e incluir um aviso de que os ganhos para o investidor podem aumentar ou diminuir como consequência de oscilações cambiais; e

f) Sempre que se basearem em resultados brutos, indicar os efeitos das comissões, remunerações ou outros encargos.

4 – A simulação de resultados passados deve referir-se apenas a instrumentos financeiros e índices financeiros e:

a) Basear-se nos resultados efectivos verificados no passado de um ou mais instrumentos financeiros ou índices financeiros que sejam idênticos ou estejam subjacentes ao instrumento financeiro em causa;

b) Respeitar as condições previstas nas alíneas *a*) a *c*), *e*) e *f*) do número anterior, em relação aos resultados verificados no passado; e

c) Conter um aviso bem visível de que os dados se referem a resultados simulados do passado e que os resultados registados no passado não constituem um indicador confiável dos resultados futuros.

5 – A indicação de resultados futuros:

a) Não se pode basear em simulação de resultados passados;

b) Deve basear-se em pressupostos razoáveis, apoiados por dados objectivos;

c) Se se basear em resultados brutos, deve indicar os efeitos das comissões, remunerações e outros encargos; e

d) Deve conter um aviso bem visível de que não constitui um indicador confiável dos resultados futuros.

6 – A referência a um tratamento fiscal específico deve indicar, de modo destacado, que este depende das circunstâncias individuais de cada cliente e que está sujeito a alterações.

7 – É proibida a referência a qualquer autoridade competente de modo que sugira qualquer apoio ou aprovação por parte desta aos instrumentos financeiros ou serviços do intermediário financeiro.

ARTIGO 312.°-B

Momento da prestação de informação

1 – O intermediário financeiro deve prestar a investidor não qualificado, com antecedência suficiente à vinculação a qualquer contrato de

Intermediação 287

intermediação financeira ou, na pendência de uma relação de clientela, antes da prestação da actividade de intermediação financeira proposta ou solicitada, a seguinte informação:

a) O conteúdo do contrato;

b) A informação requerida nos artigos 312.º-C a 312.º-G relacionada com o contrato ou com a actividade de intermediação financeira.

2 – O intermediário financeiro pode prestar a informação requerida no número anterior imediatamente após o início da prestação do serviço, se:

a) A pedido do cliente, o contrato tiver sido celebrado utilizando um meio de comunicação à distância que o impediu de prestar a informação de acordo com o n.º 1; ou

b) Prestar a informação prevista no artigo 15.º do Decreto-Lei n.º 95/ /2006, de 29 de Maio, como se o investidor fosse um "consumidor" e o intermediário financeiro um «prestador de serviços financeiros» na acepção deste diploma.

3 – O intermediário deve prestar ao investidor qualificado a informação prevista no n.º 2 do artigo 312.º-F com suficiente antecedência antes da prestação do serviço em causa.

4 – O intermediário financeiro notifica o cliente, independentemente da natureza deste, com antecedência suficiente, de qualquer alteração significativa na informação prestada ao abrigo dos artigos 312.º-C a 312.º-G, através do mesmo suporte com que foi prestada inicialmente.

DIVISÃO II
Informação mínima

ARTIGO 312.º-C
**Informação relativa ao intermediário financeiro
e aos serviços por si prestados**

1 – O intermediário financeiro deve prestar a seguinte informação a investidores não qualificados:

a) A denominação, a natureza e o endereço do intermediário financeiro e os elementos de contacto necessários para que o cliente possa comunicar efectivamente com este;

b) Os idiomas em que o cliente pode comunicar com o intermediário financeiro e receber deste documentos e outra informação;

288 *Código dos Valores Mobiliários*

c) Os canais de comunicação a utilizar entre o intermediário financeiro e o cliente, incluindo, se for caso disso, para efeitos de envio e recepção de ordens;

d) Declaração que ateste que o intermediário financeiro está autorizado para a prestação da actividade de intermediação financeira, indicação da data da autorização, com referência à autoridade de supervisão que a concedeu e respectivo endereço de contacto;

e) Sempre que o intermediário financeiro actue através de um agente vinculado, uma declaração nesse sentido, especificando o Estado membro da União Europeia em que o agente consta de listagem pública;

f) A natureza, a frequência e a periodicidade dos relatórios sobre o desempenho do serviço a prestar pelo intermediário financeiro ao cliente;

g) Caso o intermediário financeiro detenha instrumentos financeiros ou dinheiro dos clientes, uma descrição sumária das medidas tomadas para assegurar a sua protecção, nomeadamente informação sintética sobre os sistemas de indemnização aos investidores e de garantia dos depósitos aplicáveis ao intermediário financeiro por força das suas actividades num Estado membro da União Europeia;

h) Uma descrição, ainda que apresentada sinteticamente, da política em matéria de conflitos de interesses seguida pelo intermediário financeiro, de acordo com o artigo 309.°-A e, se o cliente o solicitar, informação adicional sobre essa política;

i) A existência e o modo de funcionamento do serviço do intermediário financeiro destinado a receber e a analisar as reclamações dos investidores, bem como indicação da possibilidade de reclamação junto da autoridade de supervisão;

j) A natureza, os riscos gerais e específicos, designadamente de liquidez, de crédito ou de mercado, e as implicações subjacentes ao serviço que visa prestar, cujo conhecimento seja necessário para a tomada de decisão do investidor, tendo em conta a natureza do serviço a prestar, o conhecimento e a experiência manifestadas, entregando-lhe um documento que reflicta essas informações.

2 – Quando o cliente seja um investidor qualificado, o disposto no número anterior apenas se aplica se este solicitar expressamente as informações nele referidas, devendo o intermediário financeiro informar expressamente o cliente desse direito.

Intermediação 289

ARTIGO 312.°-D
Informação adicional relativa à gestão de carteiras

1 – Além da informação exigida no artigo anterior, o intermediário financeiro que ofereça ou efectivamente preste o serviço de gestão de carteiras a um investidor não qualificado, deve informá-lo sobre:

a) O método e a frequência de avaliação dos instrumentos financeiros da carteira do cliente;

b) Qualquer subcontratação da gestão discricionária da totalidade, ou de uma parte, dos instrumentos financeiros ou do dinheiro da carteira do cliente;

c) A especificação do valor de referência face ao qual são comparados os resultados da carteira do cliente ou de outro método de avaliação que seja adoptado nos termos do n.° 2;

d) Os tipos de instrumentos financeiros susceptíveis de serem incluídos na carteira do cliente e os tipos de operações susceptíveis de serem realizadas sobre esses instrumentos financeiros, incluindo eventuais limites;

e) Os objectivos de gestão, o nível de risco reflectido no exercício de discricionariedade do gestor e quaisquer limitações específicas dessa discricionariedade.

2 – Para permitir a avaliação pelo cliente do desempenho da carteira, o intermediário financeiro deve estabelecer um método adequado de avaliação, designadamente através da fixação de um valor de referência, baseando-se nos objectivos de investimento do cliente e nos tipos de instrumentos financeiros incluídos na carteira.

ARTIGO 312.°-E
Informação relativa aos instrumentos financeiros

1 – O intermediário financeiro deve informar os investidores da natureza e dos riscos dos instrumentos financeiros, explicitando, com um grau suficiente de pormenorização, a natureza e os riscos do tipo de instrumento financeiro em causa.

2 – A descrição dos riscos deve incluir:

a) Os riscos associados ao instrumento financeiro, incluindo uma explicação do impacto do efeito de alavancagem e do risco de perda da totalidade do investimento;

b) A volatilidade do preço do instrumento financeiro e as eventuais limitações existentes no mercado em que o mesmo é negociado;

c) O facto de o investidor poder assumir, em resultado de operações sobre o instrumento financeiro, compromissos financeiros e outras obrigações adicionais, além do custo de aquisição do mesmo;

d) Quaisquer requisitos em matéria de margens ou obrigações análogas, aplicáveis aos instrumentos financeiros desse tipo.

3 – A informação, prestada a um investidor não qualificado sobre um valor mobiliário objecto de uma oferta pública, deve incluir a informação sobre o local onde pode ser consultado o respectivo prospecto.

4 – Sempre que os riscos associados a um instrumento financeiro composto de dois ou mais instrumentos ou serviços financeiros forem susceptíveis de ser superiores aos riscos associados a cada um dos instrumentos ou dos serviços financeiros que o compõem, o intermediário financeiro deve apresentar uma descrição do modo como a sua interacção aumenta o risco.

5 – No caso de instrumentos financeiros que incluem uma garantia de um terceiro, a informação sobre a garantia deve incluir elementos suficientes sobre o garante e a garantia, a fim de permitir uma avaliação correcta por parte de um investidor não qualificado.

6 – Um prospecto simplificado relativo a unidades de participação num organismo de investimento colectivo harmonizado e que respeite o artigo 28.° da Directiva n.° 85/611/CEE, do Conselho, de 20 de Dezembro, é considerado adequado para efeitos do disposto na alínea *d*) do n.° 1 do artigo 312.°

ARTIGO 312.°-F
Informação relativa à protecção do património de clientes

1 – O intermediário financeiro, sempre que detenha, ou possa vir a deter, instrumentos financeiros ou dinheiro que pertençam a investidores não qualificados, deve informá-los sobre:

a) A possibilidade de os instrumentos financeiros ou o dinheiro poderem vir a ser detidos por um terceiro em nome do intermediário financeiro e a responsabilidade assumida por este, por força do direito aplicável, relativamente a quaisquer actos ou omissões do terceiro, e as consequências para o cliente da insolvência do terceiro;

b) A possibilidade de os instrumentos financeiros poderem vir a ser detidos por um terceiro numa conta global, caso tal seja permitido pelo direito aplicável, apresentando um aviso bem visível sobre os riscos daí resultantes;

c) A impossibilidade, por força do direito aplicável, de identificar separadamente os instrumentos financeiros dos clientes, detidos por um terceiro, face aos instrumentos financeiros propriedade desse terceiro ou do intermediário financeiro, apresentando um aviso bem visível dos riscos daí resultantes;

d) O facto de as contas que contenham instrumentos financeiros ou dinheiro do cliente estarem, ou poderem vir a estar, sujeitas a lei estrangeira, indicando que os direitos do cliente podem ser afectados;

e) A existência e o conteúdo de direitos decorrentes de garantias que um terceiro tenha, ou possa vir a ter, relativamente aos instrumentos financeiros ou ao dinheiro do cliente ou de direitos de compensação que tenha face a esses instrumentos financeiros ou dinheiro.

2 – O intermediário financeiro deve prestar a investidores qualificados a informação referida nas alíneas *d*) e *e*) do número anterior.

3 – Um intermediário financeiro, antes de concluir operações de financiamento de instrumentos financeiros, tal como definidas no artigo 2.º do Regulamento (CE) n.º 1287/2006, da Comissão, de 10 de Agosto, relativamente a instrumentos financeiros pertencentes a um investidor não qualificado ou de os utilizar a outro título, por sua conta ou por conta de outrem, deve informar o cliente, por escrito, com suficiente antecedência em relação à utilização desses instrumentos financeiros, sobre as obrigações e as responsabilidades que sobre si recaem pelo facto de utilizar esses instrumentos financeiros, as condições da sua restituição e os riscos envolvidos por tal utilização.

ARTIGO 312.º-G
Informação sobre custos

1 – O intermediário financeiro deve prestar a investidores não qualificados, informação relativa ao custo dos serviços, incluindo, sempre que relevante:

a) O preço total a pagar pelo investidor relativamente ao instrumento financeiro ou à actividade de intermediação financeira, incluindo todas as remunerações, comissões discriminadas, encargos e despesas conexos e

292 *Código dos Valores Mobiliários*

todos os impostos a pagar através do intermediário financeiro ou, caso não possa ser indicado um preço exacto, a base de cálculo do preço total, de modo que o investidor o possa verificar;

b) A indicação da moeda envolvida e das taxas e custos de conversão cambial aplicáveis, sempre que qualquer parte do preço total deva ser paga ou represente um montante em moeda estrangeira;

c) Comunicação da cobrança ao cliente de outros custos, incluindo impostos relacionados com operações referentes ao instrumento financeiro ou à actividade de intermediação financeira, que não sejam pagos através do intermediário financeiro;

d) Modalidades de pagamento ou outras eventuais formalidades.

2 – A informação que contenha os custos referidos no número anterior é divulgada, de forma bem visível, em todos os canais de contacto com o público e deve ser entregue ao investidor no momento da abertura de conta e sempre que no mesmo se introduzam alterações desfavoráveis a este, antes destas entrarem em vigor.

3 – Um prospecto simplificado relativo a unidades de participação num organismo de investimento colectivo harmonizado e que respeite o artigo 28.° da Directiva n.° 85/611/CEE, do Conselho, de 20 de Dezembro, é considerado adequado para os efeitos do disposto na alínea *h)* do n.° 1 do artigo 312.°, no que respeita aos custos relacionados com o organismo de investimento colectivo, incluindo as comissões de subscrição e de resgate.

SUBSECÇÃO IX
Benefícios ilegítimos

ARTIGO 313.°
Proibição geral e dever de divulgação

1 – O intermediário financeiro não pode, relativamente à prestação de uma actividade de intermediação financeira ao cliente, oferecer ao cliente ou a terceiros ou deles receber qualquer remuneração, comissão ou benefício não pecuniário, excepto se:

a) A existência, a natureza e o montante da remuneração, comissão ou benefício não pecuniário, ou, se o montante não puder ser determinado, o seu método de cálculo, forem divulgados ao cliente de modo completo,

Intermediação 293

verdadeiro e claro, antes da prestação da actividade de intermediação financeira em causa;

b) O pagamento da remuneração ou comissão ou a concessão do benefício não pecuniário reforçarem a qualidade da actividade prestada ao cliente e não prejudicarem o respeito do dever de actuar no sentido da protecção dos legítimos interesses do cliente;

c) O pagamento de remunerações adequadas, tais como custos de custódia, comissões de compensação e troca, taxas obrigatórias ou despesas de contencioso, possibilite ou seja necessário para a prestação da actividade de intermediação financeira.

2 – O intermediário financeiro pode, para efeitos da alínea *a*) do número anterior, divulgar a informação sobre remunerações, comissões ou benefícios não pecuniários em termos resumidos, devendo contudo divulgar a informação adicional que for solicitada pelo cliente.

3 – *(Revogado.)*

4 – *(Revogado.)*

5 – *(Revogado.)*

6 – *(Revogado.)*

7 – *(Revogado.)*

SUBSECÇÃO X
Avaliação do carácter adequado da operação

Artigo 314.º
Princípio geral

1 – O intermediário financeiro deve solicitar ao cliente informação relativa aos seus conhecimentos e experiência em matéria de investimento no que respeita ao tipo de instrumento financeiro ou ao serviço considerado, que lhe permita avaliar se o cliente compreende os riscos envolvidos.

2 – Se, com base na informação recebida ao abrigo do número anterior, o intermediário financeiro julgar que a operação considerada não é adequada àquele cliente deve adverti-lo, por escrito, para esse facto.

3 – No caso do cliente se recusar a fornecer a informação referida no n.º 1 ou não fornecer informação suficiente, o intermediário financeiro deve adverti-lo, por escrito, para o facto de que essa decisão não lhe permite determinar a adequação da operação considerada às suas circunstâncias.

294   *Código dos Valores Mobiliários*

4 – As advertências referidas nos n.ᵒˢ 2 e 3 podem ser feitas de forma padronizada.

ARTIGO 314.°-A
Gestão de carteiras e consultoria para investimento

1 – No âmbito da prestação dos serviços de gestão de carteiras ou de consultoria para investimento, o intermediário financeiro deve obter do investidor, além da informação referida no n.° 1 do artigo anterior, informação relativa à sua situação financeira e aos seus objectivos de investimento.

2 – O intermediário financeiro deve obter a informação necessária para que possa compreender os factos essenciais relacionados com o cliente e para que, tendo em conta a natureza e o âmbito do serviço prestado, possa considerar que:

a) A operação específica a recomendar ou a iniciar corresponde aos objectivos de investimento do cliente em questão;

b) O cliente pode suportar financeiramente quaisquer riscos de investimento conexos, em coerência com os seus objectivos de investimento; e

c) A natureza do cliente assegura que este dispõe da experiência e dos conhecimentos necessários para compreender os riscos envolvidos na operação ou na gestão da sua carteira.

3 – Se o intermediário financeiro não obtiver a informação necessária para a operação em causa, não a pode recomendar ao cliente.

4 – Na prestação de consultoria para investimento a um investidor qualificado, o intermediário financeiro pode presumir, para efeitos da alínea *b)* do n.° 2, que aquele consegue suportar financeiramente o risco de qualquer eventual prejuízo causado pelo investimento.

5 – O disposto no número anterior não se aplica a clientes cujo tratamento como investidores qualificados resulte de um seu pedido.

ARTIGO 314.°-B
Conteúdo da informação necessária

1 – A informação relativa ao conhecimento e à experiência de um cliente deve incluir:

a) Os tipos de serviços, operações e instrumentos financeiros com que o cliente está familiarizado;

b) A natureza, o volume e a frequência das operações do cliente em instrumentos financeiros e o período durante o qual foram realizadas;

c) O nível de habilitações, a profissão ou a anterior profissão relevante do cliente.

2 – A informação referida no número anterior tem em consideração a natureza do investidor, a natureza e o âmbito do serviço a prestar e o tipo de instrumento financeiro ou operação previstos, incluindo a complexidade e os riscos inerentes aos mesmos.

3 – Sempre que o intermediário financeiro preste um serviço de investimento a um investidor qualificado presume-se que, em relação aos instrumentos financeiros, operações e serviços para os quais é tratado como tal, esse cliente tem o nível necessário de experiência e de conhecimentos, designadamente para efeitos da alínea *c*) do n.º 2 do artigo anterior.

4 – A informação relativa à situação financeira do cliente inclui, sempre que for relevante, a fonte e o montante dos seus rendimentos regulares, os seus activos, incluindo os activos líquidos, os investimentos e os activos imobiliários e os seus compromissos financeiros regulares.

5 – A informação relativa aos objectivos de investimento do cliente inclui, sempre que for relevante, o período durante o qual aquele pretende deter o investimento, as suas preferências relativamente à assunção de risco, o seu perfil de risco e os seus objectivos de investimento.

ARTIGO 314.º-C
Prestação de informação

1 – O intermediário financeiro não pode incentivar um cliente a não prestar a informação requerida no artigo anterior.

2 – O intermediário financeiro pode basear-se na informação prestada pelos clientes, salvo se tiver conhecimento ou estiver em condições de saber que a informação se encontra desactualizada, inexacta ou incompleta.

3 – O intermediário financeiro que recebe de outro intermediário financeiro instruções para prestar serviços de investimento em nome de um cliente deste último pode basear-se:

a) Na informação sobre o cliente que lhe tenha sido transmitida pelo intermediário financeiro que o contratou;

b) Nas recomendações relativas ao serviço ou operação que tenham sido transmitidas ao cliente pelo outro intermediário financeiro.

296   *Código dos Valores Mobiliários*

4 – O intermediário financeiro que transmita instruções a outro intermediário financeiro deve assegurar a suficiência e a veracidade da informação transmitida sobre o cliente e a adequação das recomendações ou dos conselhos relativos ao serviço ou operação que tenham sido por si prestados a este.

ARTIGO 314.º-D
Recepção e transmissão ou execução de ordens

1 – Na prestação exclusiva dos serviços de recepção e transmissão ou execução de ordens do cliente, ainda que acompanhada pela prestação de serviços auxiliares, não é aplicável o disposto no artigo 314.º, desde que:

a) O objecto da operação seja acções admitidas à negociação num mercado regulamentado ou em mercado equivalente, obrigações, excluindo as que incorporam derivados, unidades de participação em organismos de investimento colectivo em valores mobiliários harmonizados, instrumentos do mercado monetário e outros instrumentos financeiros não complexos;

b) O serviço seja prestado por iniciativa do cliente;

c) O cliente tenha sido advertido, por escrito, ainda que de forma padronizada, de que, na prestação deste serviço, o intermediário financeiro não é obrigado a determinar a adequação da operação considerada às circunstâncias do cliente; e

d) O intermediário financeiro cumpra os deveres relativos a conflitos de interesses previstos no presente Código.

2 – Para efeitos da alínea *a*) do número anterior, um instrumento financeiro é não complexo, desde que:

a) Não esteja abrangido nas alíneas *c*), *e*), *f*) e *g*) do artigo 1.º e nas alíneas *c*) a *f*) do n.º 1 do artigo 2.º;

b) Se verifiquem frequentes oportunidades para o alienar, resgatar ou realizar a preços que sejam públicos e que se encontrem à disposição dos participantes no mercado, correspondendo a preços de mercado ou a preços disponibilizados por sistemas de avaliação independentes do emitente;

c) Não implique a assunção de responsabilidades pelo cliente que excedam o custo de aquisição do instrumento financeiro;

d) Esteja disponível publicamente informação adequada sobre as suas características, que permita a um investidor não qualificado médio avaliar, de forma informada, a oportunidade de realizar uma operação sobre esse instrumento financeiro.

SUBSECÇÃO XI
Reporte de operações

ARTIGO 315.º
Informação à CMVM

1 – Os intermediários financeiros com sede em território nacional e os intermediários financeiros com sede em outros Estados membros da União Europeia estabelecidos em Portugal através de uma sucursal, neste caso relativamente a operações realizadas a partir desta, comunicam à CMVM as operações realizadas que tenham como objecto instrumentos financeiros admitidos à negociação num mercado regulamentado situado ou a funcionar em Estado membro da União Europeia, tão rapidamente quanto possível e nunca após o dia útil seguinte ao da realização da operação.

2 – A comunicação a que se refere o número anterior deve ser feita nos termos do disposto nos artigos 12.º e 13.º do Regulamento (CE) n.º 1287/2006, da Comissão, de 10 de Agosto, e em regulamento da CMVM.

3 – O intermediário financeiro pode cumprir o dever de comunicação previsto no n.º 1 através de terceiro agindo em seu nome ou através de um sistema de notificações de operações aprovado pela CMVM.

4 – A CMVM pode, por regulamento, determinar que a informação prevista nos números anteriores seja comunicada à CMVM pela entidade gestora do mercado regulamentado ou do sistema de negociação multilateral através do qual a operação tenha sido concluída.

5 – No caso referido no número anterior, o intermediário financeiro fica dispensado do dever de comunicação previsto no n.º 1.

6 – Quando a CMVM receba de uma sucursal as informações previstas no presente artigo, transmite-as à autoridade competente do Estado membro da União Europeia que tenha autorizado a empresa de investimento a que a sucursal pertence, salvo se esta declarar não desejar recebê-las.

7 – A informação recebida nos termos do presente artigo é transmitida pela CMVM à autoridade competente do mercado mais relevante em termos de liquidez para os instrumentos financeiros objecto da operação comunicada, conforme definido no artigo 9.º do Regulamento (CE) n.º 1287/2006, da Comissão, de 10 de Agosto.

8 – A CMVM deve elaborar os regulamentos necessários à concretização do disposto no presente artigo.

SUBSECÇÃO XII
Informação relativa a operações sobre acções admitidas à negociação em mercado regulamentado

ARTIGO 316.º
Informação sobre operações realizadas fora de mercado regulamentado ou de sistema de negociação multilateral

1 – O disposto nos n.ᵒˢ 3 a 6 do artigo 221.º aplica-se aos intermediários financeiros relativamente a operações que executem, por conta própria ou em nome de clientes, fora de mercado regulamentado ou de sistema de negociação multilateral, sobre acções admitidas à negociação em mercado regulamentado.

2 – *(Revogado.)*

SECÇÃO IV
Categorização de investidores

ARTIGO 317.º
Disposições gerais

1 – O intermediário financeiro deve estabelecer, por escrito, uma política interna que lhe permita, a todo o tempo, conhecer a natureza de cada cliente, como investidor não qualificado, qualificado ou contraparte elegível, e adoptar os procedimentos necessários à concretização da mesma.

2 – O intermediário financeiro pode, por sua própria iniciativa, tratar:

a) Qualquer investidor qualificado como investidor não qualificado;

b) Uma contraparte elegível, assim qualificada nos termos do n.º 1 do artigo 317.º-D como investidor qualificado ou como investidor não qualificado.

3 – *(Revogado.)*

Intermediação 299

ARTIGO 317.°-A
Procedimentos para a solicitação de tratamento como investidor não qualificado

1 – O tratamento como investidor não qualificado a conferir a um investidor qualificado nos termos do artigo 30.° depende de acordo escrito, a celebrar entre o intermediário financeiro e o cliente que o haja requerido, o qual deve precisar, por forma clara, o seu âmbito, especificando os serviços, instrumentos financeiros e operações a que se aplica.

2 – Na falta das estipulações previstas no número anterior, presume-se que o referido acordo produz efeitos sobre todos os serviços, instrumentos financeiros e operações contratados.

3 – Mediante declaração escrita, o cliente pode denunciar o acordo referido no n.° 1, a todo o tempo.

ARTIGO 317.°-B
Requisitos e procedimentos para a solicitação de tratamento como investidor qualificado

1 – O investidor não qualificado pode solicitar ao intermediário financeiro tratamento como investidor qualificado.

2 – A satisfação da solicitação formulada nos termos do número anterior depende de avaliação prévia, a realizar pelo intermediário financeiro, dos conhecimentos e experiência do cliente, pela qual se garanta que este tem capacidade para tomar as suas próprias decisões de investimento e que compreende os riscos que as mesmas envolvem, ponderada a natureza dos serviços, instrumentos financeiros e operações contratados.

3 – Para efeitos da avaliação prevista no número anterior, o cliente deve, no mínimo, respeitar dois dos seguintes requisitos:

a) Ter efectuado operações com um volume significativo no mercado relevante, com uma frequência média de 10 operações por trimestre, durante os últimos quatro trimestres;

b) Dispor de uma carteira de instrumentos financeiros, incluindo também depósitos em numerário, que exceda € 500 000;

c) Prestar ou ter prestado funções no sector financeiro, durante, pelo menos, um ano, em cargo que exija conhecimento dos serviços ou operações em causa.

300   *Código dos Valores Mobiliários*

4 – Nos casos em que a solicitação tenha sido apresentada por pessoa colectiva, a avaliação prevista no n.º 2 e a relativa ao requisito mencionado na alínea *c*) do número anterior são feitas relativamente ao responsável pelas actividades de investimento da requerente.

5 – A solicitação de tratamento como investidor qualificado observa os seguintes procedimentos:

a) O cliente solicita ao intermediário financeiro, por escrito, tratamento como investidor qualificado, devendo precisar os serviços, instrumentos financeiros e operações em que pretende tal tratamento;

b) Após realizada a avaliação prevista no artigo anterior, o intermediário financeiro deve informar o cliente, por escrito, do deferimento do pedido e das consequências resultantes da satisfação da solicitação formulada, explicitando que tal opção importa uma redução da protecção que lhe é conferida por lei ou regulamento;

c) Recebida tal informação, o cliente deve declarar, por escrito, em documento autónomo, que está ciente das consequências da sua opção.

ARTIGO 317.º-C
Responsabilidade e adequação da qualificação

1 – Compete ao cliente que tenha solicitado tratamento como investidor qualificado manter o intermediário financeiro informado sobre qualquer alteração susceptível de afectar os pressupostos que conduziram à sua qualificação.

2 – O intermediário financeiro que tome conhecimento que um cliente deixou de satisfazer os requisitos previstos no artigo anterior deve informar o cliente que, se não comprovar a manutenção dos requisitos, dentro do prazo por aquele determinado, é tratado como investidor não qualificado.

ARTIGO 317.º-D
Contrapartes elegíveis

1 – São contrapartes elegíveis do intermediário financeiro com o qual se relacionam as entidades enunciadas nas alíneas *a*) a *i*), com excepção dos governos de âmbito regional, do n.º 1 do artigo 30.º.

2 – O tratamento como contraparte elegível pode ser afastado, em relação a qualquer tipo de operação ou a operações específicas, mediante

Intermediação 301

acordo escrito celebrado entre o intermediário financeiro e o cliente que o haja solicitado.

3 – Se, na solicitação referida no número anterior, a contraparte elegível:

a) Não solicitar expressamente o tratamento como investidor não qualificado, é a mesma tratada como investidor qualificado;

b) Solicitar expressamente o tratamento como investidor qualificado, pode, a todo o tempo, solicitar o tratamento como investidor não qualificado nos termos do artigo 317.º-A.

4 – O intermediário financeiro pode também tratar como contrapartes elegíveis as pessoas colectivas mencionadas na alínea *b*) do n.º 3 do artigo 30.º, desde que tal tratamento tenha sido por estas expressamente aceite, por escrito, em relação a um tipo de operação ou a operações específicas.

5 – O reconhecimento do estatuto de contraparte elegível por intermediário financeiro relativamente a pessoa colectiva referida no número anterior, cuja sede se situe noutro Estado, depende da consagração de tal estatuto no respectivo ordenamento.

6 – O cumprimento dos deveres previstos nos artigos 312.º a 314.º-D, 321.º a 323.º -C e 328.º a 333.º não é exigível ao intermediário financeiro na execução de um ou vários dos serviços e actividades nas alíneas *a*), *b*) e *e*) do n.º 1 do artigo 290.º sempre que esteja em causa a realização de operações entre o intermediário financeiro e uma contraparte elegível ou a prestação de serviços auxiliares com aquelas relacionados.

SECÇÃO V
Regulamentação

ARTIGO 318.º
Organização dos intermediários financeiros

1 – A CMVM elabora os regulamentos necessários à concretização do disposto no presente título sobre a organização dos intermediários financeiros, nomeadamente quanto às seguintes matérias:

a) Processo de registo das actividades de intermediação financeira;

b) Comunicação à CMVM do responsável pelo sistema de controlo do cumprimento;

302   *Código dos Valores Mobiliários*

c) Requisitos relativos aos meios humanos, materiais e técnicos exigidos para a prestação de cada uma das actividades de intermediação;

d) Registo das operações e prestação de informações à CMVM, tendo em vista o controlo e a fiscalização das várias actividades;

e) Os deveres mínimos em matéria de conservação de registos

f) Medidas de organização a adoptar pelo intermediário financeiro que exerça mais de uma actividade de intermediação, tendo em conta a sua natureza, dimensão e risco;

g) Funções que devem ser objecto de segregação, em particular aquelas que, sendo dirigidas ou efectuadas pela mesma pessoa, possam dar origem a erros de difícil detecção ou que possam expor a risco excessivo o intermediário financeiro ou os seus clientes;

h) As políticas e procedimentos internos dos intermediários financeiros relativos à categorização de investidores e os critérios de avaliação para efeitos de qualificação;

i) Circunstâncias que devem ser consideradas para efeito de aplicação dos deveres relativos aos sistemas de controlo do cumprimento, de gestão de riscos e de auditoria interna, tendo em conta a natureza, a dimensão e a complexidade das actividades do intermediário financeiro, bem como o tipo de actividades de intermediação financeira prestadas;

j) Conteúdo do relatório a elaborar pelo auditor relativo à salvaguarda dos bens de clientes;

l) Termos em que os intermediários financeiros devem disponibilizar à CMVM informação sobre as políticas e procedimentos adoptados para cumprimento dos deveres relativos à organização interna e ao exercício da actividade.

2 – O Banco de Portugal deve ser ouvido na elaboração dos regulamentos a que se referem as alíneas *c*), *f*), *g*), *i*) e *j*) do número anterior.

ARTIGO 319.º
Actividades de intermediação

A CMVM elabora os regulamentos necessários à concretização do disposto no presente título sobre o exercício de actividades de intermediação, nomeadamente quanto às seguintes matérias:

a) Abertura, movimentação, utilização e controlo das contas de depósito do dinheiro entregue a empresas de investimento pelos seus clientes ou por terceiros de conta deles;

b) O exercício da actividade de agente vinculado, designadamente em relação à informação exigida ao intermediário financeiro, aos critérios de avaliação da idoneidade e da adequação da formação e da experiência profissional, ao conteúdo do contrato para o exercício da actividade e aos procedimentos relativos à recepção ou entrega de dinheiro de clientes.

ARTIGO 320.º
Consultores para investimento

A CMVM elabora os regulamentos necessários à concretização do disposto no presente título sobre o exercício da actividade dos consultores para investimento, nomeadamente quanto às seguintes matérias:

a) Elementos exigíveis para a prova dos requisitos necessários ao registo para o exercício da actividade;

b) Organização interna;

c) Periodicidade e conteúdo da informação a prestar pelos consultores para investimento à CMVM.

CAPÍTULO II
Contratos de intermediação

SECÇÃO I
Regras gerais

SUBSECÇÃO I
Celebração de contratos de intermediação

ARTIGO 321.º
Contratos com investidores não qualificados

1 – Os contratos de intermediação financeira relativos aos serviços previstos nas alíneas *a*) a *d*) do n.º 1 do artigo 290.º e *a*) e *b*) do artigo 291.º e celebrados com investidores não qualificados revestem a forma escrita e só estes podem invocar a nulidade resultante da inobservância de forma.

304   *Código dos Valores Mobiliários*

2 – Os contratos de intermediação financeira podem ser celebrados com base em cláusulas gerais.

3 – Aos contratos de intermediação financeira é aplicável o regime das cláusulas contratuais gerais, sendo para esse efeito os investidores não qualificados equiparados a consumidores.

4 – As cláusulas gerais relativas aos serviços previstos na alínea *c*) do n.° 1 do artigo 290.° e nas alíneas *a*) e *b*) do artigo 291.° são previamente comunicadas à CMVM.

5 – Nos contratos de intermediação celebrados com investidores não qualificados residentes em Portugal, para a execução de operações em Portugal, a aplicação do direito competente não pode ter como consequência privar o investidor da protecção assegurada pelas disposições do presente capítulo e da secção III do capítulo I sobre informação, conflito de interesses e segregação patrimonial.

ARTIGO 321.°-A
Conteúdo mínimo dos contratos

1 – Os contratos de intermediação financeira celebrados com investidores não qualificados devem, pelo menos, conter:

a) Identificação completa das partes, morada e números de telefone de contacto;

b) Indicação de que o intermediário financeiro está autorizado para a prestação da actividade de intermediação financeira, bem como do respectivo número de registo na autoridade de supervisão;

c) Descrição geral dos serviços a prestar, bem como a identificação dos instrumentos financeiros objecto dos serviços a prestar;

d) Indicação dos direitos e deveres das partes, nomeadamente os de natureza legal e respectiva forma de cumprimento, bem como consequências resultantes do incumprimento contratual imputável a qualquer uma das partes;

e) Indicação da lei aplicável ao contrato;

f) Informação sobre a existência e o modo de funcionamento do serviço do intermediário financeiro destinado a receber as reclamações dos investidores bem como da possibilidade de reclamação junto da entidade de supervisão.

2 – Os elementos referidos na alínea *a*) do número anterior podem ser recebidos de outros intermediários financeiros que prestem serviços ao

Intermediação

cliente, mediante autorização prévia deste e sem prejuízo do dever de segredo profissional previsto no n.º 4 do artigo 304.º.

ARTIGO 322.º
Contratos celebrados fora do estabelecimento

1 – As ordens para execução de operações e os contratos de gestão de carteira cuja emissão ou conclusão por um investidor não qualificado tenha tido lugar fora do estabelecimento do intermediário financeiro, sem anterior relação de clientela e sem solicitação do investidor, só produzem efeito três dias úteis após a declaração negocial do investidor.

2 – Neste prazo, pode o investidor comunicar o seu arrependimento ao intermediário financeiro.

3 – Considera-se que existe anterior relação de clientela quando:

a) Entre o intermediário financeiro e o investidor tenha sido celebrado contrato de gestão de carteira; ou

b) O intermediário financeiro seja destinatário frequente de ordens dadas pelo investidor; ou

c) O intermediário financeiro tenha a seu cargo o registo ou o depósito de instrumentos financeiros pertencentes ao investidor.

4 – Presume-se que o contacto efectuado pelo intermediário financeiro não foi solicitado quando não exista anterior relação de clientela entre o intermediário financeiro e o investidor.

5 – O consultor para investimento não pode efectuar contactos com investidores não qualificados que por estes não tenham sido solicitados.

SUBSECÇÃO II
Informação contratual

ARTIGO 323.º
Deveres de informação no âmbito da execução
de ordens

1 – O intermediário financeiro que receba uma ordem de cliente deve:

a) Informar o cliente prontamente e por escrito sobre a execução da mesma;

b) No caso de um investidor não qualificado, enviar uma nota de execução da operação, confirmando a execução da ordem, logo que possível e o mais tardar no primeiro dia útil seguinte à execução ou, caso a confirmação seja recebida de um terceiro, o mais tardar no primeiro dia útil seguinte à recepção, pelo intermediário financeiro, dessa confirmação.

2 – No caso de ordem sobre obrigações emitidas no âmbito de empréstimos hipotecários concedidos aos clientes que emitiram a ordem, a informação sobre a sua execução deve ser transmitida em conjunto com o extracto relativo ao empréstimo hipotecário, no máximo até um mês após a execução da ordem.

3 – A pedido do cliente, o intermediário deve prestar-lhe informação acerca do estado da ordem.

4 – No caso de ordens de um investidor não qualificado, que incidam sobre unidades de participação ou títulos de capital de organismos de investimento colectivo e sejam executadas periodicamente, o intermediário financeiro deve enviar a comunicação referida na alínea *b*) do n.º 1 ou prestar ao cliente, pelo menos semestralmente, a informação indicada no número seguinte.

5 – A nota de execução da operação referida na alínea *b*) do n.º 1 inclui, se aplicável:

a) A identificação do intermediário financeiro que apresenta a informação;

b) A identificação do cliente;

c) O dia de negociação;

d) A hora de negociação;

e) O tipo da ordem;

f) A identificação da estrutura de realização da operação;

g) A identificação do instrumento financeiro;

h) O indicador de venda/compra;

i) A natureza da ordem, quando não for uma ordem de compra/venda;

j) A quantidade;

l) O preço unitário, incluindo juro;

m) A contrapartida pecuniária global;

n) O montante total das comissões e despesas facturadas e, a pedido de um investidor não qualificado, uma repartição por rubrica;

o) As responsabilidades do cliente relativamente à liquidação da operação, incluindo o prazo de pagamento ou de entrega e a informação adequada sobre a conta, no caso de não lhe terem sido comunicadas previamente;

p) No caso de a contraparte do cliente ser o próprio intermediário financeiro ou qualquer entidade do mesmo grupo ou outro cliente do mesmo, a menção desse facto, salvo se a ordem tiver sido executada através de um sistema de negociação que facilite a negociação anónima.

6 – Para efeitos da alínea *l*), sempre que a ordem for executada por parcelas, o intermediário financeiro pode prestar informação sobre o preço de cada parcela ou o respectivo preço médio, neste último caso sem prejuízo do direito do cliente solicitar informação sobre o preço de cada parcela.

7 – O intermediário financeiro pode prestar ao cliente a informação referida no n.º 5 através de códigos harmonizados, se apresentar igualmente uma explicação dos códigos utilizados.

8 – Cada nota de execução reporta-se a um único dia e é feita em duplicado, destinando-se o original ao ordenador e um duplicado, ao arquivo obrigatório do intermediário financeiro.

ARTIGO 323.º-A
Deveres de informação no âmbito da gestão de carteiras

1 – O intermediário financeiro deve remeter a cada cliente um extracto periódico, por escrito, sobre as actividades de gestão de carteiras realizadas por conta desse cliente.

2 – O extracto periódico dirigido a investidores não qualificados deve incluir:

a) A designação do intermediário financeiro;

b) A identificação da conta do cliente;

c) O conteúdo e o valor da carteira, incluindo informação sobre todos os instrumentos financeiros detidos, o respectivo valor de mercado ou o justo valor, caso o valor de mercado não se encontre disponível, o saldo em termos de liquidez no início e no final do período em causa e os resultados da carteira durante o mesmo;

d) O montante total das comissões e encargos incorridos durante o período em causa, repartindo por rubricas, pelo menos, as comissões totais de gestão e os custos totais associados à execução, e incluindo informação de que será remetida uma repartição pormenorizada, mediante apresentação de pedido;

e) Uma comparação dos resultados registados durante o período em causa face ao valor de referência dos resultados de investimento acordado entre o intermediário financeiro e o cliente;

308   *Código dos Valores Mobiliários*

f) O montante total de dividendos, juros e outros pagamentos recebidos durante o período em causa relativamente à carteira do cliente;

g) Informação sobre outras actividades do intermediário financeiro que lhe confiram direitos relativamente a instrumentos financeiros detidos na carteira;

h) Relativamente a todas as operações executadas durante o período em causa, a informação referida nas alíneas *c*) a *m*) do n.º 5 do artigo 323.º, salvo se o cliente optar por receber a informação sobre as operações executadas numa base operação a operação, sendo então aplicável o n.º 5.

3 – No caso de investidores não qualificados, o extracto periódico deve ser enviado semestralmente, excepto quando:

a) For apresentado trimestralmente, a pedido do cliente;

b) For aplicável o n.º 5, sendo apresentado, pelo menos, anualmente, excepto em relação a operações em instrumentos financeiros abrangidos nas alíneas *c*), *e*) e *f*) do artigo 1.º e nas alíneas *c*) a *f*) do n.º 1 do artigo 2.º;

c) For apresentado, pelo menos, mensalmente, sempre que o cliente tenha autorizado a realização de operações com recurso a empréstimos.

4 – O intermediário financeiro deve informar os investidores não qualificados do seu direito de solicitar o envio do extracto com uma periodicidade trimestral.

5 – Se o cliente optar por receber a informação sobre as operações executadas numa base operação a operação, após a execução de cada operação, o intermediário financeiro deve prestar imediatamente ao cliente, por escrito, a informação essencial relativa àquela.

6 – Se dirigida a um investidor não qualificado, a comunicação referida no número anterior deve conter a informação prevista no n.º 5 do artigo 323.º e ser enviada, o mais tardar, no primeiro dia útil seguinte à execução da operação ou, caso a confirmação seja recebida de um terceiro, o mais tardar no primeiro dia útil seguinte à recepção dessa confirmação.

7 – O disposto no número anterior não é aplicável sempre que a informação a prestar seja idêntica à que deva ser prestada ao cliente por outro intermediário.

ARTIGO 323.º-B
Deveres de informação adicionais

1 – O intermediário financeiro que realiza operações de gestão de carteiras ou opera contas de clientes que incluam uma posição cujo risco

não se encontre coberto deve comunicar a investidores não qualificados eventuais perdas que ultrapassem o limite pré-estabelecido, acordados entre aquele e cada cliente.

2 – A comunicação referida no número anterior deve ser feita o mais tardar até ao final do dia útil em que o limite foi ultrapassado ou, no caso deste ter sido ultrapassado num dia não útil, no final do dia útil seguinte.

ARTIGO 323.º-C
Extracto relativo ao património de clientes

1 – O intermediário financeiro deve enviar ao cliente, por escrito, um extracto periódico relativo aos bens pertencentes ao seu património.

2 – O extracto referido no número anterior deve incluir:

a) O montante de instrumentos financeiros e dinheiro detidos pelo cliente, no final do período abrangido pelo extracto, indicando os movimentos efectuados e as respectivas datas;

b) O montante de instrumentos financeiros e dinheiro do cliente que tenha sido objecto de operações de financiamento de instrumentos financeiros;

c) O montante de eventuais ganhos que revertem a favor do cliente, por força da participação em operações de financiamento de instrumentos financeiros, e os factos que lhes deram causa.

3 – Nos casos em que a carteira de um cliente inclui as receitas de uma ou mais operações não liquidadas, a informação referida na alínea *a)* do número anterior pode basear-se na data de negociação ou na data de liquidação, desde que se aplique coerentemente a mesma base a todas a informação constantes do extracto.

4 – O extracto referido no n.º 1 deve ser enviado:

a) A investidores não qualificados, mensalmente ou, se consentido, por escrito, pelo cliente, trimestral ou semestralmente, neste último caso quando não se verificarem movimentos;

b) A investidores qualificados, anualmente.

5 – O intermediário financeiro que preste o serviço de gestão de carteiras a um cliente pode incluir o extracto referido no n.º 1 no extracto periódico enviado a esse cliente por força do n.º 1 do artigo 323.º-A.

6 – O dever previsto no n.º 1 é aplicável a instituições de crédito apenas relativamente a extractos relativos a instrumentos financeiros.

ARTIGO 324.º
Responsabilidade contratual

1 – São nulas quaisquer cláusulas que excluam a responsabilidade do intermediário financeiro por actos praticados por seu representante ou auxiliar.

2 – Salvo dolo ou culpa grave, a responsabilidade do intermediário financeiro por negócio em que haja intervindo nessa qualidade prescreve decorridos dois anos a partir da data em que o cliente tenha conhecimento da conclusão do negócio e dos respectivos termos.

SECÇÃO II
Ordens

ARTIGO 325.º
Recepção

Logo que recebam uma ordem para a realização de operações sobre instrumentos financeiros, os intermediários financeiros devem:

a) Verificar a legitimidade do ordenador;

b) Adoptar as providências que permitam, sem qualquer dúvida, estabelecer o momento da recepção da ordem.

ARTIGO 326.º
Aceitação e recusa

1 – O intermediário financeiro deve recusar uma ordem quando:

a) O ordenador não lhe forneça todos os elementos necessários à sua boa execução;

b) Seja evidente que a operação contraria os interesses do ordenador, salvo se este confirmar a ordem por escrito;

c) O intermediário financeiro não esteja em condições de fornecer ao ordenador toda a informação exigida para a execução da ordem;

d) O ordenador não preste a caução exigida por lei para a realização da operação;

e) Não seja permitido ao ordenador a aceitação de oferta pública.

2 – O intermediário financeiro pode recusar-se a aceitar uma ordem quando o ordenador:

a) Não faça prova da disponibilidade dos instrumentos financeiros a alienar;

b) Não tenha promovido o bloqueio dos instrumentos financeiros a alienar, quando exigido pelo intermediário financeiro;

c) Não ponha à sua disposição o montante necessário à liquidação da operação;

d) Não confirme a ordem por escrito, se tal lhe for exigido;

e) *(Revogada.)*

3 – Salvo nos casos referidos nos números anteriores, o intermediário financeiro não pode recusar ordem dada por pessoa com quem tenha anterior relação de clientela.

4 – A recusa de aceitação de uma ordem deve ser imediatamente transmitida ao ordenador.

5 – *(Revogado.)*

ARTIGO 327.º
Forma

1 – As ordens podem ser dadas oralmente ou por escrito.

2 – As ordens dadas oralmente devem ser reduzidas a escrito pelo receptor e, se presenciais, subscritas pelo ordenador.

3 – O intermediário financeiro pode substituir a redução a escrito das ordens pelo mapa de inserção das ofertas no sistema de negociação, desde que fique garantido o registo dos elementos mencionados no artigo 7.º do Regulamento (CE) n.º 1287/2006, da Comissão, de 10 de Agosto.

ARTIGO 327.º-A
Prazo de validade

1 – As ordens são válidas pelo prazo definido pelo ordenador, não podendo exceder um ano, contado do dia seguinte à data de recepção da ordem pelo intermediário financeiro.

2 – O intermediário financeiro pode definir prazos inferiores ao prazo máximo previsto no número anterior, informando os clientes sobre os prazos de validade que pratique, os quais podem variar em função das estruturas de negociação onde a ordem possa ser executada ou da natureza dos instrumentos financeiros.

3 – Se o ordenador não definir o prazo de validade, as ordens são válidas até ao fim do dia em que sejam dadas.

312 *Código dos Valores Mobiliários*

ARTIGO 328.°
Tratamento de ordens de clientes

1 – Quando o intermediário financeiro não possa executar uma ordem, deve transmiti-la a outro intermediário financeiro que a possa executar.

2 – A transmissão deve ser imediata e respeitar a prioridade da recepção, salvo diferente indicação dada pelo ordenador.

3 – Os intermediários devem assegurar a possibilidade de reconstituição do circuito interno que as ordens tenham seguido até à sua transmissão ou execução.

4 – Na execução de ordens, o intermediário financeiro deve:

a) Registar as ordens e proceder à sua execução de modo sequencial e com celeridade, salvo se as características da ordem ou as condições prevalecentes no mercado o impossibilitarem ou se tal não permitir salvaguardar os interesses do cliente;

b) Informar imediatamente os investidores não qualificados sobre qualquer dificuldade especial na execução adequada das suas ordens.

5 – Salvo instrução expressa em contrário do ordenador, as ordens com um preço limite especificado ou mais favorável e para um volume determinado, relativas a acções admitidas à negociação em mercado regulamentado, que não sejam imediatamente executáveis, devem ser divulgadas nos termos previstos no artigo 30.° do Regulamento (CE) n.° 1287/2006, da Comissão, de 10 de Agosto.

6 – A CMVM pode dispensar o cumprimento do dever de divulgação previsto no número anterior no caso de ordens cujo volume seja elevado relativamente ao volume normal de mercado tal como definido no artigo 20.° do Regulamento (CE) n.° 1287/2006, da Comissão, de 10 de Agosto.

ARTIGO 328.°-A
Agregação de ordens e afectação de operações

1 – O intermediário financeiro que pretenda proceder à agregação, numa única ordem, de ordens de vários clientes ou de decisões de negociar por conta própria, deve:

a) Assegurar que a agregação não seja, em termos globais, prejudicial a qualquer ordenador;

b) Informar previamente os clientes cujas ordens devam ser agregadas da eventualidade de o efeito da agregação ser prejudicial relativamente a uma sua ordem específica.

Intermediação   313

2 – O ordenador pode opor-se à agregação da sua ordem.

3 – O intermediário deve adoptar uma política de afectação de ordens de clientes e de decisões de negociar por conta própria que proporcione uma afectação equitativa e indique, em especial:

a) A forma como o volume e o preço das ordens e decisões de negociar por conta própria se relacionam com a forma de afectação;

b) Procedimentos destinados a evitar a reafectação, de modo prejudicial para os clientes, de decisões de negociar por conta própria, executadas em combinação com ordens dos clientes.

4 – A política de afectação de ordens é aplicável ainda que a ordem agregada seja executada apenas parcialmente.

ARTIGO 328.°-B
Afectação de operações realizadas por conta própria

1 – O intermediário financeiro que tenha procedido à agregação de decisões de negociar por conta própria com uma ou mais ordens de clientes, não pode afectar as operações correspondentes de modo prejudicial para os clientes.

2 – Sem prejuízo do disposto no número seguinte, sempre que o intermediário financeiro proceda à agregação de uma ordem de um cliente com uma decisão de negociar por conta própria e a ordem agregada seja executada parcialmente, deve afectar as operações correspondentes prioritariamente ao cliente.

3 – O intermediário financeiro pode afectar a operação de modo proporcional se demonstrar fundamentadamente que, sem a combinação, não teria podido executar a ordem do cliente ou não a teria podido executar em condições tão vantajosas.

ARTIGO 329.°
Revogação e modificação

1 – As ordens podem ser revogadas ou modificadas desde que a revogação ou a modificação cheguem ao poder de quem as deva executar antes da execução.

2 – A modificação de uma ordem para executar em mercado regulamentado ou sistema de negociação multilateral constitui uma nova ordem.

ARTIGO 330.°
Execução nas melhores condições

1 – As ordens devem ser executadas nas condições e no momento indicados pelo ordenador.

2 – Na falta de indicações específicas do ordenador, o intermediário financeiro deve, na execução de ordens, empregar todos os esforços razoáveis para obter o melhor resultado possível para os seus clientes, tendo em atenção o preço, os custos, a rapidez, a probabilidade de execução e liquidação, o volume, a natureza ou qualquer outro factor relevante.

3 – O disposto no número anterior abrange a execução de decisões de negociar por conta de clientes.

4 – O intermediário financeiro deve adoptar uma política de execução de ordens que:

a) Permita obter o melhor resultado possível e inclua, no mínimo, as estruturas de negociação que permitam obter, de forma reiterada, aquele resultado;

b) Em relação a cada tipo de instrumento financeiro, inclua informações sobre as diferentes estruturas de negociação e os factores determinantes da sua escolha.

5 – O intermediário deve informar o cliente sobre a sua política de execução, não podendo iniciar a prestação de serviços antes de este ter dado o seu consentimento.

6 – As alterações relevantes na política de execução de ordens devem ser comunicadas ao cliente.

7 – A execução de ordens de clientes fora de mercado regulamentado ou de sistema de negociação multilateral depende de consentimento expresso do cliente, o qual pode ser dado sob a forma de um acordo geral ou em relação a cada operação.

8 – O intermediário financeiro demonstra, a pedido do cliente, que as suas ordens foram executadas de acordo com a política de execução que lhe foi transmitida.

9 – O intermediário financeiro deve avaliar a política de execução, designadamente em relação às estruturas de negociação previstas:

a) Anualmente, por forma a identificar e, se necessário, corrigir eventuais deficiências;

b) Sempre que ocorra uma alteração relevante, susceptível de afectar a sua capacidade de continuar a obter o melhor resultado possível, em termos consistentes, utilizando as estruturas de negociação incluídas na sua política de execução.

10 – As ordens podem ser executadas parcialmente, salvo indicação em contrário do ordenador.

ARTIGO 331.º
Critérios da execução nas melhores condições

1 – Para efeitos de determinação da importância relativa dos factores enunciados no n.º 2 do artigo anterior, o intermediário financeiro deve considerar as características:

a) Do cliente, incluindo a sua natureza de investidor não qualificado ou de investidor qualificado;

b) Da ordem do cliente;

c) Dos instrumentos financeiros objecto da ordem;

d) Das estruturas de negociação para os quais a ordem pode ser dirigida.

2 – Entende-se por estrutura de negociação as formas organizadas de negociação previstas no artigo 198.º ou um criador de mercado ou outro prestador de liquidez ou uma entidade que desempenhe num país terceiro funções semelhantes às desempenhadas por qualquer das entidades referidas.

3 – Sempre que um intermediário financeiro executa uma ordem por conta de um investidor não qualificado, presume-se que as melhores condições são representadas pela contrapartida pecuniária global, determinada pelo preço do instrumento financeiro e pelos custos relativos à sua execução, incluindo todas as despesas incorridas pelo cliente e directamente relacionadas com a execução da ordem, como as comissões da estrutura de negociação, as comissões de liquidação ou de compensação e quaisquer outras comissões pagas a terceiros envolvidos na execução da ordem.

4 – Nos casos em que a ordem possa ser executada em mais do que uma estrutura de negociação, o intermediário, para avaliar as melhores condições, deve considerar as comissões por si cobradas ao cliente e os demais custos de execução em cada estrutura de negociação.

5 – O intermediário financeiro não pode estruturar ou alterar as suas comissões de modo a introduzir uma discriminação injustificada entre estruturas de negociação.

ARTIGO 332.°
Informação a investidores não qualificados
sobre a política de execução

1 – Relativamente à sua política de execução, o intermediário financeiro deve apresentar aos clientes, que sejam investidores não qualificados, com suficiente antecedência em relação à prestação do serviço:

a) Uma descrição da importância relativa que o intermediário financeiro atribui, de acordo com os critérios especificados no n.° 1 do artigo anterior, aos factores citados no n.° 2 do artigo 330.° ou ao processo com base no qual o intermediário financeiro determina a importância relativa desses factores;

b) Uma lista das estruturas de negociação que o intermediário financeiro considera que permitem obter, numa base regular, o melhor resultado possível relativamente à execução das ordens dos clientes;

c) Um aviso bem visível de que quaisquer instruções específicas de um cliente podem impedir o intermediário financeiro de obter o melhor resultado possível, de acordo com a sua política de execução, no que diz respeito aos elementos cobertos por essas instruções.

2 – À prestação da informação prevista no número anterior é aplicável o disposto no n.° 7 do artigo 312.°.

ARTIGO 333.°
Transmissão para execução nas melhores condições

1 – O intermediário financeiro deve, na prestação dos serviços de gestão de carteiras ou de recepção e transmissão de ordens, tomar as medidas necessárias para obter o melhor resultado possível para os clientes, considerando os factores referidos no n.° 2 do artigo 330.° e os critérios referidos no artigo 331.°.

2 – O dever previsto no número anterior não é aplicável quando o intermediário financeiro siga as instruções específicas dadas pelo cliente.

3 – Para assegurar o cumprimento do dever previsto n.° 1, o intermediário financeiro deve:

a) Adoptar uma política que identifique, em relação a cada tipo de instrumentos financeiros, os intermediários financeiros a quem as ordens são transmitidas, os quais devem dispor de meios que permitam ao transmitente cumprir aquele dever;

b) Prestar aos seus clientes informação sobre a política adoptada nos termos da alínea anterior;

c) Avaliar a eficácia da política adoptada nos termos da alínea *a*) e, em particular, a qualidade da execução de ordens realizada pelos intermediários financeiros naquela identificados, alterando aquela política se verificada alguma deficiência que ponha em causa o cumprimento do dever previsto no n.º 1.

4 – O intermediário financeiro deve avaliar a política referida na alínea *a*) do número anterior anualmente e sempre que ocorra qualquer alteração relevante susceptível de afectar a capacidade do intermediário financeiro de obter o melhor resultado possível.

ARTIGO 334.º
Responsabilidade perante os ordenadores

1 – Os intermediários financeiros respondem perante os seus ordenadores:

a) Pela entrega dos instrumentos financeiros adquiridos e pelo pagamento do preço dos instrumentos financeiros alienados;

b) Pela autenticidade, validade e regularidade dos instrumentos financeiros adquiridos;

c) Pela inexistência de quaisquer vícios ou situações jurídicas que onerem os instrumentos financeiros adquiridos.

2 – É nula qualquer cláusula contratual contrária ao disposto no número anterior, quando a ordem deva ser executada em mercado regulamentado ou sistema de negociação multilateral.

SECÇÃO III
Gestão de carteira

ARTIGO 335.º
Âmbito

1 – Pelo contrato de gestão de uma carteira individualizada de instrumentos financeiros, o intermediário financeiro obriga-se:

a) A realizar todos os actos tendentes à valorização da carteira;

318　　　　　　　*Código dos Valores Mobiliários*

b) A exercer os direitos inerentes aos instrumentos financeiros que integram a carteira.

2 – O disposto no presente título aplica-se à gestão de instrumentos financeiros, ainda que a carteira integre bens de outra natureza.

ARTIGO 336.º
Ordens vinculativas

1 – Mesmo que tal não esteja previsto no contrato, o cliente pode dar ordens vinculativas ao gestor quanto às operações a realizar.

2 – O disposto no número anterior não se aplica aos contratos que garantam uma rendibilidade mínima da carteira.

SECÇÃO IV
Assistência e colocação

ARTIGO 337.º
Assistência

1 – Os contratos de assistência técnica, económica e financeira em oferta pública abrangem a prestação dos serviços necessários à preparação, ao lançamento e à execução da oferta.

2 – São obrigatoriamente prestados por intermediário financeiro os seguintes serviços de assistência:

a) Elaboração do prospecto e do anúncio de lançamento;

b) Preparação e apresentação do pedido de aprovação de prospecto ou de registo prévio na CMVM;

c) Apuramento das declarações de aceitação, salvo nos casos a que se refere a alínea *b*) do n.º 1 do artigo 127.º.

3 – O intermediário financeiro incumbido da assistência em oferta pública deve aconselhar o oferente sobre os termos da oferta, nomeadamente no que se refere ao calendário e ao preço, e assegurar o respeito pelos preceitos legais e regulamentares, em especial quanto à qualidade da informação transmitida.

ARTIGO 338.º
Colocação

1 – Pelo contrato de colocação, o intermediário financeiro obriga-se a desenvolver os melhores esforços em ordem à distribuição dos valores mobiliários que são objecto de oferta pública, incluindo a recepção das ordens de subscrição ou de aquisição.

2 – O contrato de colocação pode ser celebrado com intermediário financeiro diferente daquele que presta os serviços de assistência na oferta.

ARTIGO 339.º
Tomada firme

1 – Pelo contrato de tomada firme o intermediário financeiro adquire os valores mobiliários que são objecto de oferta pública de distribuição e obriga-se a colocá-los por sua conta e risco nos termos e nos prazos acordados com o emitente ou o alienante.

2 – O tomador deve transferir para os adquirentes finais todos os direitos de conteúdo patrimonial inerentes aos valores mobiliários que se tenham constituído após a data da tomada firme.

3 – A tomada firme não afecta os direitos de preferência na subscrição ou na aquisição dos valores mobiliários, devendo o tomador avisar os respectivos titulares para o seu exercício em termos equivalentes aos que seriam aplicáveis se não tivesse havido tomada firme.

ARTIGO 340.º
Garantia de colocação

No contrato de colocação o intermediário financeiro pode também obrigar-se a adquirir, no todo ou em parte, para si ou para outrem, os valores mobiliários que não tenham sido subscritos ou adquiridos pelos destinatários da oferta.

ARTIGO 341.º
Consórcio para assistência ou colocação

1 – O contrato de consórcio celebrado entre intermediários financeiros para assistência ou colocação deve ter o acordo do oferente e indicar

expressamente o chefe do consórcio, a quantidade de valores mobiliários a colocar por cada intermediário financeiro e as regras por que se regem as relações entre os membros.

2 – Cabe ao chefe do consórcio organizar a sua constituição e estrutura e representar os membros do consórcio perante o oferente.

ARTIGO 342.º
Recolha de intenções de investimento

Os contratos celebrados para recolha de intenções de investimento a que se referem os artigos 164.º e seguintes regem-se pelos artigos 337.º e 338.º, com as devidas adaptações.

SECÇÃO V
Registo e depósito

ARTIGO 343.º
Conteúdo

1 – O contrato deve determinar o regime relativo ao exercício de direitos inerentes aos instrumentos financeiros registados ou depositados.
2 – *(Revogado.)*
3 – *(Revogado.)*
4 – *(Revogado.)*

ARTIGO 344.º
Forma e padronização

(Revogado.)

ARTIGO 345.º
Deveres do consultor

(Revogado.)

CAPÍTULO III
Negociação por conta própria

ARTIGO 346.º
Actuação como contraparte do cliente

1 – O intermediário financeiro autorizado a actuar por conta própria pode celebrar contratos como contraparte do cliente, desde que este, por escrito, tenha autorizado ou confirmado o negócio.

2 – A autorização ou a confirmação referida no número anterior não é exigida quando a outra parte seja um investidor qualificado ou as operações devam ser executadas em mercado regulamentado, através de sistemas centralizados de negociação.

ARTIGO 347.º
Conflito de interesses

1 – O intermediário financeiro deve abster-se de:

a) Adquirir para si mesmo quaisquer instrumentos financeiros quando haja clientes que os tenham solicitado ao mesmo preço ou a preço mais alto;

b) Alienar instrumentos financeiros de que seja titular em vez de instrumentos financeiros cuja alienação lhes tenha sido ordenada pelos seus clientes a preço igual ou mais baixo.

c) Vender valores mobiliários de que seja titular em vez de valores da mesma categoria cuja venda lhes tenha sido ordenada pelos seus clientes a preço igual ou mais baixo.

2 – As operações realizadas contra o disposto no número anterior são ineficazes em relação ao cliente se não forem por este ratificadas nos oito dias posteriores à notificação pelo intermediário financeiro.

ARTIGO 348.º
Fomento de mercado

1 – As operações de fomento de mercado visam a criação de condições para a comercialização regular num mercado de uma determinada categoria de valores mobiliários ou de instrumentos financeiros, nomeadamente o incremento da liquidez.

2 – As operações de fomento devem ser precedidas de contrato celebrado entre a entidade gestora do mercado e o intermediário financeiro.

3 – Quando as actividades de fomento respeitem a valores mobiliários e tal se encontre previsto na lei, em regulamento ou nas regras do mercado em causa, o contrato referido no número anterior tem como parte o emitente dos valores mobiliários cuja negociação se pretende fomentar.

4 – Devem ser previamente comunicados à CMVM os contratos a que se referem os n.os 2 e 3 ou as cláusulas contratuais desses contratos, quando existam.

ARTIGO 349.º
Estabilização de preços

As operações susceptíveis de provocar efeitos estabilizadores nos preços de uma determinada categoria de valores mobiliários apenas são permitidas quando realizadas nas condições estabelecidas no Regulamento (CE) n.º 2273/2003, da Comissão, de 22 de Dezembro.

ARTIGO 350.º
Empréstimo de valores mobiliários

1 – Os valores mobiliários emprestados transferem-se para a titularidade do mutuário, salvo disposição contratual em contrário.

2 – O empréstimo de valores mobiliários para liquidação de operações de mercado regulamentado não se considera como actividade de intermediação financeira quando efectuado pela entidade gestora de mercado ou de sistema de liquidação ou pela contraparte central por esta acolhida.

ARTIGO 351.º
Regulamentação

1 – Relativamente a operações de fomento de mercado, a CMVM define, através de regulamento, a informação que lhe deva ser prestada, bem como aquela que deve ser divulgada ao mercado pelas entidades referidas no n.º 2 do artigo 348.º.

Intermediação 323

2 – Relativamente aos empréstimos de valores mobiliários, a CMVM, através de regulamento, com parecer prévio do Banco de Portugal, define, nomeadamente:

a) Os limites de prazo e de quantidade dos valores mobiliários emprestados;

b) A exigibilidade de caução em operações realizadas fora de mercado regulamentado;

c) As regras de registo dos valores mobiliários emprestados e de contabilidade das operações;

d) A informação a prestar pelos intermediários financeiros à CMVM e ao mercado.

3 – *(Revogado.)*

4 – *(Revogado.)*

TÍTULO VII
Supervisão e regulação

CAPÍTULO I
Disposições gerais

ARTIGO 352.°
Atribuições do Governo

1 – Através do Ministro das Finanças, o Governo pode:

a) Estabelecer políticas relativas ao mercado de instrumentos financeiros e, em geral, às matérias reguladas no presente Código e em legislação complementar;

b) Exercer, em relação à CMVM, os poderes de tutela conferidos pelo estatuto desta entidade;

c) Coordenar a supervisão e a regulação relativas a instrumentos financeiros, quando a competência pertença a mais de uma entidade pública.

2 – Quando no mercado de instrumentos financeiros se verifique perturbação que ponha em grave risco a economia nacional, pode o Governo, por portaria conjunta do Primeiro-Ministro e do Ministro das Finanças, ordenar as medidas apropriadas, nomeadamente a suspensão temporária de mercados regulamentados ou sistemas de negociação multilateral, de certas categorias de operações ou da actividade de entidades gestoras de mercados regulamentados, de sistemas de negociação multilateral, de entidades gestoras de sistemas de liquidação, de entidades gestoras de câmaras de compensação ou de contraparte central e de entidades gestoras de sistemas centralizados de valores mobiliários.

ARTIGO 353.°
Atribuições da CMVM

1 – São atribuições da CMVM, além de outras constantes do seu estatuto:

a) A supervisão das formas organizadas de negociação de instrumentos financeiros, das ofertas públicas relativas a valores mobiliários, da compensação e da liquidação de operações àqueles respeitantes, dos sistemas centralizados de valores mobiliários e das entidades referidas no artigo 359.°;

b) A regulação do mercado de instrumentos financeiros, das ofertas públicas relativas a valores mobiliários, das actividades exercidas pelas entidades sujeitas à sua supervisão e de outras matérias previstas no presente Código e em legislação complementar;

c) A supervisão e a regulação dos deveres de conduta das entidades que se proponham a celebrar ou mediar contratos de seguro ligados a fundos de investimento ou a comercializar contratos de adesão individual a fundos de pensões abertos.

2 – No exercício e no âmbito das suas atribuições a CMVM coopera com outras autoridades nacionais e estrangeiras que exerçam funções de supervisão e de regulação do sistema financeiro e com organizações internacionais de que seja membro.

3 – Relativamente aos contratos previstos na alínea *c*) do n.° 1, a CMVM deve:

a) Adoptar os regulamentos necessários sobre prestação de informação, consultoria, publicidade, prospecção, comercialização e mediação, incluindo sobre o processamento e conservação de registos destas, ouvido o Instituto de Seguros de Portugal;

b) Estabelecer com o Instituto de Seguros de Portugal regras destinadas a articular procedimentos de supervisão e a assegurar a compatibilização de regras aplicáveis a entidades sujeitas a supervisão de ambas as autoridades.

ARTIGO 354.°
Dever de segredo

1 – Os órgãos da CMVM, os seus titulares, os trabalhadores da CMVM e as pessoas que lhe prestem, directa ou indirectamente, a título permanente ou ocasional, quaisquer serviços ficam sujeitos a segredo profissio-

nal sobre os factos e os elementos cujo conhecimento lhes advenha do exercício das suas funções ou da prestação de serviços, não podendo revelar nem utilizar em proveito próprio ou alheio, directamente ou por interposta pessoa, as informações que tenham sobre esses factos ou elementos.

2 – O dever de segredo mantém-se após a cessação das funções ou da prestação de serviços pelas pessoas a ele sujeitas.

3 – Os factos ou elementos sujeitos a segredo só podem ser revelados mediante autorização do interessado, transmitida à CMVM, ou noutras circunstâncias previstas na lei.

4 – O dever de segredo não abrange factos ou elementos cuja divulgação pela CMVM seja imposta ou permitida por lei.

ARTIGO 355.º
Troca de informações

1 – Quando seja necessário para o exercício das respectivas funções, a CMVM pode trocar informações sobre factos e elementos sujeitos a segredo com as seguintes entidades, que ficam igualmente sujeitas ao dever de segredo:

a) Banco de Portugal e Instituto de Seguros de Portugal;

b) Entidades gestoras de mercados regulamentados e de sistemas de negociação multilateral;

c) Entidades gestoras de sistemas de liquidação, de câmara de compensação, de contraparte central e de sistemas centralizados de valores mobiliários;

d) Autoridades intervenientes em processos de falência, de recuperação de empresa ou de saneamento das entidades referidas nas alíneas *a)* e *b)* do n.º 1 do artigo 359.º;

e) Entidades gestoras de fundos de garantia e de sistemas de indemnização dos investidores;

f) Auditores e autoridades com competência para a sua supervisão.

2 – A CMVM pode também trocar informações, ainda que sujeitas a segredo, com o Banco Central Europeu, com as autoridades de supervisão do Estados membros da União Europeia ou com as entidades que aí exerçam funções equivalentes às referidas no n.º 1.

3 – A CMVM pode ainda trocar informações com as autoridades de supervisão de Estados que não sejam membros da Comunidade Europeia e com as entidades que aí exerçam funções equivalentes às referidas no

n.º 1, se, e na medida em que, for necessário para a supervisão dos mercados de instrumentos financeiros e para a supervisão, em base individual ou consolidada, de intermediários financeiros.

ARTIGO 356.º
Tratamento da informação

1 – As informações recebidas pela CMVM nos termos do artigo anterior só podem ser utilizadas:

a) Para exame das condições de acesso à actividade dos intermediários financeiros;

b) Para supervisão, em base individual ou consolidada, da actividade dos intermediários financeiros e para supervisão dos mercados de instrumentos financeiros;

c) Para instrução de processos e para aplicação de sanções;

d) No âmbito de recursos interpostos de decisões do Ministro das Finanças, da CMVM, do Banco de Portugal ou do Instituto de Seguros de Portugal, tomadas nos termos das disposições aplicáveis às entidades sujeitas à respectiva supervisão;

e) Para dar cumprimento a deveres legais de colaboração com outras entidades ou para o desenvolvimento de acções de cooperação;

f) No âmbito do procedimento de mediação de conflitos previsto nos artigos 33.º e 34.º

2 – A CMVM só pode comunicar a outras entidades informações que tenha recebido das entidades referidas no n.º 2 do artigo anterior com o consentimento expresso dessas entidades.

3 – As entidades que nos termos do número anterior recebam informações da CMVM ficam sujeitas a dever de segredo com o conteúdo previsto no artigo 354.º.

4 – É lícita a divulgação de informações em forma sumária ou agregada que não permita identificação individual.

ARTIGO 357.º
Boletim da CMVM

A CMVM edita periodicamente um boletim, onde são publicados, nomeadamente:

a) Os seus regulamentos e instruções;

Supervisão e regulação 329

b) As recomendações e os pareceres genéricos;
c) As decisões de autorização;
d) As decisões de registo, se o registo for público.

CAPÍTULO II
Supervisão

ARTIGO 358.°
Princípios

A supervisão desenvolvida pela CMVM obedece aos seguintes princípios:
a) Protecção dos investidores;
b) Eficiência e regularidade de funcionamento dos mercados de instrumentos financeiros;
c) Controlo da informação;
d) Prevenção do risco sistémico;
e) Prevenção e repressão das actuações contrárias a lei ou a regulamento;
f) Independência perante quaisquer entidades sujeitas ou não à sua supervisão.

ARTIGO 359.°
Entidades sujeitas à supervisão da CMVM

1 – No âmbito das actividades relativas a instrumentos financeiros, estão sujeitas à supervisão da CMVM, sem prejuízo das competências atribuídas a outras autoridades, as seguintes entidades:
a) Entidades gestoras de mercados regulamentados, de sistemas de negociação multilateral, de sistemas de liquidação, de câmara de compensação ou contraparte central e de sistemas centralizados de valores mobiliários;
b) Intermediários financeiros e consultores para investimento;
c) Emitentes de valores mobiliários;
d) Investidores qualificados referidos nas alíneas *a*) a *f*) do n.° 1 do artigo 30.° e titulares de participações qualificadas;

330 *Código dos Valores Mobiliários*

e) Fundos de garantia e sistemas de indemnização dos investidores e respectivas entidades gestoras;

f) Auditores e sociedades de notação de risco, registados na CMVM;

g) Sociedades de titularização de créditos;

h) Sociedades de capital de risco;

i) Entidades que se proponham a celebrar ou mediar contratos de seguro ligados a fundos de investimento ou a comercializar contratos de adesão individual a fundos de pensões abertos, no âmbito destas actividades;

j) Outras pessoas que exerçam, a título principal ou acessório, actividades relacionadas com a emissão, a distribuição, a negociação, o registo ou o depósito de instrumentos financeiros ou, em geral, com a organização e o funcionamento dos mercados de instrumentos financeiros.

2 – As pessoas ou entidades que exerçam actividades de carácter transnacional ficam sujeitas à supervisão da CMVM sempre que essas actividades tenham alguma conexão relevante com mercados regulamentados, sistemas de negociação multilateral, operações ou instrumentos financeiros sujeitos à lei portuguesa.

3 – As entidades sujeitas à supervisão da CMVM devem prestar-lhe toda a colaboração solicitada.

ARTIGO 360.º
Procedimentos de supervisão

1 – No âmbito das suas atribuições de supervisão, a CMVM pode adoptar, além de outros previstos na lei, os seguintes procedimentos:

a) Acompanhar a actividade das entidades sujeitas à sua supervisão e o funcionamento dos mercados de instrumentos financeiros, dos sistemas de liquidação de instrumentos financeiros, de câmara de compensação, de contraparte central e dos sistemas centralizados de valores mobiliários;

b) Fiscalizar o cumprimento da lei e dos regulamentos;

c) Aprovar os actos e conceder as autorizações previstas na lei;

d) Efectuar os registos previstos na lei;

e) Instruir os processos e punir as infracções que sejam da sua competência;

f) Dar ordens e formular recomendações concretas;

g) Difundir informações;

h) Publicar estudos.

Supervisão e regulação 331

i) Avaliar e divulgar regularmente, após consulta aos interessados, as práticas de mercado que podem ou não ser aceites, reapreciando-as quando necessário, bem como as suas características, termos e condições de conformidade com os princípios consagrados no artigo 358.° e com o restante quadro legal e regulamentar aplicável, comunicando a respectiva decisão ao Comité das Autoridades de Regulamentação dos Mercados Europeus de Valores Mobiliários.

2 – Os poderes referidos na alínea *e*) do n.° 1 são exercidos em relação a quaisquer pessoas, ainda que não incluídas no âmbito do n.° 1 do artigo 359.°

3 – Para efeito do disposto na alínea *i*) do n.° 1, a CMVM deve ter em conta, nomeadamente, os princípios constantes do artigo 358.°, os possíveis efeitos das práticas em causa sobre a liquidez e eficiência do mercado, a sua transparência e adequação à natureza dos mercados e aos processos de negociação adoptados, a interacção entre diferentes mercados, a nível nacional e internacional, e os diversos riscos que podem estar associados às mesmas.

ARTIGO 361.°
Exercício da supervisão

1 – No exercício da supervisão, a CMVM pratica os actos necessários para assegurar a efectividade dos princípios referidos no artigo 358.°, salvaguardando tanto quanto possível a autonomia das entidades sujeitas à sua supervisão.

2 – No exercício da supervisão, a CMVM dispõe das seguintes prerrogativas:

a) Exigir quaisquer elementos e informações e examinar livros, registos e documentos, não podendo as entidades supervisionadas invocar o segredo profissional;

b) Ouvir quaisquer pessoas, intimando-as para o efeito, quando necessário;

c) Determinar que as pessoas responsáveis pelos locais onde se proceda à instrução de qualquer processo ou a outras diligências coloquem à sua disposição as instalações de que os seus agentes careçam para a execução dessas tarefas, em condições adequadas de dignidade e eficiência;

d) Requerer a colaboração de outras pessoas ou entidades, incluindo autoridades policiais, quando tal se mostre necessário ou conveniente ao

332 *Código dos Valores Mobiliários*

exercício das suas funções, designadamente em caso de resistência a esse exercício ou em razão da especialidade técnica das matérias em causa;

e) Substituir-se às entidades gestoras de mercados regulamentados, de sistemas de negociação multilateral, de sistemas de liquidação, de câmara de compensação, de contraparte central e de sistemas centralizados de valores mobiliários quando estas não adoptem as medidas necessárias à regularização de situações anómalas que ponham em causa o regular funcionamento do mercado, da actividade exercida ou os interesses dos investidores;

f) Substituir-se às entidades supervisionadas no cumprimento de deveres de informação;

g) Divulgar publicamente o facto de um emitente não estar a observar os seus deveres.

3 – Nas situações previstas no n.° 1 e nas alíneas *a*), *b*) e *c*) do n.° 2, as pessoas singulares ou colectivas em causa ficam sujeitas ao dever de não revelar a clientes ou a terceiros o teor ou a ocorrência do acto praticado.

4 – Nos recursos das decisões tomadas pela CMVM, no exercício dos poderes de supervisão, presume-se, até prova em contrário, que a suspensão da eficácia determina grave lesão do interesse público.

ARTIGO 362.°
Supervisão contínua

A CMVM acompanha de modo contínuo a actividade das entidades sujeitas à sua supervisão, ainda que não exista qualquer suspeita de irregularidade.

ARTIGO 363.°
Supervisão prudencial

1 – Estão sujeitas à supervisão prudencial da CMVM:

a) As entidades gestoras de mercados regulamentados, de sistemas de negociação multilateral, de sistemas de liquidação, de câmara de compensação, de contraparte central e de sistemas centralizados de valores mobiliários;

b) As instituições de investimento colectivo;

c) As entidades gestoras de fundos de garantia e de sistemas de indemnização dos investidores.

2 – A supervisão prudencial é orientada pelos seguintes princípios:

a) Preservação da solvabilidade e da liquidez das instituições e prevenção de riscos próprios;

b) Prevenção de riscos sistémicos;

c) Controlo da idoneidade dos titulares dos órgãos de gestão, das pessoas que dirigem efectivamente a actividade e dos titulares de participações qualificadas, de acordo com os critérios definidos no artigo 30.° do Regime Geral das Instituições de Crédito e das Sociedades Financeiras, com as devidas adaptações.

3 – A CMVM, através de regulamento, concretiza os princípios referidos nas alíneas *a*) e *b*) do número anterior.

ARTIGO 364.°
Fiscalização

1 – No exercício de poderes de fiscalização, a CMVM:

a) Efectua as inspecções que entenda necessárias às entidades sujeitas à sua supervisão;

b) Realiza inquéritos para averiguação de infracções de qualquer natureza cometidas no âmbito do mercado de instrumentos financeiros ou que afectem o seu normal funcionamento;

c) Executa as diligências necessárias ao cumprimento dos princípios referidos no artigo 358.°, nomeadamente perante as operações descritas no artigo 311.°.

2 – A CMVM participa às entidades competentes as infracções de que tome conhecimento e cuja instrução e sanção não se enquadrem na sua competência.

ARTIGO 365.°
Registos

1 – Os registos efectuados pela CMVM visam o controlo de legalidade e de conformidade com os regulamentos dos factos ou elementos sujeitos a registo e a organização da supervisão.

2 – Os registos efectuados pela CMVM são públicos, salvo quando da lei resulte o contrário.

3 – Os documentos que tenham servido de base aos registos são públicos, salvo quando contenham dados pessoais que não constem do registo

334 *Código dos Valores Mobiliários*

ou este tenha sido efectuado no âmbito de processo de contra-ordenação ou de averiguações ainda em curso ou que, por qualquer outra causa, estejam sujeitos a segredo.

4 – A CMVM define, através de regulamento, os termos do acesso público aos registos e documentos a que se referem os números anteriores.

5 – A CMVM mantém um registo das sanções principais e acessórias aplicadas em processos de contra-ordenação, que não é acessível ao público.

6 – Os registos efectuados pela CMVM podem ser integrados e tratados em aplicações informáticas, nos termos e com os limites da lei sobre protecção de dados pessoais.

ARTIGO 366.º
**Supervisão relativa a publicidade
e cláusulas contratuais gerais**

1 – Compete à CMVM fiscalizar a aplicação da legislação sobre publicidade e cláusulas contratuais gerais relativamente às matérias reguladas no presente Código, instruindo os processos de contra-ordenação e aplicando as respectivas sanções.

2 – Em relação a material publicitário ilegal a CMVM pode ordenar:

a) As modificações necessárias para pôr termo à ilegalidade;

b) A suspensão da acção publicitária;

c) A imediata publicação pelo responsável de rectificação apropriada.

3 – Cada período de suspensão da acção publicitária não pode ser superior a 10 dias úteis.

4 – Verificado o incumprimento da ordem a que se refere a alínea *c)* do n.º 2, pode a CMVM, sem prejuízo das sanções aplicáveis, substituir-se ao infractor na prática do acto.

ARTIGO 367.º
Difusão de informações

1 – A CMVM organiza um sistema informático de difusão de informação acessível ao público que pode integrar, entre outros aspectos, elementos constantes dos seus registos, decisões com interesse público e outra informação que lhe seja comunicada ou por si aprovada, designada-

Supervisão e regulação

mente informação privilegiada nos termos do artigo 248.°, participações qualificadas, documentos de prestação de contas e prospectos.

2 – Os prospectos referidos no número anterior devem ser mantidos acessíveis, pelo menos, durante um ano.

ARTIGO 368.°
Despesas de publicação

Constitui título executivo a declaração do conselho directivo da CMVM atestando a realização de despesas com publicações que, segundo a lei, possam por ela ser promovidas a expensas de entidades sujeitas à sua supervisão.

CAPÍTULO III
Regulação

ARTIGO 369.°
Regulamentos da CMVM

1 – A CMVM elabora regulamentos sobre as matérias integradas nas suas atribuições e competências.

2 – Os regulamentos da CMVM devem observar os princípios da legalidade, da necessidade, da clareza e da publicidade.

3 – Os regulamentos da CMVM são publicados na 2.ª série do *Diário da República*, entrando em vigor na data neles referida ou cinco dias após a sua publicação.

4 – Os regulamentos da CMVM que incluam matérias relativas a um determinado mercado regulamentado ou sistema de negociação multilateral ou aos instrumentos financeiros nele negociados são também divulgados no boletim desse mercado ou sistema.

5 – Os regulamentos da CMVM que apenas visem regular procedimentos de carácter interno de uma ou mais categorias de entidades denominam-se instruções, não são publicados nos termos dos números anteriores, são notificados aos respectivos destinatários e entram em vigor cinco dias após a notificação ou na data nelas referida.

ARTIGO 370.º
Recomendações e pareceres genéricos

1 – A CMVM pode emitir recomendações genéricas dirigidas a uma ou mais categorias de entidades sujeitas à sua supervisão.

2 – A CMVM pode formular e publicar pareceres genéricos sobre questões relevantes que lhe sejam colocadas por escrito por qualquer das entidades sujeitas à sua supervisão ou pelas respectivas associações.

ARTIGO 371.º
Publicação consolidada de normas

A CMVM publica anualmente o texto actualizado das normas legais e regulamentares respeitantes às matérias reguladas neste Código e em legislação complementar.

ARTIGO 372.º
Auto-regulação

1 – Nos limites da lei e dos regulamentos, as entidades gestoras dos mercados regulamentados, dos sistemas de negociação multilateral, dos sistemas de liquidação, de contraparte central ou de compensação e dos sistemas centralizados de valores mobiliários podem regular autonomamente as actividades por si geridas.

2 – As regras estabelecidas nos termos do número anterior que não sejam sujeitas a registo, assim como aquelas que constam de códigos deontológicos aprovados por entidades gestoras e por associações profissionais de intermediários financeiros, devem ser comunicadas à CMVM.

CAPÍTULO IV
Cooperação

Artigo 373.º
Princípios

Além daqueles que são referidos no artigo 358.º, a cooperação desenvolvida pela CMVM deve obedecer aos princípios de reciprocidade, de respeito pelo segredo profissional e de utilização restrita da informação para fins de supervisão.

ARTIGO 374.º
Cooperação com outras autoridades nacionais

1 – Em relação a entidades que estejam também sujeitas à supervisão por outras autoridades, designadamente o Banco de Portugal e o Instituto de Seguros de Portugal, a CMVM e essas autoridades cooperam entre si para o exercício coordenado dos respectivos poderes de supervisão e de regulação.

2 – A cooperação referida no número anterior tem carácter regular e pode traduzir-se:

a) Na elaboração e aprovação de regulamentos, quando a lei lhes atribua competência conjunta;

b) Na realização de consultas mútuas;

c) Na troca de informações, mesmo quando sujeitas a segredo profissional;

d) Na realização de actos de fiscalização conjunta;

e) No estabelecimento de acordos e de procedimentos comuns.

ARTIGO 375.º
Cooperação com outras instituições nacionais

1 – As entidades públicas ou privadas que tenham poderes de intervenção sobre qualquer das entidades referidas no artigo 359.º devem cooperar com a CMVM para o exercício, por esta, dos seus poderes de supervisão.

2 – Os acordos que sejam celebrados ao abrigo do disposto no número anterior são publicados no boletim da CMVM.

ARTIGO 376.º
Cooperação com instituições congéneres estrangeiras

1 – No exercício das suas atribuições, a CMVM coopera com as instituições congéneres ou equiparadas de outros Estados.

338   *Código dos Valores Mobiliários*

2 – A CMVM pode celebrar com as referidas instituições acordos bilaterais ou multilaterais de cooperação, tendo nomeadamente em vista:

a) Recolha de elementos relativos a infracções contra o mercado de instrumentos financeiros e de outras cuja investigação caiba no âmbito das atribuições da CMVM;

b) Troca das informações necessárias ao exercício das respectivas funções de supervisão ou de regulação;

c) Consultas sobre problemas suscitados pelas respectivas atribuições;

d) Formação de quadros e troca de experiências no âmbito das respectivas atribuições.

3 – Os acordos a que se refere o número anterior podem abranger a participação subordinada de representantes de instituições congéneres de Estado estrangeiro em actos da competência da CMVM, quando haja suspeita de violação de lei daquele Estado.

4 – A cooperação a que se refere o presente artigo deve ser desenvolvida nos termos da lei, do direito comunitário e das convenções internacionais que vinculam o Estado Português.

5 – O disposto no presente artigo é aplicável, com as necessárias adaptações, às relações decorrentes da participação da CMVM em organizações internacionais.

ARTIGO 377.º
**Cooperação e assistência no quadro
da União Europeia**

1 – Sem prejuízo da aplicação do disposto no artigo anterior, a CMVM coopera ainda com as instituições congéneres dos Estados membros da União Europeia e presta-lhes assistência para o efeito do exercício das respectivas funções de supervisão e investigação.

2 – A pedido da instituição congénere, a CMVM comunica imediatamente qualquer informação solicitada para efeito do disposto no número anterior e, caso tal não seja possível, comunica os motivos desse facto, adoptando, se necessário, as medidas adequadas para recolher as informações solicitadas.

3 – A CMVM pode recusar dar seguimento a um pedido de informações se a comunicação dessas informações for susceptível de prejudicar a soberania, a segurança ou a ordem pública nacionais ou se estiver em curso um processo judicial ou existir sentença transitada em julgado rela-

Supervisão e regulação

tivamente aos mesmos factos e às mesmas pessoas perante os tribunais portugueses.

4 – No caso da recusa prevista no número anterior, a CMVM notifica a instituição requerente, fornecendo-lhe informações tão pormenorizadas quanto possível sobre os referidos processos ou sentenças.

5 – A solicitação da instituição congénere prevista no n.º 1 e no âmbito das funções aí previstas, a CMVM promove no território nacional e sob a sua direcção as averiguações e diligências necessárias para apurar factos que constituam um ilícito nesse Estado membro, podendo autorizar representantes da instituição requerente, auditores ou outros peritos a acompanhar ou a efectuar as diligências.

6 – A CMVM pode recusar dar seguimento a um pedido de realização de uma diligência ou do seu acompanhamento por representantes da instituição requerente nos casos previstos no n.º 3.

7 – Se a CMVM tiver conhecimento de actos que possam constituir um dos ilícitos previstos no n.º 1 que estejam a ser ou tenham sido praticados no território de outro Estado membro, ou que afectem instrumentos financeiros negociados no território de outro Estado membro, notifica a instituição congénere desse Estado membro, sem prejuízo dos seus poderes de investigação e perseguição dos ilícitos em causa.

8 – Se a CMVM receber da instituição congénere de outro Estado membro notificação análoga à prevista no número anterior, comunica à instituição notificante os resultados das diligências efectuadas na sequência da notificação e outros desenvolvimentos relevantes.

9 – Nos casos previstos nos n.ºs 7 e 8, a CMVM e as instituições congéneres que sejam competentes para a investigação e perseguição dos ilícitos em causa consultam-se mutuamente acerca das medidas a adoptar.

10 – A CMVM estabelece com as entidades congéneres os mecanismos de consulta e de articulação necessários ao cumprimento do disposto na alínea i) do n.º 1 e no n.º 3 do artigo 360.º.

ARTIGO 377.º-A
Medidas cautelares na cooperação internacional

1 – Quando a CMVM verificar que os deveres relativos à comunicação e à divulgação de participações qualificadas, à elaboração de um prospecto de oferta pública ou de admissão, à divulgação de informação periódica e à actuação de um mercado regulamentado ou de um sistema de

negociação multilateral foram violados dá conhecimento dos referidos factos à autoridade do Estado membro de origem do emitente ou, no caso de infracção cometida por mercado regulamentado ou sistema de negociação multilateral, à autoridade do Estado que lhe tenha concedido autorização.

2 – Se a autoridade competente não tomar as providências solicitadas ou estas forem inadequadas e o titular de participação qualificada, o emitente, o intermediário financeiro responsável pela oferta pública, o mercado regulamentado ou o sistema de negociação multilateral persistir na infracção das normas aplicáveis, a CMVM, após informar desse facto a autoridade competente, toma as providências que entenda convenientes no intuito de proteger os investidores e o bom funcionamento dos mercados.

3 – Para efeitos do disposto no número anterior, a CMVM pode impedir que o mercado regulamentado ou o sistema de negociação em causa continuem a disponibilizar, no território português, mecanismos de acesso e negociação por membros estabelecidos em Portugal.

4 – As providências tomadas pela CMVM ao abrigo do n.º 2 são comunicadas à Comissão Europeia com a brevidade possível.

TÍTULO VIII
Crimes e ilícitos
de mera ordenação social

CAPÍTULO I
Crimes

SECÇÃO I
Crimes contra o mercado

ARTIGO 378.º
Abuso de informação

1 – Quem disponha de informação privilegiada:

a) Devido à sua qualidade de titular de um órgão de administração ou de fiscalização de um emitente ou de titular de uma participação no respectivo capital; ou

b) Em razão do trabalho ou do serviço que preste, com carácter permanente ou ocasional, a um emitente ou a outra entidade; ou

c) Em virtude de profissão ou função pública que exerça; ou

d) Que, por qualquer forma, tenha sido obtida através de um facto ilícito ou que suponha a prática de um facto ilícito;

e a transmita a alguém fora do âmbito normal das suas funções ou, com base nessa informação, negoceie ou aconselhe alguém a negociar em valores mobiliários ou outros instrumentos financeiros ou ordene a sua subscrição, aquisição, venda ou troca, directa ou indirectamente, para si ou para outrem, é punido com pena de prisão até três anos ou com pena de multa.

2 – Qualquer pessoa não abrangida pelo número anterior que, tendo conhecimento de uma informação privilegiada, a transmita a outrem ou,

342   *Código dos Valores Mobiliários*

com base nessa informação, negoceie ou aconselhe alguém a negociar em valores mobiliários ou outros instrumentos financeiros ou ordene a sua subscrição, aquisição, venda ou troca, directa ou indirectamente, para si ou para outrem, é punida com pena de prisão até dois anos ou com pena de multa até 240 dias.

3 – Entende-se por informação privilegiada toda a informação não tornada pública que, sendo precisa e dizendo respeito, directa ou indirectamente, a qualquer emitente ou a valores mobiliários ou outros instrumentos financeiros, seria idónea, se lhe fosse dada publicidade, para influenciar de maneira sensível o seu preço no mercado.

4 – Em relação aos instrumentos derivados sobre mercadorias, entende-se por informação privilegiada toda a informação com carácter preciso que não tenha sido tornada pública e respeite, directa ou indirectamente, a um ou mais desses instrumentos derivados e que os utilizadores dos mercados em que aqueles são negociados esperariam receber ou teriam direito a receber em conformidade, respectivamente, com as práticas de mercado aceites ou com o regime de divulgação de informação nesses mercados.

5 – O disposto neste artigo não se aplica quando as operações sejam efectuadas pelo Banco Central Europeu, por um Estado, pelo seu banco central ou por qualquer outro organismo designado pelo Estado, por razões de política monetária, cambial ou de gestão da dívida pública, nem às transacções sobre acções próprias efectuadas no âmbito de programas de recompra realizados nas condições legalmente permitidas.

6 – A tentativa de qualquer dos ilícitos descritos é punível.

7 – Se as transacções referidas nos n.os 1 e 2 envolverem a carteira de uma terceira pessoa, singular ou colectiva, que não seja constituída arguida, esta pode ser demandada no processo crime como parte civil, nos termos previstos no Código de Processo Penal, para efeito da apreensão das vantagens do crime ou da reparação de danos.

ARTIGO 379.º
Manipulação do mercado

1 – Quem divulgue informações falsas, incompletas, exageradas ou tendenciosas, realize operações de natureza fictícia ou execute outras práticas fraudulentas que sejam idóneas para alterar artificialmente o regular funcionamento do mercado de valores mobiliários ou de outros

Crimes e ilícitos de mera ordenação social   343

instrumentos financeiros é punido com prisão até três anos ou com pena de multa.

2 – Consideram-se idóneos para alterar artificialmente o regular funcionamento do mercado, nomeadamente, os actos que sejam susceptíveis de modificar as condições de formação dos preços, as condições normais da oferta ou da procura de valores mobiliários ou de outros instrumentos financeiros ou as condições normais de lançamento e de aceitação de uma oferta pública.

3 – Os titulares do órgão de administração e as pessoas responsáveis pela direcção ou pela fiscalização de áreas de actividade de um intermediário financeiro que, tendo conhecimento de factos descritos no n.° 1, praticados por pessoas directamente sujeitas à sua direcção ou fiscalização e no exercício das suas funções, não lhes ponham imediatamente termo são punidos com pena de prisão até dois anos ou pena de multa até 240 dias, se pena mais grave não lhes couber por força de outra disposição legal.

4 – A tentativa de qualquer dos ilícitos descritos é punível.

5 – Se os factos descritos nos n.ºˢ 1 e 3 envolverem a carteira de uma terceira pessoa, singular ou colectiva, que não seja constituída arguida, esta pode ser demandada no processo crime como parte civil, nos termos previstos no Código de Processo Penal, para efeito da apreensão das vantagens do crime ou da reparação de danos.

6 – O disposto neste artigo não se aplica às operações efectuadas pelo Banco Central Europeu, por um Estado, pelo seu banco central ou por qualquer outro organismo designado pelo Estado, por razões de política monetária, cambial ou de gestão de dívida pública, nem às operações de estabilização de preços, quando sejam efectuadas nas condições legalmente permitidas.

ARTIGO 380.°
Penas acessórias

Aos crimes previstos nos artigos antecedentes podem ser aplicadas, além das referidas no Código Penal, as seguintes penas acessórias:

a) Interdição, por prazo não superior a cinco anos, do exercício pelo agente da profissão ou actividade que com o crime se relaciona, incluindo inibição do exercício de funções de administração, direcção, chefia ou fiscalização e, em geral, de representação de quaisquer intermediários financeiros, no âmbito de alguma ou de todas as actividade de intermediação em valores mobiliários ou em outros instrumentos financeiros;

344 *Código dos Valores Mobiliários*

b) Publicação da sentença condenatória a expensas do arguido em locais idóneos para o cumprimento das finalidades de prevenção geral do sistema jurídico e da protecção do mercado de valores mobiliários ou de outros instrumentos financeiros.

ARTIGO 380.°-A
Apreensão e perda das vantagens do crime

1 – Sempre que o facto ilícito gerar para o arguido ou para terceiro por conta de quem o arguido negoceie vantagens patrimoniais, transitórias ou permanentes, incluindo juros, lucros ou outros benefícios de natureza patrimonial, esses valores são apreendidos durante o processo ou, pelo menos, declarados perdidos na sentença condenatória, nos termos previstos nos números seguintes.

2 – As vantagens patrimoniais geradas pelo facto ilícito típico abrangem as mais-valias efectivas obtidas e as despesas e os prejuízos evitados com a prática do facto, independentemente do destino final que o arguido lhes tenha dado e ainda que as tenha posteriormente perdido.

3 – O valor apreendido nos termos dos números anteriores é afecto à reparação dos lesados que tenham feito valer a sua pretensão no processo crime, sendo 60% do remanescente declarado perdido a favor do Estado e 40% a favor do sistema de indemnização dos investidores.

4 – Nos processos por crimes de abuso de informação e manipulação de mercado são aplicáveis as medidas de garantia patrimonial previstas no Código de Processo Penal, sem prejuízo do recurso às medidas de combate à criminalidade organizada e económico-financeira previstas em legislação avulsa.

SECÇÃO II
Crime de desobediência

ARTIGO 381.°
Desobediência

1 – Quem se recusar a acatar as ordens ou os mandados legítimos da CMVM, emanados no âmbito das suas funções de supervisão, ou criar,

por qualquer forma, obstáculos à sua execução incorre na pena prevista para o crime de desobediência qualificada.

2 – Na mesma pena incorre quem não cumprir, quem dificultar e quem defraudar a execução das sanções acessórias ou das medidas cautelares aplicadas em processo de contra-ordenação.

SECÇÃO III
Disposições processuais

ARTIGO 382.º
Aquisição da notícia do crime

1 – A notícia dos crimes contra o mercado de valores mobiliários ou de outros instrumentos financeiros adquire-se por conhecimento próprio da CMVM, por intermédio dos órgãos de polícia criminal ou mediante denúncia.

2 – Os intermediários financeiros com sede estatutária, administração central ou sucursal em Portugal e as autoridades judiciárias, entidades policiais ou funcionários que, no exercício da sua actividade ou função, tenham conhecimento de factos que possam vir a ser qualificados como crime contra o mercado de valores mobiliários ou de outros instrumentos financeiros informam imediatamente o conselho directivo da CMVM.

3 – A denúncia descrita no número anterior pode ser apresentada por qualquer meio idóneo para o efeito, sendo confirmada por escrito, a pedido da CMVM, sempre que este não seja o meio adoptado inicialmente.

4 – A denúncia apresentada por intermediários financeiros descreve as razões da suspeita, identifica pormenorizadamente e com rigor as operações em causa, as ordens dadas, os comitentes e quaisquer outras pessoas envolvidas, as modalidades de negociação, as carteiras envolvidas, os beneficiários económicos das operações, os mercados em causa e qualquer outra informação relevante para o efeito, bem como a qualidade de quem subscreve a denúncia e a sua relação com o intermediário financeiro.

5 – A pessoa ou entidade que apresente à CMVM uma denúncia nos termos deste artigo fica impedida de revelar tal facto ou qualquer outra informação sobre a mesma a clientes ou a terceiros, não podendo ser responsabilizada pelo cumprimento desse dever de sigilo e pela denúncia que não seja feita de má fé.

346 *Código dos Valores Mobiliários*

6 – Não pode ser revelada a identidade de quem subscreve a denúncia ou fornece as informações previstas neste artigo, nem a identificação da entidade para quem essa pessoa trabalha, excepto se a quebra desse regime de segredo for determinada por juiz, nos termos previstos no Código de Processo Penal.

ARTIGO 383.º
Averiguações preliminares

1 – Obtido o conhecimento de factos que possam vir a ser qualificados como crime contra o mercado de valores mobiliários ou de outros instrumentos financeiros, pode o conselho directivo da CMVM determinar a abertura de um processo de averiguações preliminares.

2 – As averiguações preliminares compreendem o conjunto de diligências necessárias para apurar a possível existência da notícia de um crime contra o mercado de valores mobiliários ou outros instrumentos financeiros.

3 – As averiguações preliminares são desenvolvidas sem prejuízo dos poderes de supervisão da CMVM.

ARTIGO 384.º
Competência

O processo de averiguações é iniciado e dirigido pelo conselho directivo da CMVM, sem prejuízo das regras internas de distribuição de competências e das delegações genéricas de competência nos respectivos serviços.

ARTIGO 385.º
Prerrogativas da CMVM

1 – Para efeito do disposto nos artigos anteriores, a CMVM pode:
a) Solicitar a quaisquer pessoas e entidades todos os esclarecimentos, informações, documentos, independentemente da natureza do seu suporte, objectos e elementos necessários para confirmar ou negar a suspeita de crime contra o mercado de valores mobiliários ou outros instrumentos financeiros;

b) Proceder à apreensão, congelamento e inspecção de quaisquer documentos, independentemente da natureza do seu suporte, valores, objectos relacionados com a possível prática de crimes contra o mercado de valores mobiliários ou outros instrumentos financeiros ou proceder à selagem de objectos não apreendidos nas instalações das pessoas e entidades sujeitas à sua supervisão, na medida em que se revelem necessários à averiguação da possível existência da notícia de crime contra o mercado de valores mobiliários ou outros instrumentos financeiros;

c) Requerer de modo devidamente fundamentado à autoridade judiciária competente que autorize a solicitação a entidades prestadoras de serviços de telecomunicações, de rede fixa ou de rede móvel, ou a operadores de serviços de Internet registos de contactos telefónicos e de transmissão de dados existentes;

d) Solicitar a entidades prestadoras de serviços de telecomunicações, de rede fixa ou de rede móvel, ou a operadores de serviços de Internet registos de contactos telefónicos e de transmissão de dados existentes.

2 – A CMVM pode, para efeito do disposto no número anterior, requerer a colaboração de outras autoridades, entidades policiais e órgãos de polícia criminal.

3 – Em caso de urgência ou perigo pela demora, ainda que antes de iniciadas as averiguações preliminares para os efeitos descritos na presente secção, a CMVM pode proceder à prática dos actos referidos na alínea *b*) do n.º 1, incluindo a apreensão e congelamento de valores, independentemente do local ou da instituição em que os mesmos se encontrem.

4 – As medidas referidas no n.º 4 do artigo 380.º-A podem ser também requeridas pela CMVM às autoridades judiciárias competentes, no âmbito das averiguações preliminares que tenham lugar.

5 – Aos actos praticados ao abrigo da alínea *b*) do n.º 1 aplica-se o regime previsto no Código de Processo Penal.

6 – A autorização para a obtenção dos registos referidos na alínea *c*) do n.º 1 é concedida no prazo de quarenta e oito horas pelo magistrado do Ministério Público competente, sendo a decisão deste obrigatoriamente comunicada ao juiz de instrução para efeitos de homologação.

7 – Considera-se validada a obtenção de registos referida no número anterior se não for proferido despacho de recusa de homologação pelo juiz de instrução nas quarenta e oito horas seguintes.

8 – Nos casos referidos na alínea *c*) do n.º 1 em que seja invocável um regime de protecção de segredo profissional, deve a autorização pré-

via ser directamente promovida pelo competente magistrado do Ministério Público junto do juiz de instrução, a qual é ponderada com dispensa de quaisquer outras formalidades, considerando-se concedida se não for proferido despacho de recusa no prazo de quarenta e oito horas.

ARTIGO 386.°
Encerramento do processo de averiguações

Concluído o processo de averiguações preliminares e obtida a notícia de um crime, o conselho directivo da CMVM remete os elementos relevantes à autoridade judiciária competente.

ARTIGO 387.°
Dever de notificar

As decisões tomadas ao longo dos processos por crimes contra o mercado de valores mobiliários ou outros instrumentos financeiros são notificadas ao conselho directivo da CMVM.

CAPÍTULO II
Ilícitos de mera ordenação social

SECÇÃO I
Ilícitos em especial

ARTIGO 388.°
Disposições comuns

1 – Às contra-ordenações previstas nesta secção são aplicáveis as seguintes coimas:
a) Entre € 25 000 e € 2 500 000, quando sejam qualificadas como muito graves;
b) Entre € 12 500 e € 1 250 000, quando sejam qualificadas como graves;

Crimes e ilícitos de mera ordenação social 349

c) Entre € 2 500 e € 250 000, quando sejam qualificadas como menos graves.

2 – As contra-ordenações previstas nos artigos seguintes respeitam tanto à violação de deveres consagrados neste Código e sua regulamentação como à violação de deveres consagrados em outras leis, quer nacionais, quer comunitárias, e sua regulamentação, que digam respeito às seguintes matérias:

a) Instrumentos financeiros, ofertas públicas relativas a valores mobiliários, formas organizadas de negociação de instrumentos financeiros, sistemas de liquidação e compensação, contraparte central, intermediação financeira, sociedades de titularização de créditos, sociedades de capital de risco, fundos de capital de risco ou entidades legalmente habilitadas a administrar fundos de capital de risco, contratos de seguro ligados a fundos de investimento, contratos de adesão individual a fundos de pensões abertos e regime da informação e de publicidade relativa a qualquer destas matérias;

b) Entidades gestoras de mercados regulamentados, de sistemas de negociação multilateral, de sistemas de liquidação, de câmara de compensação, de contraparte central, de sistemas centralizados de valores mobiliários ou sociedades gestoras de participações sociais nestas entidades.

3 – Se a lei ou o regulamento exigirem que dever seja cumprido num determinado prazo considera-se que existe incumprimento logo que o prazo fixado tenha sido ultrapassado.

4 – Considera-se como não divulgada a informação cuja divulgação não tenha sido efectuada através dos meios adequados.

5 – Sempre que uma lei ou um regulamento da CMVM alterar as condições ou termos de cumprimento de um dever constante de lei ou regulamento anterior, aplica-se a lei antiga aos factos ocorridos no âmbito da sua vigência e a lei nova aos factos posteriores, salvo se perante a identidade do facto houver lugar à aplicação do regime concretamente mais favorável.

ARTIGO 389.º
Informação

1 – Constitui contra-ordenação muito grave:

a) A comunicação ou divulgação, por qualquer pessoa ou entidade, e através de qualquer meio, de informação que não seja completa, verdadeira, actual, clara, objectiva e lícita;

350   *Código dos Valores Mobiliários*

b) A falta de envio de informação para o sistema de difusão de informação organizado pela CMVM.

2 – Inclui-se na alínea *a)* do número anterior a prestação de informação aos seus clientes por qualquer entidade que exerça actividades de intermediação.

3 – Constitui contra-ordenação grave qualquer dos seguintes comportamentos:

a) Prática de factos referidos nos números anteriores, se os valores mobiliários ou os instrumentos financeiros a que a informação respeita não forem negociados em mercado regulamentado e se a operação tiver valor igual ou inferior ao limite máximo da coima prevista para as contra-ordenações graves;

b) Envio às entidades de supervisão e às entidades gestoras de mercados regulamentados, de sistemas de negociação multilateral, de sistemas de liquidação, de câmara de compensação, de contraparte central e de sistemas centralizados de valores mobiliários de informação que não seja completa, verdadeira, actual, clara objectiva e lícita;

c) Falta de envio, total ou parcial, de documentos ou de informações à CMVM e à entidade gestora de mercado regulamentado;

d) Publicação ou divulgação de informação não acompanhada de relatório ou parecer elaborados por auditor registado na CMVM ou a omissão de declaração de que a informação não foi sujeita a auditoria, quando a lei o exija;

e) A violação dos regimes da informação que contenha recomendações de investimento e dos conflitos de interesses com aquela relacionados.

4 – Constitui contra-ordenação menos grave a divulgação de informação não redigida em português ou não acompanhada de tradução para português, quando exigível.

5 – Constitui contra-ordenação menos grave a divulgação de mensagem publicitária que não satisfaça algum dos seguintes requisitos:

a) Identificação inequívoca como tal;

b) Aprovação pela CMVM, quando exigida;

c) Referência ao prospecto;

d) Divulgação prévia de prospecto preliminar, em caso de recolha de intenções de investimento.

ARTIGO 390.º
Sociedades abertas

1 – Constitui contra-ordenação muito grave a omissão de comunicação ou divulgação de participação qualificada em sociedade aberta.

2 – Constitui contra-ordenação grave a omissão de:

a) *(Revogada)*;

b) Comunicação à CMVM de acordos parassociais relativos ao exercício de direitos sociais em sociedade aberta;

c) Verificação da autenticidade do voto por correspondência e de garantia da sua confidencialidade.

3 – Constitui contra-ordenação menos grave a omissão de:

a) Menção da qualidade de sociedade aberta nos actos externos;

b) Comunicação à CMVM de indícios de incumprimento do dever de informação sobre participações qualificadas em sociedade aberta;

c) Prestação de informação ao detentor de participação qualificada em sociedade aberta pelos titulares de valores mobiliários a que são inerentes direitos de voto imputáveis àquele;

d) Não disponibilização aos titulares de direito de voto de formulário de procuração para o exercício desse direito;

e) Menção, em convocatória de assembleia geral, da disponibilidade de formulário de procuração ou da indicação de como o solicitar;

f) Menção dos elementos exigidos no pedido de procuração para participação em assembleia geral de sociedade aberta;

g) Envio à CMVM de documento tipo utilizado na solicitação de procuração para participação em assembleia geral de sociedade aberta;

h) Prestação de informação aos titulares de direito de voto pelo solicitante de procuração para participação em assembleia geral de sociedade aberta;

i) Cumprimento dos deveres decorrentes da perda da qualidade de sociedade aberta.

ARTIGO 391.º
Fundos de garantia

Constitui contra-ordenação grave a falta de constituição de fundos de garantia obrigatórios.

ARTIGO 392.º
Valores mobiliários

1 – Constitui contra-ordenação muito grave a violação de qualquer dos seguintes deveres:

a) De inutilização dos títulos de valores mobiliários convertidos em escriturais;

b) De adopção de medidas para prevenir ou corrigir divergências entre a quantidade dos valores mobiliários emitidos e a quantidade dos que se encontram em circulação;

c) De adopção pelas entidades registadoras dos meios adequados à segurança dos registos e à segregação de contas de valores mobiliários;

d) De realização de registo individualizado de valores mobiliários escriturais ou de valores mobiliários titulados integrados em sistema centralizado sem as menções devidas ou sem base documental bastante;

e) De bloqueio exigido por lei ou pelo titular dos valores mobiliários;

f) De menção nos títulos da sua integração em sistema centralizado ou da sua exclusão sem a actualização devida.

2 – Constitui contra-ordenação muito grave:

a) A transferência de valores mobiliários bloqueados;

b) O cancelamento de registos ou a destruição de títulos em depósito fora dos casos previstos na lei;

c) A criação, a manutenção, a gestão, a suspensão ou o encerramento de sistema centralizado de valores mobiliários fora dos casos e termos previstos em lei ou regulamento.

3 – *(Revogado.)*

4 – Constitui contra-ordenação grave:

a) O registo de valores mobiliários escriturais ou o depósito de valores mobiliários titulados junto de entidade ou em sistema centralizado distintos dos permitidos ou exigidos por lei;

b) A recusa de informação por entidade registadora ou depositária ou por entidade gestora de sistema centralizado às pessoas com legitimidade para a solicitar ou a omissão de envio de informações dentro dos prazos exigidos por lei ou acordados com o interessado.

5 – Constituem contra-ordenação menos grave os factos referidos nos número anteriores quando relativos a valores mobiliários emitidos por sociedades fechadas ou não admitidos à negociação em mercado regulamentado.

ARTIGO 393.º
Ofertas públicas

1 – Constitui contra-ordenação muito grave:

a) A realização de oferta pública sem aprovação de prospecto ou sem registo na CMVM;

b) A divulgação de oferta pública de distribuição decidida ou projectada e a aceitação de ordens de subscrição ou de aquisição, antes da divulgação do prospecto ou, no caso de oferta pública de aquisição, antes da publicação do anúncio de lançamento;

c) A divulgação de prospecto, respectivas adendas e rectificação do prospecto de base, sem prévia aprovação pela autoridade competente;

d) A revelação de informação reservada sobre oferta pública de distribuição, decidida ou projectada;

e) A criação ou a modificação de contas, de registos ou de documentos fictícios que sejam susceptíveis de alterar as regras de atribuição de valores mobiliários.

f) A omissão de divulgação da aprovação de alterações estatutárias para efeitos da suspensão voluntária de eficácia de restrições transmissivas, de direito de voto e de direitos de designação e de destituição de titulares de órgãos sociais.

2 – Constitui contra-ordenação muito grave a violação de qualquer dos seguintes deveres:

a) De igualdade de tratamento e de observância das regras de rateio;

b) De divulgação do resultado da oferta ou do requerimento de admissão à negociação dos valores mobiliários que são objecto da oferta;

c) De divulgação do prospecto, do prospecto de base, respectivas adendas e rectificação, ou das condições finais da oferta;

d) De inclusão de informação no prospecto, no prospecto de base, nas respectivas adendas e rectificação, ou nas condições finais da oferta, que seja completa, verdadeira, actual, clara, objectiva e lícita segundo os modelos previstos no Regulamento (CE) n.º 809/2004, da Comissão, de 29 de Abril;

e) De segredo sobre a preparação de oferta pública de aquisição;

f) De publicação do anúncio preliminar de oferta pública de aquisição;

g) De requerimento do registo de oferta pública de aquisição, bem como do seu lançamento, após a publicação do anúncio preliminar;

h) De lançamento de oferta pública de aquisição obrigatória;

i) De comunicação à CMVM de aumento de direitos de voto em percentagem superior a 1% por quem, tendo ultrapassado mais de um terço dos direitos de voto em sociedade aberta, tenha provado que não domina e que não está em relação de grupo com essa sociedade;

j) Relativos à realização de transacções na pendência de oferta pública de aquisição.

l) Do dever de aumentar a contrapartida para um preço não inferior ao preço mais alto pago pelos valores mobiliários adquiridos em transacção realizada na pendência de oferta pública de aquisição obrigatória.

3 – Constitui contra-ordenação grave a realização de oferta pública:

a) Sem a intervenção de intermediário financeiro, nos casos em que esta seja obrigatória;

b) Com violação das regras relativas à sua modificação, revisão, suspensão, retirada ou revogação.

4 – Constitui contra-ordenação grave:

a) A recolha de intenções de investimento sem aprovação do prospecto preliminar pela CMVM ou antes da divulgação do mesmo;

b) A violação do dever de cooperação do emitente em oferta pública de venda;

c) A falta de envio de anúncio preliminar à CMVM, à sociedade visada ou às entidades gestoras de mercados regulamentados;

d) A violação, por parte da sociedade visada em oferta pública de aquisição, do dever de publicar relatório sobre a oferta e de o enviar à CMVM e ao oferente, do dever de informar a CMVM sobre as transacções realizadas sobre valores mobiliários que são objecto da oferta, do dever de informar os representantes dos trabalhadores ou, na sua falta, os próprios trabalhadores sobre o conteúdo dos documentos da oferta e do relatório por si elaborado e do dever de divulgar o parecer quanto às repercussões da oferta a nível do emprego que seja preparado pelos trabalhadores;

e) A violação do dever de prévia comunicação do documento de registo à CMVM;

f) A violação do dever de inclusão de lista de remissões no prospecto quando contenha informações por remissão;

g) A violação do dever de envio à CMVM do documento de consolidação da informação anual.

h) A violação, pelo oferente ou por pessoas que com este estejam em alguma das situações previstas no artigo 20.°, da proibição de negociação fora de mercado regulamentado de valores mobiliários da categoria dos

Crimes e ilícitos de mera ordenação social 355

que são objecto da oferta ou dos que integram a contrapartida sem autorização prévia da CMVM;

i) A violação, pelo oferente ou por pessoas que com este estejam em alguma das situações previstas no artigo 20.°, do dever de comunicação à CMVM de transacções realizadas na pendência de oferta pública de aquisição;

j) A violação, por parte da sociedade oferente, do dever de informar os representantes dos trabalhadores ou, na falta destes, os trabalhadores sobre o conteúdo dos documentos da oferta.

5 – Constitui contra-ordenação menos grave a omissão de comunicação à CMVM de oferta particular de distribuição.

ARTIGO 394.°
Formas organizadas de negociação

1 – Constitui contra-ordenação muito grave:

a) A criação, a manutenção em funcionamento ou a gestão de uma forma organizada de negociação, a suspensão ou o encerramento da sua actividade fora dos casos e termos previstos em lei ou regulamento;

b) O funcionamento de mercado regulamentado ou de sistema negociação multilateral de acordo com regras não registadas na CMVM ou não publicadas;

c) A falta de prestação ao público, pelas entidades gestoras de mercados regulamentados e de sistemas de negociação multilateral, da informação a que estão obrigadas;

d) A admissão de membros de um mercado regulamentado ou de um sistema de negociação multilateral pela respectiva entidade gestora, sem os requisitos exigidos por lei ou regulamento;

e) A falta de publicidade das sessões de mercados regulamentados;

f) A admissão de instrumentos financeiros à negociação em mercado regulamentado com violação das regras legais e regulamentares;

g) A falta de divulgação do prospecto de admissão, das respectivas adenda e rectificações, ou de informações necessárias à sua actualização, ou a sua divulgação sem aprovação prévia pela entidade competente;

h) A falta de divulgação da informação exigida pelos emitentes de valores mobiliários negociados em mercado regulamentado;

i) A violação do regime da informação privilegiada, excepto no caso em que tal facto constitua crime.

2 – Constitui contra-ordenação grave a violação de qualquer dos seguintes deveres:

a) De envio à entidade gestora de mercado regulamentado, pelos emitentes de valores mobiliários admitidos à negociação, dos elementos necessários para informação ao público;

b) De conexão informativa com outros mercados regulamentados;

c) De prestação à entidade gestora do mercado regulamentado ou do sistema de negociação multilateral, pelos membros desta, das informações necessárias à boa gestão do mercado ou do sistema;

d) De pedido de admissão à negociação em mercado regulamentado de valores mobiliários da mesma categoria dos já admitidos;

e) De envio à CMVM, pelos emitentes de valores mobiliários admitidos à negociação em mercado regulamentado ou por quem tenha solicitado a admissão à negociação em mercado regulamentado de valores mobiliários sem o consentimento do emitente, das informações exigidas por lei;

f) De divulgação do documento de consolidação de informação anual;

g) De divulgação de informação exigida no n.º 2 do artigo 134.º;

h) De manter informação à disposição do público por tempo determinado, quando exigido por lei.

3 – Constitui contra-ordenação menos grave a falta de nomeação:

a) De representante para as relações com o mercado e com a CMVM, por entidade com valores admitidos à negociação em mercado regulamentado;

b) De interlocutor perante a entidade gestora desse mercado e a CMVM, por membro do mercado regulamentado.

ARTIGO 395.º
Operações

1 – Constitui contra-ordenação muito grave a realização de operações:

a) Num dado mercado regulamentado ou sistema de negociação multilateral, sobre instrumentos financeiros, não admitidos à negociação nesse mercado ou não seleccionados para a negociação nesse sistema ou suspensos ou excluídos da negociação;

b) Não permitidas ou em condições não permitidas;

c) Sem a prestação das garantias devidas.

Crimes e ilícitos de mera ordenação social 357

2 – Constitui contra-ordenação grave:

a) A realização de operações sem a intervenção de intermediário financeiro, quando exigida;

b) A negociação em mercado regulamentado de operações com base em cláusulas gerais não aprovadas ou não previamente comunicadas, quando exigível;

c) A realização de operações por titulares de órgãos de administração, direcção e fiscalização de intermediários financeiros ou de entidades gestoras de mercados regulamentados, de sistemas de negociação multilateral, de sistemas de liquidação, de câmara de compensação, de contraparte central e de sistemas centralizados de valores mobiliários, bem como pelos respectivos trabalhadores, se tais operações lhes estiverem vedadas;

d) A violação do dever de comunicação à CMVM de operações sobre instrumentos financeiros admitidos à negociação em mercado regulamentado.

3 – *(Revogado.)*

ARTIGO 396.°
Contraparte central e sistemas de liquidação

1 – Constitui contra-ordenação muito grave:

a) O exercício das funções de câmara de compensação, contraparte central e sistema de liquidação fora dos casos e termos previstos em lei ou regulamento, em particular o exercício por entidade não autorizada para o efeito;

b) O funcionamento de câmara de compensação, de contraparte central ou de sistema de liquidação de acordo com regras não registadas na CMVM ou não publicadas;

c) A realização de operações sobre os instrumentos financeiros referidos nas alíneas *e*) e *f*) do n.° 1 do artigo 2.° sem a interposição de contraparte central;

d) A falta de disponibilização atempada de instrumentos financeiros ou de dinheiro para liquidação de operações;

e) A violação, por entidade que assuma as funções de câmara de compensação e de contraparte central, do dever de adoptar as medidas necessárias à defesa de mercado, à minimização dos riscos e à protecção do sistema de compensação.

358 *Código dos Valores Mobiliários*

2 – Constitui contra-ordenação grave a violação pela entidade que assuma as funções de câmara de compensação e contraparte central dos seguintes deveres:

a) De identificar e minimizar fontes de risco operacional;

b) De fiscalizar os requisitos de acesso dos membros compensadores;

c) De adoptar uma estrutura de contas que assegure a segregação patrimonial entre os valores próprios dos membros compensadores e os pertencentes aos clientes dos últimos.

ARTIGO 397.º
Actividades de intermediação

1 – Constitui contra-ordenação muito grave a realização de actos ou o exercício de actividades de intermediação sem a autorização ou sem o registo devidos ou fora do âmbito que resulta da autorização ou do registo.

2 – Constitui contra-ordenação muito grave a violação por entidades autorizadas a exercer actividades de intermediação financeira de qualquer dos seguintes deveres:

a) De efectuar e de manter actualizado o registo diário das operações;

b) De respeitar as regras sobre conflitos de interesses;

c) De não efectuar operações que constituam intermediação excessiva;

d) De verificar a legitimidade dos ordenadores e de adoptar as providências que permitam estabelecer o momento de recepção das ordens;

e) De reduzir a escrito ou fixar em suporte fonográfico as ordens recebidas oralmente;

f) De respeitar as regras de prioridade na transmissão e na execução de ordens em mercado;

g) De prestar aos clientes a informação devida;

h) De não celebrar, sem autorização ou confirmação do cliente, contratos em que seja contraparte;

i) De divulgar ordens que não sejam imediatamente executáveis;

j) De respeitar as regras relativas à agregação de ordens e à afectação de operações;

l) De não executar ordens, sem o consentimento do cliente, fora de mercado regulamentado ou de sistema de negociação multilateral;

m) De adoptar uma política de execução de ordens ou de a avaliar com a frequência exigida por lei;

Crimes e ilícitos de mera ordenação social

n) De respeitar a exigência de forma escrita nos contratos de intermediação financeira, quando exigível;

o) De respeitar as regras relativas à apreciação do carácter adequado da operação em função do perfil do cliente.

3 – *(Revogado.)*

4 – Constitui contra-ordenação grave a violação por entidades autorizadas a exercer actividades de intermediação financeira de qualquer dos seguintes deveres:

a) De conservar os documentos pelo prazo legalmente exigido;

b) *(Revogada.)*

c) De aceitar ordens;

d) De recusar ordens;

e) De comunicar à CMVM as cláusulas contratuais gerais que utilize na contratação, quando exigível;

f) De respeitar as regras sobre subcontratação;

g) De manter o registo do cliente;

h) De respeitar as regras sobre categorização de investidores.

ARTIGO 398.°
Deveres profissionais

Constitui contra-ordenação muito grave a violação de qualquer dos seguintes deveres:

a) De segredo profissional;

b) De segregação patrimonial;

c) De não utilização de valores mobiliários, de outros instrumentos financeiros ou de dinheiro fora dos casos previstos em lei ou regulamento;

d) De defesa do mercado.

ARTIGO 399.°
Ordens da CMVM

1 – Constitui contra-ordenação grave o incumprimento de ordens ou mandados legítimos da CMVM transmitidos por escrito aos seus destinatários.

2 – Se, verificado o incumprimento a que se refere o n.° 1, a CMVM notificar o destinatário para cumprir a ordem ou o mandado e aquele con-

360   *Código dos Valores Mobiliários*

tinuar a não cumprir, é aplicável a coima correspondente às contra-ordenações muito graves, desde que a notificação da CMVM contenha a indicação expressa de que ao incumprimento se aplica esta sanção.

ARTIGO 400.°
Outras contra-ordenações

A violação de deveres não referidos nos artigos anteriores mas previstos neste Código ou noutros diplomas a que se refere o n.° 2 do artigo 388.° constitui:

a) Contra-ordenação menos grave; ou

b) Contra-ordenação grave, quando o agente seja intermediário financeiro ou qualquer das entidades gestoras a que se refere a alínea *b*) do n.° 2 do artigo 388.°, no exercício das respectivas actividades.

c) Contra-ordenação muito grave, quando se trate de violação do dever de segredo sobre a actividade de supervisão da CMVM.

SECÇÃO II
Disposições gerais

ARTIGO 401.°
Responsabilidade pelas contra-ordenações

1 – Pela prática das contra-ordenações previstas neste Código podem ser responsabilizadas pessoas singulares, pessoas colectivas, independentemente da regularidade da sua constituição, sociedades e associações sem personalidade jurídica.

2 – As pessoas colectivas e as entidades que lhes são equiparadas no número anterior são responsáveis pelas contra-ordenações previstas neste Código quando os factos tiverem sido praticados, no exercício das respectivas funções ou em seu nome ou por sua conta, pelos titulares dos seus órgãos sociais, mandatários, representantes ou trabalhadores.

3 – Os titulares do órgão de administração das pessoas colectivas e entidades equiparadas, bem como os responsáveis pela direcção ou fiscalização de áreas de actividade em que seja praticada alguma contra-ordenação, incorrem na sanção prevista para o autor, especialmente ate-

Crimes e ilícitos de mera ordenação social   361

nuada, quando, conhecendo ou devendo conhecer a prática da infracção, não adoptem as medidas adequadas para lhe pôr termo imediatamente, a não ser que sanção mais grave lhe caiba por força de outra disposição legal.

4 – A responsabilidade das pessoas colectivas e entidades equiparadas não exclui a responsabilidade individual dos respectivos agentes.

ARTIGO 402.º
Formas da infracção

1 – Os ilícitos de mera ordenação social previstos neste Código são imputados a título de dolo ou de negligência.

2 – A tentativa de qualquer dos ilícitos de mera ordenação social descritos neste Código é punível.

ARTIGO 403.º
Cumprimento do dever violado

1 – Sempre que o ilícito de mera ordenação social resulte da omissão de um dever, o pagamento da coima ou o cumprimento da sanção acessória não dispensam o infractor do cumprimento do dever, se este ainda for possível.

2 – O infractor pode ser sujeito pela CMVM à injunção de cumprir o dever em causa.

3 – Se a injunção não for cumprida no prazo fixado, o agente incorre na sanção prevista para as contra-ordenações muito graves.

ARTIGO 404.º
Sanções acessórias

1 – Cumulativamente com as coimas, podem ser aplicadas aos responsáveis por qualquer contra-ordenação, além das previstas no regime geral dos ilícitos de mera ordenação social, as seguintes sanções acessórias:

a) Apreensão e perda do objecto da infracção, incluindo o produto do benefício obtido pelo infractor através da prática da contra-ordenação;

b) Interdição temporária do exercício pelo infractor da profissão ou da actividade a que a contra-ordenação respeita;

c) Inibição do exercício de funções de administração, direcção, chefia ou fiscalização e, em geral, de representação de quaisquer interme-

362 *Código dos Valores Mobiliários*

diários financeiros no âmbito de alguma ou de todas as actividades de intermediação em valores mobiliários ou outros instrumentos financeiros;

d) Publicação pela CMVM, a expensas do infractor e em locais idóneos para o cumprimento das finalidades de prevenção geral do sistema jurídico e da protecção dos mercados de valores mobiliários ou de outros instrumentos financeiros, da sanção aplicada pela prática da contra-ordenação;

e) Revogação da autorização ou cancelamento do registo necessários para o exercício de actividades de intermediação em valores mobiliários ou outros instrumentos financeiros.

2 – As sanções referidas nas alíneas *b*) e *c*) do número anterior não podem ter duração superior a cinco anos, contados da decisão condenatória definitiva.

3 – A publicação referida na alínea *d*) do n.° 1 pode ser feita na íntegra ou por extracto, conforme for decido pela CMVM.

ARTIGO 405.°
Determinação da sanção aplicável

1 – A determinação da coima concreta e das sanções acessórias faz-se em função da ilicitude concreta do facto, da culpa do agente, dos benefícios obtidos e das exigências de prevenção, tendo ainda em conta a natureza singular ou colectiva do agente.

2 – Na determinação da ilicitude concreta do facto e da culpa das pessoas colectivas e entidades equiparadas, atende-se, entre outras, às seguintes circunstâncias:

a) O perigo ou o dano causados aos investidores ou ao mercado de valores mobiliários ou de outros instrumentos financeiros;

b) O carácter ocasional ou reiterado da infracção;

c) A existência de actos de ocultação tendentes a dificultar a descoberta da infracção;

d) A existência de actos do agente destinados a, por sua iniciativa, reparar os danos ou obviar aos perigos causados pela infracção.

3 – Na determinação da ilicitude concreta do facto e da culpa das pessoas singulares, atende-se, além das referidas no número anterior, às seguintes circunstâncias:

a) Nível de responsabilidade, âmbito das funções e esfera de acção na pessoa colectiva em causa;

b) Intenção de obter, para si ou para outrem, um benefício ilegítimo ou de causar danos;

c) Especial dever de não cometer a infracção.

4 – Na determinação da sanção aplicável são ainda tomadas em conta a situação económica e a conduta anterior do agente.

ARTIGO 406.º
Coimas, custas e benefício económico

1 – Quando as infracções forem também imputáveis às entidades referidas no n.º 2 do artigo 401.º, estas respondem solidariamente pelo pagamento das coimas, das custas ou de outro encargo associado às sanções aplicadas no processo de contra-ordenação que sejam da responsabilidade dos agentes individuais mencionados no mesmo preceito.

2 – O produto das coimas e do benefício económico apreendido nos processos de contra-ordenação reverte integralmente para o Sistema de Indemnização dos Investidores, independentemente da fase em que se torne definitiva ou transite em julgado a decisão condenatória.

ARTIGO 407.º
Direito subsidiário

Salvo quando de outro modo se estabeleça neste Código, aplica-se às contra-ordenações nele previstas e aos processos às mesmas respeitantes o regime geral dos ilícitos de mera ordenação social.

SECÇÃO III
Disposições processuais

ARTIGO 408.º
Competência

1 – A competência para o processamento das contra-ordenações, aplicação das coimas e sanções acessórias, bem como das medidas de natureza cautelar previstas neste Código, pertence ao conselho directivo da CMVM, sem prejuízo da possibilidade de delegação nos termos da lei.

364 *Código dos Valores Mobiliários*

2 – A CMVM pode solicitar a entrega ou proceder à apreensão, congelamento ou inspecção de quaisquer documentos, valores ou objectos relacionados com a prática de factos ilícitos, independentemente da natureza do seu suporte, proceder à selagem de objectos não apreendidos nas instalações das pessoas ou entidades sujeitas à sua supervisão na medida em que os mesmos se revelem necessários às averiguações ou à instrução de processos da sua competência.

ARTIGO 409.º
Comparência de testemunhas e peritos

1 – Às testemunhas e aos peritos que não comparecerem no dia, hora e local designados para a diligência do processo, nem justificarem a falta no acto ou nos cinco dias úteis imediatos, é aplicada pela CMVM uma sanção pecuniária até 10 unidades de conta.

2 – O pagamento é efectuado no prazo de 10 dias úteis a contar da notificação, sob pena de se proceder a cobrança coerciva.

ARTIGO 410.º
Ausência do arguido

A falta de comparência do arguido não obsta a que o processo de contra-ordenação siga os seus termos.

ARTIGO 411.º
Notificações

1 – As notificações em processo de contra-ordenação são feitas por carta registada com aviso de recepção, dirigida para a sede ou para o domicílio dos destinatários e dos seus mandatários judiciais, ou pessoalmente, se necessário através das autoridades policiais.

2 – A notificação ao arguido do acto processual que lhe impute a prática de contra-ordenação, bem como da decisão que lhe aplique coima, sanção acessória ou alguma medida cautelar, é feita nos termos do número anterior ou, quando o arguido não seja encontrado ou se recuse a receber a notificação, por anúncio publicado num dos jornais da localidade da sua

Crimes e ilícitos de mera ordenação social 365

sede ou da última residência conhecida no País ou, no caso de aí não haver jornal ou de o arguido não ter sede ou residência no País, num dos jornais diários de Lisboa.

ARTIGO 412.°
Medidas cautelares

1 – Quando se revele necessário para a instrução do processo, para a defesa do mercado de valores mobiliários ou de outros instrumentos financeiros ou para a tutela dos interesses dos investidores, a CMVM pode determinar uma das seguintes medidas:

a) Suspensão preventiva de alguma ou algumas actividades ou funções exercidas pelo arguido;

b) Sujeição do exercício de funções ou actividades a determinadas condições, necessárias para esse exercício, nomeadamente o cumprimento de deveres de informação.

c) Apreensão e congelamento de valores, independentemente do local ou instituição em que os mesmos se encontrem.

2 – A determinação referida no número anterior vigora, consoante os casos:

a) Até à sua revogação pela CMVM ou por decisão judicial;

b) Até ao início do cumprimento de sanção acessória de efeito equivalente às medidas previstas no número anterior.

3 – A determinação de suspensão preventiva pode ser publicada pela CMVM.

4 – Quando, nos termos do n.° 1, seja determinada a suspensão total das actividades ou das funções exercidas pelo arguido e este venha a ser condenado, no mesmo processo, em sanção acessória que consista em interdição ou inibição do exercício das mesmas actividades ou funções, será descontado por inteiro no cumprimento da sanção acessória o tempo de duração da suspensão preventiva.

ARTIGO 413.°
Procedimento de advertência

1 – Quando a contra-ordenação consistir em irregularidade sanável da qual não tenham resultado prejuízos para os investidores ou para o mercado

de valores mobiliários ou de outros instrumentos financeiros, a CMVM pode advertir o infractor, notificando-o para sanar a irregularidade.

2 – Se o infractor não sanar a irregularidade no prazo que lhe for fixado, o processo de contra-ordenação continua a sua tramitação normal.

3 – Sanada a irregularidade, o processo é arquivado e a advertência torna-se definitiva, como decisão condenatória, não podendo o mesmo facto voltar a ser apreciado como contra-ordenação.

ARTIGO 414.º
Processo sumaríssimo

1 – Quando a reduzida gravidade da infracção e da culpa do agente o justifiquem, pode a CMVM, antes de acusar formalmente o arguido, comunicar-lhe a decisão de proferir uma admoestação ou de aplicar uma coima cuja medida concreta não exceda o triplo do limite mínimo da moldura abstractamente prevista para a infracção.

2 – Pode, ainda, ser determinado ao arguido que adopte o comportamento legalmente exigido, dentro do prazo que a CMVM para o efeito lhe fixe.

3 – A decisão prevista no n.º 1 é escrita e contém a identificação do arguido, a descrição sumária dos factos imputados, a menção das disposições legais violadas e termina com a admoestação ou a indicação da coima concretamente aplicada.

4 – O arguido é notificado da decisão e informado de que lhe assiste o direito de a recusar, no prazo de cinco dias, e da consequência prevista no número seguinte.

5 – A recusa ou o silêncio do arguido neste prazo, o requerimento de qualquer diligência complementar, o incumprimento do disposto no n.º 2 ou o não pagamento da coima no prazo de 10 dias após a notificação referida no número anterior determinam o imediato prosseguimento do processo de contra-ordenação, ficando sem efeito a decisão referida nos n.ºs 1 a 3.

6 – Tendo o arguido procedido ao cumprimento do disposto no n.º 2 e ao pagamento da coima que lhe tenha sido aplicada, a decisão torna-se definitiva, como decisão condenatória, não podendo o facto voltar a ser apreciado como contra-ordenação.

7 – As decisões proferidas em processo sumaríssimo são irrecorríveis.

ARTIGO 415.º
Suspensão da sanção

1 – A CMVM pode suspender, total ou parcialmente, a execução da sanção.

2 – A suspensão pode ficar condicionada ao cumprimento de certas obrigações, designadamente as consideradas necessárias para a regularização de situações ilegais, à reparação de danos ou à prevenção de perigos para o mercado de valores mobiliários ou de outros instrumentos financeiros ou para os investidores.

3 – O tempo de suspensão da sanção é fixado entre dois e cinco anos, contando-se o seu início a partir da data em que se esgotar o prazo da impugnação judicial da decisão condenatória.

4 – A suspensão não abrange custas.

5 – Decorrido o tempo de suspensão sem que o arguido tenha praticado qualquer ilícito criminal ou de mera ordenação social previsto neste Código, e sem que tenha violado as obrigações que lhe hajam sido impostas, fica a condenação sem efeito, procedendo-se, no caso contrário, à execução da sanção aplicada.

ARTIGO 416.º
Impugnação judicial

1 – Recebida a impugnação de uma decisão da CMVM, esta remete os autos ao Ministério Público no prazo de 20 dias úteis, podendo juntar alegações.

2 – Sem prejuízo do disposto no artigo 70.º do Decreto-Lei n.º 433/82, de 27 de Outubro, a CMVM pode ainda juntar outros elementos ou informações que considere relevantes para a decisão da causa, bem como oferecer meios de prova.

3 – O tribunal pode decidir sem audiência de julgamento, se não existir oposição do arguido, do Ministério Público ou da CMVM.

4 – Se houver lugar a audiência de julgamento, o tribunal decide com base na prova realizada na audiência, bem como na prova produzida na fase administrativa do processo de contra-ordenação.

5 – A CMVM pode participar na audiência de julgamento através de representante indicado para o efeito.

6 – A desistência da acusação pelo Ministério Público depende da concordância da CMVM.

7 – A CMVM tem legitimidade para recorrer autonomamente das decisões proferidas no processo de impugnação que admitem recurso, bem como para responder a recursos interpostos.

8 – Não é aplicável aos processos de contra-ordenação instaurados e decididos nos termos deste Código a proibição de *reformatio in pejus*, devendo essa informação constar de todas as decisões finais que admitam impugnação ou recurso.

ARTIGO 417.º
Competência para conhecer a impugnação judicial

É competente para conhecer a impugnação judicial, a revisão e a execução das decisões da CMVM em processo de contra-ordenação, ou quaisquer outras medidas da CMVM tomadas no âmbito do mesmo processo que sejam legalmente susceptíveis de impugnação, o Juízo de Pequena Instância Criminal de Lisboa.

ARTIGO 418.º
Prescrição

1 – O procedimento pelas contra-ordenações prescreve no prazo de cinco anos.

2 – O prazo de prescrição das sanções é de cinco anos a contar do dia em que se torna definitiva ou transita em julgado a decisão que determinou a sua aplicação.

CAPÍTULO III
Disposições comuns aos crimes e aos ilícitos de mera ordenação social

ARTIGO 419.º
Elementos pessoais

1 – Não obsta à responsabilidade individual dos agentes a circunstância de o tipo legal da infracção exigir determinados elementos pessoais

e estes só se verificarem na pessoa colectiva, na entidade equiparada ou num dos agentes envolvidos, nem a circunstância de, sendo exigido que o agente pratique o facto no seu interesse, ter o agente actuado no interesse de outrem.

2 – A invalidade ou ineficácia do acto que serve de fundamento à actuação do agente em nome de outrem não impede a aplicação do disposto no número anterior.

ARTIGO 420.°
Concurso de infracções

1 – Se o mesmo facto constituir simultaneamente crime e contra--ordenação, o arguido é responsabilizado por ambas as infracções, instaurando-se processos distintos a decidir pelas autoridades competentes, sem prejuízo do disposto no número seguinte.

2 – Nas situações previstas na alínea *i*) do n.° 1 do artigo 394.°, quando o facto que pode constituir simultaneamente crime e contra-ordenação seja imputável ao mesmo agente pelo mesmo título de imputação subjectiva, há lugar apenas ao procedimento de natureza criminal.

ARTIGO 421.°
Dever de notificar

A autoridade competente para a aplicação das sanções acessórias de revogação da autorização ou de cancelamento do registo, se não for também a entidade competente para a prática desses actos, deverá comunicar a esta última o crime ou contra-ordenação em causa, as suas circunstâncias específicas, as sanções aplicadas e o estado do processo.

ARTIGO 422.°
Divulgação de decisões

1 – Decorrido o prazo de impugnação judicial, a decisão da CMVM que condene o agente pela prática de uma ou mais contra-ordenações muito graves é divulgada através do sistema de difusão de informação referido no artigo 367.°, por extracto elaborado pela CMVM ou na íntegra,

mesmo que tenha sido requerida a sua impugnação judicial, sendo, neste caso, feita expressa menção desse facto.

2 – A decisão judicial que confirme, altere ou revogue a decisão condenatória da CMVM ou do tribunal de 1.ª instância é comunicada de imediato à CMVM e obrigatoriamente divulgada nos termos do número anterior.

3 – O disposto nos números anteriores pode não ser aplicado nos processos sumaríssimos, quando tenha lugar a suspensão da sanção, a ilicitude do facto e a culpa do agente sejam diminutas ou quando a CMVM considere que a divulgação da decisão pode ser contrária aos interesses dos investidores, afectar gravemente os mercados financeiros ou causar danos concretos, a pessoas ou entidades envolvidas, manifestamente desproporcionados em relação à gravidade dos factos imputados.

4 – Independentemente do trânsito em julgado, as decisões judiciais relativas a crimes contra o mercado são divulgadas pela CMVM nos termos dos n.ºs 1 e 2.

LEGISLAÇÃO COMPLEMENTAR

DECRETO-LEI N.º 473/99
de 8 de Novembro

**(com as alterações introduzidas pelo Decreto-Lei n.º 232/2000,
de 25 de Setembro e pelo Decreto-Lei n.º 183/2003, de 19 de Agosto)**

Em Portugal, o aparecimento da Comissão do Mercado de Valores Mobiliários (CMVM) encontra-se indissociavelmente ligado ao ressurgimento recente do próprio mercado de capitais. Na verdade, só a partir de 1986, e por influência da integração comunitária, se deu corpo à criação de um mercado nacional de valores mobiliários, incentivando-se, desde logo, a abertura do capital das empresas ao público, bem como a sua cotação em bolsa, tendo em vista a promoção do funcionamento do mercado em condições de estabilidade, eficiência, profundidade e liquidez. Seguidamente, tendo em conta as anomalias verificadas no mercado em 1987, deu-se início, em 1988, à realização de estudos tendentes à revisão do respectivo regime. Passariam, assim, os mercados a funcionar numa base de maior autonomia, procedendo-se à sua desestatização, desgovernamentalização e liberalização, o que implicaria, por outro lado, o reforço dos meios de supervisão e controlo, como forma de os reconduzir ao modelo adoptado no âmbito da Comunidade Europeia.

Destes estudos resultou o Código do Mercado de Valores Mobiliários (CódMVM), aprovado pelo Decreto-Lei n.º 142-A/91, de 10 de Abril, através do qual se pretendeu compatibilizar aquela linha liberalizadora com a protecção dos interesses públicos em causa, a defesa do mercado e a protecção dos investidores. E daí a intensificação da supervisão e da fiscalização do mercado e dos agentes que nele actuam. Foi, então, para dar concretização a estes propósitos que se procedeu à criação da CMVM, uma entidade pública profissionalizada e especializada, dotada de um grau máximo de autonomia relativamente ao ministério da tutela, a quem passaria a «caber a supervisão e fiscalização, tanto do mercado primário como dos mercados secundários de valores mobiliários, e, bem assim, a sua regulamentação em tudo o que, não sendo excepcional e expressamente reservado ao Ministro das Finanças», se encontrava previsto no CódMVM.

Passaria, pois, a CMVM a assumir as funções antes pertencentes ao Ministro das Finanças. Mas não só. A CMVM veio também substituir o anterior cargo de auditor-geral do Mercado de Títulos, que havia sido criado em 1987, e ao qual já haviam sido atribuídas, entre outras, as funções – também antes pertencentes ao Ministro das Finanças – de garantir uma efectiva inspecção e supervisão do mercado, bem como proceder ao seu acompanhamento e assegurar a existência e a circulação de informação fidedigna.

Actualmente a superintendência do mercado financeiro e a coordenação da actividade dos agentes que nele actuam cabe ao Ministro das Finanças, de acordo com a política económica e social do Governo. Para além disso, porém, os diversos agentes económicos financeiros encontram-se também sujeitos à supervisão, designadamente de natureza prudencial, por parte, consoante os casos, do Banco de Portugal, da CMVM e do Instituto de Seguros de Portugal.

A CMVM tem demonstrado, no curto tempo da sua existência, capacidade de supervisão e de regulação dos mercados financeiros, contribuindo para a eficácia do sistema de supervisão tripartido de que se dispõe. Em todo o caso, da maior coordenação pretendida entre as autoridades de supervisão financeira depende a inexistência – ou a redução – de factores de conflito negativo de competências ou de enfraquecimento da supervisão, nomeadamente nas situações de supervisão em base consolidada, em que é importante que a mesma se exerça, por igual, em relação a todo o sistema financeiro, observando critérios cada vez mais harmonizados e apresentando graus de fiabilidade e confiança comparáveis, relativamente às três instituições e às áreas por que são responsáveis. E isto tanto no plano nacional, como ao nível da cooperação e da troca de informações internacionais. Tal realidade não implica, porém, qualquer redução da sua independência, exige apenas um reforço desta coordenação, quer eventualmente um reforço regulado, quer um reforço operativo resultante da iniciativa das próprias instituições.

A CMVM é uma pessoa colectiva de direito público, dotada de autonomia administrativa e financeira e de património próprio, estando sujeita à tutela do Ministro das Finanças, e tem como órgãos o conselho directivo, a comissão de fiscalização e o conselho consultivo. Para além disso, exerce a sua jurisdição em todo o território nacional e tem como funções, basicamente, a regulamentação dos mercados de valores mobiliários e das actividades financeiras que neles têm lugar; a supervisão dos mercados de valores mobiliários e das actividades dos intermediários financeiros; a fiscalização do cumprimento das obrigações legais que impendem, quer sobre as entidades encarregadas da organização e gestão dos mercados de valores, quer sobre os intermediários financeiros, entidades emitentes e outras entidades; e a promoção do mercado de valores mobiliários nacional, contribuindo para o seu desenvolvimento, bem como para a sua competitividade no quadro europeu e internacional, fomentando a sua transparência, estabilidade, profundidade, eficiência e liquidez.

Não obstante, a reformulação do seu Estatuto, a que agora se dá corpo, não surge, no plano substantivo, como uma solução de ruptura. Pelo contrário, o presente diploma mantém, no essencial, o regime actualmente constante das disposições vertidas nos artigos 6.º a 46.º do CódMVM e no seu regulamento interno. Porém, procede-se a alterações de carácter terminológico, por imposição, designadamente, da complementaridade de que é dotado o Estatuto relativamente ao projecto de Código dos Valores Mobiliários e diplomas conexos, como é o caso do projecto de diploma relativo à gestão das bolsas e outros mercados.

No que se refere ao regime aplicável à CMVM, clarifica-se substancialmente a conjugação entre as normas de direito público e de direito privado, articulando as exigências de prossecução do interesse público e de disciplina financeira com as vantagens decorrentes da flexibilização do funcionamento e da gestão da Comissão.

Por fim, aproveita-se ainda a oportunidade para definir, de forma actualizada, a composição do Conselho Nacional do Mercado de Valores Mobiliários, órgão consultivo do Ministro das Finanças, que, integrado no Conselho Superior de Finanças, se tem evidenciado, no seu funcionamento, pela oportunidade e utilidade das suas reflexões e observações.

Assim, nos termos da alínea a) do n.º 1 do artigo 198.º da Constituição, o Governo decreta o seguinte:

ARTIGO 1.º
Estatuto da Comissão do Mercado de Valores Mobiliários

É aprovado o Estatuto da Comissão do Mercado de Valores Mobiliários, criada pelo Decreto-Lei n.º 142-A/91, de 10 de Abril, que faz parte integrante do presente decreto-lei.

ARTIGO 2.º
Conselho Nacional do Mercado de Valores Mobiliários

1 – O Conselho Nacional do Mercado de Valores Mobiliários é um órgão consultivo do Ministro das Finanças, integrado no Conselho Superior de Finanças.

2 – O Conselho Nacional do Mercado de Valores Mobiliários é convocado pelo Ministro das Finanças e deve pronunciar-se sobre:

a) Políticas gerais do Governo relativas ao mercado de valores mobiliários ou que nele tenham reflexos significativos;

b) Diplomas legais relacionados com o mercado de valores mobiliários;

c) Situação e evolução do mercado de valores mobiliários.

3 – O Conselho Nacional do Mercado de Valores Mobiliários é presidido pelo Ministro das Finanças, tem como vice-presidente o secretário de Estado do Ministério das Finanças designado para o efeito por aquele e é composto pelos seguintes vogais:

a) O governador do Banco de Portugal;

b) O presidente do conselho directivo da Comissão do Mercado de Valores Mobiliários;

c) O presidente do conselho directivo do Instituto de Seguros de Portugal;

d) O director-geral do Tesouro;

e) O presidente do conselho directivo do Instituto de Gestão do Crédito Público;

f) Os presidentes dos conselhos de administração das entidades gestoras de bolsas e de outros mercados regulamentados, bem como das entidades gestoras de sistemas de liquidação e de sistemas centralizados de valores mobiliários;

g) Três representantes dos emitentes de valores mobiliários;

h) Um representante de cada uma das categorias de intermediários financeiros;

i) Um representante das empresas de seguros;

j) Um representante das entidades gestoras de fundos de pensões;

l) Um representante das associações de investidores não institucionais;

m) Até três individualidades de reconhecida competência e idoneidade designadas pelo Ministro das Finanças.

Decreto-Lei n.° 473/99 377

4 – As entidades referidas nas alíneas *g*) a *l*) são indicadas pelas respectivas associações ou, quando estas não existam ou exista mais de uma associação, pelo Ministro das Finanças de entre as pessoas que lhe tenham sido indicadas.

5 – O Ministro das Finanças pode convidar a participar nas reuniões do Conselho individualidades de reconhecida competência e experiência nas matérias a apreciar nessas reuniões.

6 – Nas faltas ou impedimentos, os vogais do Conselho são substituídos de acordo com o estatuto ou a lei orgânica da entidade representada ou por suplente indicado no acto de designação do representante efectivo.

7 – O Gabinete do Ministro das Finanças assegura o expediente e o apoio técnico do Conselho.

ARTIGO 3.°
Entrada em vigor

O presente diploma entra em vigor no dia 1 de Março de 2000.

Visto e aprovado em Conselho de Ministros de 9 de Setembro de 1999. – *António Manuel de Oliveira Guterres – António Luciano Pacheco de Sousa Franco.*

Promulgado em 15 de Outubro de 1999.

Publique-se.

O Presidente da República, JORGE SAMPAIO.

Referendado em 21 de Outubro de 1999.

O Primeiro-Ministro, *António Manuel de Oliveira Guterres.*

ESTATUTO DA COMISSÃO DO MERCADO DE VALORES MOBILIÁRIOS

CAPÍTULO I
Natureza, regime e sede

ARTIGO 1.º
Natureza

A Comissão do Mercado de Valores Mobiliários, designada abreviadamente CMVM, é uma pessoa colectiva de direito público dotada de autonomia administrativa e financeira e de património próprio.

ARTIGO 2.º
Regime e tutela

1 – A CMVM rege-se pelo presente diploma, pelo Código dos Valores Mobiliários e, no que neles não for previsto ou com eles não for incompatível, pelas normas aplicáveis às entidades públicas empresariais.

2 – A CMVM está sujeita à tutela do Ministro das Finanças, nos termos do presente Estatuto e do Código dos Valores Mobiliários.

ARTIGO 3.º
Sede e delegações

A CMVM tem sede em Lisboa e uma delegação no Porto, podendo criar outras delegações ou formas de representação.

CAPÍTULO II
Atribuições

ARTIGO 4.º
Atribuições

1 – São atribuições da CMVM:

a) Regular os mercados de valores mobiliários e de outros instrumentos financeiros, as actividades exercidas pelas entidades sujeitas à sua supervisão, as ofertas públicas relativas a valores mobiliários e outras matérias previstas no Código dos Valores Mobiliários e em legislação complementar;

b) Exercer as funções de supervisão nos termos do Código dos Valores Mobiliários;

c) Promover o desenvolvimento do mercado de valores mobiliários e de outros instrumentos financeiros e das actividades de intermediação financeira;

d) Assistir o Governo e o Ministro das Finanças, a pedido destes ou por iniciativa própria, na definição das políticas relativas aos valores mobiliários e outros instrumentos financeiros, respectivos mercados e entidades que nestes intervêm;

e) Desempenhar as demais funções que lhe sejam atribuídas por lei.

2 – No âmbito das suas atribuições a CMVM coopera:

a) Com outras autoridades nacionais que exerçam funções de supervisão e de regulação do sistema financeiro;

b) Com autoridades de outros Estados que exerçam funções de supervisão e de regulação no domínio dos valores mobiliários e do sistema financeiro em geral;

c) Com as organizações internacionais de que seja membro.

ARTIGO 5.º
Promoção do mercado

Na prossecução das atribuições de promoção do mercado, a CMVM deve, nomeadamente:

a) Difundir e fomentar o conhecimento das normas legais e regulamentares aplicáveis;

Órgãos 381

b) Desenvolver, incentivar ou patrocinar, por si ou em colaboração com outras entidades, estudos, inquéritos, publicações, acções de formação e outras iniciativas semelhantes.

CAPÍTULO III
Órgãos

SECÇÃO I
Disposições gerais

ARTIGO 6.º
Órgãos

São órgãos da CMVM o conselho directivo, a comissão de fiscalização e o conselho consultivo.

ARTIGO 7.º
Representação da CMVM

1 – Na prática de actos jurídicos, a CMVM é representada pelo presidente do conselho directivo ou por dois membros do conselho directivo ou, no âmbito da respectiva procuração, por representante ou representantes designados pelo presidente ou por dois membros do conselho directivo.

2 – As notificações dirigidas à CMVM são eficazes quando cheguem ao seu poder ou de qualquer membro do conselho directivo ou dos funcionários por este designados para o efeito.

SECÇÃO II
Conselho directivo

ARTIGO 8.º
Composição, nomeação e duração do mandato

O conselho directivo é composto por um presidente, por um vice-presidente e por três vogais, nomeados por resolução do Conselho de

382   *Estatuto da CMVM*

Ministros, sob proposta do Ministro das Finanças, por um período de cinco anos, de entre pessoas com reconhecida idoneidade, independência e competência.

ARTIGO 9.º
Competência

O conselho directivo exerce a competência necessária ao desenvolvimento das atribuições da CMVM, cabendo-lhe, nomeadamente:

a) Definir a política geral da CMVM;

b) Elaborar o plano anual de actividades e o orçamento da CMVM e submetê-los, com o parecer da comissão de fiscalização, à aprovação do Ministro das Finanças;

c) Elaborar o relatório da actividade desenvolvida pela CMVM em cada exercício, o balanço e as contas anuais de gerência, submeter esses documentos, até 31 de Março do ano seguinte, com o parecer da comissão de fiscalização, à aprovação do Ministro das Finanças e publicá-los no *Diário da República* no prazo de 30 dias após a sua aprovação;

d) Elaborar relatório sobre a situação dos mercados de valores mobiliários e proceder à sua divulgação, apresentando-o ao Ministro das Finanças até 31 de Março de cada ano;

e) Cumprir e fazer cumprir as deliberações do Conselho de Ministros e as decisões do Ministro das Finanças, tomadas no exercício dos poderes de tutela;

f) Organizar os serviços e gerir os recursos humanos da CMVM;

g) Gerir os recursos patrimoniais da CMVM;

h) Deliberar sobre a aquisição, a alienação, a locação financeira ou o aluguer de bens móveis e o arrendamento de bens imóveis destinados à instalação, equipamento e funcionamento da CMVM;

i) Deliberar sobre a aquisição, a alienação e a locação financeira de bens imóveis para os mesmos fins, com autorização prévia do Ministro das Finanças;

j) Contratar a prestação de quaisquer serviços e autorizar a realização de despesas;

l) Arrecadar as receitas;

m) Deliberar sobre a instalação e o encerramento de delegações e outras formas de representação;

n) Aprovar os regulamentos e os outros actos normativos cuja competência a lei atribua à CMVM, incluindo a definição das taxas a que se refere o presente Estatuto, salvo quando a lei atribua essa competência ao Ministro das Finanças;

o) Aprovar recomendações genéricas dirigidas às entidades sujeitas à sua supervisão e pareceres genéricos sobre questões relevantes que lhe sejam colocadas;

p) Deduzir acusação ou praticar acto análogo que impute os factos ao arguido e aplicar coimas e sanções acessórias em processo de contra--ordenação;

q) Determinar a abertura de processo de averiguações preliminares relativas a crimes contra o mercado e o seu encerramento;

r) Praticar os demais actos de supervisão da CMVM definidos na lei;

s) Deliberar sobre quaisquer outras matérias que sejam atribuídas por lei à CMVM.

ARTIGO 10.º
Competências do presidente

1 – Compete ao presidente do conselho directivo:

a) Representar a CMVM em actos de qualquer natureza;

b) Convocar o conselho directivo e presidir às suas reuniões;

c) Convocar o conselho consultivo e presidir às suas reuniões;

d) Promover, sempre que o entenda conveniente, a convocação da comissão de fiscalização;

e) Dirigir superiormente todas as actividades e serviços da CMVM e assegurar o seu adequado funcionamento;

f) Tomar as resoluções e praticar os actos que, dependendo de deliberação do conselho directivo, não possam, pela sua natureza e urgência, aguardar a reunião desse conselho.

2 – As resoluções e os actos referidos na alínea *f*) do número anterior devem ser submetidos a ratificação do conselho directivo na reunião seguinte.

3 – Compete ao vice-presidente do conselho directivo coadjuvar o presidente no desempenho das respectivas funções, substituí-lo nas ausências ou nos impedimentos e exercer as demais funções que lhe sejam delegadas nos termos do artigo seguinte.

ARTIGO 11.º
Delegação de competência

1 – O conselho directivo pode delegar, num ou mais dos seus membros, nos directores e em outras pessoas responsáveis, nos termos do regulamento interno da CMVM, a prática de actos constantes das alíneas *f*), *g*), *h*), *j*), *l*) e *o*) do artigo 9.º e a aplicação de sanções em processo de advertência e em processo sumaríssimo.

2 – São também susceptíveis de delegação de competência os actos a que se refere a alínea *r*) do artigo 9.º, com excepção dos seguintes:

a) Autorização para o exercício de actividade de consultoria autónoma;

b) Registo prévio para o exercício de actividades de intermediação;

c) Registo de entidades gestoras de mercados e dos mercados por elas geridos, bem como registo de entidades gestoras de sistemas centralizados de valores mobiliários, de sistemas de liquidação e de fundos de garantia;

d) Registo de ofertas públicas de aquisição e, no âmbito destas, concessão de quaisquer autorizações;

e) Registo das regras a que se refere o artigo 372.º do Código dos Valores Mobiliários;

f) Registo ou aprovação de cláusulas contratuais de operações de bolsa a prazo e de contratos de estabilização;

g) Recusa ou indeferimento dos actos referidos nas alíneas anteriores;

h) Celebração de acordos de cooperação;

i) Actos referidos nas alíneas *e*) e *f*) do n.º 2 do artigo 361.º do Código dos Valores Mobiliários;

j) Actos referidos nas alíneas *b*), *d*) e *e*) do n.º 3 do artigo seguinte.

3 – Sem prejuízo do disposto no n.º 3 do artigo anterior, o presidente do conselho directivo pode delegar a competência prevista nas alíneas *a*), *c*) e *d*) do n.º 1 do mesmo preceito.

4 – A delegação deve constar da acta da reunião em que a respectiva deliberação for tomada e é publicada na 2.ª série do *Diário da República* e no boletim da CMVM.

ARTIGO 12.º
Reuniões e deliberações

1 – O conselho directivo reúne, ordinariamente, com a periodicidade que no seu regulamento interno se fixar e, extraordinariamente,

sempre que o seu presidente o convoque, por sua iniciativa, a pedido de dois membros do conselho directivo ou a pedido da comissão de fiscalização.

2 – O conselho directivo delibera validamente com a presença da maioria dos seus membros.

3 – As deliberações são tomadas por maioria dos votos dos membros presentes, incluindo obrigatoriamente o voto do presidente quando tenham por objecto:

a) A aprovação de regulamentos, de recomendações ou de pareceres genéricos da CMVM;

b) A aprovação de projectos de diplomas legais a apresentar ao Governo ou de portarias a apresentar ao Ministro das Finanças;

c) As matérias das alíneas *a*), *b*) e *h*) do artigo 9.°;

d) A abertura, a suspensão ou o encerramento de mercados, de sistemas centralizados de valores e de sistemas de liquidação;

e) A autorização ou a revogação da autorização de entidades gestoras dos sistemas referidos na alínea anterior.

4 – Das reuniões do conselho directivo são lavradas actas, as quais serão assinadas pelos membros presentes.

ARTIGO 13.°
Estatuto dos membros do conselho directivo

1 – Aos membros do conselho directivo da CMVM aplica-se o estatuto dos gestores públicos, com as especialidades do presente diploma.

2 – Os membros do conselho directivo não podem, durante o seu mandato:

a) Exercer qualquer outra função pública ou actividade profissional, salvo a actividade de docente do ensino superior, desde que seja autorizada pelo Ministro das Finanças e não cause prejuízo ao exercício das suas funções;

b) Realizar, directamente ou por interposta pessoa, operações sobre valores mobiliários, salvo tratando-se de fundos públicos ou de fundos de poupança-reforma.

3 – Os membros do conselho directivo que à data da sua nomeação sejam titulares de acções devem aliená-las antes da tomada de posse ou declarar, por escrito, a sua existência ao conselho directivo, só as podendo alienar com autorização do Ministro das Finanças.

386   *Estatuto da CMVM*

4 – Os membros do conselho directivo têm remuneração e regalias fixadas por despacho do Ministro das Finanças, não podendo ser inferiores às mais elevadas legalmente admitidas para os titulares dos órgãos de administração das entidades públicas empresariais e às das restantes autoridades de supervisão financeira.

ARTIGO 14.º
Organização dos serviços

1 – O conselho directivo, através de regulamento interno, define a estrutura orgânica da CMVM, as funções e competências dos serviços que a integrem, os respectivos quadros de pessoal, as normas gerais a observar no desenvolvimento das actividades a seu cargo e tudo o mais que se torne necessário para o adequado funcionamento da Comissão.

2 – A atribuição da gestão de pelouros aos membros do conselho directivo ou a trabalhadores especialmente designados para o efeito envolve a delegação de competência necessária a essa gestão.

ARTIGO 15.º
Cessação de funções

1 – Os membros do conselho directivo cessam o exercício das suas funções:

a) Pelo decurso do prazo por que foram designados;

b) Por incapacidade permanente ou por incompatibilidade superveniente do titular;

c) Por renúncia;

d) Por demissão decidida por resolução do Conselho de Ministros em caso de falta grave, comprovadamente cometida pelo titular no desempenho das suas funções ou no cumprimento de qualquer obrigação inerente ao cargo.

2 – Considera-se falta grave a violação do disposto no n.º 2 do artigo 13.º

3 – O termo do mandato de cada um dos membros do conselho directivo é independente do termo do mandato dos restantes membros.

Órgãos 387

SECÇÃO III
Comissão de fiscalização

ARTIGO 16.º
Composição e mandato

1 – A comissão de fiscalização é constituída por três membros, nomeados pelo Ministro das Finanças, sendo um deles revisor oficial de contas.

2 – Do acto de nomeação consta a designação do presidente da comissão.

3 – Os membros da comissão de fiscalização têm um mandato de três anos.

ARTIGO 17.º
Competência

1 – Compete à comissão de fiscalização:

a) Acompanhar e controlar a gestão financeira da CMVM;

b) Apreciar e emitir parecer sobre o orçamento anual da CMVM;

c) Apreciar e emitir parecer sobre o relatório de actividade e as contas anuais da CMVM;

d) Fiscalizar a organização da contabilidade da CMVM e o cumprimento das disposições legais e dos regulamentos internos aplicáveis nos domínios orçamental, contabilístico e de tesouraria, informando o conselho directivo de quaisquer desvios ou anomalias que verifique;

e) Pronunciar-se sobre qualquer assunto da sua competência que lhe seja submetido pelo conselho directivo.

2 – A comissão de fiscalização poderá:

a) Solicitar ao conselho directivo e aos serviços da CMVM as informações, os esclarecimentos ou os elementos necessários ao bom desempenho das suas funções;

b) Promover a realização de reuniões com o conselho directivo para análise de questões compreendidas no âmbito das suas atribuições, sempre que a sua natureza ou importância o justifique.

388   *Estatuto da CMVM*

ARTIGO 18.º
Reuniões

1 – A comissão de fiscalização reúne ordinariamente com a periodicidade que for fixada no seu regulamento interno e extraordinariamente sempre que convocada pelo respectivo presidente, por sua iniciativa ou a pedido de qualquer dos membros da comissão ou do presidente do conselho directivo.

2 – Das reuniões da comissão de fiscalização será lavrada acta assinada pelos membros presentes.

ARTIGO 19.º
Estatuto

1 – Os membros da comissão de fiscalização são equiparados aos titulares dos órgãos de fiscalização das entidades públicas empresariais.

2 – É aplicável aos membros da comissão de fiscalização o disposto no n.º 3 do artigo 13.º

SECÇÃO IV
Conselho consultivo

ARTIGO 20.º
Composição

1 – O conselho consultivo é presidido pelo presidente do conselho directivo da CMVM e composto por:

a) Um membro do conselho de administração do Banco de Portugal;

b) Um membro do conselho directivo do Instituto de Seguros de Portugal;

c) Um membro do conselho directivo do Instituto de Gestão do Crédito Público;

d) Dois administradores de sociedades gestoras de mercados situadas ou a funcionar em Portugal;

e) Um administrador de sociedade gestora de sistema de liquidação ou de sistema centralizado de valores mobiliários;

f) Dois representantes dos emitentes de valores mobiliários;

g) Dois representantes dos investidores, sendo pelo menos um representante dos investidores não institucionais;

h) Quatro representantes das diversas categorias de intermediários financeiros;

i) Um representante da Câmara de Revisores Oficiais de Contas.

2 – O conselho directivo da CMVM pode:

a) Designar como membros do conselho consultivo, até ao máximo de três, representantes de entidades que exerçam a sua actividade no âmbito de outros sectores relevantes para o mercado de valores mobiliários ou individualidades de reconhecido mérito na área dos valores mobiliários;

b) Convidar a estar presentes nas reuniões do conselho consultivo, sem direito a voto, personalidades ou representantes de instituições cujo contributo considere importante para as matérias a apreciar em cada reunião.

3 – O conselho consultivo considera-se constituído quando tiverem sido designados pelo menos dois terços das pessoas referidas nas alíneas do n.º 1.

ARTIGO 21.º
Designação

1 – Os membros do conselho consultivo são designados pelas entidades que representam ou, nos casos referidos nas alíneas *d*) a *h*) do n.º 1 do artigo anterior, pelas respectivas associações.

2 – Uma das entidades a que se refere a alínea *f*) do n.º 1 do artigo anterior deverá ser emitente de valores mobiliários que, em bolsa de operações a contado, integrem o índice representativo dos valores mobiliários com maior capitalização bolsista.

3 – Se não existir acordo quanto à designação das pessoas referidas nas alíneas *d*) a *h*) do n.º 1 do artigo anterior, a designação será feita pelo conselho directivo da CMVM de entre pessoas que lhe sejam indicadas por cada uma das entidades.

ARTIGO 22.º
Mandato

Cada um dos membros do conselho consultivo tem um mandato de três anos e pode ser substituído, até ao termo do mandato, pela entidade que o designou.

ARTIGO 23.º
Competência

O conselho consultivo é um órgão de consulta e assessoria do conselho directivo nas matérias abrangidas pelas atribuições da CMVM, competindo-lhe, nomeadamente:

a) Pronunciar-se sobre os assuntos que lhe sejam submetidos pelo conselho directivo;

b) Apresentar, de sua própria iniciativa, ao conselho directivo recomendações e sugestões no âmbito das atribuições da CMVM.

ARTIGO 24.º
Reuniões e deliberações

1 – O conselho consultivo reúne ordinariamente com a periodicidade fixada no seu regulamento interno e extraordinariamente quando for convocado pelo seu presidente, por sua iniciativa ou a pedido da quarta parte dos seus membros.

2 – O conselho consultivo delibera por maioria simples dos votos dos membros presentes, exigindo-se a presença de pelo menos metade das pessoas que o constituem.

3 – O presidente do conselho consultivo não tem direito de voto.

4 – De cada reunião do conselho consultivo será lavrada acta assinada pelo presidente e pelo secretário, que é designado pelo conselho directivo.

ARTIGO 25.º
Remunerações

Os membros do conselho consultivo podem ser remunerados através de senhas de presença de montante a fixar por despacho do Ministro das Finanças, sob proposta da CMVM.

CAPÍTULO IV
Regime financeiro

ARTIGO 25.º-A
Taxas

1 – Em contrapartida dos actos praticados pela CMVM e dos serviços por ela prestados são devidas taxas.

2 – As taxas a que se refere o número anterior são devidas:

a) Pelos destinatários de quaisquer actos ou factos praticados pela CMVM previstos na lei ou em regulamento, incluindo, nomeadamente, os actos de registo, autorização, dispensa, aprovação, reconhecimento, declaração, recepção de comunicações, cópia ou certidão;

b) Pelas entidades sujeitas ao registo junto da CMVM, em contrapartida dos serviços de manutenção de registos e seus averbamentos;

c) Pelas entidades sujeitas à jurisdição da CMVM, em contrapartida dos serviços de supervisão contínua ou prudencial e das demais actividades de supervisão da CMVM, incluindo, nomeadamente, as que incidem sobre os intermediários financeiros, os mercados e as respectivas entidades gestoras, bem como sobre as entidades gestoras de sistemas de liquidação e de sistemas centralizados de valores mobiliários;

d) Pelos prestatários dos actos e actividades de supervisão da CMVM respeitantes ao serviço de gestão, individual ou colectiva, de activos, incluindo a actividade dos respectivos depositários, bem como dos respeitantes aos demais serviços de investimento e serviços auxiliares de investimento ou a quaisquer outras actividades sujeitas à supervisão da CMVM;

e) Por quem preste informação ao mercado, incluindo, nomeadamente, a informação financeira ou de qualquer outra natureza pres-

392   *Estatuto da CMVM*

tada pelos intermediários financeiros, emitentes, auditores registados na CMVM e investidores institucionais, em contrapartida da supervisão dessa informação ou, sendo esse o caso, da divulgação da mesma pela CMVM, designadamente através do seu sistema de difusão de informação;

f) Por quaisquer outras pessoas ou entidades, em contrapartida de quaisquer outros actos praticados ou serviços prestados pela CMVM e de que aquelas sejam prestatárias.

3 – A incidência, subjectiva e objectiva, o montante ou a alíquota, a periodicidade e, se for caso disso, as isenções, totais ou parciais, das taxas a que se referem as alíneas *c*) e *d*) do número anterior são fixados, ouvida a CMVM, por portaria do Ministro das Finanças, competindo à CMVM estabelecer, por regulamento, os respectivos modos e prazos de liquidação e cobrança.

4 – As taxas a que se referem as alíneas *a*), *b*), *e*) e *f*) do n.º 1 são estabelecidas por regulamento da CMVM, que definirá a incidência, subjectiva e objectiva, o montante ou a alíquota, a periodicidade e, se for caso disso, as isenções, totais ou parciais, de cada taxa, bem como os respectivos modos e prazos de liquidação e cobrança.

ARTIGO 26.º
Receitas

1 – Constituem receitas da CMVM, para além de outras que a lei preveja:

a) O produto das taxas a que se refere o artigo 25.º-A;

b) As custas dos processos de contra-ordenação;

c) As receitas provenientes das publicações obrigatórias ou de quaisquer outras publicações efectuadas no respectivo boletim;

d) O produto da venda ou assinatura do boletim da CMVM e de quaisquer estudos, obras ou outras edições da sua responsabilidade;

e) O produto da alienação ou da cedência, a qualquer título, de direitos integrantes do seu património;

f) As receitas decorrentes de aplicações financeiras dos seus recursos;

g) As comparticipações, os subsídios e os donativos.

2 – Os saldos de gerência de cada exercício transitam para o ano seguinte.

3 – É vedado à CMVM contrair empréstimos sob qualquer forma.

ARTIGO 27.º
Despesas

Constituem despesas da CMVM:

a) Os encargos com o respectivo funcionamento;

b) Os custos de aquisição, manutenção e conservação de bens ou de utilização de serviços;

c) Os subsídios à investigação científica e à divulgação de conhecimentos em matérias relevantes para os mercados de valores mobiliários e outros instrumentos financeiros e para quaisquer actividades a eles relativas.

ARTIGO 28.º
Gestão financeira e patrimonial

1 – A actividade financeira da CMVM rege-se exclusivamente pelo regime jurídico aplicável às entidades que revistam forma e designação de entidade pública empresarial, em tudo o que não for especialmente regulado pelo presente Estatuto e pelo Código dos Valores Mobiliários.

2 – A gestão patrimonial e financeira da CMVM rege-se segundo princípios de direito privado, não lhe sendo aplicável o regime geral da actividade financeira dos fundos e serviços autónomos.

3 – A contabilidade da CMVM é elaborada de acordo com o Plano Oficial de Contabilidade, não lhe sendo aplicável o regime da contabilidade pública.

ARTIGO 29.º
Cobrança coerciva de taxas

1 – À cobrança coerciva de taxas devidas à CMVM aplica-se o processo de cobrança coerciva dos créditos do Estado.

2 – Para os efeitos do número anterior, é título executivo bastante a certidão de dívida passada pela CMVM de acordo com o disposto no artigo 249.º do Código de Processo Tributário.

CAPÍTULO V
Pessoal

ARTIGO 30.º
Regime geral

1 – Ao pessoal da CMVM aplica-se o regime jurídico do contrato individual de trabalho.

2 – A CMVM pode ser parte em instrumentos de regulação colectiva de trabalho.

ARTIGO 31.º
Estatuto

1 – A admissão, a remuneração e as regalias do pessoal da CMVM, bem como a indicação de pessoas para cargos de nomeação e de chefia e a cessação da respectiva actividade e das inerentes regalias, e suplementos de remuneração são da competência do conselho directivo.

2 – Os trabalhadores da CMVM não podem exercer outra actividade profissional, ou prestar serviços de que resulte conflito de interesse com as suas funções na CMVM, com excepção da actividade de docente do ensino superior ou de colaboração temporária com entidade pública, se o conselho directivo o autorizar.

3 – Os trabalhadores da CMVM não podem por conta própria ou por conta de outrem, directa ou indirectamente, realizar quaisquer operações sobre valores mobiliários, salvo nos seguintes casos:

a) Se as operações tiverem por objecto fundos públicos ou fundos de poupança-reforma;

b) Se o conselho directivo, por escrito, o autorizar.

4 – A autorização a que se refere a alínea *b*) do número anterior apenas será concedida se as operações em causa não afectarem o normal funcionamento do mercado, não resultarem da utilização de informação confidencial a que o trabalhador tenha tido acesso em virtude do exercício das suas funções e se, em caso de venda, tiverem decorrido mais de seis meses desde a data da aquisição dos valores mobiliários a vender.

ARTIGO 32.º
Mobilidade

Os funcionários do Estado, de institutos públicos e de autarquias locais, bem como os empregados, quadros ou administradores de empresas públicas ou privadas, podem ser chamados a desempenhar funções na CMVM, em regime de requisição ou de comissão de serviço, com garantia do lugar de origem e dos direitos nele adquiridos, considerando--se o período de requisição ou de comissão como tempo de serviço prestado nos quadros de que provenham, suportando a CMVM as despesas inerentes.

ARTIGO 33.º
Segurança social

1 – Os trabalhadores da CMVM são obrigatoriamente inscritos na Caixa Geral de Aposentações e na ADSE, excepto se, estando inscritos em qualquer outro regime de segurança social, optarem, podendo fazê-lo, pela sua manutenção.

2 – Os trabalhadores da CMVM que nesta exerçam funções em regime de requisição ou de comissão de serviço manterão o regime de segurança social inerente ao seu quadro de origem, nomeadamente no que se refere a aposentação ou reforma, sobrevivência e apoio na doença, devendo, os que sejam subscritores da Caixa Geral de Aposentações, descontar quotas sobre a remuneração efectivamente auferida se for superior à correspondente ao cargo de origem.

3 – Os membros do conselho directivo ficam sujeitos ao regime geral da segurança social, salvo se tiverem sido nomeados em comissão de serviço ou requisitados, caso em que se lhes aplica o disposto no número anterior, devendo, porém, os que sejam subscritores da Caixa Geral de Aposentações, descontar quotas sobre a remuneração correspondente ao cargo de origem.

4 – Relativamente aos trabalhadores abrangidos pelo regime de protecção social da função pública, incluindo os que exerçam funções em regime de comissão de serviço ou requisição, a CMVM contribuirá para o financiamento da Caixa Geral de Aposentações com uma importância mensal de montante igual ao das quotas pagas por esses trabalhadores, a

qual será remetida mensalmente a esta instituição no prazo fixado no n.º 1 do artigo 8.º do Estatuto da Aposentação.

5 – O conselho directivo pode promover a constituição de um fundo de pensões, ou a integração em fundo já existente, destinado a assegurar complementos de reforma para os trabalhadores da CMVM.

DECRETO-LEI N.° 357-C/2007
de 31 de Outubro

Decorridos cerca de sete anos sobre o processo de transformação das entidades gestoras de mercados e sistemas de associações mutualistas em sociedades anónimas de fins lucrativos, cujo enquadramento jurídico lhe foi dado pelo Decreto-Lei n.° 394/99, de 13 de Outubro, afigura-se agora necessário proceder a uma revisão deste regime no sentido de adequá-lo às alterações que, desde a última revisão introduzida pelo Decreto-Lei n.° 8-D/2002, de 15 de Janeiro, ocorreram nas estruturas de gestão de mercados e sistemas.

Uma parte destas alterações insere-se no âmbito da reforma em curso do mercado de capitais fruto da transposição da Directiva n.° 2004/39/CE, do Parlamento Europeu e do Conselho, de 21 de Abril, relativa aos mercados de instrumentos financeiros, mas o presente decreto-lei transcende em ampla medida esta finalidade, procurando reformar o quadro jurídico da constituição e o funcionamento das entidades gestoras de mercados e sistemas.

Desde logo, o âmbito de aplicação do presente decreto-lei vem estender-se às novas sociedades constituídas para a gestão exclusiva de sistemas de negociação multilateral, bem assim como às sociedades que, na sequência da alteração ao artigo 268.° do Código dos Valores Mobiliários, passam a poder prosseguir autonomamente a actividade de gestão de câmara de compensação e a assunção de responsabilidades de contraparte central.

No que concerne ao objecto das entidades gestoras de mercados regulamentados, vem, de um lado, incluir-se no seu âmbito a gestão de sistema de negociação multilateral e, de outro lado, excluir-se a possibilidade de acumularem a actividade de gestão de sistema de liquidação, sendo o propósito ínsito desta segunda alteração a segregação de risco entre ambas as funções. Clarificam-se, ademais, as actividades que, a título acessório, podem ser conduzidas pelas entidades gestoras de mercados regulamentados, designadamente a elaboração, distribuição e comercialização de informações relativas a mercados ou instrumentos financeiros e o desenvolvimento, gestão e comercialização de equipamento e programas informáticos. Equiparam-se às sociedades gestoras de mercado regulamentado, do ponto de vista do objecto legal, as sociedades gestoras de sistemas de negociação multilateral.

Releva salientar a alteração que agora se introduz no regime das participações permitidas no capital das entidades gestoras de mercados regulamentados, que deixa de se alicerçar na tipificação das entidades legitimadas a adquirir acções daquelas entidades para se passar a fundar num regime de controlo da idoneidade de quem pretenda adquirir ou alienar uma participação qualificada. Semelhante alteração também se verifica ao nível das participações permitidas no capital de outras entidades, que passam a ser aferidas em função da finalidade subjacente à detenção dessa participação – apenas é autorizada a detenção de participações que tenham carácter de investimento –, embora se mantenham delimitadas às entidades que prossigam um objecto no perímetro das entidades gestoras de mercados e sistemas.

É objecto de tratamento renovado a matéria de conflito de interesses, anteriormente gizada em torno de um impedimento à acumulação de funções de administração em entidade gestora de mercados e sistemas com o exercício de actividade, designadamente, em emitente de valores mobiliários admitidos em mercado sob a sua gestão e em intermediário financeiro, e, agora, passa a basear-se na aferição da idoneidade e experiência profissional dos titulares dos órgãos sociais.

É clarificada a articulação entre o processo de autorização ministerial, que se mantém tanto para os mercados regulamentados como para as respectivas entidades gestoras, e o processo de registo junto da Comissão do Mercado de Valores Mobiliários (CMVM) das últimas. No que concerne à instrução e procedimentos de registo, as alterações introduzidas resultam, de um lado, da consolidação do regime que se encontrava disperso em sede regulamentar e, de outro lado, da consagração de soluções de flexibilidade e simplificação administrativa. Neste âmbito, foi introduzida expressamente, entre os fundamentos para a recusa do registo, a verificação de factos susceptíveis de inviabilizar a adequada supervisão.

Particularmente inovatória é a previsão expressa de uma garantia de continuidade dos mercados regulamentados, por um período transitório, quando da sua extinção possa resultar lesão grave para a economia nacional ou para os emitentes, membros de mercado ou investidores. O mesmo espírito de dotar o quadro legal das entidades gestoras de um regime completo, adaptado às suas especificidades e seguro, manifesta-se na introdução de normas próprias destinadas a regular a temática do bom governo e dos conflitos de interesses.

Finalmente, importa enfatizar a criação de um tipo legal vocacionado especificamente para a gestão de câmara de compensação e ou contraparte central, deste modo se reconhecendo a crescente autonomia que estas actividades têm vindo a assumir relativamente à gestão de mercados e sistemas de liquidação.

Assim:

No uso da autorização legislativa concedida pela Lei n.° 25/2007, de 18 de Julho, e nos termos das alíneas *a*) e *b*) do n.° 1 do artigo 198.° da Constituição, o Governo decreta o seguinte:

TÍTULO I
Disposições gerais

ARTIGO 1.°
Objecto

1 – O presente decreto-lei regula o regime jurídico das sociedades gestoras de mercado regulamentado, das sociedades gestoras de sistemas de negociação multilateral, das sociedades gestoras de câmara de compensação ou que actuem como contraparte central das sociedades gestoras de sistema de liquidação e das sociedades gestoras de sistema centralizado de valores mobiliários.

2 – O presente decreto-lei transpõe parcialmente para a ordem jurídica nacional a Directiva n.° 2004/39/CE, do Parlamento Europeu e do Conselho, de 21 de Abril, relativa a mercados de instrumentos financeiros, que altera as Directivas n.ºs 85/611/CEE, do Conselho, de 20 de Dezembro, e 93/6/CEE, do Conselho, de 15 de Março, e a Directiva n.° 2000/12/CE, do Parlamento Europeu e do Conselho, de 20 de Março, e que revoga a Directiva n.° 93/22/CEE, do Conselho, de 10 de Maio.

3 – Em tudo o que não venha previsto no presente decreto-lei aplica-se o Código dos Valores Mobiliários.

ARTIGO 2.º
Tipo societário

As sociedades gestoras de mercado regulamentado, as sociedades gestoras de sistema de negociação multilateral, as sociedades gestoras de câmara de compensação ou de contraparte central, as sociedades gestoras de sistema de liquidação e as sociedades gestoras de sistema centralizado de valores mobiliários devem adoptar o tipo sociedade anónima.

ARTIGO 3.º
Sede

As sociedades gestoras referidas no artigo anterior têm sede estatutária e efectiva administração em Portugal.

TÍTULO II
Sociedades gestoras de mercado regulamentado e sociedades gestoras de sistema de negociação multilateral

CAPÍTULO I
Objecto e participações

ARTIGO 4.º
Objecto e firma das sociedades gestoras de mercado regulamentado

1 – As sociedades gestoras de mercado regulamentado devem ter como objecto principal a gestão dos mercados a que se refere o artigo 199.º do Código dos Valores Mobiliários, podendo ainda exercer as seguintes actividades:

a) Gestão de sistemas de negociação multilateral a que se refere o artigo 200.º do Código dos Valores Mobiliários;

Decreto-Lei n.° 357-C/2007				401

b) Apuramento de posições líquidas;

c) Prestação de outros serviços relacionados com a emissão e a negociação de valores mobiliários que não constituam actividade de intermediação financeira;

d) Prestação aos membros dos mercados por si geridos dos serviços que se revelem necessários à intervenção desses membros em mercados geridos por entidade congénere de outro Estado;

e) Elaboração, distribuição e comercialização de informações relativas a mercados de instrumentos financeiros ou a instrumentos financeiros negociados;

f) Desenvolvimento, gestão e comercialização de equipamento e programas informáticos, bem como de redes telemáticas destinadas à contratação e à transmissão de ordens ou de dados.

2 – A firma das sociedades a que se refere o presente artigo deve incluir a expressão «sociedade gestora de mercado regulamentado» ou a abreviatura «SGMR», as quais, ou outras que com elas se confundam, não podem ser usadas por outras entidades.

ARTIGO 5.°
Objecto e firma das sociedades gestoras
de sistemas de negociação multilateral

1 – As sociedades gestoras de sistemas de negociação multilateral devem ter como objecto principal a gestão de sistemas de negociação multilateral a que se refere o artigo 200.° do Código dos Valores Mobiliários, podendo ainda exercer as actividades previstas no n.° 1 do artigo anterior.

2 – A firma das sociedades a que se refere o presente artigo deve incluir a expressão «sociedade gestora de sistema de negociação multilateral» ou a abreviatura «SGSNM», as quais, ou outras que com elas se confundam, não podem ser usadas por outras entidades.

ARTIGO 6.°
Participações permitidas

1 – As sociedades gestoras de mercado regulamentado ou de sistema de negociação multilateral podem deter participações:

a) Que tenham carácter de investimento; e

b) Nas sociedades gestoras referidas no artigo 2.º ou nas sociedades que desenvolvam algumas das actividades referidas no n.º 1 do artigo 4.º.

2 – A participação de sociedade gestora de mercado regulamentado ou de sociedade gestora de sistema de negociação multilateral em sociedade que importe a assunção de responsabilidade ilimitada ou em sociedade emitente de acções admitidas à negociação nos mercados ou seleccionadas para negociação nos sistemas de negociação multilateral por si geridos depende de autorização prévia da Comissão do Mercado de Valores Mobiliários (CMVM), concedida mediante demonstração da existência de mecanismos adequados a compensar o acréscimo de risco ou a prevenir conflitos de interesses, respectivamente.

ARTIGO 7.º
Número de accionistas

As sociedades gestoras de mercado regulamentado ou de sistema de negociação multilateral constituem-se e subsistem com qualquer número de accionistas, nos termos da lei.

ARTIGO 8.º
Capital social

1 – As sociedades gestoras de mercado regulamentado ou de sistema de negociação multilateral devem ter capital social não inferior ao que seja estabelecido por portaria do membro do Governo responsável pela área das finanças.

2 – Na data de constituição da sociedade, o montante mínimo do capital social deve estar integralmente subscrito e realizado.

3 – As acções representativas do capital social das sociedades gestoras de mercado regulamentado ou de sistema de negociação multilateral devem ser nominativas.

ARTIGO 9.º
Participações qualificadas

1 – Quem, directa ou indirectamente, pretenda adquirir participação qualificada numa sociedade gestora de mercado regulamentado ou numa sociedade gestora de sistema de negociação multilateral deve comunicar previamente à CMVM a sua intenção e o montante da participação daí resultante.

2 – Considera-se participação qualificada:

a) A que, directa ou indirectamente, represente percentagem não inferior a 10% do capital ou dos direitos de voto da sociedade gestora; ou

b) A que, por outro motivo, possibilite uma influência significativa na gestão da sociedade gestora.

3 – Para efeitos do presente decreto-lei, consideram-se direitos de voto do participante na sociedade gestora de mercado regulamentado ou de sistema de negociação multilateral os referidos no n.º 1 do artigo 20.º do Código dos Valores Mobiliários, com as devidas adaptações.

4 – O disposto no n.º 1 é aplicável aos casos em que a percentagem dos direitos de voto ou a percentagem de capital detida atinja ou ultrapasse qualquer dos limiares de 10%, 20%, 33% ou 50%, ou em que, por outro motivo, se estabeleça uma relação de domínio com a sociedade gestora.

ARTIGO 10.º
Requisitos de idoneidade

1 – Quem pretenda adquirir ou reforçar participações qualificadas nos termos do artigo anterior deve ser idóneo, nos termos a apreciar pela CMVM.

2 – Para efeitos do disposto no número anterior é aplicável, com as devidas adaptações, o n.º 2 do artigo 103.º do Regime Geral das Instituições de Crédito e Sociedades Financeiras.

3 – A CMVM pode, por regulamento, estabelecer outras normas adequadas à concretização das circunstâncias consideradas indiciadoras de falta de idoneidade, além das referidas no número anterior.

ARTIGO 11.º
Decisão

1 – No prazo máximo de 30 dias contados da data da comunicação a que se refere o n.º 1 do artigo 9.º, a CMVM deduz oposição à aquisição ou reforço se considerar que não está demonstrado que a pessoa em causa reúne os requisitos aplicáveis de idoneidade.

2 – O acto de não oposição caduca se a aquisição ou o reforço da participação não for realizado no prazo de 12 meses.

3 – Se o interessado for uma empresa de investimento, uma instituição de crédito, uma empresa de seguros ou uma sociedade gestora de um organismo de investimento colectivo em valores mobiliários (OICVM) autorizada noutro Estado membro, ou pessoa que domine qualquer dessas entidades e se, em resultado da aquisição pretendida, se estabeleça uma relação de domínio sobre a sociedade gestora, a apreciação dessa aquisição está sujeita a consulta prévia da autoridade competente do Estado membro em causa.

ARTIGO 12.º
Comunicação à CMVM

1 – O titular de participação que atinja ou ultrapasse os limites referidos no n.º 4 do artigo 9.º e aquele que reduza a sua participação para valor inferior a qualquer daqueles limites, deve comunicá-lo à CMVM, no prazo de cinco dias após a sua ocorrência.

2 – A sociedade gestora de mercado regulamentado ou de sistema de negociação multilateral deve comunicar à CMVM, no prazo de cinco dias, os actos mediante os quais seja concretizada a aquisição ou o aumento de participação qualificada sujeitos a comunicação prévia.

ARTIGO 13.º
Inibição de direitos de voto

1 – A aquisição ou o reforço de participação qualificada, nos termos previstos no artigo 9.º, não comunicada à CMVM ou à qual a CMVM se opôs, impede o inadimplente de, através do voto, exercer na sociedade influência superior àquela que detinha antes da aquisição ou do reforço

da participação, sendo inibidos, na medida do necessário, o exercício dos direitos de voto inerentes à sua participação.

2 – O incumprimento do dever de comunicação previsto no artigo anterior determina a inibição dos direitos de voto, até à realização da comunicação em falta.

ARTIGO 14.º
Regime especial de invalidade de deliberações

1 – Sempre que a CMVM ou o órgão de administração da sociedade gestora de mercado regulamentado ou da sociedade gestora de sistema de negociação multilateral tenham conhecimento de alguma situação de inibição de exercício de direitos de voto, nos termos do disposto no artigo anterior, deve comunicar imediatamente esse facto ao presidente da mesa da assembleia geral da sociedade, devendo este actuar de forma a impedir o exercício dos direitos de voto inibidos.

2 – São anuláveis as deliberações sociais tomadas com base em votos inibidos, salvo se se provar que a deliberação teria sido adoptada sem aqueles votos.

3 – A anulabilidade da deliberação pode ser arguida nos termos gerais ou, ainda, pela CMVM.

ARTIGO 15.º
Divulgação de participações

O órgão de administração da sociedade gestora de mercado regulamentado ou da sociedade gestora de sistema de negociação multilateral deve promover a divulgação no respectivo boletim:

a) Das informações sobre participações detidas, diminuição ou cessação, incluindo a identidade dos titulares, em relação quer ao capital social representado por acções com direito a voto, quer ao capital social total, em montante igual ou superior às participações a que alude o n.º 4 do artigo 9.º;

b) Até ao quinto dia anterior ao da realização da assembleia geral, da lista dos accionistas que sejam titulares de acções representativas de mais de 2% do capital social representado por acções com direito de voto ou do capital social total.

CAPÍTULO II
Administração e fiscalização

ARTIGO 16.°
Requisitos dos titulares dos órgãos

1 – Os titulares dos órgãos de administração e de fiscalização de sociedade gestora de mercado regulamentado ou de sociedade gestora de sistema de negociação multilateral e as pessoas que efectivamente os dirigem devem ser idóneas e dotadas de experiência profissional, dando garantias de uma gestão sã e prudente.

2 – À apreciação dos requisitos de idoneidade e de experiência profissional são aplicáveis, com as devidas adaptações, os n.ºs 2 a 4 do artigo 30.° e o artigo 31.° do Regime Geral das Instituições de Crédito e Sociedades Financeiras.

3 – As sociedades gestoras devem estabelecer no seu código deontológico regras relativas ao exercício de funções e à detenção de participações qualificadas pelos titulares dos seus órgãos de administração noutras entidades, destinadas a prevenir a ocorrência de conflitos de interesses.

ARTIGO 17.°
Comunicação dos titulares dos órgãos

1 – A designação de membros dos órgãos de administração e fiscalização deve ser comunicada à CMVM pela sociedade gestora de mercado regulamentado ou de sistema de negociação multilateral até 15 dias após a sua ocorrência.

2 – A sociedade gestora de mercado regulamentado ou a sociedade gestora de sistema de negociação multilateral, ou ainda qualquer interessado, podem comunicar à CMVM a intenção de designação de membros dos órgãos de administração ou fiscalização daquelas.

3 – A CMVM pode deduzir oposição àquela designação ou intenção de designação, com fundamento na falta de idoneidade ou experiência, no prazo de 30 dias após ter recebido a comunicação da identificação da pessoa em causa.

Decreto-Lei n.º 357-C/2007 407

4 – A dedução de oposição com fundamento em falta de idoneidade ou de experiência dos membros do órgão de administração ou de fiscalização é comunicada aos interessados e à sociedade gestora de mercado regulamentado ou à sociedade gestora de sistema de negociação multilateral.

5 – Os membros do órgão de administração ou de fiscalização não podem iniciar o exercício daquelas funções antes de decorrido o prazo referido no número anterior.

6 – A falta de comunicação à CMVM ou o exercício de funções antes de decorrido o prazo de oposição não determina a invalidade dos actos praticados pela pessoa em causa no exercício das suas funções.

7 – Se em relação a qualquer titular dos órgãos de administração ou de fiscalização se deixar de verificar, por facto superveniente ou não conhecido pela CMVM à data do acto de não oposição, o requisito de idoneidade, a CMVM deve notificar a sociedade gestora de mercado regulamentado ou a sociedade gestora de sistema de negociação multilateral para, de imediato, pôr termo às funções das pessoas em causa e, no prazo que seja fixado, promover a respectiva substituição.

ARTIGO 18.º
Administração

1 – O órgão de administração da sociedade gestora de mercado regulamentado ou da sociedade gestora de sistema de negociação multilateral tem composição plural.

2 – Compete, nomeadamente, ao órgão de administração da sociedade gestora de mercado regulamentado ou da sociedade gestora de sistema de negociação multilateral, nos termos das normas legais e regulamentares aplicáveis e em relação aos mercados ou sistemas geridos pela sociedade:

a) Aprovar as regras relativas à organização geral dos mercados ou dos sistemas de negociação multilateral e à admissão, suspensão e exclusão dos membros desses mercados ou sistemas;

b) Aprovar as regras relativas à admissão ou selecção para negociação, suspensão e exclusão de instrumentos financeiros nos mercados ou sistemas de negociação multilateral;

c) Aprovar as regras que fixem limites quantitativos às posições que cada investidor ou membro do mercado, por si ou em associação com outros, pode assumir em operações sobre os instrumentos financeiros referidos nas alíneas *e*) e *f*) do n.° 1 do artigo 2.° do Código dos Valores Mobiliários;

d) Aprovar as regras relativas ao procedimento disciplinar em conformidade com o artigo 32.°, salvaguardada a confidencialidade do processo e as garantias de defesa do arguido;

e) Deliberar sobre a admissão dos membros dos mercados ou dos sistemas de negociação multilateral ou, quando deixem de se verificar os requisitos da sua admissão ou em virtude de sanção disciplinar, sobre a suspensão e exclusão daqueles membros;

f) Exercer o poder disciplinar;

g) Admitir à negociação ou seleccionar para negociação, bem como suspender e excluir da negociação instrumentos financeiros;

h) Exigir aos emitentes de valores mobiliários admitidos à negociação e aos membros dos mercados ou sistemas de negociação multilateral as informações necessárias ao exercício das suas competências, ainda que as informações solicitadas se encontrem sujeitas a segredo profissional;

i) Fiscalizar a execução das operações, o comportamento dos membros dos mercados ou sistemas de negociação multilateral e o cumprimento dos deveres de informação;

j) Promover a cooperação com entidades congéneres de mercados nacionais e estrangeiros.

3 – Ao órgão de administração compete igualmente adoptar quaisquer medidas exigidas pelo bom funcionamento dos mercados ou para prevenir a prática de quaisquer actos fraudulentos e outros susceptíveis de perturbar a regularidade do seu funcionamento, nomeadamente:

a) Interromper a negociação;

b) Suspender a realização de operações;

c) Excluir ofertas do sistema de negociação ou cancelar negócios;

d) Excluir operações como elemento para o cálculo do preço de referência, quando aplicável.

4 – As medidas adoptadas nos termos do número anterior e a respectiva justificação devem ser imediatamente comunicadas à CMVM, que pode determinar a sua revogação, se as considerar inadequadas ou insubsistente a justificação apresentada.

CAPÍTULO III
Regime de autorização

ARTIGO 19.º
Autorização

A constituição de sociedades gestoras de mercado regulamentado, ainda que por alteração do objecto social de sociedade já existente ou por cisão, e a constituição dos mercados regulamentados por ela geridos dependem de autorização, a conceder por despacho do membro do Governo responsável pela área das finanças, com parecer prévio da CMVM.

ARTIGO 20.º
Instrução do pedido

1 – O pedido de autorização é instruído com os seguintes elementos:

a) Projecto do contrato de sociedade;

b) Estrutura orgânica e meios humanos, técnicos e materiais que serão utilizados;

c) Estrutura dos mercados que a sociedade pretende gerir;

d) Estudo comprovativo da viabilidade económica e financeira da sociedade a constituir;

e) Identificação dos accionistas fundadores, com especificação do montante de capital a subscrever por cada um;

f) Identificação das entidades detentoras de quaisquer participações na sociedade, com especificação da respectiva percentagem do capital social e da percentagem dos direitos de voto, nos termos do artigo 20.º do Código dos Valores Mobiliários;

g) Declaração de compromisso de que no acto da constituição, e como condição dela, se encontra depositado numa instituição de crédito o montante do capital social.

2 – A CMVM, por iniciativa própria ou a pedido do membro do Governo responsável pela área das finanças, pode solicitar aos requerentes elementos e informações complementares e realizar as averiguações que considere necessárias.

ARTIGO 21.º
Decisão

1 – A decisão é notificada aos interessados no prazo de dois meses contados da recepção do pedido, devendo o parecer da CMVM ser emitido no prazo de um mês contado da data da sua solicitação.

2 – Caso sejam solicitados elementos ou informações complementares, a data de recepção dos mesmos constitui o termo inicial dos prazos previstos no número anterior, que não podem exceder, respectivamente, seis e cinco meses.

3 – Na falta de decisão nos prazos previstos nos números anteriores, presume-se indeferida a pretensão.

ARTIGO 22.º
Recusa

A autorização é recusada sempre que:

a) O pedido de autorização não se encontre instruído, dentro dos prazos aplicáveis, com os elementos referidos no n.º 1 do artigo 20.º ou, nos mesmos prazos, não sejam entregues os elementos e as informações complementares solicitados;

b) A instrução do pedido enfermar de inexactidões ou falsidades;

c) A sociedade a constituir não observar as normas que lhe são aplicáveis;

d) A sociedade a constituir não dispuser dos meios humanos, técnicos e materiais ou dos recursos financeiros adequados para a prossecução do seu objecto social;

e) Não seja concedida autorização para constituição do mercado regulamentado cuja gestão a sociedade a constituir se proponha assegurar.

ARTIGO 23.º
Caducidade

A autorização caduca:

a) Se os requerentes a ela renunciarem expressamente;

Decreto-Lei n.° 357-C/2007 411

b) Se a sociedade não for constituída no prazo de seis meses após a sua autorização ou não iniciar actividade no prazo de 12 meses após a sua autorização;

c) Se a sociedade for dissolvida;

d) Se o mercado regulamentado que se propõe gerir não iniciar actividade no prazo de 12 meses após a autorização da sociedade.

ARTIGO 24.°
Revogação

1 – O membro do Governo responsável pela área das finanças pode revogar a autorização em qualquer das seguintes situações:

a) Ter sido obtida mediante falsas declarações ou outros meios ilícitos;

b) Não corresponder a actividade ao objecto social autorizado;

c) Se a sociedade cessar o exercício da actividade;

d) Deixar de se verificar a adequação da situação económica e financeira da sociedade, com vista a garantir o disposto no artigo 32.°, designadamente em virtude de não regularização de alguma das situações previstas nos n.ºs 2 e 3 do artigo 40.° no prazo que seja fixado pela CMVM;

e) Deixar de se verificar algum dos requisitos de que dependa a concessão da respectiva autorização;

f) Ocorrerem faltas graves na actividade da sociedade, designadamente na administração, na fiscalização, na organização contabilística ou nos sistemas de controlo internos;

g) Não observância das normas, legais e regulamentares, que lhe sejam aplicáveis ou não acatamento de determinações das autoridades competentes;

h) A sociedade não adopte as medidas referidas no n.° 6 do artigo 29.°;

i) Extinção do mercado regulamentado gerido pela sociedade.

2 – A revogação da autorização implica a dissolução e liquidação da sociedade gestora de mercado regulamentado.

3 – O membro do Governo responsável pela área das finanças estabelece, no acto de revogação, o regime de gestão provisória da sociedade, podendo, designadamente, nomear a maioria dos membros dos órgãos

412 *Cód.VM*

de administração e de fiscalização da sociedade e determinar a adopção de quaisquer medidas que assegurem a defesa do mercado.

4 – Havendo recurso da decisão de revogação, presume-se que a suspensão da execução determina grave lesão do interesse público.

ARTIGO 25.º
Participações de domínio

1 – O disposto no presente capítulo é ainda aplicável, com as devidas adaptações, a quem pretender atingir ou ultrapassar, nos termos do disposto no artigo 20.º do Código dos Valores Mobiliários, participação de 50% dos direitos de voto correspondentes ao capital social de sociedade gestora de mercado regulamentado e ainda a quem, relativamente a esta, possa exercer uma influência dominante, nos termos do artigo 21.º do mesmo Código.

2 – O processo de autorização deve, pelo menos, ser instruído com os elementos comprovativos de que estão reunidos os requisitos legais da qualidade de accionista e com os referidos nas alíneas *a*) e *f*) do artigo 20.º.

3 – É fundamento adicional de recusa de autorização o membro do Governo responsável pela área das finanças não considerar demonstrado que o requerente satisfaz o disposto no artigo 103.º do Regime Geral das Instituições de Crédito e Sociedades Financeiras, com as devidas adaptações.

4 – É fundamento específico de caducidade que as deliberações a tomar ou outros actos a praticar na sequência da autorização não tenham lugar no prazo de seis meses, ou a sua execução não tenha lugar no prazo de 12 meses após a concessão de autorização.

5 – À aquisição de participação nos termos do n.º 1, sem prévia autorização, aplica-se o disposto no n.º 2 do artigo 13.º, até que seja obtida a respectiva autorização ou até que seja reduzida a participação.

6 – O mesmo regime aplica-se a quem se encontre involuntariamente nas situações previstas no n.º 1.

Decreto-Lei n.° 357-C/2007 413

CAPÍTULO IV
Registo

ARTIGO 26.°
Sujeição a registo

1 – As sociedades gestoras de mercado regulamentado e as sociedades gestoras de sistema de negociação multilateral não podem iniciar a sua actividade enquanto não se encontrem registadas na CMVM.

2 – A autorização prevista no artigo 217.° do Código dos Valores Mobiliários e o registo de mercados regulamentados e dos sistemas de negociação multilateral só são concedidos às respectivas sociedades gestoras após o registo destas.

3 – A CMVM, através de regulamento, define os termos e o conteúdo a que obedece o registo das sociedades gestoras previsto no n.° 1.

ARTIGO 27.°
Instrução do registo

1 – O pedido de registo das sociedades gestoras de mercado regulamentado e das sociedades gestoras de sistema de negociação multilateral deve ser instruído com os seguintes elementos actualizados:

a) Contrato de sociedade;

b) Identificação dos titulares dos órgãos sociais;

c) Identificação das pessoas titulares das participações qualificadas e montante das respectivas participações;

d) A identificação dos mercados ou dos sistemas de negociação multilateral geridos pela sociedade, incluindo um programa de operações, especificando designadamente os tipos de actividade comercial projectadas e a estrutura organizativa;

e) A descrição dos meios humanos, técnicos e materiais de que a sociedade disponha afectos à gestão de cada mercado ou sistema;

f) Estudo de viabilidade e o plano de negócios, bem como a demonstração de que a sociedade gestora tem condições para respeitar os requisitos prudenciais.

2 – No caso das sociedades gestoras de mercado regulamentado, o pedido de registo deve ainda ser instruído com o pedido da autorização

previsto no artigo 217.º do Código dos Valores Mobiliários e cópia dos documentos que instruíram o processo.

3 – Não é exigível a apresentação dos documentos que já estejam em poder da CMVM ou que esta possa obter em publicações oficiais ou junto da autoridade nacional que concedeu a autorização ou a quem a autorização foi comunicada.

ARTIGO 28.º
Prazo

1 – O prazo para apreciação do pedido de registo é de 30 dias contados da data de apresentação do respectivo requerimento ou da prestação de esclarecimentos ou informações complementares solicitados pela CMVM.

2 – O registo considera-se recusado se a CMVM não o efectuar no prazo fixado no número anterior.

ARTIGO 29.º
Recusa e cancelamento

1 – A CMVM recusa o registo das sociedades gestoras quando o pedido ou os seus pressupostos sejam desconformes às normas legais ou regulamentares, nomeadamente quando:

a) Não sejam entregues os elementos e as informações complementares solicitados;

b) A instrução do pedido enferme de inexactidões ou falsidades;

c) Não seja comprovada ou falte idoneidade aos titulares de participações qualificadas;

d) Não seja comprovada ou falte idoneidade ou experiência profissional aos titulares dos órgãos de administração;

e) A sociedade não disponha de meios humanos, técnicos e materiais ou de recursos financeiros adequados para a prossecução do seu objecto social;

f) A adequada supervisão da sociedade gestora seja inviabilizada por uma relação de proximidade entre esta e outras pessoas;

g) A adequada supervisão da sociedade gestora seja inviabilizada pelas disposições legais ou regulamentares de um país terceiro a que esteja sujeita alguma das pessoas com as quais a sociedade gestora tenha uma relação de proximidade ou por dificuldades inerentes à aplicação de tais disposições.

2 – Constituem fundamento de cancelamento do registo das sociedades gestoras:

a) A verificação de qualquer circunstância anterior ou posterior ao registo que obstaria a que este fosse efectuado e que não tenha sido sanada no prazo fixado pela CMVM;

b) A sua obtenção mediante falsas declarações ou outros expedientes ilícitos;

c) A verificação ou conhecimento superveniente da falta de idoneidade de titulares de participações qualificadas, se a aplicação das inibições correspondentes não puder garantir uma gestão sã e prudente da sociedade;

d) A verificação ou conhecimento superveniente de falta de experiência e idoneidade dos titulares dos órgãos de administração ou das pessoas que efectivamente dirigem a sociedade, salvo se a sua substituição for promovida no prazo designado pela CMVM;

e) Não seja iniciada a actividade do mercado ou sistema que se propõe no prazo de 12 meses após o seu registo;

f) A não ocorrência de actividade significativa do mercado ou sistema durante seis meses consecutivos;

g) A revogação da autorização prevista no artigo 217.º do Código dos Valores Mobiliários;

h) A violação, de maneira grave e reiterada, das disposições aplicáveis;

i) A dissolução da sociedade gestora.

3 – O cancelamento do registo do mercado ou do sistema importa o cancelamento do registo da sociedade gestora, no caso de esta não gerir outros mercados ou sistemas.

4 – Para efeitos do disposto na alínea *d*) do n.º 2, as sociedades gestoras de mercado regulamentado ou de sistema de negociação multilateral ficam obrigadas a comunicar à CMVM os factos previstos no n.º 7 do artigo 17.º, logo que deles tomem conhecimento, e a tomar as medidas adequadas para que essas pessoas cessem imediatamente funções.

5 – No acto de cancelamento, a CMVM estabelece as medidas que sejam necessárias para defesa dos interesses dos investidores, dos emitentes e dos membros do mercado ou sistemas.

416   *Cód.VM*

ARTIGO 30.°
Continuidade dos mercados regulamentados

Quando o cancelamento do registo da sociedade gestora implicar lesão grave para a economia nacional ou, nomeadamente, para os emitentes de valores mobiliários admitidos à negociação, para os membros do mercado e para os investidores, pode o membro do Governo responsável pela área das finanças, ouvida a CMVM, adoptar as medidas adequadas a assegurar, durante o prazo necessário, a continuidade dos mercados até à dissolução da sociedade.

CAPÍTULO V
Vicissitudes societárias

ARTIGO 31.°
Alterações ao contrato de sociedade

1 – Os projectos de fusão, cisão, dissolução e redução do capital social da sociedade gestora devem ser comunicados à CMVM, podendo esta deduzir oposição, no prazo de 15 dias, a contar dessa comunicação.

2 – Devem ser comunicadas à CMVM as seguintes alterações ao contrato de sociedade:

a) Objecto social;

b) Firma;

c) Sede da sociedade;

d) Criação de novas categorias de acções ou alteração das categorias existentes;

e) Limitações de contagem de votos e outras matérias conexas;

f) Estrutura da administração ou fiscalização;

g) Limitação dos poderes dos órgãos de administração ou de fiscalização.

CAPÍTULO VI
Regras de conduta

ARTIGO 32.º
Boa gestão e bom governo

1 – As sociedades gestoras de mercado regulamentado ou de sistema de negociação multilateral devem assegurar a manutenção de padrões de elevada qualidade e eficiência na gestão dos mercados ou sistemas a seu cargo, bem como na prestação de outros serviços.

2 – As sociedades gestoras devem implementar mecanismos destinados a assegurar uma gestão sã das operações técnicas dos respectivos sistemas, incluindo o estabelecimento de medidas de emergência eficazes para fazer face aos riscos de perturbação dos sistemas.

3 – As sociedades gestoras devem estabelecer e divulgar mecanismos de bom governo, que permitam uma adequada audição dos membros de mercado ou sistema e dos emitentes no processo decisório que lhes digam respeito.

4 – As sociedades gestoras devem divulgar, anualmente, um relatório sobre a estrutura e as práticas de governo societário.

5 – A CMVM deve, através de regulamento, definir o conteúdo, a forma e o prazo de divulgação do relatório referido no número anterior.

ARTIGO 33.º
Conflito de interesses

1 – As sociedades gestoras de mercado regulamentado ou de sistema de negociação multilateral devem adoptar as medidas de organização interna adequadas a:

a) Identificar, prevenir e evitar a ocorrência de conflito de interesses entre a exigência do bom funcionamento dos mercados ou sistemas por si geridos e os interesses da sociedade gestora, dos titulares de participações qualificadas, dos órgãos de administração da sociedade ou das pessoas que efectivamente a dirijam; e

b) Gerir as possíveis consequências adversas, decorrentes de conflitos de interesses, para o funcionamento dos mercados ou sistemas por si

geridos ou para os seus membros, na impossibilidade de prevenir os referidos conflitos.

2 – As sociedades gestoras referidas no número anterior devem tratar, de modo leal e equitativo, os seus accionistas, os membros do mercado
ou do sistema e os emitentes de valores mobiliários.

ARTIGO 34.º
Auto-admissão

1 – A sociedade gestora de mercado regulamentado deve adoptar os
procedimentos adequados a prevenir a ocorrência de conflitos de interesses em caso de auto-admissão de valores mobiliários.

2 – Considera-se auto-admissão a admissão à negociação de valores
mobiliários emitidos por sociedade gestora de mercado regulamentado,
ou por uma das sociedades com que se encontre em relação de domínio ou
de grupo, nos mercados por si geridos.

ARTIGO 35.º
Defesa do mercado

1 – A sociedade gestora de mercado regulamentado ou a sociedade
gestora de sistema de negociação multilateral devem actuar com a maior
probidade comercial, não permitindo a prática de actos susceptíveis de pôr
em risco a regularidade de funcionamento, a transparência e a credibilidade do mercado.

2 – São, nomeadamente, susceptíveis de pôr em risco a regularidade
de funcionamento, a transparência e a credibilidade do mercado os actos
previstos no artigo 311.º do Código dos Valores Mobiliários.

3 – A sociedade gestora de mercado regulamentado ou a sociedade
gestora de sistema de negociação multilateral devem comunicar imediatamente à CMVM a verificação de condições anormais de negociação ou
de condutas susceptíveis de pôr em risco a regularidade de funcionamento,
a transparência e a credibilidade do mercado ou do sistema, fornecendo
todas as informações relevantes para a respectiva investigação e, bem,
assim, os incumprimentos relevantes de regras relativas ao funcionamento
do mesmo.

ARTIGO 36.º
Código deontológico

1 – As sociedades gestoras de mercado regulamentado ou de sistema de negociação multilateral devem aprovar um código deontológico ao qual ficam sujeitas:

a) Os titulares dos seus órgãos;

b) Os seus trabalhadores;

c) Os membros dos mercados por si geridos;

d) Quaisquer entidades que intervenham nos mercados ou sistemas geridos pela sociedade gestora de mercado regulamentado ou pela sociedade gestora de sistema de negociação multilateral ou que tenham acesso às instalações desses mercados ou sistemas geridos pela sociedade, quanto aos deveres relacionados com essa intervenção ou acesso.

2 – O código deontológico deve regular, designadamente:

a) As medidas de defesa do mercado;

b) Os termos em que as pessoas a ele sujeitas podem transaccionar instrumentos financeiros negociados em mercado por si gerido;

c) As regras relativas ao exercício de funções e à detenção de participações qualificadas pelos titulares dos seus órgãos de administração noutras entidades, destinadas a prevenir a ocorrência de conflitos de interesses;

d) Os padrões de diligência e aptidão profissional que devem ser observados em todas as actividades da sociedade;

e) As sanções adequadas à gravidade da infracção disciplinar, podendo prever, entre outras, as sanções de advertência, de suspensão até seis meses ou de exclusão.

3 – As normas que tenham por destinatários os titulares dos órgãos e os trabalhadores da sociedade e os membros de mercados por si geridos devem estabelecer níveis elevados de exigência.

4 – O código deontológico e respectivas alterações devem ser comunicados à CMVM, no prazo de 15 dias após a sua aprovação.

ARTIGO 37.º
Segredo profissional

1 – A sociedade gestora de mercado regulamentado ou a sociedade gestora de sistema de negociação multilateral, os titulares dos seus órgãos,

os seus colaboradores e as pessoas que lhe prestem, a título permanente ou ocasional, quaisquer serviços estão sujeitos a segredo profissional quanto a todos os factos e elementos cujo conhecimento lhes advenha do exercício das suas funções ou da prestação dos seus serviços.

2 – O dever de segredo não cessa com o termo das funções ou do serviço.

3 – Os factos e elementos abrangidos pelo dever de segredo só podem ser revelados nos termos previstos na lei, designadamente à CMVM.

ARTIGO 38.º
Poder disciplinar e deveres de notificação

1 – Estão sujeitas ao poder disciplinar da sociedade gestora de mercado regulamentado da sociedade gestora ou de sistema de negociação multilateral, nos termos previstos no código deontológico, as pessoas referidas nas alíneas *b*) e *c*) e na primeira parte da alínea *d*) do n.º 1 do artigo 36.º.

2 – Constitui infracção disciplinar a violação dos deveres a que estão sujeitas as pessoas referidas no n.º 1, previstos na lei, em regulamento ou no código deontológico.

3 – As sanções disciplinares aplicadas são comunicadas à CMVM.

4 – Se a infracção configurar igualmente contra-ordenação ou crime público, o órgão de administração da sociedade deve comunicá-lo de imediato à CMVM.

ARTIGO 39.º
Princípios de exercício do poder disciplinar

As sociedades gestoras de mercado regulamentado ou de sistema de negociação multilateral devem exercer o poder disciplinar de acordo com princípios de justiça e de equidade, assegurando o exercício do contraditório e a fundamentação das respectivas decisões.

CAPÍTULO VII
Regras prudenciais

ARTIGO 40.°
Regras prudenciais e de organização

1 – A situação económica e financeira das sociedades gestoras de mercado regulamentado ou de sistema de negociação multilateral deve assegurar o funcionamento ordenado daqueles mercados ou sistemas, tendo em conta a natureza e o volume das operações e a diversidade e o grau de riscos a que está exposta.

2 – A sociedade gestora deve:

a) Ser dotada dos meios necessários para gerir os riscos a que está exposta;

b) Implementar mecanismos e sistemas adequados para identificar todos os riscos significativos para o seu funcionamento, nomeadamente o risco de perda de dados em caso de problemas operacionais; e

c) Instituir medidas eficazes, incluindo planos de contingência e de continuidade, para atenuar esses riscos.

3 – Uma fracção não inferior a 10% dos lucros líquidos apurados em cada exercício pelas sociedades gestoras de mercado regulamentado ou de sistema de negociação multilateral deve ser destinada à constituição de reserva legal até ao limite do capital social.

4 – Para efeitos do n.° 1, a CMVM pode, por regulamento, estabelecer as regras que se revelem necessárias, designadamente, no respeitante:

a) Aos requisitos de adequação de fundos próprios aplicáveis, em base individual ou consolidada, bem como às respectivas regras de cálculo e o regime de supervisão prudencial;

b) Aos limites e formas de cobertura dos recursos alheios e de quaisquer outras responsabilidades perante terceiros;

c) Aos limites mínimos de constituição de provisões para riscos decorrentes da actividade;

d) Aos limites relativos à relação entre as participações detidas e os fundos próprios;

e) À definição do conteúdo dos planos contabilísticos.

5 – Se for violado algum dos deveres referidos nos números anteriores, a CMVM pode fixar prazo razoável para regularização da situação.

ARTIGO 41.º
Aquisição de imóveis

A sociedade gestora de mercado regulamentado ou a sociedade gestora de sistema de negociação multilateral só pode adquirir os imóveis que se revelem indispensáveis à sua instalação e funcionamento.

TÍTULO III
Sociedades gestoras de câmara de compensação ou que actuem como contraparte central

ARTIGO 42.º
Firma e regime jurídico

1 – As sociedades gestoras referidas na alínea *c*) do n.º 2 e na alínea *c*) do n.º 3 do artigo 268.º do Código dos Valores Mobiliários devem usar na sua firma, consoante o objecto social a que se proponham, a denominação «sociedade gestora de câmara de compensação com assunção de contraparte central», «sociedade gestora de câmara de compensação» ou «contraparte central».

2 – As denominações referidas no número anterior podem ser substituídas pelas correspondentes abreviaturas: «SGCCCC», «SGCC», «CC».

3 – Sem prejuízo do disposto no presente título, às sociedades referidas no artigo anterior é aplicável, com as devidas adaptações, o título II do presente decreto-lei, com excepção do seu capítulo III.

ARTIGO 43.º
Autorização

O exercício de funções de câmara de compensação e contraparte central relativamente a operações sobre os instrumentos financeiros referidos nas subalíneas *ii*) e *iii*) da alínea *e*) e na alínea *f*) do n.º 1 do artigo 2.º do Código dos Valores Mobiliários está sujeito a autorização prévia por portaria conjunta dos membros do Governo responsáveis pela área das finanças e pelo sector a que respeitam os activos subjacentes, ouvida a CMVM.

ARTIGO 44.º
Regulamentação

Cabe à CMVM a regulamentação das seguintes matérias:
a) Exercício da compensação e da função de contraparte central;
b) Meios técnicos, humanos e materiais e técnicas de gestão de risco necessárias para a concessão de registo às sociedades gestoras de câmara de compensação ou que actuem como contraparte central;
c) Regras prudenciais relativas ao controlo do risco financeiro.

TÍTULO IV
Sociedades gestoras de sistema de liquidação e de sistema centralizado de valores mobiliários

ARTIGO 45.º
Objecto social

1 – Podem ser constituídas sociedades que tenham por objecto social o exercício, isolado ou conjunto, da gestão de:
a) Sistema de liquidação de valores mobiliários;
b) Sistema centralizado de valores mobiliários.
2 – As sociedades referidas no número anterior não podem prestar serviços de gestão de mercados de valores mobiliários.

ARTIGO 46.º
Regime jurídico

1 – Às sociedades gestoras mencionadas no artigo anterior é aplicável, com as devidas adaptações, o disposto no título II, com excepção do seu capítulo III.
2 – As divulgações previstas no artigo 15.º devem ser efectuadas no sítio da Internet da respectiva sociedade gestora.

ARTIGO 47.º
Firma

1 – As sociedades gestoras previstas neste título devem usar na sua firma, consoante o objecto social que se proponham prosseguir, a denominação «sociedade gestora de sistema de liquidação», «sociedade gestora de sistema centralizado de valores mobiliários» ou «sociedade gestora de sistema de liquidação e de sistema centralizado de valores mobiliários».

2 – As denominações referidas no número anterior podem ser substituídas pelas correspondentes abreviaturas: «SGSL», «SGSCVM» e «SGSLSCVM».

ARTIGO 48.º
Segregação patrimonial

As sociedades gestoras de sistema de liquidação apenas podem utilizar os instrumentos financeiros de terceiros nos termos e para os efeitos para os quais estão mandatadas.

TÍTULO V
Disposições finais e transitórias

ARTIGO 49.º
Ilícitos de mera ordenação social

À violação dos deveres consagrados neste decreto-lei e ao respectivo processo aplica-se o disposto no Código dos Valores Mobiliários para os ilícitos de mera ordenação social.

ARTIGO 50.º
Direito transitório

1 – As sociedades gestoras constituídas e registadas na CMVM à data da publicação do presente decreto-lei procedem à adaptação dos respecti-

vos estatutos até 30 de Junho de 2008, de modo a dar acolhimento às alterações por este introduzidas.

2 – Ficam isentos de quaisquer taxas e emolumentos todos os actos notariais e de registo que tenham por objecto, exclusivamente, a adaptação às alterações introduzidas pelo presente decreto-lei e sejam efectuadas no prazo previsto no artigo anterior.

ARTIGO 51.º
Norma revogatória

É revogado o Decreto-Lei n.º 394/99, de 13 de Outubro.

ARTIGO 52.º
Entrada em vigor

1 – O presente decreto-lei entra em vigor a 1 de Novembro de 2007.

2 – O disposto no número anterior não prejudica a aprovação e a publicação, em data prévia, dos regulamentos previstos no presente decreto-lei.

Visto e aprovado em Conselho de Ministros de 9 de Agosto de 2007. – *José Sócrates Carvalho Pinto de Sousa – Manuel Lobo Antunes – Fernando Teixeira dos Santos – José Manuel Vieira Conde Rodrigues.*

Promulgado em 22 de Outubro de 2007.

Publique-se.

O Presidente da República, ANÍBAL CAVACO SILVA.

Referendado em 25 de Outubro de 2007.

O Primeiro-Ministro, *José Sócrates Carvalho Pinto de Sousa.*

DECRETO-LEI N.º 357-D/2007
de 31 de Outubro

A comercialização pública de contratos relativos ao investimento em bens corpóreos, tais como selos, pedras preciosas, obras de arte e antiguidades, mostra-se, entre nós, insuficientemente regulada. A oferta destes serviços não se encontra sujeita à supervisão de nenhuma das autoridades reguladoras dos mercados financeiros, circunstância que conduz a que os investidores neste tipo de produtos tenham um nível de protecção que não é o adequado face à natureza e aos riscos que os mesmos geralmente comportam. O presente decreto-lei pretende, assim, colmatar um insuficiente enquadramento normativo, introduzindo um conjunto de medidas destinadas a reforçar a qualidade da informação sobre estes produtos, clarificando e garantindo a adequação do relacionamento contratual entre as partes e estabelecendo padrões proporcionados de supervisão e de regime sancionatório.

Porque as matérias em que se deve concentrar o exercício da supervisão destes produtos e das respectivas entidades comercializadoras têm como principal determinante riscos de natureza comportamental, para melhor garantir a sua eficácia e eficiência, atribui-se esta competência à Comissão do Mercado de Valores Mobiliários (CMVM) dada a sua experiência neste tipo de supervisão. Prevê-se que estejamos perante este tipo de contratos sempre que a comercialização dos mesmos implique a recepção de fundos do público em contrapartida ou com vista ao investimento naqueles bens ou em direitos sobre eles, visando a sua rentabilização ou valorização e posterior entrega ao cliente de parte ou da totalidade da mesma.

Em matéria de protecção dos investidores, o presente decreto-lei disciplina o leque de operações e menções vedadas na prossecução da política de investimentos, os requisitos pré e pós contratuais e adicionalmente as regras a que as entidades que os disponibilizam ficam vinculadas quanto à segurança e segregação dos bens pertencentes aos clientes. Circunscreve-se também esta actividade apenas às sociedades anónimas, que ficam obrigadas a ter contabilidade organizada e demonstrações financeiras sujeitas a certificação legal de contas. Ademais, obrigam-se as entidades que exerçam essa função de fiscalização a comunicar à CMVM factos relacionados com a detecção de irregularidades ou que possam ser susceptíveis de afectar a continuidade do exercício da actividade por parte das entidades que comercializam contratos relativos ao investimento em bens corpóreos. Prevê-se igualmente que a CMVM divulgue uma lista das entidades que exercem esta actividade, impondo-se, para o efeito, deveres de comunicação à CMVM previamente ao início de actividade e ainda deveres de informação posteriores, a fixar em regulamento daquela entidade supervisora, relativos à actividade desenvolvida por estas entidades.

Assim:

No uso da autorização legislativa concedida pela Lei n.º 25/2007, de 18 de Julho, e nos termos das alíneas *a*) e *b*) do n.º 1 do artigo 198.º da Constituição, o Governo decreta o seguinte:

ARTIGO 1.º
Objecto

1 – O presente decreto-lei disciplina a comercialização junto do público, dirigida especificamente a pessoas com residência ou estabelecimento em Portugal, de contratos relativos ao investimento em bens corpóreos.

2 – Os bens corpóreos a que se referem os números anteriores são quaisquer bens móveis ou imóveis, nomeadamente, selos, pedras preciosas, obras de arte e antiguidades.

ARTIGO 2.º
Âmbito

1 – Consideram-se contratos relativos ao investimento em bens corpóreos, aqueles em que, independentemente da modalidade contratual utilizada, a entidade comercializadora:

a) Recebe do cliente qualquer quantia em contrapartida ou com vista à aquisição de bens corpóreos determinados ou de direitos sobre eles; e

b) Assume a obrigação de celebrar quaisquer outros negócios relativos aos bens corpóreos ou aos direitos adquiridos, tendo em vista a resti-

Decreto-Lei n.° 357-D/2007 429

tuição total ou parcial, de uma só vez ou em prestações, do preço pago ou a sua rentabilização ou valorização.

2 – O presente decreto-lei não se aplica à comercialização de instrumentos financeiros derivados que tenham como activo subjacente bens corpóreos ou direitos sobre eles, pelas entidades legalmente habilitadas para o efeito.

3 – Os fundos de investimento imobiliário, os organismos especiais de investimento, as sociedades de capital de risco, os fundos de titularização de activos, as sociedades de titularização de activos, as sociedades emitentes de obrigações hipotecárias e as sociedades gestoras de patrimónios regem-se por legislação especial.

ARTIGO 3.°
Tipo societário

Apenas as sociedades comerciais constituídas segundo o tipo de sociedade anónima com o capital social representado por acções nominativas podem comercializar contratos relativos ao investimento em bens corpóreos.

ARTIGO 4.°
Operações e menções vedadas

Quem exercer a actividade referida no n.° 1 do artigo 2.° não pode:

a) Efectuar quaisquer actividades ou operações reservadas às instituições de crédito, sociedades financeiras, empresas de investimento, organismos de investimento colectivo, empresas de seguros e resseguros ou a quaisquer outras entidades sujeitas à supervisão do Banco de Portugal, da Comissão do Mercado de Valores Mobiliários (CMVM) ou do Instituto de Seguros de Portugal;

b) Incluir na sua denominação, na publicidade das suas actividades ou em qualquer outra informação que preste ao público ou aos seus clientes qualquer referência a actividade financeira ou a investimento colectivo ou qualquer outra susceptível de provocar confusão com as actividades reservadas às entidades referidas na alínea anterior ou com instrumentos financeiros.

ARTIGO 5.º
Informações prévias

Antes da celebração de qualquer contrato relativo ao investimento em bens corpóreos, o cliente deve ser informado, por escrito, sobre:

a) Identificação da entidade comercializadora;

b) Natureza, características, riscos, custos e outros encargos subjacentes aos contratos propostos;

c) Métodos de valorização dos bens corpóreos afectos aos contratos comercializados e formas de acesso aos mesmos;

d) Regras respeitantes à segurança e segregação dos bens dos clientes;

e) Valor mínimo garantido e garantias de cumprimento das obrigações assumidas pela entidade comercializadora;

f) Lei aplicável ao contrato;

g) Regras e procedimentos utilizados relativos a reclamações;

h) Não cobertura por sistemas de indemnização a investidores;

i) Existência, condições e modalidades de exercício do direito de resolução do contrato, indicando o endereço, geográfico ou electrónico, para notificação do exercício desse direito.

ARTIGO 6.º
Forma e conteúdo do contrato

1 – Os contratos concluídos com os clientes no exercício da actividade regulada no presente decreto-lei devem, sob pena de nulidade, ser reduzidos a escrito e conter todos os elementos referidos no artigo anterior.

2 – O enunciado do contrato deve ser redigido de forma explícita e clara.

3 – O cliente deve datar e assinar o documento a que se refere o n.º 1, sendo igualmente obrigatória a entrega ao cliente de um exemplar do contrato devidamente assinado pela entidade comercializadora.

4 – A nulidade prevista no n.º 1 é invocável a todo o tempo, mas apenas pelo cliente.

ARTIGO 7.º
Direito de resolução

1 – O cliente pode resolver o contrato no prazo de 14 dias contados a partir da data da sua assinatura, sem necessidade de indicação do motivo e sem que possa haver lugar a qualquer indemnização ou penalização do cliente.

2 – O prazo referido no número anterior pode ser alargado por acordo entre as partes.

3 – Têm-se por não escritas as cláusulas que estabeleçam a renúncia ao direito previsto nos números anteriores, assim como as que estipulem uma indemnização ou penalização de qualquer tipo em caso de exercício daquele direito.

4 – Para salvaguarda do direito de resolução previsto nos números anteriores, até ao final do prazo estabelecido para o efeito acrescido de três dias, a entidade comercializadora deve abster-se da prática de quaisquer actos de execução do contrato celebrado, incluindo de receber do cliente quaisquer quantias.

5 – A livre resolução deve ser notificada à entidade comercializadora por meio susceptível de prova e de acordo com o contrato e com as informações prévias previstas no artigo 5.º.

6 – A notificação feita em suporte de papel ou através de outro meio duradouro disponível e acessível ao destinatário considera-se tempestivamente efectuada se for cnviada até ao último dia do prazo, inclusive.

7 – O exercício do direito de resolução extingue as obrigações e direitos decorrentes do contrato, com efeitos a partir da sua assinatura pelo cliente.

8 – O cliente deve restituir à entidade comercializadora quaisquer quantias ou bens dela recebidos no prazo de 30 dias contados do envio da notificação da resolução.

9 – Sempre que o preço do contrato relativo ao investimento em bens corpóreos for total ou parcialmente coberto por um crédito concedido por terceiro com base num acordo celebrado entre este e a entidade comercializadora, o contrato de crédito é automática e simultaneamente tido por resolvido com efeitos a partir da data da respectiva celebração, sem direito a indemnização, se o cliente exercer o seu direito de resolução em conformidade com os números anteriores.

432 *Cód.VM*

ARTIGO 8.º
Segregação

1 – No exercício da actividade a que se refere o presente decreto-lei, a entidade comercializadora deve adoptar as regras previstas no presente artigo, bem como outras a que se vincule contratualmente com os seus clientes relativas à segurança e segregação dos bens que lhes pertencem.

2 – Em todos os actos que pratique, assim como nos respectivos registos contabilísticos e de operações, a entidade comercializadora deve assegurar uma clara distinção entre os bens pertencentes ao seu património e os bens pertencentes ao património de cada um dos seus clientes.

3 – A abertura de processo de insolvência ou de recuperação de empresa não tem efeitos sobre os actos praticados pela entidade comercializadora por conta dos seus clientes.

4 – A entidade comercializadora não pode, no seu interesse ou no interesse de terceiros, dispor dos bens ou direitos pertencentes aos seus clientes, salvo acordo escrito dos mesmos.

5 – O dinheiro recebido dos clientes ou a seu favor deve ser depositado em conta bancária aberta em nome destes.

ARTIGO 9.º
Documentos de prestação de contas e fiscalização

1 – Os documentos de prestação de contas da entidade comercializadora devem ser objecto de certificação legal de contas, por auditor registado na CMVM.

2 – A entidade comercializadora deve sujeitar-se ao regime de fiscalização mencionado na alínea *b*) do n.º 1 do artigo 413.º ou nas alíneas *b*) ou *c*) do n.º 1 do artigo 278.º do Código das Sociedades Comerciais.

3 – Quem exerça as funções de fiscalização previstas nos números anteriores deve comunicar imediatamente à CMVM os factos respeitantes à entidade em causa de que tenha conhecimento no exercício das suas funções, quando tais factos sejam susceptíveis de:

a) Constituir infracção a qualquer norma legal ou regulamentar que discipline a actividade referida no presente decreto-lei;

b) Afectar a continuidade do exercício da actividade da entidade em causa;

Decreto-Lei n.° 357-D/2007 433

c) Justificar a recusa da certificação das contas ou a emissão de reservas.

4 – O dever de comunicação imposto pelo número anterior prevalece sobre quaisquer restrições à divulgação de informações, legal ou contratualmente previstas, e o seu cumprimento de boa fé não envolve qualquer responsabilidade para os respectivos sujeitos.

5 – A CMVM pode estabelecer, através de regulamento, deveres de comunicação e divulgação atinentes aos documentos de prestação de contas e à certificação legal de contas a cargo das entidades comercializadoras.

ARTIGO 10.°
Comunicações

1 – Quem pretenda desenvolver a actividade referida no presente decreto-lei deve comunicar à CMVM essa intenção, com, pelo menos, 15 dias de antecedência em relação à data de início da actividade.

2 – A comunicação referida no número anterior deve conter os elementos estabelecidos através de regulamento da CMVM.

3 – São igualmente comunicadas à CMVM quaisquer alterações aos elementos objecto de comunicação prévia, incluindo a cessação da actividade.

ARTIGO 11.°
Deveres de informação

As entidades comercializadoras comunicam à CMVM, com a periodicidade e nos termos que por esta sejam estabelecidos através de regulamento, o número dos seus clientes e o montante das suas responsabilidades perante os mesmos no âmbito da mencionada actividade.

ARTIGO 12.°
Divulgação

A CMVM divulga, através do seu sistema de difusão de informação, a lista das entidades que procedam às comunicações referidas no artigo 10.°, bem como outros elementos com elas relacionados, estabelecidos através de regulamento.

ARTIGO 13.º
Supervisão e poderes da CMVM

1 – Compete à CMVM a supervisão da actividade regulada pelo presente decreto-lei.

2 – Em relação às entidades comercializadoras, a CMVM pode:

a) Aprovar normas regulamentares relativas ao exercício da actividade, podendo nomeadamente fixar requisitos organizacionais, prudenciais e relativos à idoneidade dos titulares de participações qualificadas e dos membros de órgãos sociais;

b) Ordenar a divulgação de informação adicional sobre o contrato, a suspensão do contrato ou a revogação do contrato, quando assim o exija a tutela dos legítimos interesses ou direitos dos clientes ou do público em geral;

c) Proibir ou suspender a comercialização de contratos relativos ao investimento em bens corpóreos, quando as regras fixadas no presente decreto-lei e legislação e regulamentação complementar não se encontrem cumpridas;

d) Exercer, relativamente a quem exerce a actividade, todos os poderes que lhe são conferidos pelo respectivo Estatuto, aprovado pelo Decreto-Lei n.º 473/99, de 8 de Novembro, e pelo Código dos Valores Mobiliários, aprovado pelo Decreto-Lei n.º 486/99, de 13 de Novembro.

ARTIGO 14.º
Ilícitos de mera ordenação social

1 – Constitui contra-ordenação punível com coima entre € 2 500 e € 25 000 a prática dos seguintes actos ou omissões praticados por quem exerça a actividade de comercialização de contratos relativos ao investimento em bens corpóreos regulada no presente decreto-lei:

a) A realização, em simultâneo com aquela actividade, de actividades ou operações reservadas às instituições de crédito, sociedades financeiras, empresas de investimento, organismos de investimento colectivo, empresas de seguros e resseguros ou a quaisquer outras entidades sujeitas à supervisão do Banco de Portugal, da CMVM ou do Instituto de Seguros de Portugal;

b) A inclusão na sua denominação, na designação dos contratos comercializados ou em informação, ainda que publicitária, prestada ao público ou ao cliente, de referência a actividade financeira, investimento colectivo ou qualquer outra susceptível de provocar confusão com as actividades reservadas às entidades referidas na alínea anterior ou com instrumentos financeiros;

c) A violação do dever de respeitar a exigência de forma escrita do contrato relativo ao investimento em bens corpóreos;

d) A violação do dever de entregar ao participante ou aderente um exemplar do contrato devidamente assinado;

e) A falta de prestação ao cliente da informação prévia exigida por lei;

f) O recebimento dos clientes de quaisquer quantias relacionadas com o contrato durante o período vedado por lei;

g) A violação do dever de sujeitar os documentos de prestação de contas a certificação legal de contas por revisor oficial de contas registado na CMVM;

h) O desenvolvimento da actividade não precedido de notificação à CMVM;

i) A falta de notificação à CMVM de alterações ao teor de informação previamente transmitida relativa à actividade prestada;

j) A falta de comunicação à CMVM do número dos seus clientes e do montante das suas responsabilidades perante estes;

l) A violação dos deveres que venham a ser estabelecidos em regulamento da CMVM;

m) A adopção, por sociedades que exerçam a actividade de comercialização de contratos relativos ao investimento em bens corpóreos:

    i) De tipo societário diferente de sociedade anónima;

    ii) De regime de fiscalização diferente do exigido por lei.

2 – Constitui contra-ordenação punível com coima entre € 25 000 e € 250 000 a violação:

a) por quem exerça a actividade de comercialização de contratos relativos ao investimento em bens corpóreos, do dever de adoptar os procedimentos relativos à segurança dos bens e à segregação patrimonial legalmente previstos ou acordados com o cliente;

b) por membros do órgão de fiscalização e pelo revisor oficial de contas de sociedade que desenvolva a actividade regulada no presente decreto-lei, do dever de comunicação à CMVM dos factos respeitantes àquela sociedade, de que tenham conhecimento no exercício das suas funções, que sejam susceptíveis de constituir infracção a qualquer norma legal ou regulamentar que discipline aquela actividade, afectar a continuidade do exercício da actividade ou justificar a recusa da certificação das contas ou a emissão de reservas.

3 – Aplica-se às contra-ordenações previstas no presente diploma o disposto no Código dos Valores Mobiliários quanto às seguintes matérias:

a) Sanções acessórias;

b) Medidas cautelares;

c) Processo, tanto na fase administrativa como judicial, incluindo o disposto no artigo 422.º do mesmo Código.

4 – É igualmente aplicável o disposto nos artigos 401.º, 403.º, 405.º, 406.º, 419.º e 420.º do Código dos Valores Mobiliários.

5 – As medidas cautelares previstas na alínea *b)* do n.º 3, bem como as previstas no regime geral dos ilícitos de mera ordenação social, aplicam-se quando tal se revele necessário para a instrução do processo ou para a tutela dos interesses do público ou dos clientes.

6 – Os ilícitos de mera ordenação social previstos no presente decreto--lei são imputados a título de dolo ou de negligência.

7 – A tentativa de qualquer dos ilícitos de mera ordenação social descritos no presente decreto-lei é punível.

ARTIGO 15.º
Disposição transitória

As entidades que se encontrem a exercer a actividade a que refere o presente decreto-lei na data da respectiva entrada em vigor efectuam a comunicação prevista no artigo 10.º nos 30 dias subsequentes àquela data.

Visto e aprovado em Conselho de Ministros de 9 de Agosto de 2007. – *José Sócrates Carvalho Pinto de Sousa – Manuel Lobo Antunes – Fernando Teixeira dos Santos – Alberto Bernardes Costa.*

Promulgado em 22 de Outubro de 2007.

Publique-se.

O Presidente da República, ANÍBAL CAVACO SILVA.

Referendado em 25 de Outubro de 2007.

O Primeiro-Ministro, *José Sócrates Carvalho Pinto de Sousa.*